SACRAMENTO PUBLIC LIBRARY
828 "I" Street
Sacramento, CA 95814
05/19

La gloria y el ensueño que forjó una
PATRIA
3
1864-1867

D1603485

PACO IGNACIO TAIBO II

La gloria y el ensueño que forjó una

PATRIA

3

1864-1867

La caída del Imperio

Planeta

Diseño de portada: Jorge Garnica / La Geometría Secreta
Imagen de portada: *L'Exécution de Maximilien de Édouard Manet*
(fragmento).

© 2017, Paco Ignacio Taibo II

© 2017, Editorial Planeta Mexicana, S.A. de C.V.
Bajo el sello editorial PLANETA M.R.
Avenida Presidente Masarik núm. 111, Piso 2
Colonia Polanco V Sección
Delegación Miguel Hidalgo
C.P. 11560, Ciudad de México
www.planetadelibros.com.mx

Primera edición: septiembre de 2017
Primera reimpresión: octubre de 2017
ISBN Obra completa: 978-607-07-4089-3
ISBN Volumen 3: 978-607-07-4304-7

No se permite la reproducción total o parcial de este libro ni su incorporación
a un sistema informático, ni su transmisión en cualquier forma o por cualquier
medio, sea este electrónico, mecánico, por fotocopia, por grabación u otros
métodos, sin el permiso previo y por escrito de los titulares del *copyright*.

La infracción de los derechos mencionados puede ser constitutiva de delito
contra la propiedad intelectual (Arts. 229 y siguientes de la Ley Federal de
Derechos de Autor y Arts. 424 y siguientes del Código Penal).

Si necesita fotocopiar o escanear algún fragmento de esta obra diríjase al
CeMPro (Centro Mexicano de Protección y Fomento de los Derechos de
Autor, http://www.cempro.org.mx).

Impreso en los talleres de Litográfica Ingramex, S.A. de C.V.
Centeno núm. 162-1, colonia Granjas Esmeralda, Ciudad de México
Impreso y hecho en México – *Printed and made in Mexico*

Vámonos patria a caminar, yo te acompaño.
OTTO RENÉ CASTILLO

Nosotros venimos del pueblo de Dolores,
descendemos de Hidalgo y nacimos
luchando como nuestro padre,
por los símbolos de la emancipación,
y como él, luchando por la santa causa
desapareceremos de sobre la tierra.
IGNACIO RAMÍREZ, "Discurso cívico",
Obras completas, tomo III

El historiador no se ocupa sólo de la verdad;
se ocupa también de lo falso cuando se ha
tomado como cierto; se ocupa también de lo
imaginario y lo soñado. Sin embargo,
se niega a confundirlos.
ALAIN DEMURGER

Para FRANCISCO PÉREZ ARCE,
mi compadre, camarada y amigo durante casi 50 años

A la memoria de mi amigo JOSÉ EMILIO PACHECO,
*con el que muchas de estas historias fueron conversadas
a lo largo del tiempo mexicano*

DUPIN EN TAMAULIPAS

Al inicio de marzo de 1864 Dupin y sus huestes, necesitadas de un corte de pelo y un buen baño, llegaron por barco a Tampico viajando desde Veracruz como un viento maligno. Una racha de peste y miedo. Pronto festejaron su arribo cadáveres de patriotas que colgaban en los faroles y reverberaban en la tarde en la plaza de Tampico. Cadáveres patéticos que se movían con la brisa del mar, con los pies muy juntos, pudriéndose al sol. Su campaña en las tierras calientes había sido premiada con la Legión de Honor. El primer informe a Bazaine, fechado el 10 de abril de 1864, descalificaba a las autoridades políticas del puerto, comunicaba que las partidas guerrilleras liberales de Cortina y Carvajal no tenían implante en la población y anunciaba: "Saldré hoy o mañana para ir a poner orden del lado de Tuxpan, en donde se han reunido las bandas enemigas en número aproximado de mil o 1 200 hombres, y me uniré a los 300 hombres de Llorente, quien desde hace algunos días está en Temapache".

Salió de Tampico el 11 de abril y, mientras se aproximaba, Carvajal levantó el sitio de la plaza. Dupin inició la persecución y fue asaltando las haciendas que apoyaban a los liberales. Finalmente alcanzó a los republicanos y los derrotó en San Antonio Chinampas el 18 de abril. El combate fue reñido y las pérdidas considerables para los liberales, que dejaron sobre el campo 140 muertos, todas sus municiones y más de 200 fusiles. La contraguerrilla del coronel Dupin tuvo dos hombres muertos, cinco heridos graves, 15 con heridas ligeras y siete oficiales heridos. Carvajal, con un brazo roto y los restos de su guerrilla, abandonó la región. Bazaine celebró la primera victoria de su protegido: "El coronel Dupin [...] lo hace con inteligencia y grande energía, aun cuando su salud se halla muy alterada por su larga permanencia en tierra caliente".

"Pasó el tiempo de la clemencia", le escribía Dupin el 25 de abril al alcalde de Ozuluama, exigiéndole que diera cuenta de 50 fusiles que pensaba que le habían encomendado los guerrilleros para ocultar y puso como multa por cada uno que faltara la cantidad de 200 pesos, y 10 mil si no entregaba ninguno. "En caso de inobediencia, la villa entera y las haciendas que la rodean serán reducidas a cenizas. Así se tratará todo pueblo que siga fomentando la Revolución en un país que no pide más que vivir tranquilo".

Les quitaron 30 caballos ensillados y embridados. Tras cinco días, y ante el silencio de los lugareños, que no tenían los mentados fusiles o se negaban a entregarlos, Dupin dijo a sus oficiales: "La villa de Ozuluama quedará borrada de la carta geográfica del imperio". Y entró con 700 hombres. El 7 de mayo, Ozuluama, una población de 2 mil habitantes, ardía por los cuatro costados. No quedó casa ni jacal, ni siquiera la iglesia, en pie. El pánico de esa represalia le permite chantajear a otras poblaciones de Tamaulipas para recuperar armas, poniendo multas en caballos o en trigo y amenazando con arrasar los pueblos.

El 7 de mayo, un mes más tarde, Dupin puso en acción su floreado estilo literario para redactar correspondencia y escribió una carta abierta a los habitantes de Pánuco, invitándolos a enviar a su alcalde y cuatro vecinos. "Estos individuos traerán 200 fusiles o la suma de 200 pesos por cada fusil que falte, igualmente 40 caballos de alzada que estén en buen estado y 200 fanegas de maíz que serán tomadas al precio corriente de Pánuco". En caso contrario, amenazaba con darle a la población el mismo destino que a la ahora desaparecida Ozulama. Logró así entrar en Pánuco sin disparar un tiro el 20 de mayo.

Una de las primeras hazañas de la contraguerrilla fue la captura en las cercanías de Casas de la amante del guerrillero Ávalos, llamada Pepita. Soprendida en su casa y llevada hasta el coronel, el propio Charles Lois le puso una cuerda al cuello, un reloj delante y le dio cinco minutos para delatar las emboscadas que le había preparado su hombre, amenazándola con ahorcarla desnuda. La mujer resistió, pero cuando le apretaban el nudo a la garganta se deshizo en llanto y confesó. De poco sirvió, fuera de acrecentar el terror, porque Ávalos había muerto de enfermedad, sin que su novia lo supiera, 15 días antes.

Dupin era un innovador de la guerra, un artesano de la locura, un maestro maligno del terror. Todos los días inventaba las nuevas reglas. Quizá por eso incorporó a sus huestes perros rastreadores que eran el temor de los chinacos, mató a un inocente primo del caudillo guerrillero Pedro José Méndez, para provocarlo a salir a la luz, enterró vivos a los prisioneros que capturaba y advirtió que no habría cuartel, ni civilización, ni condiciones honorables en esa guerra, que se trataba de exterminio de resistentes y de conquista, no de caballeros. La respuesta de los desorganizados grupos de patriotas tamaulipecos fue igual de violenta. Le enterraron a alguno de sus contraguerrilleros negros, mulatos, asiáticos, holandeses e italianos capturados y colocándolos a mitad de las líneas, provocaron un tiroteo para que murieran a manos de sus compañeros. Francés que caía en manos de los chinacos aparecía a mitad del camino con la lengua cortada, se incendiaban casas de colaboradores, se envenenaban los pozos. Que corriera la sangre, que sólo ella calmaba el odio y la rabia.

Dupin era un notable personaje, muy educado para guardar rencor; tan educado con sus comensales como con los prisioneros que iba a fusilar. Amigo de la popularidad, poco cuidadoso de la opinión pública, de una rara inteligencia que consumía en pensar barbaridades y escribir en las noches en cuadernos de tapas duras reflexiones alejadas de la campaña, con estilo taimado y colorido, ávido de movimiento, inspirado en su autor favorito, Maquiavelo. Como militar era un desastre que contaba en exceso con lo imprevisto y que abusaba de la fortuna con desiguales resultados. Pero tenía muy buen humor, no respetaba la vida, se reía de ella y contagiaba de desprecio o de valor, por turnos.

Por donde pasaba Dupin crecía la tragedia. Un día compraba por la fuerza mulas ya aparejadas, el otro requisaba ganado al precio de su antojo, amenazando con la horca al que se resistiera. En estos azares causó la muerte del señor Garalloa al que amenazó con fusilarlo en presencia de su familia, lo que hizo que el hombre se muriera del susto y de la angustia. No contento con esto, Dupin arruinó a la familia superviviente del difunto, embargándoles cuanto carro y mulas tenían en la hacienda de Tancasnequi, teniéndolos noche y día aterrados por las amenazas. Era el poder y fabricaba viudas y huérfanos o decidía fortunas. Y hasta se le había olvidado su primigenia idea de hacerse rico, puesto que el poder tenía el acceso sobrado a la riqueza y lo que abunda se desprecia. ¿No era esa la mayor forma del oro?, ¿el no necesitarlo?

A mediados del 64 el coronel Dupin perdió la salud, víctima de un ataque fulgurante de fiebre. Unas extrañas temperaturas parecidas a las tercianas lo hacían recluirse, mordiendo los labios, en su tienda, no dejándose ver por nadie excepto por su asistente. Perdía la continencia y defecaba sobre su cuerpo, amanecía bañado en sudor frío, gritaba palabras incoherentes mezcladas con infantiles llamados a su madre. El campamento estaba aterrorizado. Un viento de locura recorría las filas mientras las bayonetas se oxidaban. Las enfermedades azotaban a los hombres, abundaban las disenterías, las letrinas estaban llenas y sobre los catres de campaña, raídos y azulosos, sudaban los soldados, martilleando los dientes y blasfemando en 11 idiomas y tres dialectos, en permanente borrachera. Los ojos vidriosos por el alcohol, la lengua tartajosa, la frase inconexa. Los que no habían sido capturados por la enfermedad lo habían sido por la abulia. Se jugaba a los dados y a la sombra de las palmeras reales, los centinelas no cumplían sus turnos, los caballos comían a medias. Mediado junio, Dupin apareció en la boca de la tienda con un puro entre los dientes y el rostro demacrado y dio órdenes de ensillar, portando en las manos un viejo telegrama llegado días antes. La vida de la contraguerrilla se reanudó.

Bazaine organizó una expedición al estado de la Huasteca que comprendía los cantones de Tuxpan, Ozuluama, Huejutla, Tantoyuca y Tampico. Confluirían sobre él las tropas del coronel Dupin, el general Olvera y el coronel Tourre. El 7 de junio Dupin entró en campaña al frente de 500 hombres y tres piezas de artillería, dirigiéndose hacia Tancasnequi, a 150 kilómetros de Tampico. En la margen opuesta del río Tamesí, se encontraba Tantoyuquita, depósito de mercancías que el comercio de Tampico enviaba al interior, y donde los liberales habían establecido su aduana, que gravaba los productos con un 30%. Tancasnequi y Tantoyuquita fueron ocupados fácilmente, así como un importante convoy. Dejando el coronel Dupin un batallón en Tantoyuquita, prosiguió su marcha a Tancanhuitz, encontrando por todas partes una abierta hostilidad de los habitantes contra el imperio; los pueblos se revelaban contra las autoridades y los peligros arreciaban. Lo comprendió así Dupin, renunció a avanzar con tan pocas probabilidades de éxito, y entonces fue cuando recibió el despacho del coronel Tourre pidiéndole refuerzos, pero se negó a secundar sus operaciones argumentando que estaba en las suyas. Retrocedió ordenadamente, castigando fuertemente las partidas de Noriega, Casado y Mascareñas; el 31 de julio entraba en Tampico.

Reorganizó las fuerzas y de ahí salió para batir a las tropas de los oficiales republicanos Carvajal, Cortina y Lorenzo Vega, que tras un año de rencillas y disputas habían logrado unificarse. La contraguerrilla tomó el rumbo de Victoria con 500 hombres y tres piezas de artillería. A fines de mes, sus tropas regresaron desbandadas, de uno en uno, a pie, algunos incluso sin sombrero.

Poco o nada se habló sobre el suceso. Para celebrar la derrota, en agosto, amanecieron colgados en Tampico cinco hombres acusados de espías de los chinacos, que no tuvieron la oportunidad de confesar o de defenderse en un consejo de guerra. El 12 de septiembre se presentaba en Vitoria, en cuyo punto recibió la sumisión del general-gobernador La Garza que salió de la plaza.

Los 150 kilómetros que separan Vitoria de Soto la Marina los franqueó en pocos días con grandes penalidades; estuvo allí hasta el 15 de septiembre, y el 29 se presentó ante San Fernando de Presas, residencia del cuartel general de Cortina; la repentina aparición de la columna francesa de Dupin ahuyentó a sus defensores, que abandonaron siete piezas de artillería y provisiones. Dejando en San Fernando un batallón de guarnición, retrocedió Dupin a Vitoria. Creyendo pacificado el territorio de Tamaulipas, ahí se estacionó y decretó que cualquiera que portara armas sin permiso sería considerado bandido y fusilado.

Los meses transcurrieron entre pueblos incendiados y patriotas, reales o dudosos, colgados de los árboles. La contraguerrilla situaba emboscadas, la mayoría de ellas infructuosas, marchaba de noche, saqueaba aquí y allá.

Mediado noviembre del 64 el ministro imperial Velásquez de León recibía quejas cada vez más frecuentes: "Es un hombre incapaz de gobernar y comete cada día mil y un arbitrariedades [...]. Hace sus compras con amenaza de fusilamiento". Maximiliano protestó ante el embajador francés por las quejas que había recibido sobre los métodos que empleaba Dupin, y tras un estire y afloje con Bazaine, Maximiliano ganó el pulso y el general francés ordena que se retire de Tampico la contraguerrilla el 2 de marzo del 65, quedando el capitán Valle a la custodia de los depósitos y al mando de 848 soldados. Reemplazado por el capitán Michel Aloys Ney, duque de Elchingen (nieto del famoso mariscal), Dupin salió de México en abril de 1865.

PATRIA 3

II

NOTA

1) Antonio García Pérez: *Estudio político militar de la Campaña de Méjico, 1861-1867*. Juan de Dios Peza: *Epopeyas de mi patria: Benito Juárez*. Luis Raymundo Hernández: *La intervención francesa en Tamaulipas, 1861-1866*. Paco Ignacio Taibo II: *La lejanía del tesoro*. Gérard Mignard: *L'Expédition au Mexique: le colonel Charles-Louis Du Pin, 1814-1868*.

149

LOS SUDANESES

Venían de Alejandría, traían a su mujer y sus hijos consigo, salieron en enero del 63. Eran 446 soldados "y un intérprete". Originalmente musulmanes y esclavos. Sudán en ese momento dependía de Egipto. Su comandante era un blanco originario de Siria que tenía el sorprendente nombre de Jabaratallah Muhamad. Su presencia en México para el alto mando militar francés tenía una lógica, siendo nativos de zonas tórridas podrían resistir mejor el clima mortífero de Veracruz. No fue el caso.

Kératry cuenta que los estacionaron en La Pulga. "Estos bravos hijos del desierto africano siempre se han mostrado tan heroicos ante el fuego como ante las fiebres tropicales [...]. Su uniforme, de una absoluta limpieza, es muy conocido en el estado de Veracruz e inspira temor a las gavillas mexicanas".

Fueron usados para combatir las guerrillas de Río Blanco que inquietaban constantemente a los convoyes franceses. Hacia el inicio del año 65 se integraron en una columna de 350 hombres (100 austriacos, 120 sudaneses y 30 mexicanos) mandada por el comandante de la artillería de marina Jean Henri Maréchal, que tuvo éxitos en tomar Tlalucayán, sacar a las chinacos de Cocuita y poner a las guerrillas a la defensiva al norte de Minatitlán.

La caída de Oaxaca había causado una fuerte desmoralización ("A la alarma sucedió el pánico, y no faltó quien, en los primeros momentos, tratara de procurarse un pasaporte del cónsul americano de Minatitlán para ponerse en salvo"), pero en la reorganización se destacó el coronel de artillería José Juan García, que en los últimos días de enero reorganizó la 2ª brigada en el Cocuite, compuesta sobre todo de guardias nacionales de esa población, Tlalixcóyam y Cosamaloápam, un piquete de caballería de Boca del Río y un pequeño grupo con más experiencia y mejor armado, los Granaderos de Zaragoza y la puso en observación de los movimientos de los imperiales de Veracruz y Medellín.

A eso de las nueve de la mañana del día 2 de marzo, la avanzada de Paso de Vaquero rectificó la noticia de que una columna enemiga compuesta de austriacos y de egipcios, mandada personalmente por Maréchal (254 según el parte francés), se aproximaba haciendo rumbo a la hacienda del Cocuite, a donde llegó y acampó como a las dos de la tarde, dejando una parte de su fuerza en la ranchería de Moyotla.

El coronel García, que había evacuado el punto porque no le gustaba para resistir al enemigo, dispuso entonces que la infantería republicana se situara en el punto denominado Laguna Larga, quedando en observación toda la caballería. Una avanzada "hizo algunos disparos imprudentemente entre siete y ocho de la noche, que si bien introdujo la alarma entre el enemigo, le advirtió nuestra presencia cerca de ese campo: el enemigo contestó con un tiro de cañón que no causó daño alguno, y tanto unos como otros pasaron la noche en vela".

Sin poder sostener un sitio, los imperiales decidieron forzar el paso en el desfiladero del Callejón de la Laja. Cuenta José Arturo Saavedra: "A las siete de la mañana del día 8, una humareda negra y espesa anunciaba que el enemigo había incendiado la hacienda al emprender su marcha de avance a Tlalixcóyam, como había incendiado la ranchería de Moyotla al abandonarla para dirigirse al Cocuite. Maréchal no podía, pues, prescindir de sus instintos de bandido e incendiario. Los republicanos a su vez ocuparon la hacienda a eso de las dos de la tarde, para cortar el paso al enemigo en terreno apropiado al caso, encontrándola casi convertida en escombros: aún humeaban las maderas de la finca y de la tienda; y el propietario de la segunda, un honrado español, [...] lloraba su ruina". Cerca de un árbol de mango yacía un soldado republicano que se había perdido o intentado desertarse, y fue asesinado.

El coronel García tenía muy enojados a sus oficiales y a la tropa porque no presentaba batalla, y tachaban de lento y poco ducho a su jefe, porque les urgía pelear. "García, hombre de calma y de juicio, y entendido en materia de guerra, si bien comprendía el sentimiento que dominaba en sus subordinados, quienes en honor de la verdad procuraban ocultarlo, no se preocupaba de ello; y luego que el enemigo emprendió la marcha, hizo él lo mismo procurando adelantársele por caminos de travesía para encontrarlo en el punto que ya tenía escogido de antemano". La emboscada estaba montada en el Callejón de La Laja con el capitán Camporada con sus infantes y reforzado por un pelotón de cazadores al frente, y el resto de la fuerza al lado opuesto apoyándose en Llano Grande. "Nuestros pobres soldados estaban hambrientos y fatigados, y sólo como a la medianoche se les mandó dar un poco de arroz para medio satisfacer el hambre. A las cinco de la mañana del 4 la neblina era tan espesa, que a esa hora aún parecía de noche, cuando el comandante Cruz, que servía de sostén a Camporada, envió un correo al coronel García participándole que el enemigo avanzaba resueltamente hacia nosotros".

Los guardias nacionales vacilaron. García colocó cinco guerrillas emboscadas y los oficiales recorrieron "toda la línea arengando y entusiasmando a la tropa [...] oíase ya el sordo rumor de los pasos del enemigo y la rodada de la pieza de artillería que llevaba, y el corazón de aquellos noveles soldados, de los cuales la mayor parte era la primera vez que iban a recibir el bautismo del fuego, latía lleno de entusiasmo y de bélico ardor". Sólo los granaderos de Zaragoza, que actuaban desde el principio de la campaña estaban preparados con la orden de disparar sobre los jefes enemigos.

Los austriacos y sudaneses llegaron a la altura de la primera guerrilla y recibieron la primera descarga de frente. "La columna contraria se desconcierta un tanto, pero se repone de la sorpresa, hace alto, y de dentro de sus filas avanza la pieza de artillería, la cual abre sus fuegos [...] sobre el frondoso bosque, que despedía fuego por todas partes, pues se habían corrido en toda la línea. La primera guerrilla, luego que abrió sus fuegos, se replegó al camino de Tlalixcóyam para flanquear al enemigo, dejando a la vez despejado el campo a fin de hacer más eficaces los fuegos de las otras, y de la reserva que ya había tomado posición y los de los cazadores que se habían diseminado por todo el bosque".

El capitán Baron del 48 de línea pierde a su caballo y cae. Los tiros eran tan certeros que casi todos los artilleros estaban a poco tendidos en tierra. Fue entonces cuando Maréchal, descubriéndose y echando pie a tierra seguido de algunos austriacos, hizo cargar la pieza, rectificando personalmente la puntería. La pieza no disparó: un tiro salido de las filas republicanas dejó muerto a Maréchal, que quedó doblado sobre el cañón; cuatro o cinco austriacos cayeron a su lado también muertos. Desmoralizados por la baja de uno de sus oficiales y la herida del otro, los austriacos se van debilitando. Lo nutrido del fuego de los guerrilleros y la maniobra con la que envuelven a los imperiales provoca la retirada con los austriacos y egipcios sable en mano y bayoneta por delante.

La caballería mexicana no puede impedir que el enemigo recojiera el cadáver de Maréchal y se replegara hacia Medellín. Las tropas de García no pudieron perseguirlos porque se les había acabado el parque y, fatigadas, se replegaron a Tlalixcóyam, reogiendo el botín y los dos muertos que habían sufrido. Las bajas francesas fueron importantes, pérdida de la pieza de artillería, 34 heridos, 71 desaparecidos. El subteniente Mohamed Alí fue decorado con la Legión de Honor y ocho soldados sudaneses recibirían la medalla militar.

Del lado mexicano, el capitán García, de la caballería de Boca del Río, fue dado de baja al llegar la columna a Tlalixcóyam, por haber permitido que sus soldados, según unos, o él personalmente, según otros, hubieran mutilado a los egipcios muertos en el combate, cortándoles las orejas, "con las cuales hicieron una sarta asquerosa nauseabunda y sangrienta".

Del batallón de sudaneses 52 murieron en Veracruz de enfermedades. El panteón donde están enterrados lleva el cáustico nombre de Sacrificios.

NOTA

1) Richard Hill y Peter How: *A Black Corps d'Elite: An Egyptian Sudanese Conscript Battalion with the French Army, 1863-1867*. José Arturo Saavedra Casco: "Un episodio olvidado de la historia de México, el batallón sudanés en la guerra de intervención y el segundo imperio 1862-1867". Antonio García Pérez: *Estudio político militar de la Campaña de Méjico, 1861-1867*. Gustave Niox: *Expédition du Mexique, 1861-1867: récit politique et militaire* (que al igual que otros autores de la época hace egipcios a los sudaneses). Sebastián I. Campos: *Recuerdos históricos de la ciudad de Veracruz y costa de Sotavento, durante las campañas de Tres Años, Guerra de intervención y el Imperio*. Los tenientes Baron y Waldej dejan testimonio en sus carnets (en el Fórum del 2° Imperio: *Capitaine Baron, Egypte et le Mexique*). Émile de Kératry: *La contraguerrilla francesa en México, 1864*.

150

PEDRO JOSÉ MÉNDEZ, EL GUERRILLERO FANTASMA

Cuentan que de niño tenías miedo a la oscuridad y no podías dormir. Habías nacido en un lugar que se llamaba o se llamaría con el maravilloso nombre de El Rancho del Enchilado, cerca de Linares, lo cual sería un problema porque ¿de cuándo acá los héroes de Tamaulipas nacen en Nuevo León? La fecha es precisa: 22 de noviembre de 1836. Estudiaste primaria en Ciudad Victoria, con interrupciones, como todo ranchero, y secundaria en Linares. Pero la muerte de tu padre, cuando tenías 16 o 17 años te obligó a dejar de estudiar y a convertirte en jefe de familia. Hubo que regresar a trabajar en el campo. ¿De dónde te salió lo liberal? Porque organizaste a un grupo de rancheros de tu finca para apoyar la Revolución de Ayutla. Sería porque leías como loco, sobre todo libros de historia. Al producirse el golpe de Comonfort tomaste partido por la Constitución y a los 21 años estabas combatiendo en la Guerra de Reforma.

No se sabe nada sobre tu intervención en el conflicto, pero debes de haber sido uno más de los muchos; el hecho es que desapareces en los últimos meses de la guerra y haces a principios de 1860 un largo viaje por los Estados Unidos; para reaparecer en noviembre de 1862 combatiendo contra los franceses cuando para obtener mulas que sirvieran para la movilización que culminó en la segunda batalla de Puebla, el barco de guerra *El Blanco* subió por el río Tamesí para atacar Tampico y ahí estabas cuando la artillería republicana, tras tres asaltos contra los barcos que remolcaba el vapor, lo hundió a metrallazos.

Y ahí nace la leyenda, porque no se puede hacer mito sin detalles menores, ni héroes sin flaquezas, el caso es que se cuenta que tu botín personal capturado arriba de *El Blanco* fueron dos gallos de pelea, pues era sabido que en cualquier lugar donde había peleas de gallos te detenías y terminabas por apostar.

En enero del 63 estuviste en los combates por Tampico colaborando a la destrucción de la cañonera *La Lance* hasta que Juan José de la Garza se hizo de nuevo con el puerto y fuiste nombrado teniente del ejército republicano. Volviste de nuevo al rancho, pero en agosto del 63 una operación combinada de mar y tierra dio a los franceses el dominio de la ciudad.

Cuando te enteraste de la caída de Tampico saliste de Villa Hidalgo y entrenando a rancheros y peones a los que les habías dado caballos a partir de septiembre hiciste una base entre Altamira y el mar para cercar y hostigar a los franceses e impedirles la entrada de víveres. La Ciudad de México había caído, los ejércitos republicanos se replegaban hacia el norte. Tampico había vuelto a pasar a manos republicanas.

En febrero del 64 Bazaine mandó a sustituir a la infantería de marina con "dos escuadrones de guerrilleros mandados por el Coronel Dupin", para intentar un nuevo ataque al puerto. Mientras tanto, tú te estabas casando en Ciudad Victoria con la potosina María de Jesús Moncayo y regresabas con ella a tu hacienda. Si fueron vacaciones, poco duraron. Días más tarde interceptaste una comunicación reservada del general García al gobernador de Nuevo León, Santiago Vidaurri, según la cual estaban de acuerdo en entregar las plazas y rendirse a los franceses.

No había manera de huir de la guerra. Formaste el Cuerpo de Fieles. Con esa escasa fuerza guerrillera hiciste rendirse a los imperiales en Ciudad Victoria y el 6 de marzo ocupaste un depósito de plata. Se vuelve a perder Victoria. No eres un soldado profesional, no acabas de entender esta guerra. El presidente Juárez te otorga la jefatura de las tropas liberales de Ciudad Victoria y Linares, y el general Negrete te asciende a coronel cuando el mocho general Tomás Mejía avanza. ¿Espera el gobierno que con una partida mal armada, sobre todo con machetes y lanzas, lo pares?

Un dibujo de la época te muestra, Méndez, elegante coronel, que más pareces estudiante con lentes de arito, un bigote recortado, lazo de moño al cuello y cejas potentes.

Los franceses y los cangrejos te persiguen. Llevas a sitio seguro a tu esposa y a tu madre y hasta a los perros. Las escondes en una cueva en la sierra. Pero para demostrar la saña que te traen queman la casa de tu madre. Hasta el escondite te envían un indulto, no, hasta dos, uno de Tomás Mejía y el otro del coronel Dupin, que le devolverás en un papel hecho pedazos.

Viajas por veredas y rehuyendo combate hasta Monterrey donde te encuentras con el presidente Benito Juárez, quien personalmente formalizó el grado de coronel y te dio plena libertad de movimientos. ¿Qué otra iba a darte? Comenzaba la era de "la chinaca".

En julio del 64 con una partida bajas hasta San Luis Potosí, vas dando pequeños combates, fogueando, consiguiendo fusiles, derrotando a una columna de imperiales. El 22 de julio arriba a Tampico un batallón argelino llamado Ligero de África; no entiendes cómo ellos, que son como ustedes, están combatiendo con los franceses, los invitas con mensajeros a unirse a las tropas republicanas, o no te entienden o no te creen.

Aunque compartieron el extenso territorio resulta sorprendente, Guerrillero Fantasma, que no hayas chocado con la contraguerrilla de Dupin, siempre actuando en diferentes partes de la región. Dupin tomó Ciudad Victoria en agosto del 64; mientras tú, un mes después entrabas en Linares (Nuevo León) y exigiste un préstamo forzoso de 10 mil pesos, lo que repetirías tres meses más tarde en la villa de Hidalgo, tu tierra natal. Te perseguían varias columnas imperialistas, al mando del coronel Valeriano Larrumbide y el coronel José Almanza con órdenes de Charles Dupin de aniquilarte.

El 13 de noviembre del 64 nace tu hija María Diana en una cueva de la sierra de San Carlos. Otros dirán que en una cueva cerca del cerro del Bernal donde andaban escondidos, huyendo. La Moncayo, tu esposa, estaba acompañada de dos guardias que le daban protección y se cuenta que al entrar a la cueva donde nacería Diana, dos tigres hambrientos se arrojaron sobre los intrusos y fueron eliminados a balazos por los guerrilleros.

A pesar de este acoso pudiste atacar sorpresivamente Linares al iniciar el año de 1865 (8 de enero), pero te han montado una emboscada y te escapas herido en una pierna y rechazado esta vez por los defensores imperialistas. Los rumores dicen que Pedro José Méndez ha muerto. Pero refugiándote en la Sierra Madre, saliste para atacar la hacienda del prefecto imperialista de Doctor Arroyo y en la huida hiciste "arder la ciudad por los cuatros costados".

Te mantenías en la sierra, "sosteniendo prácticamente solo el pabellón nacional republicano en el centro de Tamaulipas". Le escribías a tu madre pidiéndole que relave la ropa sucia y te mande 20 pesos y unos calzoncillos. "Mándenme mi garibaldi", le escribes (¿Qué es un *Garibaldi*, una gorra, un sable, una escopeta?). Sin embargo, tu soledad duró muy poco, pues al inicio de la primavera se dejó sentir en toda la región del noreste la primera contraofensiva republicana.

Las andanzas de Escobedo y Negrete fueron el aire fresco y el impulso que necesitabas. Líder indiscutible entre los rancheros del centro de Tamulipas donde te respetaban o temían, lograste volver a congregar un contingente de chinacos con los que pusiste sitio a Ciudad Victoria durante 19 días, obligando a las autoridades y adeptos al imperio a evacuar la plaza. Finalmente el 23 de abril la tomaste. Y nuevamente al movimiento, buscando y esperando el descuido del enemigo.

El 4 de junio tomaste Tula tras cuatro horas de combate frontal, una población más importante estratégicamente que Ciudad Victoria, al ser el punto de enlace entre el puerto de Tampico y la ciudad de San Luis Potosí, un eje económico vital para el imperio franco-mexicano; les tomaste parque y equipaje. Y a punta de lanza y a caballo los perseguiste haciendo 80 prisioneros con tres oficiales franceses. Juárez te enviará el nombramiento de general de brigada. Un mes más tarde desalojarás al comandante Valeé (o Valée) de Santa Bárbara.

¿Qué te hacía diferente de otros de los cientos de caudillos que dirigían las partidas de la chinaca? No la movilidad, que era común a todas, no los mitos, que a todas los acompañaban; no el valor, que era moneda de uso corriente en esa época. Era tu carácter fantasmal, tu habilidad para estar en muchos lados al mismo tiempo. Juan Manuel Torrea te llamará Guerrillero de Guerrilleros. Amigos y enemigos te conocen más allá de Tamaulipas como el Guerrillero Fantasma, pero nunca has de conocer el máximo de los elogios. El 30 de julio de 1865 el ministro de la Guerra francés le comentará en una carta al jefe del gabinete militar de los imperiales en México: "Yo no veo sin cierta admiración la resistencia de Méndez en Tamaulipas", cosa que a pesar de lo mal que escribe el ministro, debería significar que te admiraba.

Y eras capaz de las más sorprendentes hazañas. El 7 de septiembre del 65, con sólo 250 infantes paraste en la cuesta del Chamal una columna de 900 a mil franceses mandada por el coronel Deloy que acompañaba un convoy con dirección a Tula. Dos días los mantienes inmovilizados y les causas "pérdidas de consideración".

En octubre de ese año le escribes a tu esposa pidiéndole que se una contigo y añades: "Sigo haciéndole una guerra sin tregua ni cuartel al francés y al traidor, y si la mayor parte del estado ha perdido la esperanza yo la tengo en sumo grado". Combates de Linares (Nuevo León) y fantasma como eres reapareces en Pánuco (Veracruz), y en diciembre del 65 triunfas en la Cuesta del Cantón.

La presencia de Dupin en Tamulipas y su habitual salvajismo endurecieron la guerra hasta extremos brutales. Y eras terrible, nuevo general. A tus enemigos capturados les hacías escoger: ¿Matamoros (muerte por fusilamiento) u Horcasitas (la horca)? Juan de Dios Peza cuenta que "en cierta ocasión Méndez enterró vivos a varios soldados de Dupin, dejando que a flor del suelo asomaran las cabezas. Entonces provocó al jefe francés para que se viniera sobre aquel punto con el ímpetu que acostumbraba, y los cascos de los caballos rompieron, como débiles nueces, los cráneos de los prisioneros, mientras Pedro Méndez se alejaba satisfecho de su obra".

Cuenta también Peza que Dupin tenía por brazo derecho al capitán Margueritte, y tú al capitán Amador. Y un día Margueritte sorprendió a Amador, lo derrotó, lo hizo prisionero, lo colgó de un árbol y lo fusiló colgado, alejándose en seguida. Llegaste pocas horas después para descubrir que Amador seguía vivo porque una bala que le perforó el cuello abajo de la tráquea, le abrió un agujero por donde siguió respirando. Tardó meses en curase y después de muerto, porque los muertos son cabrones cuando vuelven a la vida, Amador volvió a las andadas y una noche sorprendió en un baile a Margueritte y lo hizo prisionero con todos sus argelinos. Pasó por las armas a 17 y dejó a uno vivo para que lo contara en México. La suerte del capitán Margueritte fue tremenda: "Lo fusilé, mandando yo personalmente la ejecución; le di un tiro de gracia; después, con una gran piedra le estuve machacando la cabeza, hasta dejarla como tortilla; en seguida mandé llamar al cirujano de mayor fama en aquellos contornos, y le dije: *Le doy a usted cinco horas de plazo para que saque, lo más completa posible y me la entregue, la piel de este hombre* [...]. ¡Qué lástima que le hubiera yo desbaratado la cabeza y la cara pues tenía muy buena cabellera rubia y un bigote muy espeso!".

En el 66 la Legión extranjera francesa por órdenes de su jefe Jeanningros se ha desplegado en cinco lugares tratando de mantener las comunicaciones con Tampico. El 11 de enero la sección que está en la aldea del Chamal hacia las 5:30 de la tarde recibe el ataque de tu columna que en la versión francesa tiene 600 hombres, se encierran en un reducto y durante cinco horas resisten el cerco, a pesar de los intentos de incendiar las casas cercanas y la maleza. Pierdes 40 hombres y te repliegas ante la posible llegada de refuerzos.

Sin darles demasiado reposo, el 23 de enero volviste a las andadas, Pedro José Méndez, e intentaste apoderarte del pueblo de Tantoyuquita para hacerte de un convoy valuado en 200 mil pesos que hacía la ruta Tampico-San Luis Potosí y atacaste con todo a la guarnición.

Una bala te roza la frente, avanzas machete en mano y con los tuyos llegaron al último reducto, donde se formaron tres columnas. Al intentar dirigir el ataque recibiste un tiro en el pecho. Herido gravemente cuando más empeñado estaba el combate, tus compañeros se vieron obligados a emprender la retirada, dejando bastantes muertos sobre el campo.

Y se dice, y vaya usted a saber, porque se dicen tantas cosas, que viendo la cercanía de la muerte le dijiste a tus soldados: "Me han muerto, no desmayen" y estirando la mano y señalando a donde se había celebrado el combate contra los franceses: "ahí está el camino".

Pero existe otra versión, quizá menos heroica, en la que no tuviste tiempo de ofrecer tu testamento en dos frases. Según esta, tu cuerpo quedó perdido entre los heridos y los muertos, difícil de identifícar porque vestías de la misma manera que tus chinacos y fue recogido por Pedro Mata, quien ocultó el cadáver "para no desmoralizar a la gente ni reanimar al invasor".

Según la primera versión tu brigada, huyéndole a los imperialistas, tomó el rumbo de la hacienda de Laca de Agua, buscando las faldas de la Sierra. Con la fatiga del camino, la herida se fue haciendo cada vez más grave, y al pasar el Riofrío, cerca de la embocadura de la Sierra, falleciste. Tenías sólo 29 años.

NOTAS

1) Mario Gill: *La guerrilla fantasma*. Raúl García y José Ma. Sánchez. *Tamaulipas en la guerra contra la intervención francesa*. Emilio Portes Gil: *El general y guerrillero Pedro José Méndez*. Gabriel González Mier: *Pedro J. Méndez*. Luis Raymundo Hernández: *La intervención francesa en Tamaulipas, 1861-1866*. Octavio Herrera Pérez: "Pedro (José) Méndez y los tiempos aciagos para la república mexicana, 1864-1865". Niceto de Zamacois: *Historia de México*. *Diccionario biográfico de Tamaulipas*. Armando Leal Ríos: *Linares. Hogueras de guerra*. Juan de Dios Peza: *Memorias, reliquias y retratos*. Enrique León de la Barra: "Pedro J. Méndez, defensor de la patria". Jean Meyer: *Yo, el francés. Crónicas de la intervención francesa en México, 1862-1867*. Juan Manuel Torrea: *Gloria y desastre: el sitio de Puebla, 1863*. François-Achille Bazaine: *La intervención francesa en México según el archivo del Mariscal Bazaine*. M. Penette y J. Castaingt: *La Legión Extranjera en la intervención francesa*.

2) A las pocas semanas de su muerte (31 de marzo de 1866) apareció en Ciudad Victoria un periódico clandestino titulado *La sombra de Méndez*. El Rancho del Enchilado se encuentra hoy abandonado; en la única pared de arcilla que queda puede leerse: "Por su valor, lealtad y heroísmo, la patria lo recuerda". Pero lo recuerda bastante poco aunque el aeropuerto de Ciudad Victoria lleva su nombre y también dos pueblos en Tamaulipas, situados en el Municipio de Llera y en el de Méndez con 666 y 7 habitantes, respectivamente.

3) En las grandes manifestaciones de 2014 en protesta por los asesinatos de Ayotzinapa, los estudiantes engalanaron su estatua en el paseo de la Reforma con una gran mascada roja y un cartel que decía "Vivos se los llevaron, vivos los queremos"; probablemente los muchachos no sabían quién era Méndez, que la mascada roja, símbolo de los liberales puros, era su atuendo habitual y que por lo tanto hubiera gozado este singular retorno sumado a un pueblo en lucha.

151

EL NOROESTE

Sinaloa resultaba un dolor de cabeza para la república, gobernaba el sonorense Jesús García Morales, sin apoyo de los militares liberales. En septiembre de 1864 se levantó en armas el ex gobernador Francisco de la Vega en favor del imperio, fue vencido y fusilado en El Fuerte. Un mes más tarde Antonio Rosales y Ramón Corona sacaron del gobierno a García Morales. Muy activo en la conspiración había estado Ignacio Ramírez, El Nigromante, quien en una carta a Guillermo Prieto le decía: "Conspiro con todas mis fuerzas. ¿Contra los franceses? No, hombre; conspiro contra don Benito, que se ha empeñado en salvarnos de la invasión y que se porta, por sí y por apoderado, con una poltronería que da grima… Conspiro contra un tal García Morales, o mejor dicho, conspiré, puesto que ya está fuera del gobierno […]. Rosales aceptó con alborozo; creo que hasta se enrojeció su piel amarillenta por la ictericia, y brillaron sus ojos en que dormitaba la luz de un verso hondo y sentido, aunque cojo y maltrecho. Corona no fue tan fácil de convencer: le repugnaban el cuartelazo, la infidencia y el pronunciamiento". El zacatecano Antonio Rosales de 42 años fue nombrado gobernador. Era uno de esos comunes hombres de la Reforma, abarrotero, literato, periodista y estudiante de leyes en el seminario de Guadalajara, soldado de las milicias de Sinaloa.

En la ofensiva francesa sobre el norte, Ramón Corona que actuaba dentro de la división de López Uraga, oliéndose la traición protagonizó una fuga difícil para cubrir los 170 kilómetros hasta Sinaloa junto a un grupo de amigos, huyendo de los imperiales y evitando el encuentro con Lozada.

El 13 de noviembre del 64 el capitán de navío Kergrist, al frente de dos compañías de tiradores argelinos de guarnición en Acapulco, se presentó frente a Mazatlán amparado por una poderosa escuadra. Desbordados por el número de los enemigos y el cañoneo de la escuadra, los republicanos abandonaron Mazatlán. Los franceses izaron su bandera en la ciudad indefensa. Por si esto fuera poco, Lozada se dirigía apresuradamente por el camino del Rosario a la cabeza de 3 mil indios, que los liberales calificaban como "chusma", pero también un millar de combatientes "bien vestidos, bien organizados, bien armados y sujetos a una disciplina regular, mandados por oficiales que habían pertenecido a las tropas reaccionarias de Miramón y Márquez". Con la ciudad tomada, el caudillo de la insurrección indígena regresó a Tepic, tras haber chocado con las tropas de Rosales en El Habal.

Las tropas de Corona y Rosales mantuvieron el puerto bajo acoso de partidas de guerrilleros. Los franceses dominaban penosamente Mazatlán, con una guarnición de tan sólo 320 hombres, cercada por el coronel Rosales y una muchedumbre pobremente armada, que a fuerza de voluntad pudieron llegar en uno de los combates hasta un paso tan sólo de las piezas de artillería. El 16 de diciembre del 64, 230 tiradores, mandados por el comandante Manier, forzaron el bloqueo, lograron entrar en la plaza tras un fuerte enfrentamiento y el cerco se aflojó. Los jefes republicanos se reunieron en El Quelite y acordaron separarse, por un lado Rosales, por el otro Ramón Corona, y hacer a los imperiales guerra de guerrillas.

Una semana más tarde prosiguiendo su ofensiva el coronel Gazielle, comandante del *Lucifer*, desembarcó en Altata, para tomar la capital del estado, Culiacán, en una operación sorpresiva con 500 franceses e imperiales mexicanos mandados por un general español naturalizado mexicano llamado José Domingo Cortés. Advertidos los republicanos, el coronel Antonio Rosales y su segundo Joaquín Sánchez Román salieron al frente de 400 hombres. Irineo Paz contaría: "Entre los que vieron salir a las tropas de Culiacán el 19 de diciembre, los unos, los amigos, los contemplaban con ternura, con lástima y decían en su interior: *No volverán*".

Mientras situaba al grueso de su columna a unos 15 kilómetros del puerto, el escuadrón Guías de Jalisco, mandado por el mayor Tolentino comenzó a hostilizar al enemigo durante la noche. Al amanecer del 22, mientras los lanceros se replegaban disparando sus carabinas, los franceses marcharon al encuentro de la columna que los estaba esperando en un lugar llamado San Pedro.

Tras un brevísimo duelo a cañonazos, los franceses cagaron esperando que los hombres de Rosales se dispersaran, pero los recibieron con descargas cerradas. Siguiendo la narración de Paz, "pero en esos momentos dos disparos de metralla derribaron a 15 de sus hombres, viéndose en el acto el pavor retratado en los demás que ya no quisieron avanzar. El mismo jefe vaciló [...] y ese momento de vacilación en las batallas suele costar muy caro", pero su segundo, Granados, dirigió una carga a la bayoneta por el flanco derecho de los franceses, y aunque algunos comenzaron a rendirse, un oficial francés hirió a Granados en el pecho. "Rosales como último recurso, ordenó que el escuadrón Guías de Jalisco diera una embestida a lanza por el flanco derecho. El pequeño cuerpo que había estado oculto tras unos matorrales salió al descubierto y dio una carga terrible, de esas que no se pueden resistir. Los franceses seguían batiéndose por el camino en el mejor orden, aunque siempre en retirada. Los mexicanos que los acompañaban fueron los únicos que se desbandaron y los primeros que se refugiaron en el buque de guerra que estaba esperando [...]. Rosales avanzó sus cañones, la poca caballería republicana con que contaba siguió lanceando y no fue posible a los franceses hallar un punto de reunión".

El coronel Gazielle fue capturado, con todo y caballo árabe, que los lanceros de Jalisco lamentaron estuviera herido. Las bajas de los imperiales fueron muy grandes: cerca de 50 muertos y heridos y 85 franceses y argelinos presos, entre ellos siete oficiales y su comandante y 120 traidores. Perdieron dos piezas rayadas de montaña, todo el material de guerra, ocho caballos árabes (que resultaban muy estimados por los chinacos) y algunos equipajes y provisiones. Las bajas de la brigada de Rosales llegaron a los 40 muertos y muchísimos heridos. Por esta acción Juárez envió a Rosales el nombramiento de general de brigada.

Bazaine había ordenado al general Armand de Castagny hacerse cargo de las operaciones en Sinaloa; saliendo la vanguardia de Durango, en el camino supieron la derrota de San Pedro. Llevaba tres compañías de vanguardia, una columna del 51° y el 62° de línea, tres batallones y convoyes con hornos de campaña, víveres y municiones.

Armand-Alexandre de Castagny, nacido en Bretaña en 1807, tiene por tanto casi 60 años, es un soldado napoleónico de la viaje escuela (ya combatió en el sitio de Amberes en 1832). Durante el segundo imperio participa en todas las guerras de Napoleón III. Guerra de Crimea donde asciende a teniente coronel. Su coraje le hace recibir numerosas citaciones y condecoraciones. General de brigada en Italia donde dirige a los zuavos y la Legión Extranjera. Es el primero en entrar en Magenta. Perdió la mitad de la mano izquierda en el 43. En el 49 se casa con la rica heredera del director del banco de Francia en Estrasburgo. Más tarde estará en Argelia. En México participa en el sitio de Puebla y será general de división en 1864. Es particularmente querido por Bazaine por la velocidad de la marcha hacia Monterrey.

Castagny se enfrentará a las guerrillas de Ramón Corona. Pocas veces dos biografías se contrastan de manera tan brutal. Como es frecuente, en esta historia el héroe de Sinaloa es jalisciense (más bien nayarita, pues nació en Puruagua, una ranchería de Tuxcueca en el 4º cantón de Jalisco en octubre de 1837), de tal manera que cuando se produce esta narración tiene 27 años. Es autodidacta, sólo pudo estudiar un año en Guadalajara y algo en Tepic. Trabaja en la adolescencia como comerciante, y cuando a los 15 años muere su padre, entra a trabajar en el Mineral de Motaje. Corona forma parte de los clubes liberales y en el 58 se integra a las milicias para combatir en la Guerra de Reforma. Será la punta de lanza en el enfrentamiento casi continuo contra la insurrección de Lozada, donde será herido en la frente en Pochotiltán en una emboscada. Antonio Albarrán cuenta que, además de ser un militar improvisado, "mostraba una resistencia extraordinaria a las fatigas. No parecía tener hambre sino cuando había qué comer; no sentía el sueño sino cuando había de dormir; no reparaba en la sed sino cuando la casualidad les deparaba algún manantial".

El 1º de enero de 1865 la vanguardia del general Armando de Castagny, el asesino de Ghilardi y de José Ma. Chávez, al mando de 2 500 soldados franceses, se aproxima al paso del Espinazo del Diablo, en la Sierra Madre Occidental, había recorrido 350 kilómetros cruzando la serranía, por un camino malo hasta para las mulas.

Ramón Corona, que mantenía un cerco irregular sobre Mazatlán, alertado del avance de los franceses desde diez días antes, ha tomado posiciones en cuatro de los pasos de montaña, relativamente alejados uno de otro. Cuenta con tres batallones, porque se ha tenido que desprender de uno para evitar la salida de los cercados en el puerto, que se "componían de 600 hombres, pero de estos sólo estaban armados 350; el resto sin armas, me·servía para los trabajos de fortificación, así como para obstruir los pasos"; en el Espinazo quedarán 200 hombres armados y 50 sin armas, que Toral define como "hambrientos y desarrapados".

Corona cuenta en su parte: "El enemigo permaneció acampado por algunos días a la vista de nuestras posiciones, en espera, según estoy informado, de refuerzos que pidió a Durango; entretanto, no se dejó de hostilizarlo en su campamento, por una pequeña fuerza al mando del ciudadano capitán Teófilo Noriega, causándole algunos males. En efecto, el día 31 del próximo pasado llegó a su campo más fuerza, haciendo un total de 800 hombres, todos franceses, con dos piezas de artillería y el día 1º a las siete de la mañana, emprendió su ataque decisivo por ambos flancos de nuestras posiciones".

Tres columnas de asalto se movilizaron para arrojarlos de la cresta mandadas por el coronel Garnier y apoyadas por artillería. Durante cuatro horas las fuerzas de Corona resistieron a pesar del "poco parque con que se contaba". Finalmente su carga a la bayoneta les permitió tomar el centro de las barricadas; eso, sumado a la presión de los flancos, provocó la dispersión de los defensores. Corona se salvó arrojándose a un barranco. No hubo un reporte de las bajas, pero Corona pensaba que los franceses habían "sufrido una pérdida de mucha consideración". Y entonces el coronel Garnier dio la orden, que habría de provocar el tipo de guerra que se haría en Sinaloa en los siguientes meses, de fusilar a 14 republicanos prisioneros, incluyendo a un joven de 13 años que había participado desarmado en el combate y que era el secretario del coronel Ramón Corona. ¿Fue una decisión de Garnier o seguía órdenes de Castagny, que en sus campañas de África había cometido ese mismo tipo de atrocidades?

El 7 de enero el coronel Garnier, a la vanguardia de la división de Castagny, entró en Mazatlán, donde rápido adquirió fama de puritano, porque odiaba los excesos del alcohol y la glotonería. Había dejado tras de sí, en un pueblo llamado Veranos, a 50 kilómetros de Mazatlán, 150 hombres del 7º batallón de cazadores de Vincennes y 50 arrieros mexicanos armados, que conducían 600 acémilas cargadas con dinero y mercancías, para que después lo siguieran.

En la noche del 10 al 11 con los batallones que no había intervenido en El Espinazo y como dice Irineo Paz, utilizando "la perspicacia más que sus elementos", Corona dio la orden de atacar a la columna de retaguardia de Castagny. Los franceses se habían fortificado en la iglesia y usaban dos casas vecinas para crear un triángulo defensivo. Al caer la noche los liberales abrieron fuego de fusilería.

"Los Cazadores de Vincennes, cubiertos con sus pequeñas trincheras de ladrillos, con una rodilla en tierra y con el arma vigorosamente embrazada, recibían como soldados de bronce, en las puntas de sus marrazos, el formidable empuje de los caballos". En esos momentos llegó a la línea de combate el general Ramón Corona. Albarrán diría que era la imagen de "la fría indiferencia" y añadiría: "Este hombre tiene en la pelea cara de palo. Ni cambia de color ni se conmueve".

Corona ordenó trasladar a sus heridos a El Verde, y mandó un destacamento para cortar el camino a Mazatlán donde se encontraba el grueso de las tropas del general Castagny que ya estaba en el puerto. Inmediatamente después ordenó una segunda carga con caballería e infantes. Los franceses que se habían refugiado en la iglesia intentaron una salida fallida.

Corona mandó al coronel Ángel Martínez que diera el último ataque por los techos de las casas y al mismo tiempo una columna asaltaba la iglesia. Fracasaron los franceses que intentaron salir a bayoneta. El destacamento fue masacrado con la excepción de unos pocos que lograron huir hacia los bosques. Quedaban prisioneros tres oficiales, 57 soldados de Vincennes y 40 arrieros mexicanos. Al tratar de recuperar los dineros de la pagaduría francesa, una parte se había fundido en el incendio, "y no había que perder un tiempo precioso en recoger lo que se había salvado del desastre"; aun así se rescataron 10 mil pesos, la mitad de los cuales se le entregó a la tropa.

A las dos de la mañana se procedió a la evacuación de Veranos. Los heridos fueron llevados a Concordia. La columna con los presos y el grueso de la brigada de Corona se reunieron en el pueblo de Jacobo.

Cuando Castagny pudo llegar a Veranos desde Mazatlán recuperó 14 soldados y dos oficiales dispersos y encontró 17 cadáveres. De inmediato ordenó quemar lo que quedaba del pueblo. Según el parte oficial 150 franceses habían resistido ante 600 mexicanos (que en realidad no habían sido más de 200). Pero pronto circularon nuevas versiones. El médico militar Jules Aronsshon contaba que los oficiales no habían colocado centinelas y se habían encerrado en una casa para cenar dejando a los soldados sin dirección en el momento del ataque. La versión oficial se sostuvo.

Según fuentes republicanas Corona había mantenido a los prisioneros para provocar una persecución y atraer a las tropas de Castagny a una emboscada, pero después de conocer el incendio del pueblo convocó a un consejo de guerra que basado en lo que había sucedido en Espinazo del Diablo ordenó ahorcar a los 70 prisioneros franceses y no fusilarlos (por la falta de parque que existía en esos momentos) en un lugar llamado El Pozo Hediondo. A los ahorcados les pusieron en el pecho un letrero que decía: "Gabachos puercos".

La reacción fue brutal. Se oyó decir a un oficial extranjero: "No es Crimea ni tampoco Italia, no es más tiempo para la guerra de caballeros. Vamos a cortar cabezas y a quemar pueblos como en África".

Castagny dejó una fuerte guarnición en Mazatlán, mandó un batallón de tiradores argelinos a San Blas y organizó dos columnas volantes para intentar localizar a las fuerzas de Corona, que los evadieron sin mayores problemas utilizando la protección de las comunidades y su red de exploradores.

El 8 de febrero del 65, el teniente coronel Cottret, del 62 de línea fue enviado con nueve compañías, una sección de montaña y un pelotón de cazadores de África para castigar al distrito de San Sebastián, donde los republicanos de Corona contaban con amplias simpatías. Las ciudades de Presidio y San Sebastián fueron saqueadas e incendiadas al igual que el rancho del Barón, el pueblo de Malpica; en seguida se hizo lo mismo con Guásimas.

Otra columna destruía al mismo tiempo el Verde, Santa Catarina, Jacobo, Siqueros y El Naranjito (al norte de Copala, llamados respectivamente Zigueros y Naranjas por los franceses). El capitán Jules Bocjet escribiría: "Todo el país fue quemado, saqueado. Pusimos los hombres válidos en una fila, ordenábamos salir al primero, al quinto, al décimo al azar. Fusilados. De esa excursión nuestros hombres regresaron cargados de onzas y de pesos que encontraron en las casas saqueadas".

El 10 de febrero Castagny, en Mazatlán, proclama: "La hora de la justicia ha llegado. Y un castigo riguroso pesa en este momento sobre el distrito de Concordia. Que este ejemplo os haga pensar". Y en la noche del 11 al 12 de febrero ordena incendiar el pueblo de Concordia y otras rancherías cerca de Mazatlán. Las comunidades contaban que franceses y lozadistas entraron en Concordia y casa por casa registraron la población para robar, asesinar hombres, violar mujeres e incendiar lo que quedaba; muchos pobladores se refugiaron en el templo y en la casa de un comerciante español, pero los franceses les prendieron fuego y dispararon sobre los que huían de las llamas. La operación estuvo a cargo del intendente militar Jean-Baptiste Billot, nacido en 1828 en la región de Correze, vigésimo hijo de un campesino y edecán de Castagny. No sólo Concordia sufrió, también Santa Catalina, Copala, Villa Unión y Aguacaliente de Gárate. De Matatán y la hacienda del Tamarindo sólo quedaron cenizas. En El Zopilote mataron a mujeres y niños. Un oficial francés registraba que al menos se quemaron 30 rancherías y el capitán Georges Crist, avergonzado, escribiría: "El águila del imperio es un ave de rapiña".

Desde Mazatlán se hicieron frecuentes incursiones. Nuevos desmanes franceses en el camino del Rosario, quemando casas de personas acusadas de ser liberales. Un oficial le escribe a su hermano que había cambiado su "espada por el cuchillo del esclavo matón". Y otro añadía: "Y quemamos todo lo que se podía quemar".

Castagny instalado en Mazatlán como nuevo señor feudal traía una guardia personal de indígenas coras y huicholes con taparrabos, arcos y flechas. Su táctica de tierra arrasada no estaba dando resultados, el 16 de febrero le escribía a Bazaine: "El imperio no atrae nadie a su causa y los proyectos que se atribuyen a Francia de apoderarse de Sinaloa, Sonora y Baja California, excitan al partido de la independencia". La barbarie generaba odio.

Bazaine apoyó las operaciones de Castagny y envió a Lozada, que llegó a Rosario el 5 de abril y el 11 sostenía un reñido encuentro contra las tropas de Corona que, sin abastecimientos de armas y municiones, fueron arrolladas. Hacia mayo Corona disolvió su brigada, permitió que algunos de sus combatientes simularan rendirse siempre que estuvieran dispuestos a reincorporarse cuando los convocara. Rosales renunció al gobierno de Sinaloa (o fue depuesto por Corona, en esto las fuentes son contradictorias), siendo nombrado el coronel Domingo Rubí.

Entre tanto, Castagny avanzó hacia el Pacífico norte y el 29 de marzo del 65 la flota naval del Pacífico: el *Lucifer*, *Palias*, *Assas* y *La Cordeliére*, se presentó ante Guaymas e inició el bombardeo; la expedición, que constaba de diez compañías del 1º de línea y una sección de artillería de montaña, desembarcó sin que Patoni opusiese resistencia, incapacitado para la defensa por falta de artillería. Así los franceses privaban al gobierno republicano de los recursos del puerto y rompían su comunicación con la costa oeste de Estados Unidos.

En mayo el coronel Garnier, con una rápida maniobra nocturna, atacó el campamento de Ignacio Pesquiera, a 30 kilómetros del puerto, y los obligó a replegarse a Hermosillo. Bazaine le dio instrucciones a De Castagny para atraer a las tribus yaquis y mayos, en permanente conflicto con el gobierno, y este autorizó al coronel Garnier para que hiciera "todos los gastos convenientes", armara 500 indios, estableciera sueldos y reconociera a un general de las tribus.

El 29 de julio Garnier entró en Hermosillo, abandonada por Pesqueira. Ha logrado una alianza con grupos de las tribus Pima, Pápagos, Ópatas, Yaquis y Mayos, que agraviadas por los caudillos militares sonorenses el 15 de agosto se pronuncian en Ures a favor del imperio y reconocen a Maximiliano. Perseguido por los indios Pesqueira se retira a Ures y luego a Arispe.

Rosales, con los restos de su brigada, había viajado a Sonora para frenar el ataque imperialista, pero el 22 de septiembre del 65 en Álamos es sorprendido junto con un centenar de hombres por el jefe imperialista José Almada, y muere dos días más tarde en combate. Mientras tanto, Corona había abandonado el estado y marchado hacia Durango con tropas de Sinaloa y Jalisco. El 21 de junio del 65 lo ascienden a general de brigada. Pero recibe contraorden y regresa a Sinaloa para hacer guerra de guerrillas y volver a hostigar de nuevo Mazatlán. ¿Qué podía lograr con sus mermadísimas fuerzas?

Sinaloa está perdida, toda Sonora está en manos de los imperialistas.

NOTA

1) Ireneo Paz: *Hombres prominentes de México y Maximiliano*. El parte de Rosales sobre San Pedro en Benito Juárez: *Documentos, discursos y correspondencia*. Niceto de Zamacois: *Historia de México*. Francisco Bulnes: *El verdadero Juárez y la verdad sobre la intervención y el imperio*. Jean-François Caraës: *Le Général de Castagny, 1807-1900, servir dans l'armée française sous le second empire*. Eustaquio Buelna: *Breves apuntes para la historia de la guerra de intervención en Sinaloa*. Antonio Albarrán: "Ramón Corona" en *Liberales ilustres mexicanos de la Reforma y la Intervención*. Alejandro Hernández Tyler: *Combate de Veranos*. Jean Meyer: *Yo, el francés. Crónicas de la intervención francesa en México, 1862-1867*. Juan José Rodríguez Prats: "Noticias de nuestro imperio". Jesús de León Toral: *Historia militar: la intervención francesa en México*. Marta Lilia Bonilla

Zazueta: *La derrota de la intervención francesa en Sinaloa y su héroe*. Jean-Baptiste Billot: *Histoire de l'Ecole Supérieure de Guerre*. François-Achille Bazaine: *La intervención francesa en México según el archivo del Mariscal Bazaine*. José María Vigil: *La Reforma*. Miguel Galindo y Galindo: *La gran década nacional o Relación histórica de la Guerra de Reforma, intervención extranjera y gobiernos del archiduque Maximiliano, 1857-1867*. Antonio García Pérez: *Estudio político militar de la Campaña de Méjico, 1861-1867*. Gustave Niox: *Expédition du Mexique, 1861-1867: récit politique et militaire*. Ralph Roeder: *Juárez y su México*. Sobre Corona: José María Vigil y Juan B. Hijar y Haro: *Ensayo histórico del Ejército de Occidente*. Ireneo Paz: *Hombres prominentes de México*. Existen además dos buena novelas: *Las batallas del general* de Martín Casillas y *El general Corona*. *Una aproximación novelada* de Clara Guadalupe García.

152

LA CAÍDA DE OAXACA

Desde agosto de 1864 Bazaine imaginaba la campaña para acabar con la División del Sur de Porfirio Díaz en Oaxaca. Su jefe era el general Brincourt en el sur de Puebla, cuyas avanzadas llegaban hasta los límites de Oaxaca, cerca de Nochixtlán, al que le pedía "prudencia excesiva en la concepción del movimiento que pueda hacer; atrevimiento y prontitud en la ejecución".

No era gratuito lo de la prudencia. Porfirio Díaz contará: "A las nueve de la mañana del 10 de agosto (dejando atrás a Escobedo con la orden de replegarse a Oaxaca si ganaban los franceses) llegué a San Antonio Nanahuatipan sin que el enemigo [...] hubiera tenido noticia de mi marcha y lo batí bruscamente haciéndole mucho daño a una compañía del batallón 7º de línea que se lavaba en el río, pero como los soldados franceses tenían ahí mismo sus armas en pabellón, después de la sorpresa, hicieron una defensa muy vigorosa y replegándose hacia la iglesia, dejaron en el campo la mayor parte de sus vestidos y sus mochilas y muchos muertos desnudos, pues desnudos combatieron". Los franceses, que aseguraban exagerando que Díaz había llevado al combate 2 mil hombres, reportaron cinco muertos y 30 heridos.

Poco después, las tropas de Giraud, que habían llegado de Orizaba, chocaron de nuevo contra la brigada de Porfirio causándole muchas bajas. Se decía que Porfirio Díaz estaba herido en el cuello, así como el teniente coronel Terán y el comandante Guillermo Haff. Pero lo peor eran las deserciones. El comandante De Brian reportaba que "numerosos desertores se encuentran en todas partes en pequeños grupos; algunos han llegado aquí; otros recorren el campo, inquietos por su posición; y para reunir todos los restos, si es posible, he hecho publicar que todo desertor me será presentado en presencia de los habitantes de la ciudad; que todos podrán comprobar nuestra intención de devolver a los unos y a los otros su plena libertad [...] he añadido que se proporcionarán socorros de viaje, que las armas serán pagadas, si las traen". Lo que demostraba lo endeble del ejército que Díaz había reunido, cuyos cuerpos más fogueados, los norteños (de Escobedo o de Treviño) y los sinaloenses, no querían combatir en la zona y acabarían por retirarse para seguir la guerra en sus regiones con el profundo enojo de Díaz.

Sin embargo, Bazaine, concentrado en el norte, pospuso indefinidamente la campaña de Oaxaca y ordenó que las tropas de De Brian y Giraud replegarse y reforzar las columnas que operaban en el norte. Al menos hasta octubre y noviembre del 64, en que se dedicaron a ensanchar caminos, arreglar pendientes, rellenar surcos del camino que llevaba de Tehuacán en Puebla a Oaxaca y de otra mala ruta que conectaba Acatlán, en la frontera de Veracruz y Oaxaca a Huajuapan, donde había una guarnición republicana de tan sólo 200 hombres.

Los ataques de las guerrillas no afectaron mayormente las obras. Díaz confirma: "Después de algunos meses de pequeños tiroteos, en que no se conseguía más resultado práctico que el de hacer difícil el trabajo de construcción de las carreteras, me vi obligado a replegar".

Al inicio del 65 y costando una fortuna, 4 millones de pesos sólo en transporte, Bazaine dio la orden de iniciar la campaña de Oaxaca. Todas al mando del general Courtois d'Hurbal, tres columnas que confluirían en Acatlán comenzaron a marchar: la principal, con los convoyes y el parque de sitio, partiría de Puebla, una desde Orizaba seguiría Teotitlán y la otra desde la Ciudad de México y pasando por Cuernavaca, Morelos y Matamoros.

Todo este despliegue obedecía a la información con que contaba Bazaine de que (como dice García Pérez) Oaxaca "había sido fortificada hábilmente; las casas del recinto exterior, reducidas a escombros, ofrecían seguro asilo para los mexicanos y obstáculo enorme para los franceses; antiguos conventos de gruesas paredes servían de magníficos reductos; derruidos edificios formaban poderosos núcleos de resistencia; víveres abundantes y 7 mil hombres" bajo el mando de Díaz. Irineo Paz narraría: "Sí, señores: vienen el mariscal Bazaine, siete generales y quién sabe cuántos coroneles; por lo menos son unos 18 mil hombres de tropas francesas, sin contar con algunos cientos de traidores que les sirven de guías y también de carnaza".

El 12 de diciembre del 64 Courtois d'Hurbal llegaba con su columna a Juchitán; ha reunido 5 800 combatientes y se ve obligado a dejar atrás la artillería de sitio. El 17 de diciembre llega esta columna a San Francisco Huiszo, donde se le suma un refuerzo llegado de Orizaba, y al día siguiente a Etla, donde choca con una fuerza de caballería mandada por Félix Díaz y muere el coronel francés Loire. Ante el avance de fuerzas superiores, el Chato Díaz se repliega.

Porfirio ordena que el escuadrón de su hermano siga hostigando a los franceses el 8 de enero del 65 y ataque sus convoys, pero parte de la caballería se desbandó, y de dos batallones de la Guardia Nacional uno se pronunció por el imperio y otro se negó a combatir. Félix ni lo intenta y regresa a Oaxaca. Porfirio se lamenta: "Desde entonces ya no conté con el apoyo de la caballería fuera de la plaza". Las deserciones hicieron que ordenara ejecuciones, "uno de cada cinco" cada ocho días, pero eso sólo logró debilitar la lesionada moral de su ejército.

El 15 de enero hubo un enfrentamiento en la hacienda de Aguilera. Díaz lanzó varios batallones sobre un destacamento francés, pero tuvo que replegarse a la llegada de refuerzos. Un día más tarde Bazaine llegó a Etla acompañado de algunos escuadrones y del jefe de Estado Mayor general Osmont, después de haber recorrido 500 kilómetros en 12 días. Jeanningros con la Legión escoltó el convoy de artillería, 380 kilómetros en 22 días cruzando barrancas, cargando obuses a lomo de mula; las piezas de artillería pesada arrastradas por cinco y seis pares de bueyes y por 40 o 50 hombres tirando de cuerdas fijas amarradas a los ejes.

El 16 de enero de 1865 Bazaine se unía al general Courtois d'Hurbal y un día más tarde se iniciaba el cerco de Oaxaca con 12 compañías de la Legión, un batallón de cazadores de África, dos batallones del 3º de zuavos, una compañía de zuavos montados, tres escuadrones de caballería ligera, cuatro escuadrones mexicanos, una batería de a cuatro, otra de 12, cuatro secciones de artillería de montaña y una compañía de ingenieros.

Las cifras de combatientes de Porfirio Díaz dentro de la ciudad han variado según los narradores en un recuento que parece lotería, llegando de 7 mil a 4 mil, a 2 800, más los 700 jinetes de El Chato fuera del cerco. Si se toma la futura cifra de capturados posteriormente el número de combatientes debería de estar cerca de los 4 mil, la mitad de ellos del nuevo ejército y la mitad milicianos mal armados. Pero los franceses seguían sobrevalorando a Porfirio y, sobre todo, combatían con el fantasma del sitio de Puebla del 63. ¿Iba Oaxaca a ser una nueva Puebla?

Bulnes acusaría a Díaz de haber caído en una trampa absurda. Si no tenía fuerzas para defender Oaxaca, debería haber salvado lo mejor de su ejército. ¿Por qué no se evitó el sitio para poder seguir haciendo guerra de guerrillas? Porfirio ofrecerá una explicación: de hacerlo se hubiera quedado sin cañones, sin municiones, no había mulada para sacarlas. No podía llevar víveres y no tenía dinero. El argumento no era muy sólido, porque de perderse la ciudad esa artillería igual se perdería.

Oaxaca parecía una ciudad dispuesta a sostener un prolongado sitio: 37 kilómetros de línea, formando un vasto reducto cuadrado, cuyos baluartes los constituían cuatro fuertes conventos, y con una línea de casas fortificadas, con comunicaciones cubiertas que enlazaban el recinto y barricadas en las principales avenidas. Además, en el recinto exterior se había construido un fuerte de mampostería llamado Zaragoza en el cerro de la Soledad; la obra de campaña Libertad, un reducto cuadrado de tierra en el cerro del Dominante; a lo que había que sumar loberas, alambradas.

El 17 de enero del 65 comenzaron los franceses los trabajos de circunvalación al iniciarse la construcción de la primera paralela. La caballería de Félix Díaz y la artillería de los fuertes y conventos, por otro lado, intentaron inútilmente detenerla. Con toda lentitud el cerco se fue afinando. Bazaine pretendía ganar la batalla con las menores bajas posibles.

Dos baterías construidas en los cerros Pelado y Mojote rompieron el fuego sobre la plaza el 4 de febrero, utilizando morteros de 14 pulgadas; cubiertos por ellos, los zuavos llegaron a los arrabales de la ciudad. En la noche del 5 al 6 de febrero y a 250 metros del cerro Dominante se estableció una cestonada, que al día siguiente apareció convertida en una batería que lanzaba fuego.

Se estaban produciendo muchas deserciones. La desmoralización era profunda entre los sitiados. "Los traidores que había dentro de la plaza, es decir, los conservadores, fomentaban el desaliento de la guarnición ya sembrando el terror anunciando que los defensores de la independencia serían pasados por las armas, ya prometiendo recompensas a los tránsfugas". El coronel Modesto Martínez deserta pero lo matan al cruzar la línea enemiga tomándolo por espía.

Entre el 6 y el 8 de febrero 400 disparos de mortero habían impactado en el centro de la ciudad. Bazaine resuelve entonces dar un ataque general que se haría la madrugada del día 9 de febrero.

Pero en la noche del día 8 de febrero, sorprendiendo a enemigos y amigos Porfirio Díaz con una pequeña escolta cabalgó hasta el cuartel general de Bazaine para entrevistarse con el general enemigo, habiéndole enviado el día anterior una carta.

El capitán Blanchot cuenta que Porfirio Díaz fue conducido a presencia del mariscal Bazaine y le dijo que: "La plaza ya no podía defenderse y estaba a su disposición" y pidió condiciones para la rendición. Bazaine respondió que sólo admitía la rendición incondicional. Aunque algunas versiones insisten en decir que Porfirio ofreció reconocer al imperio, Díaz en sus *Memorias* será categórico: "Yo no reconocía ni me adhería al imperio".

Esa noche Porfirio Díaz durmió en la hacienda de Montoya, no lejos de los catres del mariscal y de otro oficial francés. En la mañana del 9 fue escoltado por los cazadores de África a la ciudad de Oaxaca, donde el ejército republicano se había reunido en el centro. Anunció la rendición con una voz que "temblaba con la emoción". Cuatro mil hombres se entregaron.

Díaz fue conducido preso a Puebla. El Ejército de Oriente había desaparecido totalmente, no quedaban más que débiles grupos (la guerrilla de Figueroa abandonó la ciudad antes de la rendición para seguir combatiendo y los restos de la caballería del Chato Díaz estaban fuera de Oaxaca). Los rumores de que Porfirio había sido fusilado llegaron a Francia y Forey en un discurso comentó: "No ha tenido más que lo que se merecía".

NOTAS

1) Gustave Niox: *Expédition du Mexique, 1861-1867: récit politique et militaire*. François-Achille Bazaine: *La intervención francesa en México según el archivo del Mariscal Bazaine*. Brigitte Hamann: *Con Maximiliano en México: del diario del príncipe Carl Khevenhüller. 1864-1867*. Mark Moreno: *World at War: Mexican Identities, Insurgents, and The French Occupation, 1862-1867*. Porfirio Díaz: *Memorias*. Francisco Bulnes: *El verdadero Juárez y la verdad sobre la intervención y el imperio*. Ireneo Paz: *Maximiliano*. Carlos Tello Díaz: *Porfirio Díaz, su vida y su tiempo. La guerra, 1830-1867*. Ignacio M. Escudero: *Historia Militar del general Porfirio Díaz*. Antonio García Pérez: *Estudio político militar de la Campaña de Méjico, 1861-1867*. M. Penette y J. Castaingt: *La Legión Extranjera en la intervención francesa*. Jesús de León Toral: *Historia militar: la intervención francesa en México*.

2) Años más tarde, cuando Díaz le confesó a Ángel Pola que Bazaine estaba dispuesto a traicionar a Maximiliano, Bazaine contestó públicamente refiriéndose a la reunión previa a la rendición de Oaxaca: "No debía usted haber olvidado que la víspera de la rendición de Oaxaca, vino usted a pasar parte de la noche en mi Cuartel General, contrario a todas las leyes militares y que hubiera estado en mi derecho de tratarlo como un insurrecto, en lugar de hacerlo como prisionero de guerra. Si yo hubiera hecho publicar su carta referente a esa entrevista, carta que está en mi poder, no hubiera llegado usted a la Presidencia". Una versión sin mayor sustento dice que Bazaine ordenó fusilar a Porfirio, pero la intervención de Justo Benítez le salvó la vida.

153

IGNACIA

Te llamabas Ignacia Riechy y habías nacido alrededor de 1816 dentro de una familia de gachupines ricos de Guadalajara. De las pocas definiciones que tenemos de tu juventud es que eras nerviosa y de complexión robusta. De los Ríos irá más allá: "Carácter ultra romántico con un gran fondo de pudor y honradez". Lo de la honradez es claro. ¿El pudor es un signo de timidez? ¿Y el ultrarromanticismo? ¿Algo así como que no aceptas los terribles límites de una sociedad reaccionaria y masculina como la de Guadalajara?

Cuando la ciudad está en manos de los cangrejos durante la Guerra de Reforma, eres espía y correo de los liberales con todos los riesgos de detención y cárcel. Al iniciarse la Intervención francesa le dices a cualquiera que te quiera oír que quieres salir a combatir; amigos y parientes tratan de convencerte, que mejor enfermera, que las labores de tu sexo… Te entrevistas con el gobernador, le propones formar un batallón de mujeres. Te ve como si estuvieras loca y te convence de que organices una junta de caridad para el socorro a los heridos, una junta de caridad que fracasa.

Harta ya, cuando los franceses están a punto de salir de Veracruz hacia Puebla en el 62, consigues ropa de hombre, una blusa ancha que te llegaba a la rodilla. Alguien te regala unas botas y una pistola y sales de Guadalajara. Rumbo a la guerra. Te sumas al Ejército de Oriente, como ayudante del general Arteaga. ¿Quién sabe a cuántos has tenido que convencer y a cuántos otros engañar para que te dejen ir a la primera línea en el primer combate? Y en la primera derrota. Serás capturada en las Cumbres de Acultzingo por los franceses, llevada a Orizaba, vejada. A nadie has contado si te soltaron o te fugaste. Ha pasado un año y apareces de nuevo por Guadalajara, estás "hecha casi un esqueleto", cuentas que en prisión habían tratado de envenenarte.

Tras la caída de la Ciudad de México vuelves de nuevo al combate. Te sumas a las tropas del salvaje coronel Antonio Rojas, aquel que originalmente te había regalado unas botas, y lo salvas durante un motín. Comienzan a llamarte La Barragana en recuerdo de una combatiente de la Independencia.

Tras la defección de López Uraga sigues con Arteaga. Lo tuyo es la fidelidad a la sagrada causa. Llegas al grado de capitana de un escuadrón de lanceros, muchos de ellos estudiantes del Colegio Militar de Guadalajara. Se cuenta que, en una correría de tus jinetes en Jalisco, estos corrieron ante el enemigo y les gritabas: "Deténganse, ¿qué, no son hombres?".

Dispersos tras la captura de Arteaga, llegas con una partida a Zitácuaro, gravemente herida, para sumarte a la guerrilla de Riva Palacio. En noviembre de 1864 eres derrotada por el coronel francés Clinchart durante el combate de Jiquilpan. Salado Álvarez hace un retrato de ti poco generoso: "Tiene cosa de 50 años, es alta, recia de miembros, fea como un cólico al amanecer y con cara hombruna". Pues será o no será, pero cada vez eres más conocida en la guerrilla michoacana. Participas en la ofensiva de Riva Palacio con 400 jinetes sobre Toluca en la navidad del 64. Sirves a las órdenes del mejor de los guerrilleros, Nicolás Romero.

En 1866, durante una comida, un tal Gómez Humarán se burlaba de ti diciendo que mejor te dedicabas a hacer hilas; humillada, tiraste los platos al suelo y te retiraste. No debía de ser la única vez, ya estarías acostumbrada al menosprecio por ser mujer de compañeros de combate frente a los que no eras inferior en nada. ¿Estabas harta? ¿Qué satura a un ser humano? Tras escribir cartas a Romero y pedir que las pequeñas deudas que tenías las pagaran con tu sueldo, anudaste el gatillo con un pañuelo y te diste un tiro de carabina en el pecho. "Causó mucha sensación" tu suicidio. Los guerrilleros te enterraron con honores militares.

Gómez Humarán nunca se perdonó, ni sus compañeros perdonaron lo dicho, y murió poco después, en julio del 66, tendido en una hamaca.

NOTA

1) E. M. De los Ríos: "Ignacia Riechy" en *Liberales ilustres mexicanos de la Reforma y la Intervención.* Eduardo Ruiz: *Historia de la guerra de intervención en Michoacán.* Victoriano Salado Álvarez: *La intervención y el imperio, 1861-1867.*

154

NICOLÁS ROMERO, MARIPOSAS NEGRAS

En los últimos meses del 64 Nicolás Romero incursionó con irregular suerte por el Valle de Toluca, perseguido por los coroneles imperialistas. En noviembre fue derrotado por los imperiales a pesar de que Valdés fue herido y su hijo, que tomó el mando, se pasó a los republicanos. El 15 de diciembre Romero atacó Toluca sin éxito y luego se replegó a la base de Zitácuaro.

Las contradicciones permanentes entre Carlos Salazar y José María Artega, los dos cuadros de la república más importantes de Michoacán, produjeron que Riva Palacio fuera nombrado en enero del 65 gobernador del estado y jefe militar de la región. Para celebrar el nombramiento Romero incursionó sobre Metepec. Salazar se alejó hacia Colima y Jalisco.

El imperio trató de captar, como lo había hecho con éxito en meses anteriores, a López Uraga y tantos más, a Vicente Riva Palacio. El general poeta rechazó todo tipo de contacto y le escribió a su esposa: "No tendrás nunca el sonrojo de pasearte por las calles de México, asida del brazo de un marido que ha vendido a la patria".

La presión sobre la base de Zitácuaro obligó a Riva Palacio a disgregar las guerrillas y abandonar temporalmente la zona. Hizo una cita con Romero en el rancho de Papasindán. El guerrillero estaba lesionado en una pierna por andar coleando a un toro en las fiestas del pueblo. Riva Palacio recordaba que le habían contado que Nicolás andaba taciturno porque en una cabalgata se le habían parado en la espalda mariposas negras y él pensaba que era un mal signo.

Romero había enviado por delante a la mayoría de su fuerza para ganar tiempo, quedándose con 50 dragones, cuando una columna del coronel De Potier, con tropas del batallón 81 de línea, logró acorralarlo el 31 de enero del 65 en Papasindán. El combate duró diez minutos.

Luego se contaría que Romero, cojeando, había desaparecido y no estaba entre los 32 prisioneros. Y luego narrarían la historia del gallo, que lo descubrió cuando saltó huyendo de dos que querían llevarlo a la cazuela y con su brinco reveló al coronel chinaco oculto en un árbol.

En la Ciudad de México *El Pájaro Verde* celebró la captura: "Romero tiene que desaparecer de la escena, fusilado o exilado. La presencia de hombres como él hace ilusoria la pacificación". Trasladado a la prisión de La Martinica e incomunicado, fue sometido a un sumario consejo de guerra presidido por el coronel de artillería La Salle. Se decía que Bazaine presionaba para que lo ejecutaran. Fue acusado del asesinato de Julián Gutiérrez y sus hijos durante el combate de Metepec. Según Eduardo Ruiz, desde la casa de Gutiérerez se había disparado a los guerrilleros. Condenado a muerte con 11 miembros más de su partida, Maximiliano se dio el lujo de la magnanimidad e indultó a siete, pero no a los oficiales y suboficiales.

El 17 de marzo de 1865 a las diez de la noche se leyó la sentencia; a Romero le preguntaron si quería recibir los auxilios espirituales, y dijo que prefería dormir. En la mañana del día 18 salió junto a otros tres compañeros y caminaron hasta la plazuela de Mixcalco, cerca de la garita de San Lázaro, un asentamiento de un grupo de miserables carboneros, rodeado de casuchas ruinosas, despobladas la mayoría, por la escasez de agua del barrio.

No tardaron en aparecer las leyendas que decían que en aquel lugar, "cuando obscurecía, se hacía presente la Llorona, con el cabello suelto, vestida con un camisón blanco. Aquella mujer acusada de infanticidio que penaba noche a noche por sus hijos y los ajenos. También se decía que un hombre ahorcado por haberse robado unos vasos sagrados aparecía en la penumbra con un sudario o que surgía de la nada en las noches de lluvia la cabeza de un reo muerto sin confesión que pedía se reparara el daño".

Romero caminó hacia el lugar del fusilamiento fumando un puro "y sonriendo, como si estuviera de paseo y entre amigos". El comandante Higinio Álvarez estaba envuelto en un sarape tricolor con el águila de la bandera cubriendo el pecho, un ala sobre el corazón; junto a ellos el sargento Roque Flores y el alférez Encarnación Rojas.

Se habían colocado piezas de artillería cargadas con metralla apuntando a la multitud por el mucho miedo que le tenían. La Ciudad de México apestaba de soplones y policías secretos. Llegaron hacia el patíbulo los cuatro sentenciados. No se dejaron vendar. El "Viva México" se mezcló con la descarga.

Pero los héroes mueren de maneras extrañas y no desperdician posibilidad de crear condiciones para que luego las leyendas actúen, para traer de ultratumba pánico a sus enemigos, y Nicolás era así, siempre había sido así en sus tristezas y sus locuras. De manera que cuando conducían el ataúd en que lo llevaban difunto, Nicolás lo rompió de una patada, haciendo que los escoltas lo dejaran caer al suelo y provocando el aullido de mirones y soldados enemigos. La parte superior estaba rajada de un golpe. El rumor corrió y corrió por más que los doctores, los del imperio y los republicanos, que muy pronto le encontraron ciencia al asunto, dijeran que se trataba de un espasmo tardío del cadáver. Cadáver que no quería irse sin acabar lo comenzado.

NOTAS

1) Juan Antonio Mateos: "Nicolás Romero" en *El libro rojo*. Antonio Albarrán: *Nicolás Romero, guerrillero de la Reforma*. Ilihutsy Monroy Casillas: "La voz y la letra en torno a Nicolás Romero: el pueblo y las élites en la creación del heroísmo chinaco". Vicente Riva Palacio: *Calvario y Tabor: novela histórica y de costumbres*. Eduardo Ruiz: *Historia de la guerra de intervención en Michoacán* y *Un idilio a través de la guerra: novela histórica*. Juan de Dios Peza: *Epopeyas de mi patria: Benito Juárez* y "El prisionero de Papatzindán" (Juan de Dios Peza, poco antes de cumplir 13 años de edad, presenció el fusilamiento de Romero). Paco Ignacio Taibo II: *La lejanía del tesoro*. Juan Antonio Mateos: *El cerro de las campanas: memorias de un guerrillero, novela histórica*. Rey David Cruz Mendoza: *Coronel Nicolás Romero, el león de las montañas*. "Efemérides del calendario de Mariano Galván Rivera, 1866". Mark Moreno: *World at War: Mexican Identities, Insurgents, and The French Occupation, 1862-1867*. José Ortiz Monasterio: *Historia y ficción. Los dramas y novelas de Vicente Riva Palacio*.

2) Después del fusilamiento cinco periódicos del Distrito Federal censuraron con más o menos acritud la ejecución. El mariscal Bazaine dio orden de aprehender a los responsables por el delito de violar las leyes de imprenta. Uno de ellos era Juan Antonio Mateos que al tomar los invasores la Ciudad de México renunció a su cargo en el ayuntamiento, publicó artículos satíricos y fue a dar a la cárcel de la Acordada. Lo amnistiaron, pero poco después su casa fue asaltada y lo mandaron al castillo de Ulúa y luego "a las mortíferas playas de Yucatán". Regresaría para combatir en los últimos días del imperio con la brigada de Porfirio Díaz.

155

EL INICIO DEL 65. LA CRISIS DE UNOS, LOS CONFLICTOS DE LOS OTROS

Mientras que los franceses operaban en un país que podía cuadricularse en el mapa, con ciudades y comunicaciones, malas, pero comunicaciones al fin, con puertos, costas y correos, la chinaca estaba viviendo momentos de profundo aislamiento. Y por lo tanto, ya no había grandes historias nacionales, había multitud de historias regionales, locales, historias cercadas con personajes pésimamente comunicados entre sí.

El general Vicente Riva Palacio le escribía a Juárez el 6 de enero de 1865: "Es seguro que no nos someteremos, pero también lo es que no triunfaremos; antes el hambre y las pestes habrán acabado con nuestros espectros".

La resistencia está pasando su peor momento al inicio del 65, se han perdido los ejércitos, hoy sólo son partidas guerrilleras. En Sonora-Sinaloa resisten y no por mucho tiempo los chinacos de Corona y Rosales. Se mantienen sin triunfos los restos del ejército del norte con Negrete; Porfirio Díaz está detenido, Oaxaca perdida. Praviel contaría: "Michoacán había sido 14 veces ocupado y abandonado". Sobreviven milagrosamente los restos fragmentados del Ejército del Centro en el sur de Michoacán (Régules, Arteaga, Riva Palacio), que cuentan con 2 a 3 mil hombres, en malas condiciones, mal armados, cercados por 8 mil imperiales que controlan todas las poblaciones importantes mientras sólo se mantiene la resistencia al sur de la línea Uruapan-Zitácuaro. El coronel Jesús María Guerra refiriéndose a la tropa de Artega pedía auxilio: "Invadido Huetamo, no quedaba más que una pequeña línea, sin un solo pueblo, sin recursos de ninguna clase y bajo la influencia de un clima que estaba destruyendo a aquella pequeña fuerza". No era mejor el estado de las tropas de Régules que "llegaron a un estado de miseria y desnudez imposible de describir y que él no podía remediar, no teniendo quien les vendiese armas ni municiones".

El 24 de febrero una columna de casi 360 imperiales comandada por el mayor Loizillon, derrota en Los Reyes a las tropas de Régules y Salazar y luego destruye la villa. A Régules no le quedaban "más que 700 hombres, desnudos, mal armados y que acababan de sufrir una derrota". Perseguidos por franceses e imperiales mexicanos, "me obligaban a librar un combate en que infaliblemente sería destruido o a replegarme desnudo, hambriento y sin recursos de ningún género al estado de Guerrero, en el que así por no estar a mis órdenes, como por su excesiva pobreza tendría que acabar yo por inanición". El grupo republicano se salvará porque los franceses reciben órdenes de concentrarse en otra zona. Se mantiene milagrosamente la guerrilla fantasma de Méndez en Tamaulipas, las guerrillas en la costa de Barlovento en Veracruz. Álvarez y Jiménez resisten en Guerrero. Hay guerrillas en Hidalgo, en la sierra norte de Puebla donde está Francisco Lucas perseguido por los austriacos del conde de Thun; se combate en Tehuacán, Tepeji, Morelos.

El coronel Escamilla en la Huasteca Veracruzana reportaba a Juárez: "Ya no puedo continuar, levantando a cintarazos a hombres consumidos por las fiebres y por el hambre, para acabarlos de matar en vez de hacerlos marchar. Se tiran al suelo y dicen:

"—Máteme, mi jefe, pero ya no ando más.

"Hace tres días, sus familias en tumulto me dijeron:

"—Ya no podemos hacer más, queremos que nuestros hombres enfermos y maltratados vengan a morir a sus jacales; ya no queremos más que a nuestros maridos, hermanos e hijos; ya no queremos patria".

Por más que Pérez Gallardo diga que "se peleaba a toda hora y por todas partes" y que se registren muchos choques (por ejemplo, la derrota de una columna de tres compañías de zuavos que pierde 50 hombres cuando es emboscada en su marcha a la Ciudad de México), entre enero y abril del 65 se rinden 13 guerrillas reconociendo al imperio. La baja más grave sería la del general veracruzano Francisco de Paula Milán (el vencedor de Camarón) en abril.

La desproporción de fuerzas es terrible, por lo menos en el papel. En abril Bazaine contaba con 28 mil franceses, 6 mil austriacos, 1 300 belgas, 20 mil mexicanos y 8 500 miembros de la policía y la guardia rural.

Si para la república la situación es trágica, para el imperio es bastante conflictiva.

En la Ciudad de México mientras paseaban Maximiliano y Carlota por las calles a caballo, con el traje de los rancheros mexicanos ricos, lo que hacía ponerse muy nerviosos a los más rancios conservadores, proseguían las conspiraciones y ajustes, contradicciones y enmiendas en el ya serio conflicto entre el imperio y la Iglesia católica. Bazaine vigilaba con la policía secreta al nuncio papal, al obispo Labastida, al obispo Munguía, a Teodosio Lares, considerados las cabezas del clericalismo militante; alejaba a Aguilar y Marocho al enviarlo como embajador en Roma, a Joaquín Velázquez de León. Vigil cuenta que "Habiéndose presentado una vez a Carlota el programa de un acto público, en el que se decía que asistiría el arzobispo y venerable cabildo, tomó inmediatamente un lápiz y borró la palabra venerable, diciendo que nada era venerable en México y menos el clero". Maximiliano sometió a su censura personal los edictos del Papa, mientras que mandó una comisión a entrevistarlo en Roma, sumó al traidor Vidaurri al consejo de Estado, que tenía un pasado anticlerical; y el 26 de febrero emitió la Ley de Tolerancia de Cultos, que aunque "protege la religión católica, apostólica, romana, como religión del Estado", admite con "amplia y franca tolerancia [...] todos los cultos que no se opongan a la moral, a la civilización o a las buenas costumbres". Y ese mismo día mantiene el decreto juarista de nacionalización de bienes eclesiásticos, provocando la protesta de los obispos. Al iniciarse marzo Maximiliano exige a los prefectos que se cumpla la ley de secularización de cementerios.

Arrangoiz, mojigato y espantado, anotará: "Llegó a tanto el deseo de ofender a los católicos, que en la calle de San José el Real, una de las principales de la capital, se anunciaba la venta en una tienda establecida con autorización de Maximiliano, de Biblias sin comentarios, y de libros que probaban que era mentira cuanto decía el padre Ripalda".

Poco después la comisión mexicana que llevaba un mensaje de Maximiliano al Vaticano, tras pasar por París para que Napoleón III diera el visto bueno a sus gestiones, el 25 de abril fue recibida por el Papa, quien dispuso que una junta de diez cardenales se ocupara del asunto. Como dice Arias: "Los cardenales se reunieron, hablaron de generalidades y no se resolvió ni arregló nada".

Los "destierros" de Miramón y Márquez no serían los únicos choques en el ejército imperial, ante la purga de generales ultracatólicos. A Vicario lo persigue la policía secreta y se oculta; cuando tratan de detenerlo, en febrero, se pronuncia en el estado de Morelos contra los decretos de Maximiliano, diciendo que eran los mismos de Juárez. Eloin, hombre clave del gabinete de Maximiliano, escribía: "Si pudiéramos echarle el guante a este miserable [...] produciría sus frutos el ejemplar que se reserva hacer Su Majestad". El 24 de febrero del 65 se deporta a Francia al general Taboada, que llevaba mes y medio detenido. El alto mando francés despreciaba a las brigadas mexicanas del imperio, les atribuía fragilidad a causa de las frecuentes deserciones; aun unidades que habían resultado muy confiables, como la división de Tomás Mejía, estaban sujetas a ninguneos. Una vez que Mejía se presentó a pedir fondos porque estaba a punto de iniciar campaña, "el tesorero le contestó que sólo quedaba en caja una media onza de oro española, que conservaba porque al fin era falsa".

Bazaine, que recibirá permiso de Napoleón III de apoyar las finanzas de Maximiliano con 2 millones de francos mensuales ("Mi intención es ayudar al tesoro mexicano pero con ciertos límites y en último extremo"), reporta al ministro de la Guerra y al emperador su versión de la situación política que se vive: primero sobre el decreto de la desamortización de los bienes del clero, dificultades en su aplicación, que piensa "es una contemporización", porque aunque "el clero ha sido atacado muy a lo vivo", produce en su aplicación lentitudes interminables, y afecta a los "propietarios de bienes nacionalizados".

En su análisis del 28 de marzo informa al emperador: "Los partidos que quedan en pie son: el demagógico y el que yo llamo conservador liberal, partido que quiere el orden y la paz, compuesto de grandes propietarios territoriales, de los liberales y moderados amigos de su país y de casi todos los antiguos clericales. Este último partido se encuentra en una inquietud extrema, aumentada desde los últimos acontecimientos de los Estados Unidos [...]. He recibido [...] confidencias que emanan de un origen que no me permite dudar, y más bien que sufrir el yugo americano al que tiende el partido demagógico, los conservadores no vacilarían en entregarse al brazo que los ha sostenido y sobre el que basan todas sus esperanzas para el porvenir: es una anexión a la Francia o [...] un protectorado en su forma más absoluta lo que el partido conservador está decidido a proponer el día en que a consecuencia de los acontecimientos, que no son improbables, el soberano que la intervención les ha dado llegue a faltarles". ¿Está el mariscal pensando en librarse de Maximiliano?

El 3 de abril un esperado y no por ello menos importante acontecimiento se produce. Los unionistas de Lincoln toman Richmond. Concluye la Guerra de Secesión. Las reacciones de los dos bandos envueltos en la guerra en México se ajustan a sus esperanzas. Napoleón le había escrito a Bazaine. "Sin temer una guerra con los Estados Unidos, es bueno, no obstante tener los ojos abiertos de este lado y mantener siempre a mano un buen número de tropas". El 6 de abril Juárez le escribe a Santacilia: "Conque el norte destruya la esclavitud y no reconozca al imperio de Maximiliano, nos basta".

Finalmente el 10 de abril Maximiliano culmina su tímido viraje al centro y forma un ministerio con "un poco de todo" (dos generales ultraconservadores, tres liberales muy moderados y varios conservadores con pasado santanista): ministro de la Casa Imperial: Juan N. Almonte; Relaciones Exteriores y presidente del Ministerio: el liberal moderado José Fernando Ramírez; Gobernación: José María Cortés Esparza; Instrucción Pública y Cultos: Manuel Silíceo; Justicia: Escudero y Echánove; Fomento: Luis Robles Pezuela; Guerra: Juan de Dios Peza (el padre del poeta). Tres días después Francisco de Paula de Arrangoiz escribe su renuncia: "Jamás pudieron imaginarse (los conservadores mexicanos), señor, que Vuestra Majestad alejara de su lado a los conservadores que le elevaron al trono de ese gran Imperio, que el ministerio [...] se compusiera exclusivamente de republicanos, con la sola excepción del señor Velázquez de León, alejado hoy del país, que formara parte de ese ministerio alguno que se negó a asistir a la *Asamblea de Notables*".

NOTA

1) Benito Juárez: *Documentos, discursos y correspondencia*, tomo IX (en particular Jesús María Guerra, informe sobre el Ejército del Centro, 22 de febrero de 1865; Régules a Juárez; Juárez a Santacilia, 6 de abril de 1865). Armando Praviel: *La vida trágica de la emperatriz Carlota*. Francisco Bulnes: *El verdadero Juárez y la verdad sobre la intervención y el imperio*. Francisco de Paula Arrangoiz: *México desde 1808 hasta 1867*. Patricia Galeana: "Las relaciones iglesia-estado durante el Segundo Imperio". Niceto de Zamacois: *Historia de México*. Agustín Rivera: *Anales mexicanos. La Reforma y el Segundo Imperio*. Vicente Riva Palacio: *Calvario y Tabor: novela histórica y de costumbres*. Bravo Ugarte: *Historia de México*. Ignacio Manuel Altamirano: *Historia y política de México, 1821-1882*. "Efemérides del calendario de Mariano Galván Rivera, 1866". Basilio Pérez Gallardo: *Martirologio de los defensores de la independencia de México, 1863-1867*. François-Achille Bazaine: *La intervención francesa en México según el archivo del Mariscal Bazaine*.

156

JUÁREZ EN CHIHUAHUA

Hacia las cinco de la tarde del 12 de octubre del 64 y en medio del sonido de las campanas de todas las iglesias, la comitiva de Juárez entra en Chihuahua por la antigua alameda de Santa Rita, con valla de guardias nacionales. El gobernador Ángel Trías se ha visto obligado a convocar a los liberales de las diferentes facciones escindidas para unificarlos en un banquete de recepción al presidente. Tras la fiesta, reunión de guerra. Hay que levantar un pequeño ejército más allá de las contradicciones de los republicanos locales. El Presidente vive en una modesta casa, sin más criado que su fiel indio zapoteca Camilo, y sobre una mesa de pino comienza a escribir mensajes, órdenes, nombramientos; milagrosamente muchos de ellos llegan a casi todas las esquinas del país.

Dos días más tarde Bazaine le escribe al ministro de la Guerra de Francia: "Según ciertos rumores Juárez, renunciando a la lucha se retira a Chihuahua con algunos íntimos para ganar de allí la California. Otros informes me hacen creer que piensa dirigirse a Oaxaca para organizar allí una última resistencia". Sara Yorke comenta: "Para el observador superficial y desde la capital el imperio era ya un hecho consumado".

Al inicio de 1865, el presidente recibió la noticia de que su hijo Pepe estaba gravemente enfermo en Nueva York, realmente había muerto. Juárez intuyendo lo sucedido le escribió a Santacilia: "sufro por esta pérdida irreparable de un hijo que era mi encanto, mi orgullo y mi esperanza". Ese mismo día había redactado una carta a Matías Romero, el embajador en Washington, aclarando que el gobierno republicano estaba en contra de cualquier cesión a los Estados Unidos de parte del territorio nacional, a cambio de auxilios militares. "La idea que tienen algunos, según me dice usted, de que ofrezcamos parte del territorio nacional para obtener el auxilio indicado, es no sólo antinacional, sino perjudicial a nuestra causa. La nación, por el órgano legítimo de sus representantes, ha manifestado de un modo expreso y terminante, que no es su voluntad que se hipoteque o se enajene su territorio […] si contrariáramos esta disposición, sublevaríamos al país contra nosotros y daríamos un arma poderosa al enemigo para que consumara su conquista. Que el enemigo nos venza y nos robe, si tal es nuestro destino; pero nosotros no debemos legalizar ese atentado, entregándole voluntariamente lo que nos exige por la fuerza […]. Malo sería dejarnos desarmar por una fuerza superior, pero sería pésimo desarmar a nuestros hijos privándolos de un buen derecho que más valientes, más patriotas y sufridos que nosotros, lo harían valer y sabrían reivindicarlo algún día. Es tanto más perjudicial la idea de enajenar el territorio en estas circunstancias, cuanto que los estados de Sonora y Sinaloa, que son los más codiciados, hacen hoy esfuerzos heroicos en la defensa nacional".

El ministro de la Guerra y general Miguel Negrete había reorganizado a fines del 64 y principios del 65 un pequeño ejército, llamado División de Operaciones, que unificaba guerrillas sueltas, fuerzas regulares con experiencia y guardias nacionales. La columna salió de Hidalgo del Parral el 28 de enero.

Juan de Dios Arias, un poblano, nacido en 1828, diputado en el Constituyente del 57, periodista desde joven; a los 16 años burócrata en el Ministerio de Relaciones Exteriores, ahora con el grado de coronel, estaba sumado a la tropa de Mariano Escobedo como secretario y sería unos de los narradores fundamentales de la guerra en el norte. Poseía una pésima opinión del jefe militar de los liberales: "Negrete tenía valor [...] pero únicamente individual; carecía de instrucción, y todo el mundo sabe que su alto ascenso lo debió a sus oportunas defecciones [...], es justo calificar de aberración, tanto su ingreso al Ministerio de la Guerra en tiempos en que la inteligencia y la probidad debían suplir a todo, como la insistencia del gobierno en mantenerlo en el puesto".

Escobedo, mientras tanto, había estado rehuyendo combates y procurando buscar dinero y reclutar hombres en Coahuila y Nuevo León, incluso simuló llegar a un acuerdo con el general imperial Feliciano Olvera, para quitarse la presión de su brigada y las de López y Tabachinski. Con el avance de la División de Operaciones, dispersó a sus fuerzas poniendo a Naranjo en contención de la brigada de Tabachinski y marchó al encuentro de Negrete.

En marzo Vidaurri (que era acusado dentro del gobierno de Maximiliano de estar trabajando contra el imperio) le escribió a Bazaine quejándose de la crisis en la que vivía la frontera, de la actitud de López, que "hace negocios a costa del erario" y cuyo cuñado era administrador de la aduana de Piedras Negras, donde "el contrabando no conoce freno". Pide que le manden austriacos. "No aspiro a nada de mando aquí". "Quiero vivir tranquilo". Bazaine le escribía al ministro de la Guerra francés: "La testarudez de Juárez se manifiesta sobre este terreno, de donde todavía no nos es posible arrojarlo" y al inicio de abril insistía: "Las noticias del norte no son tan satisfactorias", reconociendo que hay "una gran agitación en la frontera".

El 21 de marzo del 65 Juárez cumple 59 años. Aunque está en contra de hacer gasto público en una celebración personal, las damas liberales de Chihuahua hacen colecta. El gobernador Ángel Trías organiza la fiesta. En cuatro horas se reunió el dinero para el banquete, celebrado a las seis de la tarde con la asistencia de 800 personas. Música por las calles. Gentío ante la casa de Juárez. Entre las cocineras, la encargada de organizar el menú, una famosa dama local, Dolores Luna de Del Hierro, viuda por quinta vez, muy bella, por cierto.

Se cuenta que una de las razones por las que el presidente no quería la fiesta es porque sus zapatos estaban llenos de agujeros. Sabiéndolo, las damas progresistas de la ciudad le regalaron unas botas.

En la sala principal hay dos retratos de Juan Cordero, uno de Hidalgo, el otro de Zaragoza. Dos mesas reúnen a los notables del minúsculo aparato del estado. Juárez invita a un refresco que él sirve personalmente a sus invitados. Un brindis, claro: "Brindo por la independencia nacional. Porque la hagamos triunfar o perezcamos". Hubo música a cargo del dúo Los Puritanos. Cuando Juárez habla de su familia ausente se pone a llorar. Cierra Prieto con un poema bastante ramplón dedicado al presidente ("Ven le dijiste a Juárez, ven y lucha / ven y tu nombre oh Juárez eterniza"). Y luego sigue el baile. Las imágenes del rígido Juárez que han dominado la vida de todos los mexicanos son absolutamente contradictorias con la realidad del Juárez bailarín.

Guillermo Prieto dice que por horas la fiesta estuvo dominada por la "tenacidad danzaria del presidente, que no le hace feos ni a las polkas ni a las cuadrillas, ni a los valses ni a las habaneras, mazurcas, danzas calabaceadas o de cadena". Y en esto habrá bandos porque los oligarcas proimperiales en Monterrey bailaban, además del rigodón, "lanceros y contradanzas", y los franceses trajeron la redova originaria de Bohemia, la polka checa y el chotís (shotís).

El general Luis Terrazas cuenta que en algún momento de la fiesta le comentó a Juárez que no había modo de frenar el progreso de la Legión francesa si decidía avanzar sobre Chihuahua. "Es preciso que usted se salve, porque los liberales lo necesitamos. Ha llegado el momento de optar por lo más amargo en bien de la causa nacional, y, si fuere preciso, pase usted la frontera y refúgiese en los Estados Unidos". Juárez le contestó: "Señor don Luis, usted conoce como nadie este estado. Señáleme el cerro más inaccesible, más alto, más árido, y subiré hasta la cumbre y allí me moriré de hambre y de sed, envuelto en la bandera de la República, pero sin salir del territorio nacional. Eso nunca". El valor simbólico amarra al Presidente al territorio como a una piedra vieja.

Juárez, el 18 de mayo, escribiría: "El mundo mexicano es capaz de atarantar al mismo Luis Napoleón si viniera unos días a vivir a México". ¿De qué está hablando? ¿De las inmensas dificultades para mantener una resistencia cada vez más fragmentada y a veces repleta de contradicciones? ¿De la incapacidad en estos dos últimos años de poner en pie un ejército que obtenga alguna victoria? Guillermo Prieto escribe: "Pero está enterrado vivo / Quien sufre males de ausencia". Y no era el caso de Juárez que se rehuía al entierro de la ausencia a través de una nutrida correspondencia, que como un hilo mágico lo mantenía conectado al país en lucha.

Y los rumores de una próxima ofensiva sobre Chihuahua eran continuos; ya desde enero Juárez le contaba a Santacilia: "Castagny con 5 mil hombres viene hacia Chihuahua". Sin embargo, la invasión que parecía entenderse como la puñalada final parecía posponerse eternamente.

NOTAS

1) Guillermo Prieto en el *Monitor republicano*, 21 de julio de 1887. Paco Ignacio Taibo II: *La lejanía del tesoro*. Víctor Orozco: "La resistencia de la intervención francesa en Chihuahua". Jesús Vargas: "Los leales de Chihuahua". Benito Juárez: *Documentos, discursos y correspondencia*, tomo X. José María Iglesias: *Revistas históricas sobre la intervención francesa en México*. Jorge L. Tamayo: *Chihuahua defiende al presidente Juárez y a la República*. Alberto Terrazas: *Chihuahua en la intervención francesa*. Victoriano Salado Álvarez: *La emigración*. "El fiel cochero de Juárez", *El Porvenir*, 23 de agosto de 2014. Juan de Dios Peza: *Epopeyas de mi patria: Benito Juárez*. Centro de Investigación

Científica Jorge L. Tamayo: *Pedro Santacilia, el hombre y su obra*. Niceto de Zamacois: *Historia de México*. François-Achille Bazaine: *La intervención francesa en México según el archivo del Mariscal Bazaine*.

2)   Conocido como "El danzón Juárez", la pieza realmente se llama "Juárez no debió de morir" y su autor fue el chiapaneco Esteban Alfonso García, que lo compuso en 1919. Aunque se diga que tiene muchas similitudes con el danzón cubano dedicado a José Martí, lo que ocurre es que a lo largo de los años las letras se traslaparon de uno a otro. El original sólo tiene dos líneas de texto, aunque hoy se canta con las siguientes: "Porque si Juárez no hubiera muerto / todavía viviría / otro gallo cantaría / la patria se salvaría / México sería feliz / Ay, muy feliz". Existe una maravillosa versión del flautista Horacio Franco del "Danzón Juárez", en el álbum fonográfico que editó en 2012 el gobierno de Puebla. Curiosamente en un debate sobre el "Danzón Juárez" seguido en Internet, se puede leer: "Yo crecí creyendo que Benito Juárez fue un fregón. Siento decirles que no lo fue. Maldito cobarde asesino, traidor, excremento humano", lo que muestra qué grados de delirio antijuarista perviven en nuestra nación. El mejor mural, *Benito Juárez en Chihuahua*, de 200 metros, de Leandro Carreón, pintado en el Instituto Científico y Literario de Chihuahua.

157

CONFEDERADOS

Cuando los generales confederados Smith y John Magruder, que estaban en la frontera de Texas, supieron la rendición de Lee y la toma de Richmond, declararon que invadirían México con los últimos restos del ejército sureño (40 o 50 mil hombres), arrojarían a los franceses y sostendrían el trono de Maximiliano, quien les había ofrecido ventajosos contratos de colonización. Era básicamente una bravata, pero a más de uno debió de haber preocupado severamente.

Carvajal desde Nueva York le escribió a Grant (que en seguida le mostró la carta a Matías Romero, que inmediatamente notificó a Juárez) diciendo que como gobernador de Tamaulipas, no tendría embarazo en que las fuerzas de los Estados Unidos entrasen a perseguirlos. Romero comentaba: "Aunque yo estoy de acuerdo con esa idea y creo que el Supremo Gobierno no la desaprobará". A Juárez no le debió de haber hecho ninguna gracia. Pero Smith y Magruder se rindieron con su ejército en Galveston el 2 de junio de 1865. Magruder huyó a México. Según John N. Edwards "Era un soldado por nacimiento… Combatiría todo el día y bailaría toda la noche. Escribió canciones de amor y las cantaba y ganó con ellas a una incomparable rica heredera. Ceceaba y media 1.85 y se decía que era el soldado más atractivo de la Confederación". En México entró al servicio del emperador como mayor general en el Ejército Imperial Mexicano.

Bazaine consultó al ministro de Bélgica qué se debía hacer en el caso casi seguro de una irrupción vandálica del cuerpo de ejército sudista que se hallaba en la frontera del norte, amagado por las fuerzas de la Unión triunfante. El ministro dio su opinión por escrito aconsejando al mariscal Bazaine que, en caso de que el ejército confederado invadiese México, lo desarmara por bien o por mal y que entregase inmediatamente las armas al gobierno de los Estados Unidos; lo que no le impedía dar hospitalidad a los oficiales.

No fue el caso de Magruder el único; a fin de mayo del 65 el general confederado Slaughter informó que pensaba pasar la frontera con 25 mil hombres para apoyar a Maximiliano a cambio de tierras. Supuestamente envió emisarios para tratar con el imperio pero nuevamente la operación no prosperó. También Marshall Anderson, general católico que combatió por el sur, trató de establecer una colonia de soldados confederados en México.

Si para los norteamericanos la presencia de tropas confederadas armadas al sur de su frontera resultaba un problema muy grave, para los imperiales, en plena conciliación, también lo era, y Bazaine ordenó Jeanningros que cuantos confederados se presentasen en sus líneas fuesen desarmados y conducidos al interior. El general norteño Frank Herron, con una división ocupó Galveston, y el general Fred Steele fue a Brazos Santiago, para mantener Brownsville y la línea del Río Grande, con el sentido de prevenir, que los confederados huidos se unieran a Maximiliano.

De la docena de acciones de ex combatientes confederados en México, quizá la más interesante es la marcha de Shelby. Joseph O. Shelby, un militante esclavista nacido en 1830, manufacturero de ropa, que durante la guerra como general dirigió la Brigada de Hierro de Missouri, juró que no se rendiría al ejército de la Unión, y con un millar de combatientes, que al final se convirtieron en 300, cruzó la frontera mexicana. Sería una marcha de 1 200 kilómetros de Arkansas a la Ciudad de México. "Crucé por una Texas sin ley". En el otoño del 65 tras vadear el Río Sabinas, se entrevista con el gobernador republicano Viesca en Piedras Negras, que le ofreció sumarlo al ejército republicano y comprarle una batería de diez cañones. Termina vendiéndolos para poder avanzar rápido hacia el centro de México.

Pero poco después, su brigada a 120 kilómetros al sur colaboró con las fuerzas de Maximiliano combatiendo a los republicanos y sufrió 27 muertos y 37 heridos. Parecía decidido a hacer méritos para integrarse al ejército imperial. Poco después en Matehuala el mayor Henri Pierron con 500 hombres del 82° de línea están cercados por el ejército de Escobedo. La brigada de Shelby atacó por la retaguardia aprovechando que los republicanos confundieron los uniformes grises de los confederados y rompió el sitio.

Llegaron a Monterrey donde se encontraron con el general francés, Jeanningros. El pueblo estaba lleno de otros grupos de confederados, entre ellos varios generales. El jefe de la legión le informó que Bazaine le prohibía marchar hacia el Pacífico y que debería avanzar hacia la Ciudad de México. Shelby se entrevistó con Douay en San Luis Potosí, que le reiteró las órdenes. El 3 de septiembre del 65 entraon al Distrito Federal. Los recibieron Bazaine y Maximiliano que rechazaron el ofrecimiento del jefe de la brigada de Hierro, que baladroneaba proponiendo el ingreso a México de 40 mil soldados confederados. Maximiliano argumentó que no quería crear un conflicto con los unionistas ganadores de la guerra. Les ofrecieron tierras en Veracruz. Shelby desilusionado desbandó la brigada.

Aunque el general Sheridan estimaba en 2 mil los voluntarios norteamericanos que combatieron en el ejército imperial, la mayoría sureños, la cifra resulta muy exagerada.

Los derrotados de la guerra civil norteamericana serían nuevamente derrotados.

NOTA

1) François-Achille Bazaine: *La intervención francesa en México según el archivo del Mariscal Bazaine*. Antonio García Pérez: *Estudio político militar de la Campaña de Méjico, 1861-1867*. Philip Henry Sheridan: *Personal Memoirs of P. H. Sheridan, General United States Army*. Andrew F. Rolle: *The Lost Cause: The Confederate Exodus to Mexico*. Anthony Arthur: *General Jo. Shelby's March*. "Incomplete and Inaccurate List of Actions During the French Intervention". Edwin Adams Davis: *Fallen Guidon: The Saga of Confederate General Jo Shelby's March to Mexico*. John N. Edwards: *Shelby's Expedition to Mexico*. William Marshall Anderson: *An American in Maximilian's Mexico, 1865-1866*.

158

BAZAINE Y PEPITA

El 28 de marzo de 1865 Carlota le escribe a la emperatriz Eugenia: "Josefa tiene 17 años, infinita gracia y simplicidad, una linda figura, y un tipo español sumamente expresivo [habla francés a la perfección] [...]. Ha servido para que el mariscal vuelva a bailar y confiesa que no se pierde ni una habanera". Todo esto viene a cuento de Josefa de la Peña y Azcárate, llamada Pepita por su familia, una muchachita de 17 años. Forma parte de esa nueva aristocracia que el imperio ha inventado reuniendo gachupines enriquecidos, hacendados con pretensiones, usureros afrancesados, escoria y hez clerical, militares de espadín y casa en los llanos de Balbuena. Hija única, aunque tiene tres hermanos, su madre es viuda, su padre fue un comerciante español que había vivido en Guayaquil, vino a México con una inmensa fortuna y aunque lo expulsaron en el 28, regresó para acabar de enriquecerse con una "casa de comisiones" en las calles de Palma.

Achille Bazaine la conoció (tras su efímero romance con La Esmeralda) en un baile en el palacio de Buenavista que se les dio a los emperadores a poco de haber llegado, y pese a la diferencia de edades: 54 años contra 17, quedó totalmente enamorado. Desde ese momento Bazaine se paseaba por la calle donde ella vivía, acompañado de su oficialidad, para verla asomada por la ventana. El 26 de junio de 1865, tras haberle pedido permiso a Napoleón III, se casan en la capilla del palacio imperial, con el emperador y la emperatriz, acompañados de padrinos y abundancia de chambelanes y nobleza de cartón, militares en uniforme de gala, pompa y regia etiqueta. Los emperadores le regalan a la pareja el palacio de Buenavista, valuado en 100 mil pesos, en la calle de San Cosme, con la condición de que, de regresar Bazaine a Francia, sería devuelto al Estado. Hay una excelente foto de los dos poco antes de la boda, tomados amorosamente del brazo: ella mira a la cámara, él la mira a ella.

El matrimonio vuelve holgazán al mariscal. Sus subordinados comentaban el exceso de sueño que arrastraba todas las mañanas y su propensión a buscar pretextos para regresar a su casa.

Los rumores (esta vez recogidos por Francisco Bulnes años más tarde) registraban que a causa de las necesidades económicas que le generaba la boda, "los habitantes de la Ciudad de México presenciaron que en la esquina de la primera calle de San Francisco y la del Coliseo se abrió una gran tienda de ropa francesa denominada *Los precios de Francia* que tenía enormes ganancias porque los precios eran más baratos que en ninguna otra parte. No se podía comprender la baratura sin atribuirla al contrabando; pues agregando al precio de factura de las mercancías los elevados derechos aduanales, era imposible que se pudiera vender al público al monto que se les había fijado. El vulgo llamaba a esa tienda: *Los precios de Bazaine*. Su gerente era Napoleón Boyer, secretario de Bazaine. Lo que comprueba que ese establecimiento era hijo del contrabando es que, a pesar de su gran clientela, se cerró tan pronto como se retiró de México el ejército francés". El príncipe Carl Khevenhuller, que tenía en poco aprecio a Bazaine, añade: "Tenía para beneficio propio dos almacenes en la Ciudad de México, por supuesto registrados bajo otro nombre. Las mercancías de seda, guantes y otros artículos de moda llegaban en los buques de guerra franceses. No pagaban aranceles".

Un año después de la boda, el 29 de mayo de 1865, el prefecto político de México reportó la detención de Dolores Argüelles, quien desde hacía 15 días intentaba penetrar a la casa de Josefa de la Peña para supuestamente "entregarse a un acto de venganza", y que fue detenida "cuando se dirigía a una iglesia que frecuentaba la esposa de Bazaine. Se ha obstinado en guardar silencio". La mujer capturada era hermana de un sacerdote.

NOTAS

1)   No sólo Guadalupe Loaeza con Verónica González Laporte en: "La mariscala"; Manuel Villalpando, uno de los embajadores de la revisión conservadora de la historia, también se fascina y dedica el capítulo "Mayo unido a diciembre" en *Amores mexicanos*. Adelina Zendejas: *La mujer en la intervención francesa*. J. M. Miguel I. Verges: "Pepita de la Peña y la caída de Bazaine". Jean Meyer: *Yo, el francés. Crónicas de la intervención francesa en México, 1862-1867*. Agustín Rivera: *Anales mexicanos. La Reforma y el Segundo Imperio*. Paco Ignacio Taibo II: *La lejanía del tesoro*. Victoriano Salado Álvarez: *Porfirio Díaz*.

2)   Bazaine y Pepita tuvieron cuatro hijos. Dos nacieron en México y a tres les buscaron apropiados padrinos. El primogénito fue ahijado de Maximiliano y Carlota. La única hija del matrimonio se llamó Eugenia, como su madrina, la emperatriz de Francia. El último de sus hijos llevó el nombre de Alfonso en honor a su padrino, el rey de España Alfonso XII. Pepita causará sensación en París, según los enterados; será paseada como belleza juvenil y exótica, pieza de conquista ataviada por modistos locales, se defenderá con su francés de academia y mencionará, al pasar, que ella ha nacido en Acapulco, la perla de un océano que de pacífico sólo lleva el nombre. Al quedar marginada la familia en Francia por la traición de Bazaine en la guerra contra Prusia (se fuga en agosto de 1874 de la isla de Santa Margarita), Pepita volvió con la fama de una heroína que había sacado a su esposo de una cárcel. Sin dinero, pero con la manía de querer hablar siempre en francés. Murió en la más absoluta miseria. Su hijo Alfonso llegó a formar parte del ejército mexicano durante el porfiriato, pero fue dado de baja por querer defender la actuación de su padre durante el imperio. Bazaine muere en Madrid en 1888.

3)   Jean Meyer registra los escasos matrimonios entre oficial francés y mexicana: cinco "de un total de 22 matrimonios con extranjeras, eso deja una proporción de casi menos del 20%. Debo confesar que pensaba encontrar más alianzas; la tradición oral, mantenida hasta la fecha en México, no corresponde a la realidad estadística […] la documentación impresa como manuscrita abunda en relatos y descripciones de bailes, recepciones, fiestas, paseos a pie y a caballo, que facilitan el acercamiento entre los sexos […]. El tema de los amores ilegítimos entre oficiales franceses y mexicanas casadas, o de relaciones pre o extramatrimoniales pertenece al género de los chismes y susurros, o de las exageraciones entre jóvenes machos. Eso no significa que no haya sido un capítulo importante de las relaciones franco-mexicanas".

4)   Segunda mitad de abril, mayo y principios de junio. Maximiliano viaja por el Estado de México, Puebla y Veracruz: San Cristóbal Ecatepec, en donde visitó el lugar donde fue fusilado Morelos; San Antonio Acolman, Texcoco, Teotihuacán, en donde visitó las pirámides; Tlaxcala, recorriendo viejas iglesias coloniales. El 25 de mayo legó a Jalapa, luego Orizaba, y regresó por Puebla donde se le reunió Carlota. Su entrada en el Distrito Federal a principios de junio fue fría.

159

LOS BELGAS DE CARLOTA

El rey Leopoldo, en 1864, pidió al parlamento belga autorización para enviar un cuerpo de voluntarios al servicio de su hija en México; se hablaba de soldados, artilleros y una guardia personal de Carlota. La noticia no fue acogida con demasiada popularidad por la sociedad belga.

El cuerpo expedicionario estaría formado por 2 400 hombres a ser transportados en cuatro meses. Por la ausencia de mejores candidatos, estarían comandados por el barón Alfred van der Smissen (Bruselas, 1823), que sólo tenía el grado de capitán, protegido del ministro de la Guerra y que contaba con débil experiencia porque había combatido con los franceses en Argelia en 1851.

De los oficiales que se eligieron, la mayoría eran muy jóvenes y sólo 38 (de 72) tenían grados de teniente y subteniente, sólo tres tenían experiencia en combate y sólo siete habían acudido a la escuela militar. Se sumaban contados aristócratas, los barones Ernest Chazal, hijo del ministro de la Guerra, que "buscaba resarcir ante su padre los excesos de un pasado desordenado", Van der Straten-Waillet y el conde Visart de Bocarmé.

El reclutamiento de suboficiales y soldados se inició en la pequeña ciudad de Audenarde, al noroeste de Bruselas el 1º de agosto del 64. Se pidieron voluntarios en el ejército y se colocaron carteles de recluta en los pueblos. El servicio debería durar seis años a cambio de una atractiva prima, equipo, vestido y alimentos, un salario decoroso, la posibilidad de regresar en cualquier momento, "si no pudieran aclimatarse", a expensas del gobierno mexicano, y una indemnización al finalizar. Se ofrecía además la posibilidad de seguir en el ejército al triunfo del imperio o recibir tierras para el cultivo.

En un plazo de seis meses debían reunirse cuatro destacamentos, cada uno de 600 hombres, que partirían con regularidad, desde mediados de octubre de 1864 del puerto de Saint Nazaire, en Francia. El primer destacamento se organizó en menos de un mes con 577 suboficiales y soldados y cinco cocineras.

Los siguientes destacamentos resultaron mucho más difíciles de reunir. La víspera de la partida del segundo destacamento, el 14 de noviembre de 1864, sólo contaba con 399 hombres y cuatro cocineras dispuestos a embarcarse. De ellos, sólo una quinta parte estaba formada por militares. Los últimos dos contingentes sólo lograron reunir a 361 y 190 voluntarios, respectivamente. La última recluta dejaba mucho que desear porque incluía a "un alemán tan miope que era incapaz de atravesar una puerta sin tropezarse y a otro sin cuatro dedos en la mano derecha". Van der Smissen los denominaba "desechos". Afirmaba que "eran una multitud de endebles que nunca debieron ser reclutados, mequetrefes completamente inapropiados para el servicio".

Finalmente, de los 2 400 programados, sólo embarcaron 1 536 (1 545 según las cuentas de Laura O'Dogherty Madrazo), incluyendo las cocineras.

Salieron de Bélgica entre noviembre del 64 y febrero del 65. Largas travesías en barcos repletos, viajes de seis semanas con sólo escalas en Martinica y Santiago de Cuba, mal alimentados. De Veracruz a México utilizaron brevemente el ferrocarril, 50 kilómetros tierra adentro. Otras ocho etapas a pie en "las más deplorables condiciones". El camino resultaba casi intransitable atravesando regiones tropicales, cubiertas de espesa vegetación, marchar por zonas áridas, donde el agua escaseaba, y trepar montañas. Además, los voluntarios cargaban armas, equipaje y víveres poroque sólo había mulas para los oficiales. La falta de entrenamiento, lo inadecuado del uniforme, permanentemente húmedo, y el sofocante calor hicieron aún más complicada la tarea; "al cabo de algunos kilómetros, las piernas se dormían, el ritmo de la columna se volvía digno de compasión, los rezagados se multiplicaban". Nada diferente, por otro lado, de lo que vivía cualquier escuadrón de la chinaca.

El teniente barón Van der Straten Waillet recordaba que llegaron a México "como hombres caídos de la luna […] todos éramos novicios. Debíamos impresionar piadosamente a los mexicanos que nos calificaban de inútiles a pie, inútiles a caballo".

Si para Napoleón el contingente austrobelga tenía la clara función de ir paulatinamente sustituyendo a los franceses y permitir la repatriación de parte de sus fuerzas, para Bazaine en la práctica no es tan claro sustituir al disciplinado ejército francés y a los super subordinados imperiales mexicanos por estas nuevas tropas de las que desconfía (meses antes le había comunicado a Napoleón III que las tropas belgas que deberían llegar desde octubre eran "jóvenes civiles sin experiencia en combate"). Por lo tanto el contingente belga por órdenes de Bazaine se fragmenta: dos brigadas como guardia de la emperatriz y una tercera es enviada a Oaxaca. Los últimos en llegar a Veracruz el 8 de marzo de 1865 fueron enviados directamente a Morelia donde el 30 de marzo entraron para sumarse a las fuerzas de Potier que aparentemente habían logrado contener a las guerrillas.

Llegaron por Michoacán los belgas de la emperatriz, uniformados de pantalón corto y pelliza de paño azul, polainas blancas que llegaban hasta el extremo del pantalón y un sombrero de fieltro negro, de figura cónica con plumaje de gallo. La voz popular dictaminó que estaban nomás ridículos.

Van der Smissen afrontaba un doble fuego amigo: por un lado, Potier lo acusaba de no saber disciplinar a sus tropas ni subordinarse al mando único; por otro, chocaba permanentemente con sus oficiales, a los que varias veces había desafiado a batirse en duelo. Tan pronto como en febrero, E. Chazal informaba a su padre que Van der Smissen no era capaz de dirigir a los belgas.

El 65 fue un año terrible, las lluvias caían una y otra vez en Michoacán. Noches enteras diluviando, inundaciones por doquier. De repente las nubes entoldaban el cielo y comenzaban a sucederse los zigzag del relámpago, el trueno rebotaba en los cerros. En esas condiciones la campaña fue "una larga peregrinación", "caminar jornadas enteras bajo una lluvia torrencial [...] sin saber dónde vamos, sin encontrar un poblado". Se trataba de una guerra cuya estrategia les resultaba desconcertante. El control imperial se limitaba a las grandes ciudades y el esfuerzo por someter pueblos y caminos obtuvo resultados mínimos. El enemigo parecía invisible. Su persecución era fatigante e inútil. La movilidad de la chinaca era mayor y sus fuerzas tan pronto se dividían en pequeñas bandas y desaparecían como se reagrupaban y realizaban ataques fulminantes. Asimismo, la conquista de los pueblos era efímera. Tras el paso de las fuerzas del imperio, los guerrilleros retomaban las poblaciones evacuadas.

El segundo batallón de los belgas llegó a Zitácuaro el 20 de marzo, y ahí se reunió con las tropas del imperial Méndez. Riva Palacio los vigilaba desde lejos. Tiroteos esporádicos, continuas represalias, incendios de pueblos y rancherías. A cada rato se elevaban las nubes negras de las poblaciones cercanas a Zitácuaro, como pidiendo zopilotes. Luego retornaba a la ciudad la columna de caballería ligera encabezada por campesinos esposados o amarrados, y las mulas con el saqueo de maíz.

En el camino a Morelia, Van der Smissen recibió la orden de reocupar Zitácuaro, cuya guarnición imperial había sido destruida por las fuerzas liberales, y de imponer un castigo ejemplar a su población, acusada de haber colaborado con el enemigo. Con la mitad de los hombres, incluido un contingente de traidores, Van der Smissen desvió su camino y se dirigió hacia esa población. El 21 de marzo del 65, y sin necesidad de disparar un solo tiro, las fuerzas imperiales reocuparon la localidad abandonada y tomaron represalias en los pueblos cercanos de San Miguel y San Felipe para amedrentar a la población simpatizante con los republicanos.

Pocos testimonios belgas narran los hechos. M. Loiseau recordaba que, sin que mediara explicación alguna, Van der Smissen ordenó a sus hombres tomar prisioneros a todos los varones, confiscar el ganado y prender fuego a los pueblos. En su relato, señalaba que el comandante había sido innecesariamente rudo con los prisioneros y demasiado tolerante ante los excesos de la tropa. Sin embargo, en su favor alegaba que su conducta respondió a las atrocidades que habían sido cometidas por el ejército liberal, con la complicidad de los pueblos. Era necesario, aseguraba, conocer "el espíritu sanguinario de la población indígena de los alrededores, para comprender que las más elementales leyes de la humanidad y de la guerra les eran desconocidas". Otros oficiales, en cambio, habían buscado la mediación del capellán y del médico del regimiento con el fin de frenar los excesos. Un testigo recordaba con escándalo que la iglesia había sido profanada y sus imágenes destruidas; y otro sostenía que se trataba de pueblos pacíficos y desarmados. La conducta de Van der Smissen profundizó sus diferencias con algunos de sus oficiales.

E. Chazal renunció al puesto de adjunto; el capitán Eduard Devaux, que se había alistado por deudas de juego, presentó su dimisión junto con el capellán y otros oficiales, sin que estas fueran admitidas. Devaux escribió: "La orden de castigar a la población fue por desgracia demasiado bien ejecutada, tuvimos el dolor de ver cómo nuestros compatriotas cometían toda clase de actos vandálicos. Nada faltó en ese día […] pillaje, robo, incendio".

NOTAS

1) Eduardo Ruiz: *Historia de la guerra de intervención en Michoacán*. Ángela Moyano: *Los belgas de Carlota: la expedición belga al imperio de Maximiliano*. Laura O'Dogherty Madrazo: *La guardia de la emperatriz Carlota: su trágica aventura en México, 1864-1867*. *"Mexican Adventure Biography Index"*. Albert Dúchense: "Comentarios de la prensa internacional sobre la expedición belga a México" (¿Albert Dúchense podría ser el mismo que hizo un grabado de la joven emperatriz Carlota en 1857?, por cierto bellísimo). François-Achille Bazaine: *La intervención francesa en México según el archivo del Mariscal Bazaine*.

2) Riva Palacio cuando se produce el saqueo de Zitácuaro: "Ruina y hambre por todos lados, y tú mordiéndote los labios y el bigote, encaneciendo. Te apretabas las manos, las estrujabas del coraje, andabas por Tiripetío y Tuzantla armando un ataque aquí y allá, diseñando escaramuzas que no desgastaran a los tuyos y lastimaran al contrario. Pero te dabas con la cabeza en los árboles, y pensabas que cómo no eras mejor general, cómo no eras más viejo, más experimentado, cómo no sabías de estrategia, cómo no eras más valiente, para hacerles pagar tanta infamia, tanta prepotencia, tanta marranada. Cómo eras al fin y al cabo un pobre poeta miope de treinta y tres años metido a general". (De *La lejanía del tesoro*).

160

LOS AUSTRIACOS DE MAX

El 1º de abril del 64 el emperador austriaco y hermano de Maximiliano, Francisco José, aceptó la recluta de voluntarios en su territorio sin darle el carácter de un apoyo formal al imperio mexicano. Los franceses se harían cargo de los sueldos y el transporte de esta tropa. El 19 octubre se firma en Viena el protocolo de lo que permitiría formar un pequeño ejército de 6 mil hombres. Era parte de la estrategia francesa de ir reduciendo el ejército de ocupación e irlo sustituyendo por un ejército de Maximiliano. El 7 de junio de ese año Napoleón III le escribe a Bazaine comentando una carta, posiblemente del general Douay, "donde manifiesta el temor de ver disminuido el ejército en el mes de octubre. Cree que el país no está todavía bastante pacificado para permitir esta reducción del Ejército. U. debe conocer mejor sus necesidades y sus obligaciones. Ciertamente que vería con gusto volver una parte del Ejército; pero es preciso, ante todo, que la obra comenzada no se comprometa. Es verdad que, hacia la misma época, deben llegar a México algunos millares de belgas y de austriacos".

Los voluntarios, soldados de todo el imperio austrohúngaro, se concentraron en Laibach en Slovenia y Trieste; acudieron hombres de todas las esquinas. Les ofrecían mejorar su salario, aumento de grado a los oficiales y la posibilidad de al final de la guerra permanecer en México recibiendo tierras de cultivo. Se sumaron a los pobres los jóvenes aristócratas, oficiales de caballería. Los dirigiría el conde Franz Graf von Thun-Hohenstein nacido en 1826 en Bohemia y miembro desde el 44 del ejército imperial, elegido por el propio Maximiliano. La foto lo registra como un personaje regordete con cara de bobalicón, calvo y de barba abundante. Activo como capitán en el 1848 combatiendo contra la revolución italiana casa por casa con su batallón de infantería en la insurrección de Milán donde obtuvo la Cruz del Mérito Militar. Herido en acción combatió en 1849 contra los levantamientos populares. En 1859 peleó en Solferino dirigiendo el batallón de granaderos y finalmente fue promovido a coronel.

La primera expedición salió de Saint Nazaire, Francia, el 19 de noviembre de 1864 en la embarcación inglesa *Bolivian* con 35 oficiales y 1 082 soldados al mando de Von Thun ahora con el grado de general. Llegaron el 1º de enero de 1865 con otras embarcaciones tras ellos que demorarían el resto del año en arribar. La travesía los llevó a La Martinica, de ahí a Veracruz y Puebla, donde montaron su cuartel general.

Bazaine tardó en darles ocupación y se dedicaron a vagar por la Ciudad de México. Se cuenta que "en su tiempo libre jugaban el *monte*, un tipo de juego de cartas donde se apostaban grandes cantidades de oro; asistían a las corridas de toros (las que consideraban salvajes); escuchaban en la plaza principal por la tarde a la banda del cuerpo dirigida por Sawhertal y sus 75 músicos, quienes tocaban diversas piezas de Strauss, Verdi, Mozart y Donizetti; escribían y respondían cartas de amigos y familiares; asistían a fiestas patronales y populares; realizaban excursiones de exploración o caza en las inmediaciones boscosas de los puestos de mando; y también se iba a baños termales o se trabajaba en la encuadernación de textos".

El capitán Ernst Pitner anotaría: "En conjunto la situación política del país no parece ser tan promisoria como afirma la prensa europea [...]. Y los mayores pesimistas del área son los mismos franceses que piensan que no hay gran cosa que hacer con esta mermada y corrupta población".

Bazaine trató en principio de integrarlos con dos batallones belgas en un cuerpo de ejército, subordinado al mando francés, pero no resultó, de manera que a partir de la base de Puebla fueron fragmentados. Thun-Hohenstein intentó mantener una relativa independencia del cuerpo por lo que chocó con Bazaine. En febrero de 1865, poco después de desembarcar, el conde Von Thun informó a Maximiliano que sus fuerzas habían recuperado la población de Teziutlán.

En la invasión de la sierra norte de Puebla, cuenta José Lanzagorta que "al rayar el alba del lunes 6 de febrero de 1865 una fuerte columna de soldados austriacos, con sus pantalones bombachos de color rojo, al mando del conde Jules de Hasinger con tres compañías de Jaggers y 75 jinetes imperiales mexicanos empezó a descender lentamente por la colina de Texaxaca. El objetivo del ejército imperial era apoderarse de la villa de Teziutlán". Los liberales llamaron al pueblo a la resistencia haciendo sonar las campanas de la iglesia, pero fueron derrotados aunque causando muchas bajas a los invasores, entre ellas la muerte del conde De Hasinger.

Habían actuado sin consultar al mando militar francés. Bazaine enfureció. A partir de ese momento fueron usados en pequeños destacamentos o columnas volantes para apoyar fuerzas poco confiables. Las contradicciones entre los mandos franceses, belgas, mexicanos y austriacos fueron graves. Analistas militares lo interpretarían como un error de Bazaine. Concentrando las fuerzas que iban arribando, el conde Von Thun integró una segunda división.

El 23 de abril de 1865 los jefes republicanos de la sierra de Puebla, Juan Nepomuceno Méndez y Juan Francisco Lucas celebraron un armisticio con los imperiales, que romperán unilateralmente en junio.

En el lado veracruzano, el 18 de mayo el general sonorense Ignacio R. Alatorre (un veterano de Puebla) fue nombrado jefe de las fuerzas de Barlovento por el general Alejandro García e integró una división con las tropas del mítico Juan N. Méndez (el hombre que dirigió a los de Tetela el 5 de mayo), la Guardia Nacional de Papantla, la Compañía Fieles de Tuxpan; el batallón ligero Llave, la Guardia Nacional de Tlapacoyan, la Guardia Nacional de Misantla, el batallón ligero Zamora y las guerrillas de Tierra Caliente.

En julio Von Thun operó sobre el puente de Apulco, luego tomó Tetela. El 17 de julio el capitán Graf Karl Kurtzrock-Wellingbuttel guio tres pelotones del 3º de lanceros (120 hombres) contra 115 republicanos de la banda de Los Plateados en Ahuacatlán. Rechazados, tuvieron que refugiarse en la iglesia, donde resistieron durante varias horas. Sara Yorke cuenta la historia del conde Kurtzroch. Cuando les incendiaron la iglesia, el oficial austriaco salió herido en las piernas. Antonio Pérez, el jefe de los Plateados, se acercó a la camilla, le preguntó su nombre y le descerrajó un tiro en la frente. Sólo quedaron 28 supervivientes que fueron rescatados pocos días después.

Pero los grandes enfrentamientos se iban a producir en la zona limítrofe entre Puebla y Veracruz. Al inicio de agosto las columnas austriacas avanzaron sobre Tlapacoyan, donde comienzan a reunirse las guerrillas. El combate se inició el 6 de agosto con un reconocimiento de los austriacos que se repitió dos veces y que fue rechazado. Alatorre llegó al día siguiente y reforzó la plaza. Los austriacos sin saber lo que tenían enfrente se mantenían a la defensiva en Hueytamalco.

Alatorre organizó una emboscada el jueves 10 que sorprendió a los austriacos por la retaguardia, haciéndoles 12 muertos, 15 heridos, tomando armamento, municiones y 21 prisioneros entre austriacos y mexicanos. En comunicación con el comandante Gruber, el austriaco le informó que fusilaría a los prisioneros mexicanos que tenía en su poder si él fusilaba a los que le había hecho en la mañana de ese día; a lo que este contestó que "pasada la acción, había mandado fusilar a todos los traidores y en cuanto a los prisioneros austriacos que estaban en su poder, correrían la misma suerte que los prisioneros mexicanos que se encontraban en aquel bando".

El general Alatorre dejó la zona para preparar una ofensiva sobre Jalapa que fue interrumpida por las lluvias y el mal estado de los caminos. Los enfrentamientos siguieron y las tropas republicanas de Tlapacoyan intentaron apoderarse de Teziutlán el lunes 11 de septiembre. Pero fueron derrotadas perdiendo 162 bajas y 35 heridos. Karl Graf Khevenhüller-Metsch, coronel y comandante de los famosos Húsares Rojos Austriacos del Ejército Imperial Nacional Mexicano se destacó en ese combate encabezando 120 hombres. La carga a sable de los húsares destruyó a los republicanos sin dejar heridos. "Los húsares no perdonaron a nadie".

La victoria provocó que el 22 de septiembre, los austriacos decidieran atacar Tlapacoyan, pero fueron rechazados. El pequeño poblado cultivador de café y productor de plátanos y limones, en los límites de Puebla y Veracruz, se había vuelto emblemático.

Los combates siguieron en la amplia zona que desciende de la sierra de Puebla hasta Veracruz, con desiguales resultados. En octubre en Ahuacatlán 65 austriacos resisten durante tres horas el ataque republicano antes de rendirse. El 19 de octubre en Santa Estera 30 austriacos son derrotados. El 22 de octubre 120 húsares mandados por Kevenhuller, que de nuevo queda herido al caérsele encima el caballo, derrotan a Figueroa cerca de Tehuacán.

Finalmente, en noviembre del 65, los austriacos al mando de Grubher y Zach, con 2 500 hombres (según las crónicas mexicanas, probablemente menos: seis compañías y un escuadrón, más 200 auxiliares) avanzan sobre Tlapacoyan. Al alba del viernes 17 de noviembre los imperialistas progresaron con tres columnas. Traían seis cañones rayados de ocho pulgadas que "hacían cimbrar el suelo y desmoronaban los parapetos de los defensores, quienes apostados en lugares estratégicos pudieron soportar la agresión". La defensa a cargo de Alatorre resultó exitosa y al caer la tarde los imperiales iniciaron la retirada tras la huida de los 200 imperiales mexicanos, dejando en el campo 36 muertos, 14 heridos y 24 prisioneros; en tanto que por el lado republicano quedaron 18 muertos y 11 heridos.

Las lluvias, que normalmente están presentes por estas fechas, llegaron el sábado 18 y aprovechando su intermitencia, Alatorre mandó a recoger los despojos y sepultar a los muertos de ambos bandos.

El lunes 20 de noviembre incursionaron los republicanos tiroteando los tres campamentos que tenían los imperialistas establecidos en las cercanías de Tlapacoyan. A las 11 de la mañana se produjo la contraofensiva imperialista y una columna con 400 hombres y una pieza de artillería atacaron una de las trincheras que rodeaba el pueblo infructuosamente. Lo intentaron al día siguiente tres veces con los mismos resultados. En la noche del 21 los austriacos recibieron 500 hombres de refuerzo.

La defensa estaba a cargo de Alatorre secundado por el coronel Manuel Alberto Ferrer con unos 500 hombres, más de la mitad voluntarios sin experiencia de combate y mal armados, distribuidos en las trincheras de Itzapa, El Peñascal, Texcal, El Arenal, Salto del Conejo, El Zapote y La Horqueta. Con una carga precedida de fuego de artillería los austriacos avanzaron por varios costados. La caída de varias trincheras hizo que Alatorre pensara replegarse para no perder a todas las fuerzas liberales. Ferrer que estaba actuando en la trinchera de Texcal pidió apoyo y recibió como respuesta de su general: "dígale a Ferrer que se defienda como pueda, y que si muere en esta lucha, yo me encargaré de decirle al mundo que murió como un héroe".

La trinchera de Texcal recibió una última carga a la bayoneta y "Ferrer y los pocos sobrevivientes que quedaban, algunos de ellos heridos, seguían batiéndose […], pero sin poder contener ya el avance del enemigo, quien al llegar a una distancia de 20 metros cargó […] sobre el parapeto al arma blanca. Ferrer, animando a sus hombres al grito de: *A ellos, ¡Viva México!*, hizo que sus compañeros de armas, con bayoneta calada recibieran […] a los atacantes, en una lucha cuerpo a cuerpo y sin cuartel aunque perdida de antemano para el bando republicano. Al iniciarse el asalto, en una descarga que hicieran los austriacos, Ferrer, que había brincado sobre los restos del parapeto y disparaba su pistola, recibió un tiro en la frente que segó su vida". De los 120 defensores de la trinchera sólo 11 quedaron con vida. El teniente Karl Manussi von Montesole cayó de su caballo durante el combate y el animal herido cayó a su vez sobre el jinete causándole serias heridas de las que nunca acabó de recuperarse.

La codiciada victoria en Tlapacoyan llegó a la Ciudad de México y se reprodujo en periódicos austriacos, causando las felicitaciones de Maximiliano. Los republicanos tardaron en recuperarse; el domingo 17 de diciembre el capitán austriaco Hammerstein derrotó a la partida del capitán Aguirre y le hizo 18 prisioneros con sus fusiles, gran cantidad de parque, una caja con 600 pesos, caballos y acémilas de carga, por lo que se vio obligado a pedir una tregua.

Pero más allá de esta cadena de triunfos y derrotas contra fuerzas de milicias mal entrenadas y armadas, la tensión entre franceses y austriacos prosiguió. No se querían. El capitán austriaco de los famosos húsares rojos

Khevenhüller dejó un terrible retrato del mariscal francés Bazaine: "Se le veía lo taimado en la cara gruesa y los ojillos penetrantes. De cuerpo es un enano, gordo e informe como un gnomo, además la barba rala, la enorme calva, realmente una figura espantosa". Era mutuo el desagrado. Loizillon afirmaba: "Por todas partes hay fracasos, donde no hay franceses [...]. Los austriacos y belgas no son hechos para este género de guerras: son 8 mil y no capaces de hacer lo que 3 mil franceses".

Para el fin del 65 el área estaba bajo control imperial y había guarniciones en las villas. No sucedía lo mismo en Veracruz, donde la guerrilla parecía eterna.

NOTAS

1) Jean Meyer: *¿Quiénes son esos hombres?* Brigitte Hamann: *Con Maximiliano en México: del diario del príncipe Carl Khevenhüller. 1864-1867.* "Austrohungarian Army". "El Cuerpo de Voluntarios Austriaco y su aventura mexicana, 1865-1867". Ernst Pitner: *Maximilian's Lieutenant: A Personal History of the Mexican Campaign, 1864-1867.* Guy P. C. Thomson y David G. LaFrance: "Los combates de Puebla" en *Patriotism, Politics, and Popular Liberalism in Nineteenth-Century Mexico.* José Lanzagorta Croche: "La Batalla de Tlapacoyan". David Ramírez Lavoignet: *Tlapacoyan.* Nelson: "Maximilian's Austrians in Action".

2) Ignacio Alatorre estudió en un seminario de Guadalajara, ingresó a la guardia nacional en 1850. Fue clave en las derrotas de las invasiones filibusteras de William Walker en Baja California y Raousset de Boulbón en Sonora. Con Zaragoza en la primera batalla de Puebla y con González Ortega en la segunda.

3) Las andanzas amorosas del coronel Ferrer. Mantenía correspondencia con su novia, que le contaba que "era acosada por el coronel francés Rafael Ferrater, que a ella sólo le merecía repulsión como enemigo de su patria, pero que sus padres, por temor, habían tenido que ceder a la solicitud del galán, quien frecuentaba su casa sin que ella le diera el menor motivo de alentar esperanzas". La cosa no parece ser muy exacta si leemos uno de los poemas que Ferrer le dedicó a su novia: "*Mas ¿qué hallará que le parezca hermoso / el alma que conservo dolorida, / que halló feo, vacío y mentiroso / el corazón de una mujer querida?*". El coronel liberal decidió entrar en Jalapa clandestinamente para pedirle cuentas al rival. "Embozado en las sombras de la noche llegó Ferrer, acompañado por unos amigos que decidieron tentar al destino y entrar a la ciudad que en ese momento era un bastión del enemigo para llegar hasta la casa de *Itumela.* Cuando se acercaba, vio salir de allí a un militar que portaba el uniforme de coronel francés. Ferrer, que vestía de paisano, inmediatamente supuso que era su rival y se dirigió a él para exigirle una explicación. El extranjero, al comprender que, no obstante el traje civil, era un oficial republicano quien le interpelaba, en lugar de contestar, retrocedió unos pasos y desenfundó su pistola, pero Ferrer, que estaba atento a cualquier contingencia, hizo lo propio y se liaron a balazos. La suerte estuvo del lado del republicano y su rival cayó a tierra sin vida". Ferrer logró huir de la ciudad con sus amigos.

161

LOS BELGAS EN TACÁMBARO

1865 fue otro año de desastres para la resistencia republicana. Caen Oaxaca, Acapulco, Guaymas, Sonora se adhiere al imperio, los republicanos de Sinaloa se tienen que retirar a las montañas. Fernando Díaz Ramírez dice en su biografía de Arteaga, quizá exagerando, "solamente se luchó en un estado, Michoacán y sólo resistía un ejército, el Ejército del Centro". Lo cierto es que les echaron encima una fuerza desproporcionada: Van der Smissen con la legión belga; Ramón Méndez con el regimiento del emperador, De Portier con los zuavos, la fuerza de Clinchant, la brigada móvil de Tapia y el español Wenceslao Santa Cruz con su cuarto regimiento de caballería. A pesar de eso Arteaga hace cuartel general en Huetamo y trata de reunificar fuerzas, intenta y fracasa en crear una brigada en Jalisco con Echegaray y Julio García; manda a Régules hacia Tacámbaro, y conoce del intento de Riva Palacio de armar una ofensiva sobre el Estado de México vía Zitácuaro.

El coronel Potier diseñó una ofensiva para empujar a las guerrillas hacia el sur, la tierra caliente, región despoblada, de clima insalubre y escasez de alimentos. Dos columnas, haciendo un arco, y una tercera al mando del coronel Tydgat, integrada por 251 soldados y 80 renegados de caballería, fueron enviadas a Tacámbaro, a 85 kilómetros al sur de Morelia, para empujar a las guerrillas. En el camino toman Acuitzio, donde se alojan en el cementerio, y con la insensibilidad que les es natural queman las cruces para calentarse. Llegarán el 6 o el 7 de abril del 65 a Tacámbaro sin encontrar resistencia. Se fortalecen dentro de las paredes del ex convento de los agustinos y los edificios cercanos. Casi de inmediato levantan un muro defensivo de dos metros con aspilleras. Venían preocupados por las serpientes, porque algún juarista emboscado les había dicho que dormía una abajo de cada piedra. Y ya más en serio, les inquietaba meterse en plaza fuerte republicana. No sabían que lo que hacían al ingresar a paso de marcha rápida, sacando chispas en los adoquines, en el ruinoso pueblo de Tacámbaro, era entrar en la historia, en el lado oscuro de ella.

Nicolás de Régules, el general español nacido en Burgos en 1826, veterano de las guerras carlistas, muy activo en la lucha contra la dictadura de Santa Anna y la Guerra de Reforma, al frente de su brigada, estaba tratando de huir evadiendo el cerco hacia el norte y cambiando de dirección varias veces. A marchas forzadas se aproximaba hasta Tacámbaro donde se encontraba refugiada su familia. Las dos primeras columnas francesas nunca lograron alcanzarlo. Después de una semana de interminables marchas, volvieron a Morelia. El oficial T. Wahis sostenía que "a cada instante creímos caer sobre el enemigo que huía delante de nosotros a sólo algunas leguas de distancia".

En la tarde del 12 de abril los vecinos formaban corrillos, corriendo los rumores de que los chinacos de Régules estaban a 40 kilómetros, estaban en las goteras, ya habían llegado… Los caballos bufaban nerviosos, pero las patrullas no hallaban alma. Los belgas inquietos se fortificaron, ya les importaba menos las serpientes.

Régules, con el apoyo de las guerrillas de la zona y de los vecinos que estaban indignados por el comportamiento de los belgas reunió 2 mil hombres.

El doctor belga se sentía solo, observado por miles de miradas aviesas desde los quicios de las puertas y las ventanas enrejadas. Acudió con Tygdat a mitad de la noche y le informó que la familia de Régules vivía dos calles de la plaza. Poco después una patrulla de los belgas sacaba de las cobijas a Soledad y a sus tres hijos, Juanita, Fidel y Teresa. Los presos fueron acomodados cerca de un confesionario, rodeados de la totalidad de la tropa que había sido recluida en el interior para pasar la noche.

A las cinco de la madrugada, cuando aún no amanecía y la noche en vela se había vuelto interminable, más para quitarles la duda que para darles certeza, los chinacos iniciaron el ataque. Dos cañonazos hicieron blanco en la iglesia, espantando a los adormilados soldados de Carlota. Algunas piedras de la torre de la parroquia volaron por los altares y derribaron santos y fusiles, dejando manca a santa Margarita y perforada una olla en la que se calentaba el café.

Los infantes de Régules venían gritando por costumbre el "¡Viva México!", mientras se tropezaban entre sí en el tumulto y bajaban ansiosos de verles la cara a los belgas y saber de cierto si mataban o morían mejor que otros. No eran muchos, pero lo parecían cuando descendieron del cerro de la Mesa como torrente. La caballería imperial salió huyendo.

Cuando la primera columna apareció dando la vuelta a la plaza, el mayor Tydgat le ordenó al capitán De Lennoy que con una compañía los batiera a bayoneta calada, añadiendo que eso sería suficiente para librarse de la canalla. Los belgas salieron de la iglesia a paso de carga, como en desfile ensayado, de tropa entrenada y bien comida. Un choque brutal, cuando dieron de frente con los primeros aulladores, que insultaban en castellano y tarasco. Y no sólo la bayoneta y los tiros a quemarropa, también los empujones y el puñal que entraba desde abajo, desde la oscuridad que no acababa de irse de la noche. Ya había sangre en la tierra y se veía menos con el polvo alzándose. Los chinacos dudaron, pero aparecían en la plaza nuevas columnas de soldados republicanos descalzos. Lennoy se replegó sin perder la figura, mostrando sus hombres la larga bayoneta estriada mientras retrocedían. Cuando estaba a punto de ganar la seguridad de los parapetos, quedó tieso en el atrio de la iglesia, con la mano engarfiada en el sable y un tiro en el corazón.

Desde las fortificaciones, con la luz incierta del día que asomaba, tirando al bulto y a la bola, los belgas hicieron buenos blancos. Disparaban con carabinas de largo alcance, las mismas que horas antes fueron motivo de burla en el campo republicano, cuando el indio Acosta, el explorador más eficaz de la chinaca, le había dicho al general Régules:

—Las de largo alcance sólo sirven para matar a los que se ponen lejos, ¿no general?

Pues lejos estaría el general, porque dos veces lo dejaron sin caballo, aunque la segunda no fue de carabina el tiro, sino un cañonazo. Y lejos estaba tratando de ver cuántos eran y dónde estaban los imperiales, cuánto podían masacrar a los suyos, cuánta muerte podían hacer en un ejército sabio en retiradas y derrotas.

Desde la torre los imperiales hacían mucho daño con un fuego graneado. El teniente coronel Villada quedó herido en la cabeza, pero se mantuvo al frente de sus tropas. Régules le puso paciencia al asunto y ordenó cubrirse, crear el cerco, venadear al que asomaba la cabeza. Darle espera a la guerra. Tres horas de tiroteo y no se podía sacar a los belgas del refugio.

Tygdat se había hecho un resguardo bajo el púlpito y desde ahí disparaba una escopeta de caza. Era mucho el tiroteo para saber quién iba ganando.

Régules rompió el empate, harto ya de una guerra de retiradas: mandó a los de Zitácuaro que dirigía Robredo a conquistar la casa contigua a la parroquia. Los cañones republicanos abrieron un hueco en el muro. Entre las piedras entraron saltando, como si se tratara de un baile.

Herido Robredo de dos tiros en la descarga cerrada con la que respondieron a la carga, murió 15 minutos después, sin saber si había fin en la batalla. Los de Zitácuaro, mandados ahora por Bernal volvieron a la carga y se apoderaron de la casa a pura terquedad. Régules ordenó por fin, con los imperiales flanqueados, la carga contra el atrio. Todo o nada.

Ya la defensa era imposible. Parlamentaron los belgas. Tygdat asomó al patio con una bandera blanca, se levantaron los chinacos más cercanos al foso para celebrar y comenzaban a cantar "Adelante, Zaragoza" cuando los belgas contestaron con una descarga que produjo más de 30 heridos y muertos. Los gritos de coraje surgieron del lado republicano. "¿Quién disparó?", se pregunta el doctor mientras arroja al suelo el trapo blanco ahora inútil.

La rabia lo hace todo. La rabia manda una carga simultánea a la bayoneta por los cuatro costados, iluminada por el incendio una de las casas laterales, tratando de hurtarle el cuerpo a las balas mientras se corre hacia la boca de los fusiles. La rabia hace grande al chiquito Villanueva, quien teatral y perdido en la gloria de la inconciencia, con la bayoneta en una mano y una tea en la otra hace arder la puerta del convento en medio de una lluvia de tiros que le desgarran el gabán. Y se dice, mientras arde su ropa y se quita las llamas arrojándose contra el frente del edificio, apagando la lumbre a empujones, qué bonito es esto, qué bueno morir así.

Los belgas, desesperados, colocaron a la familia de Régules sobre la trinchera para detener el tiroteo republicano. Un instante de duda, la carga se detiene. ¿Es Soledad? A la mierda, ¿son los hijos del general? El silencio lo domina todo, y da más miedo que el ruido de los tiros y los gritos. Y por eso, para matar el silencio que le produce un pánico frío, Régules le pide al corneta que llame a descuartizadero. Que toque tres veces en el clarín la orden de sacarles las tripas a los belgas.

En medio de los tiros, quizá porque no los oía bien, el sordo Malina, un artesano de Tacámbaro, saltó el parapeto y tomando en brazos a la mujer, la ayudó a descender, y silbaban las balas en torno suyo, mientras después tomaba uno a uno a los niños y los apretaba contra el suelo.

Último asalto. Los fusiles sin parque eran usados como garrotes. Los cuchillos y los machetes perdían filo. La carga se quedó detenida en el aire, atrapada como en un lienzo, gracias al crecer del incendio majestuoso. Las puertas cedieron, aquí y allá se peleaba cuerpo a cuerpo. Régules, como una aparición trágica, vestido con un sarape escarlata, se mostró a caballo en la sacristía.

—Les pido la rendición, señores —la voz suave y ronca, curiosamente dominaba el tumulto.

Un oficial belga, de nombre Walton, levantó la pistola buscando el pecho del general republicano en la mira, pero un teniente mocho apellidado Miñón, levantó el arma impidiendo que saliera el tiro. Régules reiteró entonces la oferta proponiéndoles una capitulación honrosa. Los fusiles cayeron al suelo uno a uno. Salían los prisioneros caminando del templo cuando el techo se desmoronaba entre las llamas, fulgores de luz, leños ardiendo, un torbellino de chispas. El coronel Gómez, quien no tenía mando de tropa dentro de la chinaca, por ser un borracho perdido, pero al que se le permitía acompañar a las tropas y combatir en solitario, recorría las filas de los prisioneros usando su francés primario para preguntar que a quién se le ocurrió colocar a Soledad Régules como parapeto. Quién fue el hijo de su mala madre que tuvo el atrevimiento. Alguien le contestó que el médico era quién le dijo a Tygdat de quién se trataba la mujer. El mismo que levantó la bandera blanca de mentiras. Fue suficiente para enloquecer a Gómez, al que no le faltaba mucho en día normal para perder los estribos…

El mayor Tygadt (a consecuencia de las heridas murió al día siguiente), el capitán Chazal (el hijo del ministro de la Guerra belga), el capitán Delaunay, otro oficial, tres tenientes y cerca de 27 soldados murieron. Tres oficiales heridos y 190 hombres se rindieron a los republicanos y fueron conducidos prisioneros hacia el sur del estado. Los rehenes fueron rescatados sin daño. La noticia de la derrota de los belgas llegó pronto a la capital afectando profundamente a su paisana Carlota. La reacción de Carlota fue terrible, lo tomó como un asunto personal. En Bruselas crecieron las protestas. ¿Qué estaban haciendo los belgas en Michoacán? ¿No eran la guardia de la emperatriz?

Van der Smissen responsabilizó a los franceses de la "tragedia de Tacámbaro". Sostenía que la campaña había sido un imperdonable error; en particular señalaba el desacierto de "dejar una guarnición tan débil sin socorro […] en ese puesto que no era desde ningún punto defendible". Sin embargo, reconocían que sus voluntarios habían colaborado a tejer la tragedia. En una misiva oficial, a pesar de su carácter apologético, Van der Smissen sostenía que sus oficiales eran "casi todos muy jóvenes, ardientes, llenos de fuego […] pero con tendencia a olvidar la calma y a despilfarrar su energía, junto con su vida".

Como aseguraba F. Eloin, "han pagado con su vida el exceso de confianza […] el batallón fue sorprendido durmiendo y las medidas defensivas, tomadas a la ligera, hicieron imposible la retirada". Finalmente, el soldado Loomans recordaba que en la columna reinaba una gran indisciplina. En su relato señalaba, a manera de ejemplo, que la víspera del ataque la guardia fue sorprendida por un oficial "roncando a pierna suelta"; habían intercambiado con indígenas carabinas por aguardiente.

En abril del 65 los belgas incendiaron Zitácuaro como represalia por lo sucedido. Prendieron fuego a la ciudad en seis puntos simultáneos. El viento voraz se encargó del resto. Por las calles como en fiesta, contaban los emisarios que llegaban uno tras otro, corrían belgas con teas en las manos mientras se saqueaba. Andaban locos, desaforados, con vestidos de mujer entre las manos. ¿Para qué los querían? Pero el saqueo, la locura del destruir, tiene lógicas infernales.

Altamirano cuenta: "En las cuadras del cuartel de los belgas se almacenaba el pillaje, en montoncitos; acomodado en pilas que cada cual respetaba porque era su parte del saqueo. Y había enfermedad en esa geometría del botín; estaban locos, pero su locura era perversa, codiciosa. En la plaza principal amontonaron manteca, aceite, cohetes, barriles de aguardiente, y a todo le dieron candela. Se reían como niños viendo la gran hoguera. Con esa luz se iluminó la vereda por la que las familias huyeron a los bosques cercanos".

El coronel Potier dirige apresuradamente una columna hacia Tacámbaro. Régules deja los enfermos y heridos franceses y abandona la plaza, donde entra Potier el 16 de abril. Al día siguiente, Régules, a bastante distancia de Tacámbaro, ataca Uruapan, pero es rechazado; avanza hacia Morelia, plaza desguarnecida. Alcanzado por Potier el 23-24 de abril de 1865 en Huaniqueo, se vio obligado a combatir contra el 5° de Húsares y el 81 de línea. Derrotado y desorganizado por completo, perseguido tuvo que tomar el camino del sur.

Dos meses le toma a la guerrilla reorganizarse.

El día 19 de junio, Riva Palacio y Régules toman Uruapan, fusilan al jefe imperialista coronel Lemus, pero la plaza es reconquistada por el coronel Clinchart cuatro días después.

Un mes más tarde, el 16 de julio, Arteaga reunió a las guerrillas y se aproximó a Tacámbaro. A cuatro kilómetros de la plaza se desplegó en un lugar llamado La Loma o Cerro Hueco; según los imperiales traía al menos 3 mil republicanos, en su mayor parte miembros de las diversas guerrillas, aunque valientes poco disciplinados y poco capaces de actuar conjuntamente en los movimientos de un ejército. Arteaga había elegido mal el punto del enfrentamiento; no tenía la cabeza serena, con tanto pleito con el general Salazar. Y para muchos males, las aguas llegaron a desbordarse y el general en jefe le había retirado el mando de sus tropas a Carlos Salazar cuando estas se hallaban tomando posiciones para la batalla. Hasta lo vieron partir y alejarse. ¿Cómo se quería que entraran en combate cuando se les iba el jefe? Pero Arteaga estaba cerrado y no oía a Riva Palacio cuando le sugería que diera batalla en la Cuesta del Toro, no en aquel cerro que reunía condiciones harto desventajosas.

Y como mal empezó, mal siguió. El combate se produjo a la hora de comer, cuando estaban empezando a servirse y tuvieron que retirarse las ollas, dejando entrar en combate a los soldados con el estómago vacío porque ya chocaba Salgado con la vanguardia de los imperiales. Y mal estaban colocadas las caballerías republicanas al pie del cerro mientras se les venían encima los belgas y el Regimiento de la Emperatriz.

Y hasta mala era la estética. El gordo Arteaga recorría la línea sobre un caballo que apenas podía sostenerle las nalgas, los cuadros republicanos desorganizados, tomando posiciones, con un discurso de última hora, que apenas si se oía porque ya caían los cañonazos levantando tierra, desgajando el cerro, arrancando una pierna aquí y una cabeza allá.

Las cargas de las caballerías de flanqueo coincidieron y los chinacos salieron muy mal parados ante la disciplina del enemigo. Sin embargo, no todo se estaba pudriendo, porque la infantería caló la bayoneta y avanzó cerro abajo sobre los belgas, insultándolos y escupiéndolos, a más de machetearlos y les rompió el avance.

Entonces sonó el llamado a retirada del clarín repetidas veces. Los que se hacían triunfadores se detuvieron, reinó el caos. Se escucharon gritos de "traición" entre la desconcertada tropa. La desconfianza previa que existía en Arteaga tomó vuelo. Los republicanos comenzaron a desorganizarse y fue cuando la caballería imperial terminó el trabajo masacrando a los dispersos.

El barón Van der Smissen y el coronel Ramón Méndez a la cabeza de un ejército belga-mexicano de 850 hombres los vencieron en tan sólo una hora. Van der Smissen decía en su parte: "El paso estrecho fue atravesado a paso de carga, a pesar de un terrible fuego de la infantería y la batería, y todas las pendientes le fueron tomadas en breve tiempo". Las bajas liberales fueron importantes: 300 hombres, un coronel y muchos oficiales, seis cañones, 600 fusiles, 100 cajas de cartuchos y 175 prisioneros perdieron. Los imperiales sólo tuvieron 25 bajas.

Ramón Méndez escribió que los belgas hubieran sido derrotados sin el auxilio de los mexicanos. El 3 de agosto fue designado gobernador militar de Michoacán y recibió la orden de comendador de la Orden de Guadalupe. Bajo su mando, el comandante belga estaría encargado del distrito de Morelia. La medida conmocionó a los oficiales del cuerpo de voluntarios; "no sólo hería nuestro amor propio sino el honor del cuerpo que acababa de dar tan importante servicio". Como protesta, el cuerpo de oficiales belgas presentó su dimisión. Si bien habían acabado por aceptar el mando francés, aunque no sin disgusto, la obediencia a un militar mexicano les parecía humillante e inadmisible. Van der Smissen afirmaba no estar dispuesto a someterse "a un canalla, aunque se nombre coronel, seguido por 50 pillos en harapos". Y agregaba que había venido a "organizar el ejército mexicano, no a aprender de él".

En el bando republicano Riva Palacio registra: "Tristes días eran aquellos para nosotros. De aquel desastre apenas habíamos salvado algunos elementos de guerra; todo parecía perdido". Arteaga se salvó de milagro a pesar de que su caballo se desbarrancó, traía las piernas gangrenadas. Riva Palacio con tres oficiales de su Estado Mayor huyó rumbo a Turicato y pronto se vio que no estaban solos porque sonaban en la espalda los cascos de los caballos de los imperiales en la persecución. La división había dejado de existir como ejército.

Riva Palacio reorganiza. Arma y desarma, produce citas con oficiales que están rearmando sus columnas, y piensa en que hay que conseguir caballos, municiones, aumentar la recluta, reformar los cuadros. En la Huancana encontrará el batallón de Villada, que estará completo, porque es un excelente organizador y porque no cayó sobre sus espaldas el peso de la batalla, y será en la hacienda del Tejemanil, donde después de un descanso y unas horas de sueño encontrarán al coronel Gaona, que habrá reconstruido su tropa. En Turicato, Eguiluz y algunos jefes más con restos de su gente. Y luego a toda velocidad a Pedernales para impedir un motín y reorganizar a los dispersos, y luego en Puruarán donde habrá más hombres, y llegará por fin y seis días después a Tacámbaro con 600 hombres, que acaban de perder una batalla y están listos para perder muchas más, y sufrir más derrotas, y triunfar un poco en una escaramuza y así hasta que se gane la definitiva y se recuerden las cosas desde los panteones o desde la plaza de la catedral en Morelia.

Y Riva Palacio dedica el tiempo a hablar con los oficiales, a mejorar ese cuadro de hombres que deciden los combates: y son horas de conversaciones sobre estrategia con el coronel José Alzati, ranchero de Zitácuaro, siempre de buen humor; el tieso Topete, militar de uniforme impecable hasta a mitad del lodazal. Y habla de rifles y de poesía con Jorge Wood, jovencito, tímido, hijo de ingleses, que leía a Byron noche y día; y conversa cómo se despliega una línea de tiradores para cortar la carga de caballería; con Marmolejo, tan grande que el caballo siempre se le cansaba en las marchas, al que De Potier había hecho azotar en Morelia y que llegó a las filas republicanas con la espalda todavía cubierta de sangre; y habla de cureñas y de abastos, de comidas y rancho, de retaguardia y moral con Luis Anselmo Salazar, tata-Lancha (tanta lanza), que conversa moviendo los labios y sin pronunciar palabra, muerto de timideces por sus defectos de pronunciación; y se sienta en la hoguera con su asistente, un ex camarero que había aprendido de política oyendo a sus clientes; y discutía de táctica y teatro griego con Manuel Marroquín, boticario de la Ciudad de México, médico improvisado leyendo libros capturados al enemigo, experto en curar picaduras de alacrán con fósforo ardiente, llamado San Manuelito por las abuelas de Zitácuaro.

En el otro bando la relación de Van der Smissen con sus oficiales no había dejado de deteriorarse y el espíritu de cuerpo era casi inexistente. Asimismo, se multiplicaban las faltas de disciplina. Algunos soldados dormían durante la guardia o abandonaban su puesto, otros fueron acusados de robar en las casas de la población o de vender víveres, armas y cartuchos del regimiento. Además, eran constantes las tentativas de deserción. "A cada instante soy informado de faltas muy graves de disciplina", se lamentaba Van der Smissen. Y aseguraba, "tengo en mi corporación el espíritu de la deserción".

Las victorias eran costosas y efímeras. "Hay diez muertos, al día siguiente 20 resucitados (escribía un soldado), la fuerza del enemigo aumenta cada día". Por su parte, un oficial aseguraba "es fácil prever una catástrofe". Aseguraba que por fatiga se habían perdido más hombres que durante el combate, y que "las continuas marchas han desmoralizado a los soldados que no ven jamás el final de sus penas".

El combate de La Loma y la llegada de la temporada de lluvias pusieron fin a la campaña de pacificación del coronel Potier. Con ello, las tropas francesas se retiraron del estado. Sin embargo, el coronel imperialista Ramón Méndez, tuvo un encuentro el 14 de agosto del 65, en el llano de San Miguelito, con las fuerzas que acaudillaba el guerrillero León Ugalde (el que se salvó cuando fue asesinado Ocampo), que ascendían a 300 hombres. La acción fue terrible para el jefe republicano, porque no sólo cayeron sin vida 40 de los suyos y le hicieron 16 prisioneros, también perdió en la fuga todos sus caballos.

NOTA

1) José Luis Blasio: *Maximiliano íntimo: el emperador Maximiliano y su corte. Memorias de un secretario particular*. E. M. De los Ríos: "Nicolás de Régules" en *Liberales ilustres mexicanos de la Reforma y la Intervención*. Paco Ignacio Taibo II: *La lejanía del tesoro*. Ángela Moyano: *Los belgas de Carlota: la expedición belga al imperio de Maximiliano*. Laura O'Dogherty Madrazo: *La guardia de la emperatriz Carlota: su trágica aventura en México, 1864-1867*. Antonio García Pérez: *Estudio político militar de la Campaña de Méjico, 1861-1867*. Ignacio Manuel Altamirano: "La heroica Zitácuaro" en *Obras completas*, tomo II. Pedro Pruneda: *Historia de la guerra de México, desde 1861 a 1867*. Eduardo Ruiz: *Historia de la guerra de intervención en Michoacán*. Luis Everaert Dubernard: "Desunión del ejército plurinacional del imperio mexicano". "From Mexico: The Engagement at Tacambaro. Régules and Ugalde. Cortina threatening Matamoras, a Military Colony".

162

NARANJO Y TABACHINSKI

Por más que los locales la reivindiquen, la batalla de Gigedo en Coahuila no suele pasar a las grandes crónicas de la intervención, si no fuera porque las versiones y variaciones la inundan y muestran el odio feroz que había contra los imperiales.

Francisco Naranjo con sólo 90 hombres, "diestros en el combate contra los indios" en el arroyo de Tito Díaz, cerca de la aldea de Gigedo, Coahuila, derrotó a Tabachinski, que traía 900 (330 según otra crónica más precisa de la batalla, 300 según el Museo del Noroeste, 200 según Galindo y Galindo) y tomó 667 prisioneros (imposible si sólo eran 300 los enemigos, absolutamente viable si eran 900) o más bien 200 y uno o dos cañones de montaña, cuatro cajones de parque y ochenta y tantos rifles. Y se cuenta que Naranjo mató al polaco en un combate cuerpo a cuerpo y luego fue y tomó Piedras Negras.

Jozef (o José María) Tabachinski era mexicano, hijo de un marinero polaco y una jarocha, que entró al ejército en el 53, participó en las guerras indias en el norte, por lo que ganó el apodo de El Comanchero, estuvo con Zaragoza el 5 de mayo y mandó el cuerpo de carabineros a caballo como teniente coronel en la segunda batalla de Puebla. Fue de los chaqueteros que se pasaron a los imperiales en mayo del 64, entró a la Legión Extranjera y se dejó una luenga barba, para parecerse a Maximiliano.

"Tabachinski con su tropa llegó a Nava un día antes del combate, que sería el 3 de abril de 1865; que había dicho que acabaría con los republicanos que a las órdenes del coronel Naranjo habían llegado a Gigedo, pequeña aldea que separaba una acequia de otra población denominada Peyotes. Tabachinski amenazaba con que venía por Naranjo para mancornearlo con la tía Verónica, la mujer más vieja del pueblo, junto con la imagen del santo del pueblo (el santo niño de Peyotes) que arrastraría por las calles a cabeza de silla". Por andar de hablador los locales aseguran que se lo chingaron por blasfemo y el santo hizo el milagro al revés.

El teniente coronel Naranjo, uno de los más brillantes guerrilleros de la división de Mariano Escobedo, estaba al frente de una guerrilla de 80 vecinos de la zona mandados por Pedro Advíncula Valdés (alias Winkar) en el arroyo del Sauz, camino de Monclova, el 2 de abril de 1865, cuando recibió informaciones de que el jefe imperialista Tabachinski tenía intenciones de ocupar Gigedo y Rosales, y hacer barbaridades porque los habitantes eran republicanos. Le hizo una emboscada en la que Tabachinski no cayó, porque a uno de sus exploradores se le disparó el fusil y el día 4 lo esperó emboscado en el arroyo de Tito Díaz, escondiendo los caballos en una barranca. El combate duró como una hora y los imperiales fueron arrasados.

Y la historia, ya de por sí complicada, habría de contarse peor, narrando cómo el coronel Naranjo mató en combate singular a Tabachinski, al que volvían francés y de pasada conde, abusando de su exótico apellido. En otra versión fue el zurdo Peña el que le cortó la cabeza. Lo enlazaron, Tabachinski cortó con el sable la reata e intentó huir arrastrándose sin lograrlo. En otra versión fue el herrero Pedro Agüero el que lo ejecutó con un machetón imposible, de un metro 20 y una pulgada de grueso (eso debería pesar 20 kilos, ni quién lo levantara). Pero Francisco Naranjo le dio el crédito de la muerte de Tabachinski a Espiridión Peña, alias el Chinaco de Allende, que contó 40 años más tarde: "Cuando vide una polvareda que venía precisamente por el rumbo de Rosales y le grité a Winkar: *¡Jefe, ahí viene Tabachís!* Winkar nos dijo: *¡Tabachís anda en un caballo blanco o tordío, es un hombrote con pelo y barba grande y colorada a ver si lo pescamos de una vez, ya saben que doy una talega de pesos por su cabeza!* Yo, que oí aquello, dije: *¡Pos a ver si me toca!* Yo siempre cargaba una reata de lazar muy buena, un machete regular y mi pistola de cápsula que siempre me acompañaba.* Winkar nos dijo que nos escondiéramos en el arroyo y que al entrar en él Tabachís y su gente les disparáramos y así fue. A los primeros disparos vi a un hombre grandote en un caballo tordío, chulísimo que iba a galope dando órdenes y gritando enfurecido. Nomás lo vide bien y dije: *¡este es Tabachís!*, le aventé un pajuelazo con la pistola y lo vi cómo se tambaleó, le hizo piernas al caballo y trató de correr, pero ya tenía la reata preparada hice el lazo y con dos rancheros de Nava me le fui encima. Lo lacé en la carrera, eché cabeza de silla y cayó el hombrote bien desmayado, o muerto, sabe Dios, casi debajo de mi caballo. Desmonté, saqué el machete, le corté la cabeza y la eché al morral. La demás gente nuestra siguió echando bala a los franceses y a los traidores que andaban con ellos y momentos después la batalla se había ganado. Me acerqué a Winkar y le dije: *¡suelte la talega de pesos, Winkar!* Mire, aquí está esta prenda, y sacando la cabeza del morral la alcé, mostrándosela. *¡Pero qué hiciste, bárbaro!* Me dijo Winkar. Yo le contesté: *Pos usté nos dijo que nos daba una talega por la cabeza de Tabachís, por eso se la corté, si no lo hubiera traído arrastrando hasta acá merito, pos ya lo había ahorcado con el lazo, porque no se movió ni siquiera cuando cayó".*

Respecto a la cabeza del odiado Tabachinski, Tabachín, como le decían las gentes de aquellos pueblos, todo se cuenta. Que la habían arrastrado por las calles y luego se la dieron a los puercos, que la quemaron, o que una fondera muy malhablada y poco respetuosa se meó encima de ella.

Como epílogo de esta historia una señora llamada Doña Paulina, en un rancho cercano al pueblo de Gigedo, capturó a tres franceses que venían huyendo, los desarmó y se los llevó a las autoridades republicanas, cargando sólo dos de los fusiles, porque tres pesaban demasiado.

NOTA

1) Recoge casi todas las versiones del combate Lucas Martínez Sánchez en *Coahuila durante la Intervención Francesa, 1862-1867*. Óscar Flores Tapia: *Mariano Escobedo, la lealtad republicana*. Federico Berrueto Ramón: *Juárez y Coahuila*. Antonio Peña: *Francisco Naranjo, caudillo de la república restaurada en Nuevo León, 1867-1885*. Miguel Galindo y Galindo: *La gran década nacional o Relación histórica de la Guerra de Reforma, intervención extranjera y gobiernos del archiduque Maximiliano, 1857-1867*. Álvaro Canales Santos y Julieta Pérez Arreola: *La batalla de Gigedo*. Otto Schober: "La línea del tiempo".

163

EL POLICÍA GALLONI

La policía secreta imperial había estado a las órdenes de De Potier y más tarde del teniente coronel de Courcy. Maximiliano, probablemente para sacarla del control del ejército francés y tener más información sobre los obispos, los conservadores e incluso el propio Bazaine, pidió un candidato a través de Félix Eloin a Pepe Hidalgo.

El 14 de febrero 1865, desde París, Pepe Hidalgo le responde al emperador diciendo que ha encontrado al posible jefe de la policía, joven, "muy simpático, de buenas maneras, y sabrá muy pronto el español, por ser originario de Córcega" (¡!), lo recomienda el inspector general de policía de los palacios imperiales de Francia, tiene el imposible nombre de Phillippe Galloni d'Istria, ha sido jefe de policía en Conchinchina, de donde acaba de llegar y ha sido también elogiado por el general Fleury. Pepe añade: "Ha sido necesario poner en juego mis influencias para hacer que volviera a emprender inmediatamente un largo viaje". Curiosamente, cuando Hidalgo le escribe al emperador, D'Istria y su equipo, que incluye a su segundo, Maury, "un hombre inteligente y de valor [...] que ha servido en la caballería de la guardia y habla español", han salido una semana antes de Saint Nazaire.

En marzo del 65 llega el grupo de los siete de incógnito a Veracruz. Entre ellos destaca el secretario monsieur Quilichini, quien por cierto habla español, y los agentes Canetti, Freundstein, Benielli, de la Rosa y León Roche. Si no fuera cierto, todo esto sonaría a novela estrambótica de Eugenio Sue. El jefe cobrará 4 mil pesos anuales, el segundo 2 mil y los agentes 1 200. Por cierto que el viaje y los viáticos costarán nada menos que 31 592 francos e Hidalgo se desespera para ver de dónde sacarlos.

Galloni traía un instructivo elaborado por un tal Berthier en que se sugería, bajo el título de "Servicio oculto o urgente", tener "agentes en todas las clases de la sociedad y aún en todas las categorías. Los eclesiásticos deben preferirse a todos los demás. Las mujeres también pueden emplearse de una manera muy útil […] pero no se deberá nunca obrar sobre la declaración de un solo agente, los informes de estos individuos han de controlarse y verificarse siempre una segunda y aun hasta una tercera vez, si es posible". ¿Este es el maravilloso equipo que han armado para el emperador para intervenir en una guerra?

El 21 de abril de 1865 Galloni fue nombrado director provisional de la policía secreta. El primer conflicto se presentó cuando el tal Quilichini se relacionó con la dueña de un prostíbulo y puso una casa de juego en San Juan de Letrán, sin informarle ni compartir las ganancias con su jefe. Al saberlo se cruzaron fuertes palabras y Galloni lo deportó.

Trabajando a una velocidad digna de una comedia bufa, Galloni controló y concentró todas las policías: la del interior, la del emperador, la municipal, aun una policía política acaudillada por Berthier, que incluía mujeres de funcionarios, sacerdotes y muchas putas. Su ámbito de acción era la Ciudad de México y organizó una cena semanal con el representante del barón de Rohtschild, los embajadores de Austria e Italia, Bélgica, el chambelán Bombelles y oficiales superiores austriacos. Se jugaba, se bebía ajenjo y de ahí salían los informes de chismes que le presentaba al emperador como el informe político.

Personaje singular, el corso se retrataba con uniforme de capitán repleto de condecoraciones y convenció a Maximiliano de que se registraran en la aduana de Veracruz todos los cajones que llegaban de Europa, incluso los que supuestamente arribaban a nombre de la casa imperial, para evitar una enorme proliferación de contrabando realizada por oficiales franceses.

Sin embargo, su principal actividad fue permitir casas de juego ilegales cobrándoles a los dueños 200 pesos semanales. Tan pronto como el 10 de mayo del 65 comenzaron a llegar las denuncias que mostraban el escándalo: por orden de Galloni d'Istria, "más de 40 personas decentes han sido sacadas del callejón del Espíritu Santo donde [jugaban] tresillo y otros juegos con licencia de la autoridad y bajo la vigilancia de la policía. Se les ha registrado quitándoles sus papeles privados, su dinero y hasta sus relojes, tratándoles de la manera más indigna y poniéndoles en la cárcel revueltos con los criminales".

En otra denuncia se contaba cómo ordenó el cateo de una casa de juego sin orden escrita, "tiene presos a tres sujetos después de haberse concluido el plazo de su detención […] y ha robado las alhajas de personas que no son culpables; pero que aun cuando lo fueran, no se les debía despojar de su propiedad". Su persecución de los jugadores no implicaba que no apoyara sus personales proyectos, como el que funcionaba en el gran salón del Teatro Principal.

Bazaine, que tenía su propio servicio de espionaje, mantenido con fondos secretos del ejército y concentrado en obtener información del ejército republicano, decidió actuar contra la incompetente competencia de Galloni d'Istria. Napoleón Boyer, jefe del Estado Mayor general, denunció las delictivas operaciones del corso a Escudero y Echánove, el ministro del Interior de Maximiliano. Para reunir pruebas, en una operación en la que intervino el prefecto municipal Somera, asiduo asistente a las cenas, dirigió una redada contra un garito y ofreció a los dueños que "si querían decir toda la verdad" les devolvería "el dinero cogido en el momento de su arresto; no imponerles ninguna multa, y hacerles gracia de la pena de prisión en que habían incurrido". Aceptaron implicando en actos de corrupción al jefe de la policía secreta.

Tres días antes Galloni había recibido el sueldo mensual de los empleados de la policía y se había quedado con 15 mil pesos destinados a uniformes.

Informado Maximiliano, decidió despedirlo y el 1° de agosto de 1866 el ministro de Gobernación le notificó "que el emperador había tenido a bien admitir la renuncia que había hecho de la Dirección General de Policía del Imperio". Destituido, Phillippe Galloni d'Istria se embarcó para Europa; noticias sin confirmar decían que posteriormente fue diputado en el congreso francés.

Fue nombrado sucesor suyo en el empleo, aunque sin el cargo de director, el segundo jefe, Maury, apoyado por Bazaine. Un mes más tarde también regresó a Francia con los restos de la brigada que mandaba dejando tras de sí en el despacho de Maximiliano un cuaderno en que se retrataba con abundantes chismes, calumnias y certezas, a los aliados y jerarcas del imperio y que había de recibir, una vez publicado años más tarde, el nombre de "Los traidores pintados por sí mismos".

Otro de los miembros del grupo de Galloni fue un tal Lapierre que trabajaba para la "contrapolicía" de Maximiliano, y sucedió a Maury. Finalmente se volvió hombre del mariscal Bazaine y espiaba las residencias imperiales ayudado por un cura italiano de nombre Zanetti. Entre sus hazañas además de robar alhajas a algunos de los grades oligarcas de México: los Escandones e Icazas, Isidoro de la Torre, la señora Salas, Juan Manuel Suárez-Peredo, embriagó al general Woll, ayudante de campo de Maximiliano y secuestró una carta para Napoleón III en que el emperador denunciaba a Bazaine.

NOTAS

1) Eugéne Lefèvre (redactor en Jefe de la *Tribuna de México*): *Documentos oficiales recogidos en la secretaria privada de Maximiliano. Historia de la intervención francesa en Méjico.* José Fernando Ramírez: *Obras históricas.* Orlando Ortiz: *Diré adiós a los señores: vida cotidiana en la época de Maximiliano y Carlota.* Niceto de Zamacois: *Historia de México. Los traidores pintados por sí mismos. Libro secreto de Maximiliano en que aparece la idea que tenía de sus servidores.* Victoriano Salado Álvarez: *La intervención y el imperio, 1861-1867.*

2) Eugéne Lefèvre vivió en México desde 1852, durante la intervención se exilió en Londres y escribió *Le Mexique et intervention européenne.*

164

LA LUCHA EN EL NORTE

El 6 de abril de 1865 el general Miguel Negrete, con su División de Operaciones de 3 mil hombres, llegó a Parras. Un día después en la hacienda de Patos se le incorporó el general Escobedo, al que nombró jefe de la caballería y comenzó una cadena de pequeñas victorias que parecían cambiar el curso de la guerra. Tan pronto como el 9 tomaron Saltillo derrotando al coronel Barragán. Escobedo persiguió de Saltillo a Monterrey a Florentino López, que perdió cerca de 200 hombres y el 12 audazmente y por sorpresa, con muy pocas fuerzas, las caballerías del coronel Treviño llegaron hasta el centro de la ciudad, que fue tomada casi sin combate y donde los imperiales mexicanos andaban dejando cañones y equipajes y hasta los uniformes atrás de sí.

La ciudad proporcionó a Escobedo algunos recursos, con los cuales pudo medianamente equipar en Camargo a la tropa y los prisioneros que habían aumentado su infantería. Negrete ordenó el avance sobre Matamoros; en el trayecto se le incorporaron 750 hombres del general Cortina que tras haberse rendido a los franceses se incorporaba de nuevo a las filas de la república.

Napoleón le escribía a Bazaine el 16 de abril: "Me inquietan un poco las operaciones del norte", y no le faltaba razón; el 23 de abril Francisco Naranjo atacó la ciudad fronteriza de Piedras Negras. "Esta plaza cayó en nuestro poder ayer en la tarde, la mayor parte de la fuerza imperialista ha sido hecha prisionera en la Pila ya en momentos de cruzar el río, igualmente que dos piezas de montaña". Doscientos imperiales mexicanos pasaron el Bravo. José María Iglesias cuenta: "Atacados por nuestra tropa los traidores, se arrojaron al agua sin esperar los chalanes [...]. Los confederados prestaron el auxilio más eficaz a los imperialistas, no dejando que volvieran al chalán en que iba el parque, y haciendo un fuego muy nutrido sobre los republicanos, cuando se ocupaban de coger los prisioneros".

Las noticias de que Pedro José Méndez había tomado Ciudad Victoria tras un sitio de 19 días, se sumaron a la información sobre la pequeña victoria en Piedras Negras. Parecía que la eterna retirada había terminado.

Bazaine escribía al ministro de la Guerra de Francia (28 de abril): "Negrete tiene consigo un contingente bastante considerable de yankees" (la paranoia de cómo se van a comportar los gringos y sus informantes de la frontera lo dominaba). "La influencia que ejerce el espíritu norteamericano en este país es desgraciadamente demasiado temida por el partido conservador". Como si pudiera leer la correspondencia del general francés, mientras Escobedo reunía fondos y avituallamientos, Negrete decidió entonces avanzar sobre Matamoros en la costa oriental, su presencia ante la plaza duró un solo día y se replegó el 1° de mayo. ¿Había sido un ataque simbólico? Algunos lo calificaron como una campaña desgraciada en la que Negrete se ablandó ante la actitud de los confederados que aún dominaban Brownsville. El general Cortina con parte del ejército se quedó en las cercanías de Matamoros.

Escobedo, con el resto de las tropas a su mando, se encaminó nuevamente a Monterrey, que ya había sido abandonado por las tropas francesas. Los republicanos, a los que ya se les había unido Treviño, fueron atacados en Guadalupe, en las afueras de la ciudad. Escobedo aguantó en el centro y dejó que sus dos alas envolvieran a los conservadores logrando la victoria.

Entonces y con una celeridad que podía hacer parecer como perezoso al rayo, se extendió, cundió, se filtró y penetró entre todos los núcleos de resistencia liberal la información de que los franceses reaccionaban armando una expedición que quería culminar con la derrota definitiva de sus posiciones en el norte. Un movimiento envolvente con tres columnas que convergían sobre Saltillo: el coronel Jeanningros con la Legión saliendo de San Luis Potosí, Brincourt que progresaba desde Durango y Mejía que supuestamente debería avanzar desde Matamoros.

Negrete se replegó en una retirada ordenada y el 17 de mayo entraba en Saltillo con 4 mil infantes, 800 jinetes y 21 cañones. Allí se enteraría de la aproximación de Jeanningros con 1 500 hombres. Negrete ordenó a Escobedo que marchase a ocupar la posición de La Angostura, con el mando de la infantería, y allí se hicieron algunos trabajos de fortificación.

Viesca cuenta que el 1° de junio con Negrete ya en la posición, "el cuerpo de ejército austro-francés al mando del coronel Jeanningros se avistó en La Angostura hoy a las nueve de la mañana. Nuestras avanzadas conforme a las órdenes que habían recibido […] se retiraron aparentando un desbandamiento. El enemigo lanzó sobre estas fuerzas hasta cuatro tiros de cañón que no le fueron contestados. Nuestras fuerzas de artillería estaban cubiertas con yerbas y oculta la infantería también sin que se dejase ver más que una pequeña parte de la caballería; todo lo cual tenía dispuesto el general en jefe para inspirar confianza al enemigo. En efecto se resolvió a lanzar sobre nuestra línea sus columnas de ataque; mas apenas asomaron al campo saliendo de una de las hondonadas de La Angostura, cuando nuestra artillería y fusilería rompieron sobre ellos sus fuegos vivos y certeros, de modo que al cabo de 20 minutos los austriacos y franceses volvieron vergonzosamente la espalda, y en el mayor desorden emprendieron su fuga. Entonces el general mandó cesar los fuegos y arrojó sobre aquellos la caballería, que hasta el momento que escribo este parte los persigue todavía en un espacio de ocho kilómetros".

Las bajas francesas fueron poco importantes y el repliegue del jefe de la Legión Extranjera se debió a que pretendía esperar el refuerzo de la columna de Brincourt con la que cercarían a los mexicanos y por lo tanto se estacionó en Punta de Santa Elena. Pero Negrete a partir del 4 de junio comenzó a desmovilizar a la División de Operaciones haciendo replegarse hacia Saltillo el contingente principal y enviando a Escobedo a combatir por San Luis Potosí y a otros grupos menores hacia Tamaulipas y Coahuila. El 7 de junio su retaguardia chocó con una columna de caballería francesa en un lugar llamado la Yerbabuena, siendo desbandada.

Negrete decidió replegarse hacia Chihuahua por el camino de Monclova. Juárez comentaría: "Hasta aquí nada hay perdido y Negrete ha obrado conforme a mis instrucciones de no aventurar una batalla si no hay posibilidades de buen éxito. Lo que si me tiene disgustado es que haya emprendido su retirada hasta este estado, donde llegará esta semana, pues mi plan era que siguiera llamando la atención del enemigo y protegiendo la insurrección de los pueblos en los estados de Nuevo León, Coahuila, Tamaulipas y San Luis Potosí y así se lo tenía ordenado expresamente". Con una agravante, la ruta de retirada a través del desierto provocó enormes deserciones, muchos de sus soldados murieron de sed, y la mayor parte de los caballos, de hambre. Según Arias: "equivalía a la destrucción del ejército en aquellos desiertos, en que el hambre, la sed, hacen inútil todo esfuerzo". La luz al final del túnel se había desvanecido.

Los franceses continuaban tejiendo su tela de araña. El 7 de junio Jeanningros entraba en Saltillo. Brincourt estaba en Parras para cortar la línea de retirada de Negrete, Mejía supuestamente cerca de Monterrey.

Mariano Escobedo, que había ofrecido a los pueblos de la frontera no volver sin combatir, resolvió hacer la campaña por su cuenta. Juárez escribe: "Sólo Escobedo ha logrado irse con mil hombres para San Luis y me prometo que ha de hacer algo de provecho [...] ni él ni Treviño son todavía generales de División". Y sí, Escobedo clavó una espina en la retaguardia francesa. El 12 de junio enfrentó a franceses y traidores en Matehuala y al día siguiente hizo un movimiento de flanco y se apoderó de Río Verde, donde estableció su cuartel general. Combate y ocupa el mineral de Catorce (13 de junio), combate en Ojo Caliente (22 de junio), en Guascamán, en Pozos, en Catarinas (23 de junio), San Isidro (25 de junio), Acuña (27 de julio), Soledad (28 de julio), los Reyes al día siguiente. Ha dividido y concentrado sus fuerzas una y otra vez, realizado marchas imposibles, cruzado sierras, organizado emboscadas. Cuenta con unos segundos que han aprendido todo sobre la guerra de guerrillas, Treviño, Naranjo y un joven que se acaba de incorporar y ha tomado el mando de los cazadores de Galeana, Juan C. Doria, un abogado tamaulipeco de 26 años, que se había convertido accidentalmente en soldado. "En el servicio militar tiene Doria una severidad que raya en aspereza; es intolerante aun para las pequeñas faltas, y su apostura siempre, seria, parece que rechaza la confianza". Había sido secretario del gobierno republicano de Nuevo León y harto de la burocracia se fue a buscar la chinaca.

No sería hasta mediados de julio del 65 que se iniciaría la ofensiva francesa sobre Chihuahua. El general Brincourt con una fuerza de cerca de 2 mil hombres comenzó el avance. Se decía que tras él venía una fuerza mayor dirigida por el propio Castagny, el carnicero de Sinaloa.

El 13 de julio Juárez le escribe a Santacilia comentándole que en caso de que los franceses lleguen a Chihuahua, prevé salir de la capital del estado hacia Paso del Norte, en la frontera norteamericana, desde donde podrá mantenerse conectado vía Nueva York o California. Eso, o Matamoros, si se recupera. Enfadado con su compadre Miguel Negrete, cuando llega a Chihuahua le pide su renuncia como ministro de la Guerra y le quita el mando del ejército.

El 22 de julio después de atravesar con grandes dificultades una región yerma, Brincourt se presentaba en Río Florido, a 300 kilómetros de Chihuahua. García Pérez cuenta que "dejando en Río Florido un importante almacén, entraba la columna al día siguiente en Villa Allende; se envió un destacamento a Parral, y tras de un ligero tiroteo eran dueños los franceses de tan importante centro minero; Ruiz, que defendía Parral, se [...] retiró apresuradamente a Chihuahua con 18 piezas de artillería. El general Brincourt prosiguió su avance vigoroso hasta que se vio obligado a acampar ocho días en las márgenes del río Conchos, en Garzas, por no dar paso el río; Ruiz al mismo tiempo se veía detenido ante el río San Pablo, en Santa Cruz de Rosales, por idénticas razones. Teniendo conocimiento de que la vanguardia francesa se aproximaba, despedazó los ajustes, mojó las municiones, clavó los cañones".

El 27 de julio Juárez escribía a Pedro Santacilia: "Aquí se me ha nublado el horizonte, aunque creo que la borrasca debe ser pasajera. Con motivo de la injustificable retirada de Negrete hasta este estado, el enemigo, como era natural, ya dedicó toda su atención a Chihuahua, porque de Coahuila había desaparecido la principal fuerza que lo distraía".

El 1º de agosto se produjo un combate donde las últimas reservas republicanas se retiraron en completa dispersión y en diversas direcciones, dejando detrás 25 piezas de artillería, muchos fusiles y municiones.

Los chismes que llegaron a la Ciudad de México le informaban a Maximiliano que Juárez había huido del país y más precisamente el alto mando francés ofreció información sobre que el presidente Juárez había salido del país rumbo a Santa Fe, Nuevo México en Estados Unidos.

NOTAS

1) Miguel Galindo y Galindo: *La gran década nacional o Relación histórica de la Guerra de Reforma, intervención extranjera y gobiernos del archiduque Maximiliano, 1857-1867*. "Hoja de servicios del C. General de División Mariano Escobedo, su edad cincuenta y siete años, natural de Galeana del Estado de Nuevo León, su estado casado, sus servicios, y circunstancias los que a continuación se expresan". Paco Ignacio Taibo II: *La lejanía del tesoro*. Fernando Díaz R.: *La vida heroica del general Tomás Mejía*. Benito Juárez a Pedro Santacilia, Chihuahua, 29 de junio de 1865. Lucas Martínez

Sánchez: *Coahuila durante la Intervención Francesa, 1862-1867*. Fernando Iglesias Calderón: *Rectificaciones históricas: la traición de Maximiliano y la capilla propiciatoria*. Alberto Terrazas: *Chihuahua en la intervención francesa*. Juan de Dios Arias: *Reseña histórica del Ejército del Norte durante la intervención francesa, sitio de Querétaro y noticias oficiales sobre la captura de Maximiliano, su proceso íntegro y su muerte*. Basilio Pérez Gallardo: *Martirologio de los defensores de la independencia de México, 1863-1867*. François-Achille Bazaine: *La intervención francesa en México según el archivo del Mariscal Bazaine*. E. M. de los Ríos: "Juan C. Doria" en *Liberales ilustres mexicanos de la Reforma y la Intervención*. Niceto de Zamacois: *Historia de México*.

2) Las relaciones entre Escobedo y Viesca, gobernador de Coahuila, tienen tensiones, es común en esos años las contradicciones entre los caudillos regionales y los militares más ligados a la visión juarista del conjunto de la guerra. Lo mismo sucede en Tamaulipas (entre el general Cortina y el coronel Canales), en Sinaloa (el conflicto contra el gobernador García Morales), en Jalisco (entre don José María Arteaga y el general Echegaray); en Jalapa, en Michoacán (donde Ugalde fusila a los Troncosos).

165

LA CHINACA

En diciembre del 62, el primer año de combates con los franceses, *El Monitor Republicano* aconsejaba a sus lectores: "Nuestra reata vale más que los grupos franceses y sus bayonetas. Nuestros guerrilleros pueden formar lazada con dos extremidades o punta de cada reata y colocar la lazada en la cabeza de la silla. Cada par de guerrilleros tiene lo suficiente con una reata. Dos, tres o más pares de ellos pueden ir sobre los grupos franceses, que serán desbaratados muy rápidamente. La manteada debe ser soberana".

La receta no era válida para un ejército, pero sí para la chinaca, las guerrillas que operaban en la retaguardia francesa y lo seguirían haciendo tras la caída de Puebla en el 63. En Veracruz en ese año actuaban al menos dos docenas de agrupaciones guerrilleras. Francisco Zarco (a fines del 63, con Morelia y San Luis Potosí perdidas y todo el centro del país en manos de los invasores) escribía: "Si los jarochos de Veracruz están siendo tan útiles, no hay por qué dudar del éxito que pueden alcanzar los rancheros del Bajío y de los cuerpos francos que pueden brotar de todos los estados de la república [...]. No les dejen una hora de descanso. Quitar a los franceses hoy un carro, mañana unas cuantas mulas, después una cantidad de parque, hacerles pocos muertos y heridos, es hacer imposible lo que ellos llaman la pacificación del país [...]. Creemos indispensable que el gobierno dicte algunas medidas generales sobre la formación de guerrillas".

Juárez escribía en junio del 63: "¿Qué pueden esperar cuando les opongamos como ejército nuestro pueblo todo y por campo de batalla nuestro dilatado país?". Pero el "pueblo todo" es una figura retórica, debía cobrar una forma militar. La chinaca no fue una invención de Juárez, que concebía más bien una resistencia escalonada con ejércitos que frenaban el avance francés, apelando a la inmensidad del territorio. La chinaca fue el resultado del dominio político y no territorial de los liberales, la herencia de las partidas de la guerra de la Independencia, de un liberalismo enraizado en las pequeñas ciudades, que habían llevado en sus espaldas la Revolución de Ayutla y la Guerra de Reforma.

Aunque sin clara conciencia de lo que estaba haciendo, Juárez resultó su gran estimulador. Francisco Bulnes sin quererlo lo explica parcialmente: "Juárez probó [...] su repugnancia a que el ejército liberal tuviese un jefe único para la dirección de la guerra, como lo prescribe con absolutismo la ciencia militar". La afirmación de Bulnes es falsa, Juárez trató y no encontró aquel mando único, gracias al fracaso de sus ministros de la guerra, a la fragmentación de los ejércitos, a su aislamiento y a la dispersión de la guerra de guerrillas.

Juárez, sin saber que como diría Federico Engels "las olas de la guerra popular, con el correr del tiempo van destruyendo poco a poco al ejército más poderoso", lo fue descubriendo. La chinaca fue la forma que la guerra popular cobró en el México de los ejércitos derrotados a partir de agosto del 63.

Y fue alimentada por la represión francesa y los abusos de los imperiales. El 4 de agosto del 63 (apenas caída Puebla) *La Estafette* decía a sus lectores: "Los azotes y los fusilamientos secretos, según parece han causado escalofríos en las espaldas y hecho temblar los cuerpos de todos los malhechores a cien leguas acá". Pero no sólo escalofríos, también levantamientos.

Para los franceses los problemas militares estaban centrados en destruir la media docena de pequeños ejércitos que los republicanos les ponían enfrente y en sacar a Juárez del país, la chinaca no constituía un enemigo poderoso. Bazaine le escribía a Napoleón III, el 1º de abril de 1864: "Estos juaristas, no son sino guerrilleros de profesión que ven con pena restablecerse en el país el orden y la paz. El guerrillero es un roedor perteneciente especialmente a esta parte del Nuevo Mundo. Existen algunos millares, que será necesario destruir para llegar a una pacificación completa". Como si hubiera leído la carta privada del mariscal a su esperador, las palabras de Vicente Riva Palacio escritas en 1861 regresaban: "Desnudos y con hambre pero erguidos, / Sólo ante Dios, doblegan la rodilla; / Si es bandido, señor, quien no se humilla. / Pertenezco desde hoy a los bandidos". Y Guillermo Prieto se sumaba al coro desde *El Cura de Tamajón* en Monterrey: "Tendrán los verdugos / la fuerza, la ciencia / más tú la conciencia / que es santa tu lid / Chinaca despierta / que el viento y el cielo / renueve en su vuelo / que es causa de Dios".

El imperio los descalifica como bandoleros y llega al caso de perseguir hasta el sombrero que usaban, provocando la respuesta de Guillermo Prieto en un poema titulado *El sombrero jarano*: "Albricias, lindo sombrero / porque el francés te detesta / porque te aborrece Almonte y te prohíbe la Regencia".

José Herrera escribe: "Cuando las tropas enemigas se ponían en marcha, los guerrilleros las molestaban por todo el camino, saliéndole unas veces a la vanguardia, otras por los flancos y otra en la retaguardia; sobre todo cuando cruzaban los bosques o seguían caminos quebrados. Desgraciado el francés que se apartaba de sus filas en un instante se veía lazado y arrastrado. La reata era el arma que más temían los invasores y por eso el Imperio prohibió su uso, bajo penas severas y no podía portarse sino bajo licencia escrita de las autoridades de ocupación".

Ignacio Ramírez le escribiría a Altamirano: "Entre las sombras de la derrota brilla el heroísmo de algunos ciudadanos, preciso es confesar que el número de los indiferentes es mayor que el de los traidores". ¿Y cuál es el número de los ciudadanos heroicos? ¿Y el número de los combatientes? ¿Y los millares de colaboradores en rancherías, barrios? Es grande, muy grande. Con datos del *Periódico Oficial del Imperio Mexicano* y *El Diario del Imperio*, se obtiene la cifra de 256 guerrillas entre 1863 y 1866 con una cantidad total de 18 mil combatientes a pie y a caballo, que se defendían con lanzas, espadas y algunas armas de fuego tomadas como trofeos de los botines. Y estos son los números de los imperiales que no podían acabar de reconocer la extensión del fenómeno.

Valadés afirma: "Después del desastre de Majoma (en el 64), ya no hubo un núcleo de republicanos bastante considerable para que pudiera llamarse ejército". Ya ha caído el ejército de Doblado, se ha rendido Patoni, ha traicionado López Uraga. Tras la derrota de González Ortega en Majoma los franceses dominan formalmente casi la totalidad del país incluyendo el norte que se les ha resistido en Coahuila, Nuevo León y Tamaulipas.

El cuadro es similar: una partida con estructura militar, numerosos mandos medios, salidos de los combatientes de la Reforma y las batallas de Puebla, que muy a la larga se suma a otras para formar un pequeño ejército de 2 o 3 mil hombres, tras haber mantenido un continuo hostigamiento de los invasores. Juan de Dios Arias hablaba de "la infinita abnegación de otros cien caudillos que no dieron al poder usurpador un día de reposo, sangrándolo momento por momento, fatigando y aniquilando a los franceses, austriacos, belgas y traidores que lo sostenían". El destruido ejército michoacano de Michoacán, derrotado 16 veces y vuelto a reorganizar, era fundamentalmente una serie de partidas estructuradas en tono a un caudillo y reorganizadas por un caudillo mayor con nombramiento de general, que actuaba en sintonía con otros generales hasta llegar a nivel regional, donde los cientos de nombramientos de Juárez desde el exilio interior operaban como ley casi infalible.

Prieto el 22 de noviembre de 1864 en el editorial del *Diario Oficial* publicado en Monterrey, tras aceptar "nuestros descalabros" y "la posición crítica de nuestro gobierno" hace un repaso de la guerrilla: Puebla: los Lucas y los

Cravioto en la sierra. En el Estado de México: Riva Palacio, Romero; Pueblita cerca de Morelia; las guerrillas de Guanajuato, las de el Valle del Maíz en San Luis Potosí; reactivación de las guerrillas en Coahuila y Nuevo León (Escobedo, Treviño, Naranjo), Barlovento en Veracruz, La Huasteca, Zacatecas y Aguascalientes, Durango con Quezada, Artega reconstruyendo en Jalisco, Pedro José Méndez en Tamaulipas, Corona y Rosales en Mazatlán, Pesqueira en Sonora, Álvarez en Guerrero, Porfirio Díaz en Oaxaca; los alzados en la costa de Sotavento en Veracruz, donde hay (entre 63 y 65) 31 núcleos guerrilleros, entre ellos, dos en comunidades indígenas.

En el 64 incursionaba por el sur de Jalisco un hombre apellidado Gutiérrez y conocido por su apodo de la Simona y le cantaban: "Bandolero fue mocho / ay, a veces liberal / La Simona la llamaban / y asolaba los poblados / y por doquiera dejó / rastros de sus liviandades"; el 2 de febrero lo derrotó y fusiló el capitán Galland. En abril del 64 el comandante Gautrelet reportará cómo derrotó en la hacienda de Trujillo (Zacatecas) al jefe de guerrilla Liborio Estevanes, que andaba con 150 hombres, algunos armados, "fue hecho prisionero y, habiendo sido comprobada su identidad, se le pasó inmediatamente por las armas". ¿Quién era La Simona? ¿Quién era Liborio Estevanes? ¿Cuántos como él? La lista cambia día a día. Las bajas son incontables: en el 65 Pueblita será asesinado en San Juan de las Colchas por el tiro de un zuavo mientras estaba comiendo. Romero fusilado en marzo del 65. Riva Palacio, convertido en la voz de la militancia, escribe: "Así mueren los chinacos / por la santa libertad".

Y la chinaca no sólo es una operación militar; también es, sabiéndolo o no, una operación para estrangular económicamente al imperio. Zamacois registra: "Nadie ignora que en Méjico las aduanas marítimas son el elemento más productivo para el erario. Ahora bien, dichas aduanas están en ruina desde hace un año, a consecuencia de la interrupción de las comunicaciones con los mercados del interior, cuyas comunicaciones han sido cortadas por los disidentes. En este momento las aduanas de Matamoros, Minatitlán, Tabasco, La Paz y Huatulco se hallan en poder de los enemigos del Imperio; las de Tampico, Tuxpam, Guaymas, Mazatlán y Acapulco son improductivas; estando dichos puertos estrechamente bloqueados por los juaristas, y habiéndose visto en la necesidad de emigrar los comerciantes, imposibilitados de ocuparse en ninguna clase de negocios. ¿Es posible obtener en semejantes circunstancias la nivelación de los ingresos y los gastos públicos, cuando a medida que la guerra civil se prolonga, disminuyen los recursos? Reducido el gobierno a la aduana de Veracruz únicamente, ¿puede hacer frente a las pesadas cargas que el tratado de Miramar le impone? Sobre un presupuesto de ingresos de 19 millones de duros, se sabe que las aduanas marítimas debían suministrar 11 millones".

Para el mes de abril de 1865 los imperiales sumaban 63 800 hombres en armas: 28 mil franceses, 6 mil austrohúngaros, 1 300 belgas y 28 500 mexicanos conservadores. ¿Qué se les oponía? Gómez César recoge de la prensa

francesa: "La resistencia está por todas y por ninguna parte". Y el fantasma
tiene forma: Vicente Riva Palacio, desde las montañas de Michoacán, escribe:
"El chinaco más cabal / ancho bordado sombrero / cubre su morena faz / y
matiza su zarape / la bandera nacional / en el cinto la pistola / el mosquete
en el carcax / bajo la pierna la espada y en la bota su puñal". Existen dos
grabados del doctor Schiving, médico suizo que anduvo por México donde
en uno de ellos se ven dos chinacos, pantalón de polainas sombrero jarano
y lanza, una de ellas con una bandera al final del asta. El otro muestra a un
descabalgado oficial francés arrastrado por un chinaco con una reata (un
"Santiaguito"). Y años más tarde Amado Nervo rescata: "Guadalupe La Chinaca, / que con su escolta de lanceros, / diez fornidos guerrilleros, / y en su
cuaco retozón, / que la rienda mal aplaca, / de la fabrica de Aguirre / a los
ranchos de Menchaca, / va a buscar a Pantaleón".

Juan de Dios Arias, cabalgando con Mariano Escobedo en el norte, cuenta: "Fatigar al enemigo, dividir su fuerza, extraviarlo en sus planes, sorpren-
derlo cuando se pudiese hacer con provecho, economizar municiones, ocul-
tarse en los bosques o en las montañas a reparar las pérdidas, tal era la única
táctica posible en un dilatado territorio escaso de población, y por lo mismo,
desprovisto aun de los recursos indispensables, principalmente a causa de
la incomunicación en que los ponían las expediciones de los franceses, que
todo lo destruían y lo consumían a su paso".

Benito Juárez entendería el fenómeno al fin del imperio. Comentando la
guerra franco prusiana diría: "La lucha guerrillera, que es la única guerra de
defensa real, la única efectiva contra un invasor victorioso [...]. No grandes
cuerpos de tropas que se mueven con lentitud, que es difícil alimentar en un
país devastado y que se desmoralizan fácilmente después de un descalabro;
sino cuerpos de 15, 20 o 30 hombres a lo más, ligados por columnas volantes a fin de que puedan prestarse ayuda con rapidez, si fuere necesario; hostigando al enemigo de día y de noche, exterminando a sus hombres, aislando
y destruyendo sus convoyes, no dándole ni reposo, ni sueño, ni provisiones,
ni municiones; desgastándolo poco a poco en todo el país ocupado; y, finalmente, obligándolo a capitular, prisionero de sus conquistas, o a salvar a los
destrozados restos de sus fuerzas mediante una retirada rápida".

González Ortega, partidario de una estructura militar más tradicional, escribía en julio del 64: "Es de indispensable necesidad a la causa de la nación,
la permanencia de las guerrillas por ese rumbo. Estas no podrán aproximarse
a corta distancia del enemigo, como está mandado por ley general, a causa de
la falta de pasturas; pero podrán estar a la distancia más corta que sea posible
y aprovechar todos los elementos que existan en las haciendas de Trujillo y
de los demás traidores, para privar de ellos al invasor. Recomiendo pues, que
a dichas guerrillas les preste toda su protección, proporcionándose recursos
de las mismas haciendas, para satisfacerles sus haberes, pues es muy justo

que se les atienda, en consideración a los importantes servicios que están prestando a la causa nacional [...]. Por esto, pues, estoy resuelto a que dichas guerrillas destruyan, cuando no puedan ellas aprovecharlo, todo aquello que de alguna manera sirva al enemigo".

Juan de Dios Arias no sólo entiende el fenómeno de la chinaca, lo admira: "Nunca los recursos que se proporcionaban eran bastantes a cubrir su desnudez: los jefes y la oficialidad durante muchos meses partían con los soldados un rancho sobrio hasta la miseria: el dinero era cosa desconocida por semanas enteras; y muy ricos se consideraban todos, si al cabo de 80 días recibían media quincena. A veces, y eran muchas, los oficiales se distinguían de los soldados por sólo la voz de mando; pues que harapos de unos y otros eran iguales. El hábito de la desnudez era tal, que en una ocasión en que una pequeña fuerza republicana se presentó vestida con blusa y pantalón de manta ordinaria, se creyó que era el enemigo; y lo más singular en este caso fue, que lejos de producir celos o envidias ese pasajero bienestar de un pobre batallón, su presencia causó entre los compañeros desprovistos, un sentimiento de placer que tenía mucho de tierno y de sublime: hubo felicitaciones y repetidas muestras de contento. En cuanto a víveres y sueldos, la suma escasez de ellos no dejó de causar en ciertas ocasiones algo de murmuración entre la tropa".

González Ortega en junio del 64 ordena cuál debe ser el sueldo de un guerrillero: "en vista de las escaseces y penurias en que nos encontramos, no debe pasar de dos pesos diarios a los comandantes de ellas". Iglesias contaba que la "columna de Antonio Rojas, que se componía de 3 mil hombres, tenía 8 mil personas, más mujeres que hombres [...] el desorden de aquella marcha era espantoso". Pero se cantaba: "Soy tan libre como el viento / que va por la inmensidad / soy chinaco y mi contento / es vivir la libertad".

Quizá el mejor resumen de lo que la chinaca significó en aquellos años terribles para la república de 1864 y 1865 esté en la frase de Eduardo Ruiz que caracteriza a una fuerza inmune a la derrota: "México perdiendo gana, si no es hoy será mañana".

NOTAS

1) Francisco Bulnes: *El verdadero Juárez y la verdad sobre la intervención y el imperio*. Juan de Dios Arias: *Reseña histórica del Ejército del Norte durante la intervención francesa, sitio de Querétaro y noticias oficiales sobre la captura de Maximiliano, su proceso íntegro y su muerte*. Mark Moreno: *World at War: Mexican Identities, Insurgents, and The French Occupation, 1862-1867*. Ilihutsy Monroy Casillas: *Los chinacos*. Francisco Zarco: "Guerrillas". Antonio Avitia Hernández: *Los alacranes republicanos: historia de la Reforma, la intervención francesa y el segundo imperio en el estado de Durango*. M. Penette y J. Castaingt: *La Legión Extranjera en la intervención francesa*. *Monitor Republicano*, 24 de diciembre de 1862. Amado Nervo: "Guadalupe la Chinaca". Juárez al Periódico *Le*

Rappel, Cuernavaca, 18 de diciembre de 1870. Vicente Riva Palacio: *Poesías completas*. Ramírez a Altamirano, Hermosillo, julio de 1865. Guillermo Prieto: "La chinaca", "El Sombrero jarano" y *El Cura de Tamajón*, en *Obras completas*, tomo XXII. Miguel Galindo y Galindo: *La gran década nacional o Relación histórica de la Guerra de Reforma, intervención extranjera y gobiernos del archiduque Maximiliano, 1857-1867*. Bazaine al general Almonte. Julius Schiving: *Impresiones de un zuavo*. Iván Gómez César: *La batalla de Juárez*. *La Estafette*, 4 de agosto del 63, citada por Hilarión Frías. José Herrera Peña: *La resistencia republicana en Michoacán*. José María Iglesias: *Revistas históricas sobre la intervención francesa en México*. Álvaro Ochoa: *Cancionero michoacano*. Eduardo Ruiz: *Historia de la guerra de intervención en Michoacán*. Manuel Neira Barragán: *El folklore en el noreste de México*. Manuel Serrano pintó en *El Siglo XIX* "Chinaco" que muestra a un jinete con chaqueta roja, lanza y fusil sobre un caballo de pequeña cabeza.

2) Las dificultades para estudiar la chinaca estriban en la ausencia de muchísimas de las "pequeñas historias" en los expedientes del segundo imperio del AGN. Con gran paciencia y apelando a las obras monumentales (José María Vigil, Galindo, Niceto de Zamacois, Agustín Rivera), más los informes de la prensa imperialista y la colección de correspondencia juarista de Tamayo, si se le suman archivos regionales y se contrasta con los partes de guerra franceses, podría establecerse una estimación de lo que la chinaca significó entre 63 y 65.

3) Chinaco: traducción inmediata del *sans-culotte* francés, "sin pantalones". La palabra chinaco se usó México durante la guerra de Independencia pero no se hará popular hasta 1862. Fernando Escalante Gonzalbo: "hicieron del insulto un emblema", en *Ciudadanos imaginarios. Memorial de los afanes y desventuras de la virtud y apología del vicio triunfante en la república mexicana. Tratado de moral pública*.

166

EL APOYO NORTEAMERICANO O LOS GENERALES GRINGOS DE JUÁREZ

Marzo-agosto de 1865

Muchos historiadores han propuesto que la presión norteamericana a partir de abril del 65, e incluso su intervención enmascarada, sería definitiva en la derrota de la Intervención francesa y por lo tanto en la caída posterior del imperio de Maximiliano. Varios privilegian en el análisis los actos diplomáticos al desgaste que la chinaca inflinge al ejército francés, lo visible de las presiones estatales a la guerra silenciosa de la guerrilla. ¿Cuál fue realmente el alcance de las gestiones diplomáticas de los Estados Unidos? ¿Qué otras trascendentales colaboraciones hacia el gobierno juarista produ-

jeron los triunfantes estados del norte? ¿Quiénes fueron los generales norteamericanos que apoyaron a Juárez y qué tan definitiva fue su colaboración?

El fascinante general unionista Lewis Wallace (Indiana, 1827), que había
de hacerse famoso no tanto por sus hazañas militares sino porque escribiría
el *best seller Ben Hur,* tenía a México en la cabeza desde que en 1843 estuvo
leyendo la *History of the Conquest of Mexico,* de William H. Prescott. El país al
sur lo apasionaba y tanto es así que durante 30 años Wallace trabajó en lo que
sería su primera novela, *The Fair God,* sobre la caída del imperio azteca. En
el 46, siendo teniente fue reclutado para intervenir en la guerra mexico-nor-
teamericana, pero no combatió. Era abogado. Durante la guerra civil además
de combatiente, fue gobernador del territorio de Nuevo México.

Hacia el inicio del 65, cuando los ejércitos confederados estaban al borde
de la derrota. Wallace comenzó a formular un plan para acercar a los soldados
confederados a la Unión, por el extraño camino de utilizarlos en una expedición que colaborara a destronar a Maximiliano. Se comunicó con Lincoln el
14 de enero de 1865 y fue comisionado para estudiar las condiciones militares
en torno al Río Grande. Casi al final de la guerra, Lincoln estaba preocupado
por la alianza de los confederados en Texas con el imperio de Max, que les
permitía usar los puertos mexicanos para burlar el bloqueo. Temían también
que fuertes contingentes del ejército derrotado cruzaran a México para apoyar
a Maximiliano y usarlo después como plataforma para seguir la guerra contra
el norte apoyados en monarquías europeas. El ministro de Estado Seward
estaba en contra del plan de Wallace porque no quería que ningún pretexto le
permitiera a Maximiliano reconocer al gobierno Confederado.

Wallace le reportó a Grant desde Matamoros que diariamente de 75 a
150 veleros cargaban y descargaban en el Puerto de Bagdad, con la complicidad de los imperiales, armas despiezadas cuyo destino era los confederados de Texas. En marzo de 1865 Wallace se reunió con el general confederado James E. Slaughter en Point Isabel (en el origen del Río Bravo). La
reunión tenía la cobertura de un intercambio de prisioneros, pero Wallace lo
sondeó respecto a su "proyecto mexicano". Slaughter opinaba que lo mejor
que podían hacer oficiales en su situación para reincorporarse a la Unión era
"cruzar el río, conquistar dos o tres estados a los franceses y anexarlos con
todos sus habitantes a los Estados Unidos". Frente a una visión como esta,
las negociaciones no prosperaron.

Wallace tenía una carta de recomendación para José María Jesús Carvajal,
que se decía comisionado del gobierno juarista. Al final logró conectarlo en las
montañas, cerca de San Carlos, "con unos pocos hombres armados con arcos
y flechas". Carvajal (nacido en 1809), con una larga trayectoria antisantanista,
gobernador errante de Tamaulipas, era americanófilo, graduado del Bethany
College (Virginia). Su biógrafo, Joseph Chance, habla de un Carvajal ingenuo e
irresponsable. Wallace lo describía como: "norteamericano en gustos e ideas".

Carvajal le mostró una carta de Lerdo de Tejada (fechada el 12 de noviembre de 1864) en que el gobierno juarista le autorizaba a comprar 40 mil rifles, cañones y municiones y enlistar de mil a 10 mil norteamericanos, que serían considerados como mexicanos al cruzar la frontera. Para esto tenía que conseguir un empréstito al 6% anual, garantizado con las rentas aduanales del estado de Tamaulipas y las de la Federación. No era el único operador, había recibido una comisión semejante el general Gaspar Sánchez Ochoa, ex combatiente del 5 de mayo, coronel en Mazatlán durante el enfrentamiento con *La Cordeliere*, gobernador de Sinaloa por cinco días. Su gestión resultó fallida y al final dos hoteles de Washington le reclamaron la falta de pago del hospedaje y le retuvieron su equipaje.

Wallace no era el único general del ejército de la Unión consciente de la terrible situación que estaba viviendo México, pero hasta ese momento la política oficial de Lincoln había sido mantenerse al margen, e impedir el tráfico de armas que había establecido desde 1862. El 3 de marzo el general en jefe del ejército Ulysses Grant que estaba convencido de que la Invasión francesa estaba vinculada a la secesión del sur le escribió a Andrew Johnson sobre la posibilidad de permitir la venta de armas al gobierno republicano de México que está "en grave peligro".

Sebastián Lerdo de Tejada seguía moviendo la operación y el 29 de marzo de 1865 dio instrucciones a Matías Romero, el embajador mexicano en Estados Unidos, para que se obtuviese dinero suficiente para organizar de 20 a 40 mil voluntarios norteamericanos escogidos entre los veteranos que pronto podrían licenciarse al acabar la guerra. Lerdo en cambio exigiría garantías: este cuerpo será mexicano, no podrán ser ya parte del ejército norteamericano y estará subordinado a generales mexicano. ¿Estaba Juárez de acuerdo con esta operación que de realizarse pondría un ejército norteamericano en México? ¿Era esto un acto amoral, contrario a la independencia nacional? No hay que olvidar que en esos momentos el país estaba dominado por un ejército francés y viajaban, o ya estaban en México, dos pequeños ejércitos, para ponerse al servicio del emperador, el uno belga, el segundo austriaco.

Lee rindió el ejército de la confederación en Appomatox el 9 de abril del 65. El 14 de abril Lincoln fue asesinado. Lo sucede Andrew Johnson, quien había dicho en la convención de Baltimore para la elección presidencial: "Y diremos a Luis Napoleón: No podéis fundar monarquía alguna en este continente". El 24 de abril el embajador mexicano Matías Romero se reúne con Johnson para darle un panorama de la intervención y señalar que hasta ahora les habían permitido a los franceses sacar carros y mulas "y a nosotros no nos habían dejado sacar armas que necesitábamos imperiosamente"; y hábilmente le sacude el fantasma de generales confederados que amenazaban irse a México con Maximiliano, con todo y sus tropas derrotadas. El 26 de abril Johnston se rinde, las últimas fuerzas de la Confederación han abandonado las armas.

Ese mismo día Carvajal le ofrece a Wallace que ocupe, tan pronto como renuncie al ejército norteamericano, el cargo de general de división del ejército mexicano; con pago de 100 mil dólares y la misión de reclutar voluntarios. Según Wallace, Grant apoyó la operación. Cinco días después Lew Wallace aceptó la oferta y se volvió un general clandestino mexicano. Ese mismo día le presenta a Carvajal al general Herman Sturm, nacido en Hanover, Alemania en 1830, que había emigrado a Estados Unidos antes de 1860 y se había establecido en Indiana. Como tenía conocimientos de municiones al estallar la Guerra civil había organizado una fábrica de municiones en Indianápolis. Al fin de la guerra, en mayo del 65, Sturm era general, poseía una fortuna personal y familiar y tenía conexiones con las empresas de armamento Remington y DuPont. José María Carvajal lo reclutó y Sturm firmó un contrato como "agente de la República Mexicana para la compra y envío de armas; también como agente secreto para reclutar y transportar *emigrantes* a México".

Los tres conspiradores elaboraron un plan para reclutar 10 mil gringos que se concentrarían en el río Bravo y Sturm quedó a cargo de conseguir armas y municiones para ellos. Wallace organizó la "Mexican Aid Society" como aparato de propaganda, para levantar fondos y comenzó a reclutar a sus viejos compañeros y amigos. ¿Estaban motivados por el dinero, los sueldos y las comisiones? Sin duda, pero también sin ninguna duda eran juaristas de corazón.

Wallace convenció a Carvajal de que lo acompañara a Washington para que asegurara de que el gobierno de Juárez impediría el paso de confederados armados desde Texas al territorio nacional. Carvajal viajó con el seudónimo de Joseph Smith y los gastos pagados. Cuando llegaron a Washington en abril de 1865, Lee se había rendido y Lincoln había sido asesinado. El embajador Matías Romero reportó: "El general Carvajal llegó a Washington en abril de 1865, sus facultades eran independientes de las mías y no se me comunicaron oficial ni privadamente".

Y el 4 de mayo se levantó el embargo de armas. Ya podían comprarse, pero ¿había el dinero para comprarlas?

Mientras tanto, el embajador Matías Romero había iniciado gestiones similares cerca del general Ulysses Grant, que conocía los planes de Wallace, simpatizaba con ellos, pero tenía otros candidatos para encabezar la fuerza de voluntarios. El primero sería el general Sheridan y posteriormente el general John McAllister Schofield. Se supone que Sheridan apoyaría la operación con equipo capturado a los confederados y Grant dispondría de manera disuasoria a 50 mil hombres en la frontera.

El 6 de mayo del 65 Grant y Romero (probablemente actuando más allá de las instrucciones de Juárez) se reunieron y se firmó una minuta del encuentro: John Schofield aceptaría el empleo de general de división en el ejército mexicano, sería el jefe de un cuerpo de ejército, que se compondría de emigrantes de los Estados Unidos y constaría de tres divisiones de infantería, nueve baterías de artillería y una división de caballería. Recibirían la misma paga que lo soldados mexicanos, más un bono de medio millón de pesos. Desde el día de su entrada al servicio, los combatientes tendrían los mismos derechos que los soldados mexicanos. Wallace fue desplazado, aunque el embajador solicitó que se quedara a cargo hasta que se cruzara la frontera.

El 7 de mayo llegó a Washington el embajador francés Montholon, el presidente Johnson lo recibió fríamente. En la ciudad de los cuchicheos, los rumores del apoyo armado de los Estados Unidos al gobierno de Juárez estaban por todos lados. El *New York Herald* informaba el 9 de mayo que se estaban reclutando en la ciudad ex militares para combatir en México. González Ortega le escribió a Juárez mostrando entusiasmo porque algunos generales le han "ofrecido sus brigadas", aunque Juárez escribió una nota en la carta diciendo que no había que darle esa comisión. El mismo Juárez que le escribe dos días después a su yerno Santacilia una carta en la que presume que el nuevo presidente norteamericano "ha de ser favorable a nuestra causa". El ministro de Relaciones Exteriores francés Droyn de Lhuys mandó a su embajador una nota ordenándole que tratara de impedir los reclutamientos de voluntarios norteamericanos. Parecía que Grant, el presidente y el secretario de Guerra estaban de acuerdo en apoyar militarmente a los republicanos mexicanos. En junio Schofield aceptó la propuesta de Wallace y recibió una licencia de un año y permiso para incorporarse al proyecto y llevarse a su Estado Mayor.

Pero el 3 de junio William Seward, ministro de Estado, escribió a Drouyn de Lhuys, asegurando que "los Estados Unidos seguirían la misma política de estricta neutralidad que habían seguido hasta entonces y en consecuencia que no permitirían la salida de expediciones para México". Romero lo reportó a Juárez gracias a la información que le transmitía Grant, que reprobaba esa actitud. Dos posiciones confrontadas respecto a la guerra en México se establecían dentro de la élite político militar norteamericana.

A fin de mes Juárez le escribía a Matías Romero: "dinero, armas y municiones es todo lo que necesitamos", pero añadía, "lo que se le dice a usted de gastos de alistamiento y transporte de colonos que se entiende deben ser soldados, debe entenderse que deben venir al mando de un general americano que por su categoría, pericia y valor experimentado preste la garantía de que organizará la fuerza y la someterá a su obediencia y a la del gobierno republicano", y sugería que debería quedar a cargo del mando Carvajal.

Y la trama seguía moviéndose: el 1º de julio de 1865 el presidente Johnson, que ya tenía conocimiento del convenio Schofield-Romero, le dijo a Grant: "Si el gabinete lo aprueba, bien, y si no, *veremos lo que se hace para llevarlo a cabo*". El general Grant agregó que el gobierno de los Estados Unidos debía también proporcionar armas a México "sin exigir su pago desde luego", pero no logró sacarle al presidente un acuerdo concreto. Según Matías Romero, al que Grant se lo refirió poco después, el general "había dicho al presidente Johnson que no consideraba completamente terminada la guerra civil en los Estados Unidos mientras permanecieran los franceses en México".

A los cinco días Grant tuvo un ríspida reunión con el embajador Montholon, según se filtró. Dos semanas después Grant le dirá a Romero que el Presidente "lo autorizó a proceder por sí solo como lo tuviera por conveniente, sin que le consultara ni procurara que examinase sus actos antes de realizarlos".

Si bien una parte de los mandos militares norteamericanos seguían simpatizando con México y parecían gozar del beneplácito del presidente, la postura oficial era la expresada por Seward y sería la de mantener la neutralidad a toda costa. En julio del 65, el general Blair al disolver su división en Louisville declaró que "mientras que los Habsburgo, sostenidos por las bayonetas de Francia, permanezcan en México, donde han establecido sobre las ruinas de la República un sistema enemigo del nuestro, un asilo para todos los disidentes de nuestro país, asilo desde el cual se tramarán planes, y que Bonaparte tenga el buen sentido de retirar sus tropas de aquel país, comprendiendo que si no las retira, serán lanzadas de allí por una potencia que no puede consentir en ver amenazadas sus instituciones", y el general Sheridan escribió y posteriormente leyó en un mitin un texto que fue publicada por los diarios de Nueva York: "Es inútil andarse con rodeos en los asuntos de México. Debemos dar a aquella República un gobierno permanente. La mayor parte de los soldados de Maximiliano dejarán las armas en el momento que crucemos el Río Grande".

De nuevo contra la opinión de los generales mexicanistas, Seward se reunió con Matías Romero el 22 y le repitió: "por dos o tres veces, que este carácter de neutrales que los Estados Unidos tienen en nuestra guerra con Francia, lo conservarán por ahora, dando a entender que habría alguna contingencia en que lo cambiarán. Manifestó en seguida que *sería más honroso para nosotros que nos salvemos con nuestros propios esfuerzos*; pues así tendremos más probabilidades de estabilidad en el orden de cosas que establezcamos y menos peligros".

No cesó la cosa. Carvajal a fines de julio celebró en Nueva York un contrato "leonino y ruinosísimo" (dirá Romero) con Daniel Woodhouse. "Aunque no se le prevenía en sus autorizaciones que necesitara de mi aprobación para la validez de sus actos, él trató de obtenerla y no se la pude conceder. El gobierno declaró nulo este contrato en el momento que tuvo conocimiento de él. Woodhouse, sin embargo, llegó a imprimir el todo o parte de los 50 millones de pesos en bonos [...]. Antes de venirme de Washington reuní todas las pruebas y di todos los pasos necesarios para justificar que Woodhouse había procedido con fraude; que el contrato era por lo mismo nulo; que los bonos que imprimiera con arreglo a él serían fraudulentos y que el gobierno de la República nunca los podría considerar como obligaciones legítimas".

Carvajal en Nueva York, desesperado, se había reunido con "personajes de dudosa reputación" y para obtener fondos, puso en marcha la venta de bonos que ofrecían ganancias fantasiosas. Matías Romero logró anular la misión del general mexicano, que entonces se trasladó a Brownsville. Wallace se vio obligado a participar en la investigación del asesinato de Lincoln y en el posterior juicio y se separó temporalmente de sus amigos.

Parecía que el único que estaba dispuesto a insistir en el asunto era el general Grant, que el 25 de julio pedía al secretario de Guerra y a Sheridan que colocaran depósitos capturados de armas a los confederados en Texas cerca de la frontera "para que se le permita ir a México, si pueden pasar a las manos del único gobierno que reconocemos en ese país". Grant decía que debía permitir a Schofield apropiarse de ellas, si no había órdenes al contrario.

A pesar de haber sido desplazado del mando de la operación, Lew Wallace le escribió en agosto a Carvajal: "Estoy totalmente embarcado en su causa". Su esposa contaría: "México está en la mente de Lew [...]. La palabra *México* se encontrará escrita en su corazón". Y siguió activo; escribía cartas a generales veteranos en Estados Unidos y les proponía iniciar el reclutamiento.

Pero, al inicio del mismo mes, el ministro de Estado Seward pasó de las dichos a los hechos para bloquear la expedición mexicana; le dijo a Schofield que "veía con agrado el plan de la futura expedición a México; pero que creía conveniente despacharlo antes a París y encargarlo de una misión confidencial para manifestar a Napoleón III el peligro de una ruptura entre Estados Unidos y Francia si no retiraba sus fuerzas de México". El general Schofield consultó el caso con Matías Romero, que como no había conseguido el dinero para organizar la expedición, le aconsejó acceder. Schofield aceptó la propuesta de Seward, y aunque demorará su salida varios meses, desactivará la operación.

Antes de que saliera en misión hacia Francia el presidente Johnson habló con el general Schofield el 12 de septiembre y, según Matías Romero: "le manifestó el mismo interés de siempre por nuestra causa". Eran sólo palabras.

Sin saber que todo había fracasado, Wallace siguió organizando y en ese mismo mes reportó que tenía hombres "listos que sólo estaban esperando por los medios económicos". Escribía cartas en clave y reclamaba haber organizado tres brigadas de infantería en Illinois, Indiana, y Tennessee. Estaba poniendo dinero de su bolsillo.

Los enlaces y agentes del Marqués de Montholeon en Estados Unidos a estas alturas deberían tener conocimiento de que la brigada norteamericana de apoyo a los republicanos mexicanos se había desvanecido en el aire. No habría ningún ejército norteamericano combatiendo bajo bandera mexicana. Matías Romero estimaría años más tarde que más de 3 mil norteamericanos combatirían con el ejército liberal en el futuro; Moreno haría descender la cantidad a "menos de mil"; aun así la cifra era exagerada, eran voluntarios sueltos (quizá varios centenares), o en pequeñísimos grupos, y desde luego sin el aval del gobierno de los Estados Unidos, como la Legión Americana de Honor formada en California, particularmente en San Francisco, con 25 veteranos de la Guerra de Secesión, varios de ellos chicanos, y dirigida por el coronel George Mason Green, que se había unido a los liberales durante la Guerra de Reforma y hablaba bien el español. La pequeña brigada, que se unió a la república en el 66, usaba rifles Henry de 25 balas y llegaron a ser 32. "No fueron significativos".

NOTAS

1)   Gail Stephens: *Shadow of Shiloh: Major General Lew Wallace in the Civil War.* Benito Juárez: *Documentos, discursos y correspondencia,* tomos IX y X (en particular Lerdo de Tejada a Carvajal, 12 de noviembre de 1864; Lerdo de Tejada al general Sánchez Ochoa, 1° de marzo de 1865; Juárez a Matías Romero, 30 de junio de 1865; Romero a Juárez, 1° de julio de 1865). "The Papers of Andrew Johnson: February-July 1866". Robert Ryal Miller: *Lew Wallace and the French Intervention in Mexico* y *Herman Sturm: Hoosier Secret Agent for Mexico.* "Correspondencia de la legación Mexicana en Washington durante la intervención extranjera, 1860-1868". "The Romero-Schofield contract" en Fernando Iglesias Calderón: *Rectificaciones históricas: las supuestas traiciones de Juárez.* Joseph E. Chance: *José María de Jesús Carvajal: The Life and Times of a Mexican Revolutionary.* Donald B. Connelly: *John M. Schofield and the Politics of Generalship.* Philip Henry Sheridan: *Personal Memoirs of P. H. Sheridan, General United States Army.* "How we got the French out of Mexico", *The New York Times,* 2 de mayo de 1897. Walter Stahr: *Seward: Lincoln's Indispensable Man.* Francisco Bulnes: *El verdadero Juárez y la verdad sobre la intervención y el imperio.* Lynn M. Case y Lawrence F. Spencer: *The United States and France: Civil War Diplomacy.* Frank Lawrence Owsley: *King Cotton Diplomacy: Foreign Relations of the Confederate States of America.* Lawrence Douglas Taylor Hanson: *Voluntarios extranjeros en los ejércitos liberales mexicanos, 1854-1867.* Mark Moreno: *World at War: Mexican Identities, Insurgents, and The French Occupation, 1862-1867.* David R. Stevens: *Sin perdón. Acquiescense with Murder.*

2)   La misión de Schofield en París fue innecesaria; cuando llega al inicio del 66 y se entrevista con Napoleón III, la decisión de la retirada está ya tomada por los franceses.

167

CONTRADICCIONES

En mayo del 65 una serie de personajes del primer año de vida del imperio habrían de abandonar el país por diferentes razones. El día 2 el ministro clandestino Félix Eloin salió de Veracruz hacia Europa para cabildear cerca del Vaticano y de pasada ante el gobierno de Napoleón III, y quizá para buscar la remoción de Bazaine. Según Zamacois, Maximiliano se estaba librando de él por "las faltas que Eloin había cometido como jefe del Gabinete, eran consecuencia del poco conocimiento que tenía de los negocios; que en Francia se convencerían de que era leal, inteligente, muy adicto a México y, por consiguiente, a Francia". Poco después saldría Charles François Frédéric de Montholon Semonville, el embajador francés que era destinado a Washington para buscar el reconocimiento del imperio en los Estados Unidos y la neutralidad norteamericana. El 1º de junio se embarcaron en Veracruz el nuncio apostólico y el arzobispo Murguía. Era un destierro disimulado y así lo entendió el eterno conspirador Murguía, que partió sin despedirse del emperador.

Si Maximiliano pretendía mejorar sus relaciones con la Iglesia y los conservadores en México apoyándose en el Vaticano, la idea de mandar a Eloin no era muy certera porque como el propio Max decía en una carta privada, no era muy bien visto "por las intrigas y los chismes de Roma, que odiaban a Eloin, diciendo que era librepensador". El 6 de julio el ultracatólico embajador del imperio mexicano en Roma, Aguilar y Marocho, pidió a los jesuitas cantar en la iglesia de El Jesús un tedeum para celebrar el cumpleaños del emperador, a lo que los sacerdotes se negaron. Dos días más tarde el Papa desechó el proyecto de concordato que solicitaba la comisión mexicana, y suspendió las relaciones diplomáticas dejando a Aguilar y Marocho desolado. Cuando Maximiliano conoció el agravio, según Arrangoiz, comentó en público que se demostraba "la debilidad en que había caído la corte de Roma; que él era más católico que otros soberanos y no cedería a las amenazas de Roma [...] que los arzobispos y obispos mexicanos no comprendían su época ni el verdadero catolicismo; que a muchos de ellos les faltaba un corazón cristiano; que si el Papa le excomulgaba, sería el cuarto archiduque de Austria que lo hubiera sido" y que Carlota "era más roja que él". Un mes más tarde destituiría al rector del colegio de San Ildefonso, Basilio José Arrillaga, provincial de la Compañía de Jesús. Eloin regresó a la Ciudad de México a mediados de agosto sin haber obtenido nada.

En el final de 1864 Jecker había retornado a México y tenido conversaciones con el ministro de Hacienda Carlos Eustaquio Corta y luego con su sucesor Bonnefonds para lograr el pago de los Bonos Jecker, que habían estado en el centro de la Intervención francesa. Apoyado por Charles Auguste de Morny, el medio hermano de Napoleón, ese personaje que según un grabado publicado en *Le journal illustré* en 1865 parece un apacible rentista un tanto orondo y calvo, de fuerte nariz y mirada intrigante, Jecker reanudó las negociaciones. Le había ofrecido a de Morny el 30% de lo que pudiera recuperar de la supuesta deuda amparada por los bonos.

Tras una nueva serie de conversaciones Jecker llegó a un acuerdo el 10 de abril de 1865 con el viceministro de Hacienda, Francisco de Paula César, del que se pensaba que había aceptado una "mordida" de 300 mil, "con los cuales partió para Europa después de llevar gran vida en Jalapa". En lugar de los 15 millones de pesos que reclamaba, el banquero suizo negoció bajando a cinco y medio millones y finalmente 4 532 000 pesos, en tres pagos, de los cuales recibió Jecker las dos primeras letras de cambio contra la Comisión de Finanzas de México en París, por un valor de dos y medio millones de pesos.

La noticia causó múltiples jaloneos entre Napoleón III, el ejército francés y Maximiliano: Bazaine fue acusado de haber sido corrompido por Jecker, y reaccionó aportando pruebas al mariscal Randon, de que el negocio había sido cerrado por la casa del emperador Maximiliano y su ministro de Hacienda, César. El 9 de mayo del 65 la Casa Jecker volvió a las andadas reclamando a través del adjunto de Bazaine y, en un alarde de cinismo, sus derechos sobre los terrenos baldíos de Sonora, Baja California y Tehuantepec.

Maximiliano bloqueó el pago de los últimos 2 millones de pesos de los bonos a pesar del berrinche del sobrino de Jecker y Napoleón dio orden de que no se le pagase un centavo más en París.

No fue el único roce en torno a las finanzas compartidas por imperialistas franceses e imperialistas mexicanos. Hacia junio del 65 la comisión encargada de establecer los pagos definitivos sobre la original "deuda extranjera" con Francia, reconoció 3 169 171 pesos, pero desechó (como en su día habían hecho Zarco y Payno) 7 920 939 pesos, más del doble. La decisión no dejó contento al nuevo embajador, el bretón Alphonse Danó, que regresaba al cargo tras haber ocupado el mismo puesto en el 53 con el gobierno de Santa Anna y estaba casado con una heredera mexicana de las minas de Real del Monte (Loreto Beistegui) y era conocido como un "ambicioso capitalista".

Finalmente Danó, el 27 de septiembre, firmó una convención con el ministro José Fernando Ramírez dejando fuera el "asunto" Jecker. México debía pagar 8 millones de pesos y el gobierno francés se haría cargo de las reclamaciones. Quedaban en el aire otros 4.5 millones de pesos para ser entregados. Con esto cambiaban las cláusulas económicas del tratado de Miramar.

Otro tema de conflicto del emperador con los franceses fue que a mediados de mayo un prefecto de Morelia (al que Max apoyó) se había enfrentado con el coronel francés de Portier, porque castigó a dos individuos con la pena de azotes. En julio le escribía a su amigo el Barón Du Pont: "No me lamento contra los franceses, a los cuales tanto debe México, sino únicamente contra aquellos franceses que sirven mal a su emperador y al honor de sus banderas. Hablo de esos altos funcionarios que gastan inútilmente tanta sangre y dinero, que intrigan para contrarrestar la formación de un ejército nacional, que embarcan tropas sin autorización de su soberano y en contra de los más sagrados tratados, que permiten y autorizan el robo y el pillaje, que desmoralizan diariamente un fuerte y glorioso ejército, que pisotean los principios de la civilización, la gloria de Napoleón y la de sus banderas; hablo de esos jefes que me ocultan los sucesos militares, que me hablan de victorias cuando hay desastres, que sacrifican aguerridas tropas, que han puesto mi Imperio en una situación militar desgraciada, que permiten a Juárez reclutar un nuevo ejército y mofarse de un mariscal de Francia con todas sus tropas". Y se quejaba a Napoleón de Bazaine, que "apresura el porvenir" y ordena el retorno de algunas fuerzas mientras los asuntos militares no van bien y pide que en el retorno de las tropas se "atengan a los plazos fijados" por los convenios de Miramar. Maximiliano había mostrado esta opinión crítica en junio cuando dijo en una reunión de gabinete: "Nuestra situación militar es de las más tristes; Guadalajara y Guanajuato amenazadas; Morelia rodeada de enemigos; Oaxaca casi desguarnecida; San Luis Potosí en peligro; Acapulco en poder de los mexicanos, con cuya excelente posición poseen siempre un camino abierto para sostener la guerra. Se ha perdido un tiempo precioso se ha arruinado el tesoro público, se ha perdido la confianza, y todo por hacer creer en París que la guerra ha terminado gloriosamente, y que inmensos territorios, mayores que la Francia, se han pacificado por completo". Su visión era exagerada, casi ninguno de los estados citados estaba perdido por el imperio y sí por la república.

NOTAS

1) Gustave Niox: *Expédition du Mexique, 1861-1867: récit politique et militaire*. Hilarión Díaz: *Juárez glorificado y la intervención y el imperio ante la verdad histórica*. Francisco Bulnes: *El verdadero Juárez y la verdad sobre la intervención y el imperio*. Agustín Rivera: *Anales mexicanos. La Reforma y el Segundo Imperio*. Maximiliano a Du Pont, Chapultepec, 18 de julio de 1865. Émile Ollivier: *L'Empire libéral*. Juan de Dios Arias: *Reseña histórica del Ejército del Norte durante la intervención francesa, sitio de Querétaro y noticias oficiales sobre la captura de Maximiliano, su proceso íntegro y su muerte*.

2) Una supuesta carta de Jecker a Conti, ministro de Napoleón, decía "Ignoráis, sin duda, que yo tenía como asociado en este negocio al Sr. duque de Morny que se había comprometido mediante el 30% de las utilidades de este negocio, a hacerlo respetar y pagar por el Gobierno mexicano". Aunque la carta de Jecker en 1869, según Olivier, "carece de autenticidad", la historia apoyada en muchas otras fuentes parece ser cierta.

3) Danó había sido diplomático en Persia de 1848 a 1849. El marqués de Montholón moriría en el 66 sin haber conocido el destino del imperio mexicano. (Nicole Guyard: *Les diplomates francais au Mexique de 1848 à 1867*. Gabriel Auvinet: *Alphonse Dano, ministro plenipotenciario de Francia en México en la época de Maximiliano de Habsburgo*).

168

LA IMPRENTA

Y piensas, Vicente Riva Palacio, que los franceses tarde o temprano tendrían que preguntarse cómo es que si nos derrotan, todos los días seguimos dándoles la lata al siguiente. Cómo es que ganan y no ganan.

Se supone que la derrota es única, definitiva, aunque aquí ha de ser por obra del clima que se reproduce, y, en consecuencia, nos derrotan, pero no acaban de derrotarnos. La buena lógica de: si yo te derroto, ya estás derrotado, y por lo tanto no te puedo derrotar otra vez, no funciona.

Deberían preguntarse estas cosas los franceses; preguntárselas como tú te las preguntas, y de esas preguntas y sus medias respuestas, cosas bobas de lógica formal, aprendes que es más fácil explicar las verdades de la sociedad con emociones que con palabras. Por muy tuyas que antes hayan sido las palabras, general mudo de angustias. Aparece el capitán Ruiz tirando los papeles de la mesita de tres patas, donde no escribes y sueñas que un día escribirás, y te dice que de nuevo hay que salir corriendo, pues la contraguerrilla francesa de Clary se aproxima, y te plantea la pregunta que te saca del ensueño:

—Hay una sola mula, general. ¿Qué nos llevamos, el cañón rayado o la imprenta?

Perder la imprenta por segunda vez... porque en la batalla de Zitácuaro de mediados el 64 la imprenta se hundió al carajo por un despeñadero y hasta Camilo, el cajista, se dijo que había muerto en combate, dejando un hijo recién nacido, aunque luego reapareció tan campante, con una herida en la sien y levantándose de entre los muertos. La imprenta, que se había robado en una incursión en Toluca, y traído despiezada a lomo del caballo de uno de los chinacos de Romero. Y Quijano, el impresor que enseñó a todos a manejarla porque se estaba muriendo.

Y sin dudarlo contestas, general sin pluma; a pesar de que te dolía el alma por perder el pequeño cañón secuestrado en Pátzcuaro a los imperiales.

—La imprenta, Eduardo, que esas balas sí matan.

NOTA

Paco Ignacio Taibo II: *La lejanía del tesoro.*

169

INTERLUDIO: EL PLAN LANGLAIS

Zarco en *La Acción,* el 18 de junio del 64, señalaba que el imperio había nacido con un déficit de 24 millones 600 mil pesos, "paralítico". A fines del 65 estaban en su nivel más bajo y con un presupuesto inalcanzable de 36 millones: 12 781 de la deuda francesa, 8 millones para el ejército y 8 para el servicio público, 5 para el clero y obras de beneficencia, y 1.5 para los gastos del emperador.

Ahogado económicamente, el imperio maximilianista había cambiado de responsable financiero una docena de veces con muy poca suerte. En una de las ausencias de Maximiliano de la Ciudad de México, operando Carlota como regente, según palabras de Max, "la emperatriz, sin tener presente el Estatuto, que exigía la cualidad de ciudadano mexicano para ser ministro, pidió uno de Hacienda a Napoleón".

Fould, ministro de Hacienda francés, convenció con una oferta de sueldo exorbitante al abogado Jacques Langlais, cuya fama de "genio financiero" era sólida en París. El personaje hojeó los escritos de Humboldt y concluyó que "cómo un país tan fabulosamente rico como México no podía obtener 40 millones de pesos anuales de rentas", y aceptó un salario de 20 mil pesos de sueldo anual durante los tres años que durará su contrato en México, además de 40 mil de gratificación al fin del proceso y 20 mil para gastos de viaje.

Con aspecto de maestro de escuela, barba blancuzca de candado y sin bigote, Jacques Langlais, nació en febrero de 1810, hijo de un obrero tejedor, profesor de retórica en un colegio de Mamers, preceptor de una familia noble en 1831; estudia derecho en París en 1833, al mismo tiempo comienza a escribir en la prensa católica. Abogado en 1837, electo diputado por Sarthe, se define primero como republicano conservador, luego se acerca a los monárquicos; y finalmente se suma a la mayoría parlamentaria que apoya a Napoléon III. En 1857 entra al Consejo de Estado. Es viudo de la poeta Marceline (Ondine) Valmore.

Maximiliano, escribió una carta manifestando al gobierno de Napoleón algunas dudas sobre dar el ministerio a Langlais. Pero la carta llegó tarde, Langlais se estaba embarcando en el vapor correo que salió de Saint-Nazaire en el mes de septiembre y llegó a México acompañado de un número considerable de "protegidos" que no hablaban español.

El emperador Maximiliano comisionó a Eloin para que lo felicitase y de pasada le informara que iba a darle empleo pero que no le darían el Ministerio de Hacienda. Langlais respondió que no podía aceptar otra posición que la de ministro de Hacienda. Mientras Max dudaba, el embajador Danó se lo presentó al emperador que quedó rápidamente convencido de que la maltrecha economía del imperio necesitaba un "genio financiero", dándole la función de ministro de Hacienda de hecho. La medida fue reprobada por los monárquicos mexicanos, quienes lamentaban que el entorno de Maximiano se repletara de extranjeros.

Langlais se puso a la tarea y descubrió rápidamente que el imperio para el inicio del 66 tendría un déficit de 20 millones de pesos. El imperio tenía unos gastos anuales de pago de los empréstitos de París y deuda extranjera original de 12 400 000; conforme a la Convención de Miramar 5 millones; gasto mínimo de campaña 2 millones, un total de 19 400 000 pesos. De tal manera que los ingresos sólo cubrían el gasto corriente administrativo y el costo del aparato imperial y sus obras. Y Maximiliano parecía ir por su cuenta en materia de gastos y más allá de todo presupuesto: restauraba el palacio de Chapultepec, construía la calzada que lo uniría con el centro, decretaba la elevación de un monumento a la Independencia, ordenaba la creación de un cuartel de inválidos y se proponía el arreglo de las pensiones militares.

En materia de ingresos Langlais encontró que cada francés pagaba en Francia 12 pesos anuales de contribución y cada mexicano dos pesos 25 centavos, lo que era insignificante y se podía duplicar la cuota. Y que Bazaine en la campaña de Oaxaca había gastado 5 millones. Lo que asustó a Langlais. Se dice que lloraría en el despacho de Maximiliano diciendo: "¡Qué mal servido es mi pobre emperador!".

A fines de octubre Langlais recibía una carta de Napoleón Boyer, el jefe gabinete de Bazaine: "El presupuesto presentado por el gobierno mexicano es ficticio". Los gastos son aún mayores: La carga militar sobre el tesoro público es la siguiente: 7 658 mexicanos, 6 589 austriacos y belgas, 9 432 auxiliares y 12 263 guardias rurales móviles (que paga el Estado nacional y no la localidad). Los transportes de guerra cuestan 4 millones al año. Total que el buen economista se debatía entre información falsa y ausencia de criterio en materia de gastos, lo más lejano posible a una economía de guerra.

Habría que añadir que los proyectos ferroviarios, como el pequeño ferrocarril de México a Chalco, y el proyecto de México a Veracruz, no dieron gananancias a la nación, y que para cubrir los dos empréstitos negociados en París y Londres en 1864 y 1865 se emitieron obligaciones con el 6% al año, que debía pagar el tesoro mexicano. Altamirano añade: "Las operaciones financieras que se hicieron en Europa ascendieron, de 1864 a 1866, a 158 282 540 francos (31.5 milones de pesos), de los que sólo ingresaron en efectivo de 30 a 40 millones (6 a 8 millones de pesos), pues con el resto se pagó a las tropas francesas y se cubrió el gasto de comisiones y amortización de los mismos préstamos".

Para diciembre de 1865 Maximiliano le informaba a Napoleón III que Langlais llevaba enfermo más de un mes. Antes el economista había notificado a Maximiliano, que tenía la cuestión financiera resuelta por medio de un concienzudo plan. Según algunos un plan muy simple. José María Lacunza, ministro de Hacienda de Maximiliano, decía que Langlais decía que el remedio consistía en un nuevo sistema hacendario en el cual disminuyan los egresos y aumenten los ingresos (idea bastante tonta por simple). En efecto, según los planes de Langlais, se debía establecer una especia de equilibrio suprimiendo cerca de 3 mil puestos en el gobierno, más lucrativos que útiles y reduciendo todos los salarios desde la lista civil del archiduque hasta los sueldos de los últimos empleados. Una reforma tan radical ponía el hierro al rojo vivo en las úlceras y las cóleras.

Pero además según Bulnes, Langlais omitía en su proyecto tres cosas fundamentales, qué hacer con el brutal gasto de beneficio a las "clases pasivas" (huérfanos, viudas, cesantes, retirados, jubilados, pensionistas) a los que la Regencia de Almonte había devuelto derechos, entendiéndolos como una base social fundamental del imperio y que costaban 3 millones de pesos anuales. En segundo término a los agiotistas que "en México habían acumulado más de 200 millones de pesos de créditos de la deuda interior" sin haber entregado más de 6 millones. "Langlais, en su presupuesto económico, no consagraba un solo centavo a la deuda interior" confrontando a prestamistas y agiotistas. Y en tercer lugar la Iglesia debería recibir "una cantidad anual no inferior a 3 millones de pesos, como compensación por los bienes desamortizados".

El 16 de febrero del 66, el emperador, hallándose en Cuernavaca, declaró que el erario se hallaba vacío y que sería imposible satisfacer los compromisos del pasado sin contratar inmediatamente otro empréstito. Los gastos del gobierno se elevaban cada semana a un millón de pesos y las rentas de toda naturaleza no producen más de 345 mil pesos.

Un último incidente produjo según algunos la crisis final del economista francés, cuando Langlais supo que el ministro de finanzas César había aceptado dinero de Jecker y pidió a Maximiliano que lo castigase sin que el emperador tomara una decisión. Parecía que el genio financiero no podía escaparse del desastre financiero.

Langlais, murió repentinamente de "un golpe de apoplejía", lo que ahora llamaríamos un infarto cerebral, el 23 de febrero de 1866 en su casa de Cuernavaca. El rumor popular atribuyó su muerte a la acción de un veneno. El plan Langlais nunca se hizo público. Los detalles que se conocen del plan lo son por fuentes indirectas. El embajador Danó envió dos agentes de policía a recuperar sus papeles una vez difunto.

NOTAS

1) Francisco Zarco en *La Acción*, 18 de junio de 1864. Maximiliano (privadamente) en carta escrita el 10 de agosto de 1865. Hilarión Díaz: *Juárez glorificado y la intervención y el imperio ante la verdad histórica*. Adolphe Robert, Edgar Bourloton y Gaston Cougny: *Dictionnaire des parlementaires français, 1789-1889*. Manuel Payno: "Los ingresos del Imperio y el Contrabando". Francisco Bulnes: *El verdadero Juárez y la verdad sobre la intervención y el imperio*. José C. Valadés: *Maximiliano y Carlota en México: historia del segundo imperio*. Niceto de Zamacois: *Historia de México*. José Luis Blasio: *Maximiliano íntimo: el emperador Maximiliano y su corte. Memorias de un secretario particular*. Eugéne Lefèvre: *Documentos oficiales recogidos en la secretaria privada de Maximiliano. Historia de la intervención francesa en Méjico*. Verónica González Laporte: *El hijo de la sombra*. Ignacio Manuel Altamirano: *Historia y política de México, 1821-1882*.

2) Carlota y la beneficencia. El 10 de abril de 1865 Carlota crea el consejo de la beneficencia que funda una casa de la maternidad en la Ciudad de México, impulsa con donativos el Hospicio y hospitales en el interior: Guanajuato y Puebla, Zacatecas, Cuernavaca.

170

LA FUGA DE PORFIRIO

Del 1º de marzo al 19 de septiembre del 65 Porfirio Díaz permaneció preso, condenado a cadena perpetua. Había pasado por otras prisiones en la ciudad hasta recaer en el convento poblano de las Carmelitas cuyo director era el barón húngaro Louis de Salignac. Las versiones porfiristas dicen que con la ayuda de un soldado republicano y sirviente suyo, llamado Julián Martínez, que era el único con el que tenía contacto, se comunicó con el exterior y logró que le hicieran llegar una larga cuerda y un puñal.

En la noche del 20 aprovechando el momento en que el centinela le daba la espalda en uno de sus recorridos, se deslizó por la pared del claustro, lanzó un extremo de la cuerda, logrando al fin engancharlo en una pilastra y comenzó a arrastrarse por las bóvedas. Al fin, por uno de los ángulos de la iglesia que caía a una calle situada a la espalda del templo, se descolgó en el vacío y oscilando cayó al fin a una casa, desde donde pudo salir a la calle.

Lo sorprendente es que ningún custodio se acercó a su celda, nadie lo vio cuando estaba escalando y no fue observado por los centinelas que estaban en las azoteas. Al iniciarse la fuga había dejado en el extremo de la cuerda un par de cartas dirigidas a su amigo el barón, donde le daba las gracias por su hospitalidad y al jefe militar de la región de Puebla el conde Von Thum, donde le recordaba que previamente había manifestado su intención de escaparse y desafiándole para un futuro encuentro en el campo de batalla.

Las versiones no porfiristas, que abundan, insisten en que "multitud de mexicanos niegan esta asombrosa evasión"; Kératry incluso sugiere que "el mismo emperador arrastrado por un sentimiento generoso pero imprudente había mandado que se facilitase su evasión" y otros afirman que el barón a cargo de la prisión había descubierto los preparativos y se hizo el loco, estando ausente ese día de la cárcel. Fuera de las naturales suspicacias, ninguna prueba sustenta estas teorías.

Díaz le escribió una carta a Juárez contando su fuga, montó en el caballo que le habían preparado y se alejó de la ciudad con un solo compañero, tomando por veredas del sur de Puebla rumbo a una cita con el coronel Bernardino García en los límites del estado de Guerrero. Lamentablemente García que lo había estado esperando, al retrasarse la fuga, había partido ya.

El 21 de septiembre el general Thum ofreció mil pesos de recompensa por su captura y lanzó en su persecución a una brigada dirigida por el coronel austriaco Bernard.

Díaz, con dos criados, vagó por la zona hasta enlazar con la guerrilla de Bernardino García en el estado de Guerrero. Poco después atacó en Tehuitzingo (Puebla) a unos 20 infantes de guardia civil imperialista a los que sorprendieron, y sin derramamiento de sangre se apoderaron de sus armas y municiones, reclutando, a su vez, voluntarios de ese pueblo pero sin armas, formando un grupo de 40 hombres; y así, como dice Rosaura Hernández, "comenzó nuevamente Porfirio Díaz su tercera campaña contra la intervención extranjera".

Cuando llegó al pueblo de Piaxtla, casi 100 kilómetros al noroeste de Huajuapan, había reunido 78 infantes y 30 guerrilleros montados al mando de Tomás Sánchez y el 1º de octubre enfrentó en Tulancindo a la brigada del coronel Jesús María Vizoso, un imperialista con una larga trayectoria conservadora desde la Guerra de Reforma y le capturó 300 hombres, que sumó a su partida.

Díaz viajó a Guerrero para entrevistarse en La Providencia con Juan Álvarez, que le cedió 200 viejísimos mosquetes de percusión con municiones (lo que no dejó muy contento a Díaz) y órdenes para su hijo Diego Álvarez, el gobernador republicano, para que le proporcionara víveres.

En el camino de regreso a Oaxaca crecieron los reclutamientos: 20 miembros de las milicias de Oaxaca que se habían escapado de la captura por los franceses en febrero del 65, luego en varios pueblos se le fueron uniendo 2 mil indios, la mayoría sin armas de fuego, algunos con tan sólo machetes. Así llegaron a Tlapa (Guerrero) el 25 de noviembre, donde había una guarnición de mil austriacos e imperialistas mexicanos, que, al ver la inmensa columna que se aproximaba, huyeron. Díaz ocupó el pueblo, agradeció a sus reclutas indígenas su apoyo y les permitió que regresaran a sus comunidades.

Mientras tanto, Porfirio está aprendiendo de nuevo la guerra de guerrillas que le había dado resultado dos años antes y lo había llevado a conquistar Oaxaca: Rehuir el combate ante fuerzas superiores, gran movilidad, crear zonas de apoyo, destruir la infraestructura del imperio, hostigar al enemigo. Hacia el final del 65 su pequeño ejército (que tenía una base de 400 hombres) formado por partidas que se disgregaban y se reunían profundizó en el territorio de Oaxaca y fijó Huajuapan de Leon como blanco. Esto coincidía con que al inicio del 66 había recibido finalmente de los Álvarez y Jiménez 400 hombres y tres cañones y pudo apoderarse de Jamiltepec el 28 de marzo, haciendo prisionera su guarnición, aunque sólo mantuvo la plaza por dos meses.

Se le ha sumado su viejo compañero de Puebla, Manuel González y avanzó hacia la Mixteca. Díaz recibió el nombramiento de jefe del ejército del sur por parte de Juárez haciéndolo responsable de la lucha en los estados de México, Puebla, Oaxaca, Tlaxcala y Chiapas.

Hacia el final de abril las guerrillas actuaban a 60 kilómetros al sur de Huajuapan, ocupando pequeñas poblaciones. Hacia agosto seguían nutriéndose de desertores.

Las contradicciones en la zona de Puebla-Guerrero-Oaxaca entre los mandos austriacos y la administración de Maximiliano crecieron bajo esta nueva presión. El visitador imperial Juan Pablo Franco chocó brutalmente contra el oficial a cargo de Huajuapan, Karl Thindeis al que acusaban de abusar de los locales y de las autoridades civiles, así como maltratar a los imperiales mexicanos, incluso de haber insultado en público al gobernador del estado.

El 12 de agosto del 66 Porfirio se apodera con 200 hombres de Teotitlán. Luego hace presencia frente a Huajapán y Tlajiaco y cuando envían para combatirlo fuerzas superiores se desvanece en la sierra.

Pareciera una historia repetida pero interminable.

NOTA

1) Francisco Bulnes: *El verdadero Juárez y la verdad sobre la intervención y el imperio*. Gustave Niox: *Expédition du Mexique, 1861-1867: récit politique et militaire*. Ignacio Manuel Altamirano: *Historia y política de México, 1821-1882*. Manuel Santibáñez: *Reseña histórica del cuerpo del Ejército de Oriente*. Mark Moreno: *World at War: Mexican Identities, Insurgents, and The French Occupation, 1862-1867*. Rosaura Hernández Rodríguez: "Las campañas de Porfirio Díaz en el estado de Guerrero". Porfirio Díaz: *Memorias*. José María Vigil: *La Reforma*. Agustín Rivera: *Anales mexicanos. La Reforma y el Segundo Imperio*. Luis Rodrigo Álvarez: *Historia general del estado de Oaxaca*. Guillermo Prieto: *Lecciones de historia patria*. Antonio García Pérez: *Estudio político militar de la Campaña de Méjico, 1861-1867*. Erika Pani: *Más allá del fusilado de Querétaro y de la loca de Miramar. Historiografía reciente sobre el segundo imperio*. Basilio Rojas: *Un chinaco anónimo: Feliciano García, un miauhuateco en la historia*. Charles R. Berry: *La Reforma en Oaxaca*. Alfonso Luis Velasco: *Porfirio Díaz y su gabinete; estudios biográficos*. Genaro García: *Documentos inéditos o muy raros para la historia de México*. Jean Meyer: *Yo, el francés. Crónicas de la intervención francesa en México, 1862-1867*. Carlos Tello Díaz: *Porfirio Díaz, su vida y su tiempo. La guerra, 1830-1867*. Victoriano Salado Álvarez: *Porfirio Díaz*.

171

EL 3 DE OCTUBRE

El 3 de octubre de 1865 Maximiliano declara: "La causa que con tanto valor y constancia sostuvo don Benito Juárez ha ya sucumbido [...]. Hoy hasta la bandería en que degeneró dicha causa, ha quedado abandonada por la salida de su jefe del territorio patrio". Este sería el pretexto para emitir una ley según la cual los combatientes republicanos "serán condenados a la pena capital, que se ejecutará dentro de las primeras 24 horas después de pronunciada la sentencia". La ley incluye no sólo a los combatientes sino a "los que voluntariamente auxiliaren a los guerrilleros con dinero o cualquiera otro género de recursos", "los que les dieren avisos, noticias o consejos", los que "les

facilitaren armas, caballos, pertrechos, víveres", "los que voluntariamente y a
sabiendas los ocultaren en sus casas o fincas", "los que vertieren de palabra o
por escrito especies falsas o alarmantes, con las que se puedan alterar el orden
público" e incluso los que vieran pasar a la chinaca y no dieran información
al gobierno imperial. La ley, pues, condenaba a muerte a medio país incluidos
los mirones que con sus silencios apoyaban a la guerrilla. Bazaine le escribió
al ministro de la Guerra de Francia que: "Maximiliano, cuyo carácter parece
ser esencialmente paciente, ha querido esperar que Juárez saliera del territorio
antes de promulgar esta ley [...] se decidió al fin, por mis consejos, a dar una
prueba de firmeza, que ha hecho un buen efecto entre los conservadores".

Si bien es cierto que las cortes marciales funcionaban desde el año 63,
muchas de ellas como dice Bulnes "con toda regularidad y salvajismo", la
nueva ley era demencial.

Mucho se discutió posteriormente si la autoría era de Maximiliano, incluso Hilarión Frías y Soto dirá que "la letra de esa minuta no es de Maximiliano. Está escrita en un pliego grande de papel florete, doblado por su parte
media: en el margen derecho está el decreto primitivo, y en el izquierdo están
escritas las modificaciones que se le hicieron: algunas adiciones están escritas
con lápiz rojo en unas hojas sueltas"; pero esto no prueba nada, muchos de
los textos de Max eran escritos por sus secretarios. Lo que es obvio es que
Bazaine no sólo estaba a favor, sino que inmediatamente la impulsó. El 11
de octubre escribió una circular a sus mandos: "no admito que se tomen prisioneros. Todo individuo tomado con los armas en la mano será ejecutado.
De ahora en adelante no habrá más canje de presos [...]. Es una guerra a
muerte, una lucha a ultranza entre la barbarie y la civilización". El "liberal"
Peza, ministro de la Guerra instruyó a las cortes marciales que desplegaran
"la energía y actividad que las circunstancias demandan imperiosamente,
haciéndose responsables por su morosidad o conmiseración, de las fatales
consecuencias a que pudieran dar lugar".

Fuera de Michoacán y Guanajuato la guerrilla en el centro de México
declinó tras la declaración del decreto negro de octubre del 65. Hubo lugares
donde se pusieron anuncios en español y náhuatl. La ley según Mark Moreno animó "una reacción armada de los latifundistas de Guanajuato contra
los grupos militares republicanos, como los oficiales del imperio felizmente
reportaban". El director de un diario contó en un solo día 33 cadáveres colgados de los árboles a lo largo de la carretera de Puebla y en la Ciudad de
México a lo largo de la intervención fueron fusilados 968 personas.

Los rumores de la huida de Juárez y las amenzas de la ley hicieron que
los reconocimientos del imperio por parte de partidas guerrilleras fueran
significativos, entre el 3 y el 31 de octubre: se rindieron en Tulancingo los
guerrilleros Luis y Prisciliano Arteaga, Anselmo Gálvez, en Actopan. En Mis-
quiahuala se presentaron al indulto 18 jefes de guerrilla. En Tejupilco los

guerrilleros Juan Borrego y Simón Loza. Se rindieron los generales Victoriano Espínola y Silvestre Aranda, el coronel Zeferino Macías y Anastasio Bios. En Tlálpam reconocieron el imperio 14 jefes de guerrillas y en Michoacán, el comandante Rosendo Pérez, el capitán Zavala y el teniente Urbano Piña. Zamacois hace una lista de los desertores en noviembre del 65 que incluye sometimientos al imperio de una docena de guerrillas que incorporaban a un par de centenares de chinacos. José María González de Mendoza, el cuartelmaestre durante el sitio de Puebla, que había regresado de la prisión francesa reconoció al imperio y fue nombrado prefecto. Maximiliano decidió entonces decretar una amnistía, incluyendo por la derecha a Juan Vicario y a mediados de octubre anunció al Consejo de Ministros que ofrecería a Juárez la presidencia del Tribunal Supremo.

¿Tenía razón Zamacois cuando enunciaba: "Al fin del año de 1865, se creía agonizante la causa de los que se oponían al imperio"? ¿Le daba eco Ignacio Manuel Altamirano cuando decía que el año 65 "fue el más desgraciado de nuestra guerra; fue un año maldito"?

NOTAS

1) Agustín Rivera: *Anales mexicanos. La Reforma y el Segundo Imperio*. Francisco Bulnes: *Juárez y las revoluciones de Ayutla y de Reforma*. Hilarión Díaz: *Juárez glorificado y la intervención y el imperio ante la verdad histórica*. Jean Meyer: *Yo, el francés. Crónicas de la intervención francesa en México, 1862-1867*. Mark Moreno: *World at War: Mexican Identities, Insurgents, and The French Occupation, 1862-1867*. Niceto de Zamacois: *Historia de México*. Ignacio Manuel Altamirano: "Arteaga y Salazar, mártires de la república".

2) El 9 de enero del 65 Juárez le había dado órdenes a Patoni que no se fusilara a los prisioneros franceses.

172

EL GRAN BAILE

El 3 de octubre de 1865, el mismo día en que se promulgaría el terrible decreto. No fue necesario hacer las invitaciones con mucha anticipación porque todas las familias estaban preparadas. No había una de las que llamaban copetonas que no hubiera mandado traer cuatro o cinco trajes de París, y las modistas de México estaban, además, constantemente confeccionando una multitud de vestidos de baile que les encargaban para cuando se necesitaran. Así es que a muchas se les avisó en la mañana del mismo día 3 que en la noche se daba una maravillosa *soirée* en Palacio. Todos se alistaron con frenesí, y a las diez una larga hilera de carruajes se veía desfilar por las calles de Plateros y Plaza Principal, entrando a descargar a la crema de entonces en el gran patio del imperial alcázar, iluminado con grandes mecheros.

Las anchas escalinatas estaban alfombradas y adornadas con festones de flores y gasas, igual que los corredores altos, donde había gran número de candelabros y arañas de metal con profusión de luces. El gran salón de ceremonias con el trono en una de las cabeceras, estaba cuajado de espejos y lámparas de cristal, encortinados todos los balcones y cubiertas las paredes de tapicería.

Habían llegado ya muchas familias ricamente ataviadas cuando se presentaron sucesivamente el mariscal Bazaine con su señora, cargada de joyas; Juan Nepomuceno Almonte, que era un personaje decorativo, con su señora, también muy alhajada; los generales franceses y mexicanos con sus respectivos acompañamientos; los ministros y consejeros con sus familias, y finalmente apareció Maximiliano con Carlota, deslumbrantes ambos, pero más ella, que llevaba un vestido de punto de seda blanco, pendiendo del corpiño dos amplios faldones que recordaban las modas de la época de Luis XV. Se encontraban adornados con un fleco de azahares. En el hombro derecho llevaba prendida la banda de San Carlos con una hilera de brillantes, y en el lado izquierdo, un lazo de seda lleno de diamantes con la Cruz de la Estrella. El aderezo se componía de un rico collar, aretes y un alfiler en el pecho cuajados de esmeraldas y brillantes. Llevaba, además, pulseras en los brazos, todas formadas con piedras preciosas que ofuscaban con su brillo. Ostentaba sobre la cabeza la corona imperial, que era una rica joya, y el peinado que le caía graciosamente por la espalda se formaba con azahares salpicados de brillantes.

Toda la concurrencia se puso de pie cuando aparecieron los soberanos, quienes atravesaron el salón por en medio de una doble ala de concurrentes, a los cuales fueron haciendo afectuosas inclinaciones de cabeza a uno y a otro lado, hasta llegar a sus asientos bajo el solio imperial. Inmediatamente la orquesta lanzó sus primeros preludios y se levantaron las parejas para bailar las cuadrillas de honor. Maximiliano dio la mano a la esposa del mariscal Bazaine y este a Carlota, y ambas parejas hicieron el vis a vis de cartel. El maestro de ceremonias entretanto no cesaba de dar órdenes teniendo en constante movimiento a sus ayudantes.

Una vez terminada la cuadrilla de honor, el baile tomó un carácter de más confianza y se pudo oír el rumor de las conversaciones a media voz, mezclado con el que producían los abanicos al abrirse y cerrarse constantemente. Los jóvenes se atrevieron ya a salir de los rincones en donde se habían refugiado y empezaron a recorrer el salón en todos sentidos pidiendo a las bellas su etiqueta para apuntar las piezas que les concedían. Todas hacían esta salvedad:

—Doy a usted el vals o la contradanza, siempre que no la soliciten S. M. el emperador o S. E el mariscal.

NOTAS

1) Ireneo Paz: *Maximiliano.*

2) Días antes del baile, del 24 de agosto al 3 de septiembre Maximiliano hizo una gira por Texcoco, Chapingo, Teotihuacán, Otumba, Cempoala (donde se detuvo a contemplar el acueducto), Pachuca (donde se detuvo a visitar las minas) y Tulancingo. El 16 de septiembre otorgó a los descendientes de Iturbide reconocimiento y fuertes apoyos económicos ("El gobierno de S. M. mandará entregar por la Caja Central del Estado, a los señores don Agustín, don Ángel, don Agustín Cosme, doña Josefa y doña Sabina de Iturbide la suma de $30 mil al contado, y 120 mil en letra sobre París") y el 30 de septiembre inauguró en la plazuela de Guardiola una estatua de Morelos con la asistencia de su hijo natural, Juan N. Almonte.

173

LOS ASESINATOS DE URUAPAN

Vicente Riva Palacio cuenta: "[Hacia octubre de 1865] la suerte no podía ser más contraria para los republicanos que componíamos el ejército […]del Centro. Reducidos a un número escaso de combatientes, con malísimo armamento, poco parque de fusil, y eso de mala calidad, faltos de recursos pecuniarios, y […] sin esperanza de mejora, los esfuerzos combinados de todos los jefes, su fe ciega en el triunfo de la causa de la Independencia de México, podían apenas mantener encendida la chispa en las feraces montañas del heroico Estado de Michoacán". Si bien era cierto, los trabajos de reorganización que se habían producido tres meses después de la desgracia de Tacámbaro permitieron que la labor de los comandantes de las guerrillas chinacas levantara nuevos grupos dirigidos en su conjunto por Arteaga, Salazar, Riva Palacio y Régules.

Y así, como si saliera de la nada, se concentró en Uruapan el primero de octubre de 1865 lo que se llamó la primera división del Ejército del Centro: los guerrilleros de Arias, Garnica y el coronel Ronda, los Lanceros de la Libertad, que ese día recibieron bandera, los más necios de los tercos, la Guardia Nacional de Toluca del coronel Hernández, los lanceros de Jalisco, el coronel Villada, Zepeda y las tropas de Guadalajara, Domenzain y las guerrillas de Guanajuato, que no llegaban a 2 500 hombres, mal armados, pero con el ánimo alto.

Se sucedieron los brindis, la comilona en el Ayuntamiento, la orquesta que insistía en tocar una canción purépecha que hablaba de la derrota francesa en Puebla. Arteaga presidía, gordo, lleno de heridas y de golpes. Y entonces se produjo aquel brindis que ya nadie, nunca, iba a poder olvidar, porque se quedaría grabado a hierro y sangre en la memoria: "Señores, por la gloria del cadalso". Altamirano decía que Arteaga era "sencillo en sus costumbres […] afable con todos". Decía "que no había enemigo que no lo hiriese". Después de la defección de López Uraga solía comentar: "Espero el cadalso". Riva Palacio, que cabalgaba con él y que sabía de su larga trayectoria desde la lucha contra la dictadura de Santa Anna, completaba el retrato: "Era un hombre cuya edad difícilmente podría haberse conocido en su rostro, porque su cutis rosado y transparente como el de una dama, sus ojos negros, rasgados y brillantes y el fino bigote que sombreaba su boca, le daban el aspecto de un joven que apenas contara 25 años, y sin embargo, Arteaga pasaba ya de 40; y sólo su obesidad, y la torpeza de sus movimientos, provenida de las heridas siempre abiertas que tenía en las piernas, podía desvanecer la idea que se formaba uno al ver su rostro constantemente risueño y alegre".

Carlos Salazar era uno de los norteños más destacados en los combates de Puebla y tenía fama de ser "valiente hasta la temeridad, patriota fanático, liberal sin tacha". Riva completa: "Era casi de la misma edad que Arteaga; pero Salazar, por el contrario, representaba tener mayor número de años de los que en realidad contaba, y su aspecto era imponente, porque a las musculosas formas de un Hércules se unía la frente despejada y serena, y la mirada penetrante del hombre de gran inteligencia […]. Algún tiempo, Salazar y Arteaga estuvieron desavenidos, lo cual fue causa de que el primero se separara temporalmente del servicio, pero pocos días antes […] Arteaga llamó a Salazar, tuvieron una explicación en mi presencia, y sin dificultad volvieron a reanudar su antigua amistad, y Salazar fue nombrado cuartelmaestre del Ejército del Centro".

La noticia de la concentración de Uruapan no pasó desapercibida para los imperiales: el día 6 de octubre salió de Morelia al batallón del emperador, con dos escuadrones del 4º regimiento de caballería con dirección a Pátzcuaro, donde se les unió el coronel Ramón Méndez. Al amanecer del 8 de octubre salieron hacia Uruapan. El choque pudo haberse producido el día 9 pero una terrible tempestad hizo "crecer extraordinariamente los riachuelos" y las fuerzas de Méndez quedaron divididas.

Riva Palacio prosigue: "El día 10 de octubre, desde las diez de la mañana comenzamos a tener por diversos conductos, noticias de que Méndez, con una fuerte división, había salido de Morelia y se dirigía a Uruapan con el objeto de batirnos; y estas noticias, como era natural, nos tenían en alarma y dispuestos para emprender la retirada o salir al encuentro del enemigo, según dispusiera el general en jefe. Sería la una de la tarde, cuando llegó a mi alojamiento uno de los ayudantes del general Arteaga, a decirme que me esperaba en su casa; seguí al ayudante, y encontré a Salazar y a Arteaga que discutían sobre los movimientos del enemigo", con la previsión de que podría arribar hacia las cuatro de la tarde.

Riva Palacio era partidario de darle batalla, al igual que el coronel Trinidad Villagómez, jefe de una de las brigadas de infantería, pero Salazar y Arteaga rechazaron el plan y optaron en la lógica de la guerrilla por dispersar las fuerzas divididas en tres grupos: los generales Arteaga y Salazar tomarían el rumbo del sur, hacia Tancítaro, internándose por la tierra caliente con 1 200 hombres; la segunda, a las órdenes del coronel Ignacio Zepeda, se dirigiría con 600 hombre al estado de Jalisco por el camino de San Juan de las Colchas, a expedicionar por Zapotlán; y Riva Palacio con 700 hombres, por la Sierra de Paracho, debía ir hasta Morelia, si no a tomar la ciudad, porque estaba fortificada y la mayor parte de su fuerza consistía en caballería, sí a poner en alarma a la guarnición.

A las cinco de la tarde, bajo una espantosa tempestad, comenzaron a desfilar las fuerzas republicanas. Méndez dio descanso el día 10 a su tropa de imperiales, y luego decidió seguir al grupo de José María Arteaga. El día 12 salió de San Juan de las Calchas y llegó hasta Tancítaro, posponiendo el encuentro de nuevo a pesar de que Arteaga y Salazar estaban a unos pocos kilómetros.

Riva Palacio cuenta: "En estos momentos, Méndez, con las tropas imperiales, estaba a muy poca distancia de nosotros. Arteaga llevaba la brigada que mandaba Villagómez, una sección que estaba a las inmediatas órdenes del coronel Jesús Díaz, y algunos piquetes de infantería y caballería que no estaban incorporados en ninguna brigada. A pesar de la tormenta y del mal estado de los caminos, Arteaga hizo caminar a la tropa […] toda la noche en que se efectuó la retirada, y al siguiente día llegaron al pueblo de Tancítaro. Aquella precipitación había sido una medida prudente […] porque el día 12, en el momento en que los soldados iban a tomar el rancho, llegó la noticia de que el enemigo estaba tan cerca de Tancítaro, que sin permitirse tomar el primer bocado a los soldados, se emprendió violentamente la retirada rumbo a Santa Ana Amatlán. Sin embargo, Méndez logró alcanzar la retaguardia de los republicanos; pero Villada, que la cubría con un batallón, sostuvo bizarramente la retirada, y por esta vez volvió a salvarse aquel pequeño ejército. Toda la tarde y parte de la noche caminó Arteaga, hasta llegar a una pequeña finca situada a 25 km de Tancítaro, en donde acampó". La brigada formada por "soldados, que apenas habían podido dormir, hambrientos, fatigados y empapados por las constantes lluvias, llegaron a Santa Ana Amatlán a la mitad del día 13".

"La distancia recorrida por las tropas republicanas en aquel tiempo, parecerá muy corta a los que no tienen conocimiento de los caminos por donde tenían que atravesar; pero cuando se miran aquellos desfiladeros, en que los infantes no pueden cruzar sino de uno en uno, en que los jinetes necesitan echar pie a tierra, en que cada paso es un peligro, y cada peligro es mortal, entonces es cuando se considera que aquellos senderos, en el tiempo de las lluvias, son casi intransitables de día, y la tropa los atravesaba de noche

"Arteaga y Salazar se creyeron en completa seguridad, fiados en la vigilancia del coronel Solano, que con 50 caballos, estaba destacado cerca de

Tancitaro, en observación de los movimientos de Méndez. Como para dar más seguridad a Arteaga, pocos momentos después de que llegó a Santa Ana Amatlán, se le presentó un oficial de Solano, pidiéndole, de parte de su jefe, un cajón de parque, y confirmó lo mismo que habían dicho ya algunos exploradores: que el enemigo no había hecho movimiento alguno.

Arteaga, seguro de que Méndez había dejado ya de perseguirle, mandó desensillar, dispuso que se preparase la comida de la tropa, y se retiró tranquilamente a su alojamiento para descansar. "Las armas estaban en pabellón, los calderos comenzaban a hervir con la pobre ración de carne, los soldados, abrumados por el ardiente sol de aquellos climas, se procuraban un abrigo bajo los árboles y los portales de la población, y los oficiales y los jefes buscaban en las tiendas algún alimento".

Ramón Méndez había calculado que no podrían esperar que cubriera 50 kilómetros y aceleró su marcha que habría de costarle la pérdida de 14 soldados víctimas de insolación y el destrozo de 40 caballos.

A las dos de la madrugada del día 13 la caballería del guerrillero imperialista Amado Rangel sorprende a los republicanos cuando una parte de la tropa se está bañando y Arteaga está comiendo. Se dijo que una traición les había dejado libre el paso, pero Riva Palacio se preguntaría: "¿Quién fue el culpable de aquella sorpresa? ¿Cómo pudo Méndez haber llegado hasta Santa Ana Amatlán, sin ser sentido por las fuerzas del general Arteaga, sin ser detenido por el coronel Solano y por el comandante Tapia, que habían quedado con dos cuerpos de caballería cubriendo el camino y en observación de los movimientos de los imperialistas? Misterios han sido y son estos para mí, a pesar del empeño que tomé para saber la verdad. Arteaga, Salazar y muchos de los que con ellos iban en aquella desgraciada expedición, creyeron que Solano y Tapia se habían puesto de acuerdo con Méndez; pero esto me parece imposible, porque Solano era un joven honrado y patriota, a quien se habían encargado comisiones peligrosas, y siempre había correspondido perfectamente a la confianza de sus jefes; y Tapia, por sí solo, nada hubiera podido hacer, aun cuando hubiera querido traicionar".

En el campamento hay carreras de caballos y de hombres, gritos y disparos de fusil, y luego la confusión más terrible. Todos los jefes incluido Artega fueron sorprendidos en sus alojamientos y hechos allí prisioneros: "Salazar, con sus ayudantes se hizo fuerte en su casa, y se batió durante algún tiempo, pero fue obligado a rendirse, y sólo el coronel Francisco Espinosa, gracias a su sangre fría, logró escapar de las manos de los imperialistas. De la tropa fueron hechos prisioneros 400 hombres, de los cuales se puso en libertad a muchos, porque habían sido cogidos de leva en las haciendas y pueblos de su tránsito. Una hora después llegó Méndez. Estaban prisioneros los generales Arteaga y Salazar y los coroneles Jesús Díaz Paraclio, Trinidad Villagómez, Perez Miliena y Villada; cinco tenientes coroneles; ocho comandantes, y muchos oficiales.

Al día siguiente se emprendió la marcha de regreso para Uruapan con los 35 prisioneros en 15 caballos, uno ellos para Arteaga. "El camino estaba casi intransitable; el caballo era débil, la silla pequeña, y a cada paso el desgraciado general Arteaga caía con todo y caballo, causándose grave mal en sus abiertas y dolorosas heridas. Salazar hacía casi todo el camino pie a tierra. Seis días duró aquella terrible peregrinación, durante la cual el cansancio y los sufrimientos físicos y morales de los prisioneros, no encontraron más compensación que las muestras de simpatía de los pueblos del tránsito, y sobre todo de Uruapan a donde llegaron el día 20 de octubre".

Méndez preguntó a México lo que debería hacer con los prisioneros, y la respuesta del cuartel general de Bazaine fue que se les aplicara la ley del 3 de octubre. Méndez seleccionó entre los 35 prisioneros a quiénes debía ejecutar: Salazar y Arteaga, los coroneles Villagómez, Díaz y González, que había sido guerrillero con Rojas en Jalisco. Las posteriores acusaciones de que los fusilamientos habían sido en venganza porque Arteaga había mandado asesinar a sangre fría al padre de Ramón Méndez o que le achacaba el fusilamiento del coronel Francisco Lemus (uno de los asesinos de Ocampo y compañero de promoción y amigo de Méndez) no tienen sustento.

El 20 de octubre Arteaga escribe una carta a su madre antes de morir: "No dejo otra cosa que un nombre sin mancha [...] nada de lo ajeno me he tomado". Al amanecer del siguiente y a las 6:45 de la mañana las tropas de Méndez salieron de sus cuarteles y formaron cuadro frente a la prisión. Habían pedido marchar hacia el paredón con los ojos descubiertos. Riva Palacio cuenta: "Con paso firme se adelantaron, Arteaga pálido pero sereno, Salazar fiero y amenazador, Villagómez frío y desdeñoso, Díaz con una resignación cristiana, González con un aire burlón y despreciativo. Salazar arengó a la tropa, pero como de costumbre, los clarines y las cornetas, y las cajas de guerra resonaron ahogando su voz. Arteaga quiso arrodillarse para recibir la muerte, pero Salazar se lo impidió; se oyó la voz de *fuego*, retumbó la descarga, y poco después la columna imperialista desfilaba al lado de cinco cadáveres que Méndez dejaba abandonados, sin cuidar siquiera de que se les diese sepultura". Poco después los generales José María Arteaga y Carlos Salazar, que en vida tanto habían discutido y tantas guerritas habían librado uno contra el otro, llegaron a la muerte juntos, como hermanos, abrazados ante el pelotón de fusilamiento en Uruapan. Y se quedaron tomados de la mano sus cadáveres insepultos.

Ramón Méndez recibió de Maximiliano en premio el nombramiento de general de brigada.

NOTA

1) José Herrera Peña: *La resistencia republicana en Michoacán*. Ignacio Manuel Altamirano: "Arteaga y Salazar, mártires de la república". Fernando Díaz Ramírez: *General*

José María Arteaga. Ignacio Manuel Altamirano: "Los mártires de Uruapan". José María Vigil: *La Reforma.* José Ortiz Monasterio: *"Patria", tu ronca voz me repetía: biografía de Vicente Riva Palacio y Guerrero.* Antonio García Pérez: *Estudio político militar de la Campaña de Méjico, 1861-1867.* Paco Ignacio Taibo II: *La lejanía del tesoro.* Sergio Ramos Chávez: *Los mártires de Uruapan, defensores de la patria.* Vicente Riva Palacio: "Arteaga y Salazar" en *El libro rojo.* Niceto de Zamacois: *Historia de México.*

174

EL CANJE

Y Riva Palacio ataca Morelia sin saber que sus amigos han muerto, y marcha a Tacámbaro, y no queda nadie, porque hasta el joven Solano ha muerto de fiebres y su guerrilla se ha desbandado, y vuelta a empezar. Quince veces ha desaparecido consumido en la derrota el Ejército del Centro, 16 veces ha reaparecido. Y dos meses más tarde, mientras contempla a sus rehechas huestes, va repasando sus historias. No son, como lo fueron desconocidos, anónimos. Aquel estuvo en el primer cerco de Zitácuaro, el otro era hombre de la chinaca del difunto Nicolás Romero y por eso trae la cinta roja en el hombro. Aquel estuvo en la victoria del Tulillo y luego en 20 derrotas no menos honrosas. Aquel tiene la lanza mocha y se llama Servando, alias el Pájaro, y combatió con el muerto Robredo en Tacámbaro. El piquete de infantería que está allá es gente de la Guardia Nacional de Zitácuaro, desde la época del tímido Crescencio Morales, y aquel que se rasca la barba lleno de orgullo es el invencible Acevedo y el de más allá que caracolea su caballo es Carlos Castillo, lleno de prisa como siempre, aunque no haya de irse a ningún lado. De todas las derrotas vienen, de todas las terquedades.

El 22 de octubre de 1865 una junta de jefes en Tacámbaro nombró jefe del Ejército del Centro a Vicente Riva Palacio. Aceptó salvo decisión final presidencial y se lo comunicó a Juárez. En dos meses levantaría un ejército de 4 mil desarrapados. Los prisioneros belgas, que estaban bajo su responsabilidad, protestaron contra el fusilamiento de Arteaga y Salazar. Temiendo que causara represalias, firmaron protestas contra el imperio, rehusaron volver a combatir en su favor y afirmaron "hemos sido forzados a combatir contra principios idénticos a los nuestros" y "no deseamos tomar parte en esta guerra injusta".

Recluidos en Huetamo los prisioneros belgas habían declarado estar "absolutamente contentos con nuestra nueva forma de vida". Durante ocho meses gozaron de libertad y retornaron a la vida civil. Para poder comer volvieron a sus antiguos oficios como sastres, zapateros o herreros. Un par de tipógrafos colaboraron con el periódico *La República* y los expertos en pólvora confeccionaron cartuchos. Otros a cambio de casa y sustento enseñaban francés o dibujo, incluso alguno, aseguraba Loomans, "hacía de manera admirable de niñera y llevaba a bañar al río a tres espantosos críos indígenas". Algunos más, se trasladaron a trabajar a los ranchos vecinos. Hubo quienes recurrieron a la mendicidad o se mantuvieron de la caza. "Los oficiales habían perdido la escasa autoridad que tenían frente a la tropa. Esta desaprobaba que hubieran acaparado la casi totalidad de los magros recursos enviados por la emperatriz".

Vicente Riva Palacio pudo haber dudado si en represalia por los asesinatos de Artega y Salazar debería ordenar el fusilamiento de los oficiales belgas, pero optó por proponer un canje a Bazaine "sin tomar en cuenta ni el número ni el rango". El intermediario fue el capitán Miñón, que el 26 de noviembre llegó con la oferta del general francés de canjear a los belgas por los presos que tenían Potier y Van der Smissen en Morelia y los generales Tapia y Ramírez, detenidos en Puebla. Riva Palacio, tras resolver el problema de concentrar a los prisioneros y transportarlos al punto de canje por pésimos caminos, aceptó y decretó un cese el fuego parcial.

El 5 de diciembre, siete oficiales y 180 soldados belgas eran canjeados en Acuitzo por nueve oficiales y un número desconocido de soldados mexicanos. Un cuadro de Francisco de Paula Mendoza, discípulo de Velasco; un óleo sobre tela, pintado en 1887, llamado "El general Vicente Riva Palacio otorga el perdón a prisioneros belgas", reconstruye la escena. Riva es el único sentado, fuera de unos mirones en el extremo derecho inferior. Eduardo Ruiz que había sido capturado en Uruapan desde junio del 65 y estaba condenado a muerte se salvó milagrosamente y fue uno de los canjeados. Se sumaría a Riva Palacio como su secretario particular y sería el gran narrador de la chinaca michoacana.

Supuestamente esos 187 hombres representaban un importante refuerzo para el mermado contingente belga. Pero su reintegración resultó un grave problema. "Por un lado, los ex prisioneros no deseaban volver a la vida militar. Finalmente, entre el mando francés existían serias dudas respecto de su lealtad". Se decía que los oficiales que habían sido abandonados heridos habían prometido al general Riva Palacio que no volverían a tomar las armas contra la república.

Nueve meses después del desembarco del primer destacamento, en diciembre del 65, los belgas capaces de combatir se habían reducido a la mitad. Más de 200 estaban enfermos o convalecientes por haber sufrido heridas, 84 habían fallecido y 74 habían abandonado el cuerpo, algunos repatriados, otros sirviendo en la gendarmería imperial y unos más por haber desertado. Finalmente, casi dos centenares permanecían prisioneros en la tierra caliente. Además, no existía ninguna posibilidad de reforzar el cuerpo. El imperio mexicano carecía de recursos y, en esta ocasión, el gobierno belga había manifestado su más firme oposición a permitir nuevos reclutamientos y había declarado su disgusto porque los voluntarios, enganchados como "guardia personal de la hija del rey", estuvieran comprometidos "con los hechos de guerra del imperio mexicano".

Eduard Devaux, el 6 de enero del 66, con un saquito de balas, tomó la diligencia en Morelia, llegó a Tacámbaro, se fue a Turicato y se presentó a los republicanos. El desertor fue el fundador de la legión extranjera de Riva Palacio que llegó a tener 200 miembros (armados con carabinas belgas), como teniente coronel. Ruiz lo recuerda como un jefe cumplido y valiente. Sería el mismo Eduardo Devaux que en el 68 editaría en el Distrito Federal la revista *La Vida en México*.

NOTAS

1) Ángela Moyano: *Los belgas de Carlota: la expedición belga al imperio de Maximiliano*. Luis Arturo Salmerón: "El perdón de los belgas". Clementina Díaz y de Ovando: "El perdón de los belgas o El canje de los prisioneros belgas 'de Francisco de Paula y Mendoza'" en Patricia Galeana (coordinadora): *Encuentro de liberalismos*. Pedro Leonardo Talavera: *Eduardo Ruiz, o El fausto de la Ciudad del Progreso*.
2) Maximiliano emitió una ley a final del 65 en que exceptuaba a Vicente Riva Palacio de los castigos de la Ley de 3 de octubre.

175

HACIA EL ÚLTIMO PUNTO DEL PAÍS

Maximiliano le habla a Bazaine de la urgente "necesidad de arrojar a Juárez de Chihuahua y ocupar esa ciudad de manera definitiva, para quitar a los norteamericanos el único pretexto plausible". Pero Bazaine, aceptando, mantiene las reservas; debe conocer con precisión las instrucciones secretas de Napoleón III para preparar el retorno de la expedición y su voluntad de no aproximarse excesivamente a la frontera para no provocar a los norteamericanos.

El general Félix Douay, criticando su ambigüedad, le escribe a su hermano: "El mariscal vive sólo de expedientes para fascinar los ojos del emperador y del gobierno, los cuales hay que decirlo, son de una credulidad infinita".

Bajo la presión del avance de Brincourt hacia la ciudad de Chihuahua el 5 de agosto de 1865, el presidente Benito Juárez salió de la capital del estado con el gabinete, unos cuantos empleados y una pequeña escolta que incluye algunos oficiales sueltos sin mando de tropa. El destino era el pueblo de Paso del Norte, a 350 kilómetros y lindando con la frontera norteamericana.

Durante casi un año (menos 13 días) Chihuahua había sido el refugio, el centro de una mala red de telaraña, que penosamente cubría el país. Y ahora durante nueve días se alejarán de ella recorriendo un pésimo camino, cruzando nuevamente arideces y soledad.

Se queda en Chihuahua el general Manuel Ojinaga, que acababa de ser nombrado gobernador del estado, con las pocas fuerzas disponibles. Ojinaga es un cuadro liberal reciente, tiene 30 años, de origen burócrata, escribano que se suma a la lucha armada como voluntario. Es nombrado por votación de sus hombres teniente coronel de guardias nacionales, sin previa experiencia de combate. Ha estado en todas las últimas derrotas: en el 64 está en la batalla de Majoma donde con el primer batallón de Chihuahua rechaza una carga a la bayoneta, pero pierde en la debacle dos de sus compañías; en noviembre es derrotado en Guadalupe por el coronel Dupont; participa del absurdo repliegue de La Angostura sirviendo a las órdenes de Negrete.

La Brigada de los Supremos Poderes, la única fuerza sólida con que cuenta la república en la zona, va hacia el sur y se aproxima a la ciudad de Hidalgo del Parral, donde había una corta guarnición francesa. Dirigidos por el coronel Pedro Meoqui, se desprenden del núcleo 200 combatientes y sigilosamente penetran en la población en la madrugada del 8 de agosto. Probablemente facilita la sorpresa el que la columna de Brincourt ha encontrado a su paso por Parral 50 mil botellas de vino blanco.

El teniente o coronel de caballería (según las fuentes) Pyot con 68 hombres del 95º (o de los cazadores de Vinncenes) ante la hostilidad del vecindario se había acuartelado en el palacio municipal. Los rojos les cayeron por sorpresa y a los franceses no les quedó otra que refugiarse en el cuartel donde intentaron la defensa. Confrontados por tres piezas de artillería de montaña y fuego cerrado de fusilería, después de 14 horas de combate habían muerto casi todos los oficiales y varios de los soldados. Pyot abandonando heridos, caballos y equipo, trató de huir con 14 hombres armados a la bayoneta.

Meoqui andaba en la primera fila, con las balas silbando alrededor suyo como mosquitos. Vio salir a dos infantes franceses del cuartel, escapándose por unas calles laterales y fue a por ellos sable en mano. Al primero lo mató de un mandoble e hirió al segundo en un muslo, llevándose en cambio una herida de bayoneta muy profunda. Cuando el cuartel se rindió lo metieron en una casa cercana y trataron de cortarle la hemorragia, pero todo fue inútil: en dos horas era difunto. Sonreía, como si se hubiera quitado un peso de encima. Otros dicen que los franceses no eran dos sino tres. Peor aún, más raro todavía que un general a mitad de un sitio con tremenda ventaja de tropas, se vaya sobre tres hombres que escapan con el sable en la mano y gritando. De esos generales ni hay ni los hacen ya así.

Las bajas francesas son mayores de lo que el parte dice, dejan 20 muertos, nueve heridos y 24 prisioneros. Pyot fue acusado de cobardía, por haber escapado disfrazado, pero fue absuelto por una comisión de investigación. Quizá a este hecho se refería el doctor y mayor francés Aronssohn cuando escribe: "Pasan cosas vergonzosas aquí: sorpresas, cobardía, fugas de oficiales y de suboficiales que abandonan a sus hombres, etc. Hay una clase de pacto tácito entre los jefes [...] para esconder la verdad".

Ojinaga, mientras tanto, toma la decisión de no esperar a los franceses en la capital y sale el 10 de agosto hacia el oeste. En el camino será tiroteado por guardias nacionales sublevados; ese mismo día llega a Ciudad Guerrero al pie de la sierra Tarahumara; varios pueblos se han pasado al imperio, y se niegan a apoyarlo económicamente azuzados por curas locales. Pierde al batallón de Platón Sánchez. Le quedan 70 hombres y con los ánimos decaídos. El 1º de septiembre llega a Arisiachi, tratan de detenerlo cuando está comiendo, a punta de pistola se defiende contra los cuatro agresores, mata a tres y hiere a un cuarto. Al día siguiente una partida de imperiales mandada por Carmen Mendoza lo ataca y mata de un balazo en el estómago.

Los franceses penetraron a la ciudad de Chihuahua a las cuatro de la tarde del 13 de agosto de 1865 sin encontrar mayor resistencia que el silencio fúnebre de la población. Una vanguardia al mando del comandante Tourdais hace su entrada a la ciudad y dos días después, el 15 de agosto, llega el general Brincourt con el resto de sus 2 mil hombres (a los que ha restado varias guarniciones en el camino como la de Parral). Lo primero que hace es dirigirse a la iglesia para celebrar una acción de gracias. Los rumores dicen que una fuerza mayor a cargo del general Castagny lo seguirá. El general Agustín Enrique de Brincourt, sumamente disgustado, expidió un decreto declarando el estado en sitio, concediendo a los ministros, consejeros y funcionarios del "ex presidente Juárez", y a sus generales, jefes, oficiales y soldados, un plazo contado hasta el 1º de octubre, para someterse a la intervención; si lo hacían se les proporcionarían salvoconductos, y los que se negaran serían llevados a consejo de guerra.

El muy conservador Augustin Henri Brincourt había nacido en Lille el 25 de junio de 1823. Hijo de un militar de Sedán, que lo deja huérfano a los siete años. Criado por sus tíos entrará a Saint Cyr en el 41. Se casa con la hija de un industrial textil. Subteniente en Argelia, capitán en Crimea. Hace la campaña de Italia. Participa en la batalla de San Lorenzo. En julio del 63 es nombrado general de brigada a los 40 años. Estuvo en la campaña de Oaxaca. Un tipo singular al que le gustaba publicar sus edictos en lengua indígena. El 8 de julio de 1865 en Torreón, cuando estaba al mando de la zona de Chihuahua, Durango y La Laguna, recibió la orden de retirarse y regresar a Francia, la cual consideró como un acto de traición contra sus aliados mexicanos. Brincourt contestó que prefería romper la espada antes que mancharla y redactó una carta de renuncia: "Asumo toda la responsabilidad [...] he resistido una orden que me deshonra [...]. No puedo aceptar esta degradación, ni para mí, ni para el ejército... basta de obediencia ciega... eso lo puede aceptar un lacayo, no lo puede tolerar Brincourt". La orden se revocará y Brincourt prosiguó la campaña hacia Chihuahua.

Con la ocupación de la ciudad y las muertes de Ojinaga y Meoqui, no queda en Chihuahua fuerza militar republicana digna de tal nombre. ¿Por qué Brincourt no sigue a Juárez para rematarlo? Sus argumentos son que el "país es poco conocido", la falta de agua y malos caminos. Decide no seguir a Juárez, se atrinchera y espera órdenes. ¿Existe una orden explícita de Bazaine de no acercarse a la frontera? Bulnes aventura la hipótesis de que "para evitar todo pretexto de conflicto, el mariscal Bazaine [...] estaba obligado [...] a no perseguir a Juárez hasta Paso del Norte". Si es así, no hay ninguna prueba al respecto. El 17 de agosto del 65 Napoleón III le escribió a Bazaine: "Nuestra relaciones con los Estados Unidos no son malas, sin embargo toman un carácter que podría ser grave". Y le dice que si los norteamericanos invaden se abandone la periferia y se ocupe un lugar central, concentrar las fuerzas, no diseminarlas. Niox añade: "Se esmeró (el Mariscal Bazaine) en evitar cualquiera causa de conflicto". Jean Meyer asegura: "En el verano de 1865, al día siguiente de la victoria del Norte en la guerra civil de los Estados Unidos, París tuvo que tomar en cuenta el equilibrio intercontinental de las fuerzas en presencia y rendirse a la *dura razón geométrica* tomó la decisión de retirarse. Secreta en 1865, esa decisión fue dada a conocer en 1866 y la salida de las tropas fue adelantada, frente a la imposibilidad de llegar a un acuerdo con el emperador Maximiliano".

¿Tanto Brincourt como Bazaine presuponen que Juárez huye hacia el norte para exilarse? En esos momentos el gobierno imperial es dueño de todas las capitales y las principales poblaciones de los estados. No les quedan a los republicanos ni un cuerpo de ejército, ni ciudades que proporcionen recursos. La república no tiene más que un presidente errante y la chinaca guerrillera.

NOTAS

1) Jean Meyer: *Yo, el francés. Crónicas de la intervención francesa en México, 1862-1867*. Jesús Vargas: "Los leales de Chihuahua". Enrique Russek: *Biografía del general Manuel Ojinaga*. Carlos Monsiváis en *El buen ciudadano, Benito Juárez, 1806-2006*. Víctor Orozco: "La resistencia a la intervención francesa en Chihuahua". Agustín Rivera: *Anales mexicanos. La Reforma y el Segundo Imperio. Benito Juárez en Chihuahua*. Francisco Bulnes: *El verdadero Juárez y la verdad sobre la intervención y el imperio*. Adolfo Rogaciano Carrillo y Sebastián Lerdo de Tejada: *Memorias de Sebastián Lerdo de Tejada*. Niceto de Zamacois: *Historia de México*, tomo XVIII. José María Vigil: *La Reforma en México a través de los siglos*, tomo V. Benito Juárez: *Documentos, discursos y correspondencia* (en particular, 15 de noviembre de 1865, Margarita a Juárez; Juárez a Margarita, 15 de septiembre de 1865; Juárez a Santacilia, 21 de diciembre de 1865). Paco Ignacio Taibo II: *La lejanía del tesoro*. La biografía de Brincourt en la página web de la École Supérieure de Guerre. José C. Valadés: *Maximiliano y Carlota en México: historia del segundo imperio*. Ralph Roeder: *Juárez y su México*. François-Achille Bazaine: *La intervención francesa en México según el archivo del Mariscal Bazaine*. Gustave Niox: *Expédition du Mexique, 1861-1867:*

récit politique et militaire. Daniel Muñoz y Pérez: *Don Pedro Ogazón, batallador liberal de Jalisco.* Juan de Dios Arias: *Reseña histórica del Ejército del Norte durante la intervención francesa, sitio de Querétaro y noticias oficiales sobre la captura de Maximiliano, su proceso íntegro y su muerte.* La noticia sobre Brincourt en el "Fórum del II Imperio".

2)   Un año más tarde Juárez le pone el nombre de Villa de Ojinaga a Presidio y decide rebautizar con el nombre de Meoqui una localidad ubicada a una hora aproximadamente de Chihuahua como homenaje a su fiel amigo.

176

PASO DE LAS CABRAS

Con los franceses ocupados en la campaña de Chihuahua, Escobedo se concentró en la guerra de guerrillas que estaba aprendiendo. Regresaba de la compra de armas en el otro lado del río Bravo: "He vuelto a la frontera después de una larga y penosa campaña que hice en el estado de San Luis Potosí", cuando al inicio de agosto recibe información sobre la salida de un convoy imperial que iba de Monterrey a Matamoros. Cubrió 450 kilómetros en cinco días partiendo desde La Purisima (Tamaulipas). Dirigía el convoy el general Felipe Tinajero, que contaba con 700 infantes, 100 jinetes y dos obuses de montaña.

Tinajero descubrió la aproximación de las tropas de Mariano y decidió no sólo no atacarlas sino replegarse hacia Monterrey cubierto por la noche. Al amanecer Escobedo lanzó en su persecución 200 jinetes al mando del joven general Albino Espinosa, tres veces herido durante la Guerra de Reforma, que ascendió a teniente coronel en Acultzingo y participó en la batalla del 5 de mayo; tras la defección de López Uraga, fue detenido estando herido y quedó preso en Guadalajara, de donde se fugó para unirse a Escobedo al inicio del 65.

La caballería de Albino alcanzó a los mochos en el Paso de las Cabras sobre el río San Juan. Escobedo mientras apresuraba el paso de la infantería destacó otros 200 jinetes para que se sumaran a la primera fuerza. Los imperiales tomaron posiciones sobre el margen izquierdo del río, pero el ataque de la caballería los desbanda y salen huyendo hacia Cadereyta. Cuando llegaba la infantería de Escobedo, la batalla estaba decidida. Sobre el terreno quedaban 60 muertos, 80 prisioneros, tres carros con armas y dos ambulancias. Los republicanos habían tenido tan sólo 20 muertos. Tinajero antes de llegar a Monterrey perdió otros 170 hombres capturados por los que lo perseguían, por las enfermedades, el calor y las deserciones.

Escobedo se retiró por el pueblo de China hacia Camargo para dar un breve descanso a sus soldados. Cada batalla, por minúscula que fuera, dejaba a su división "en completa desnudez y falta de municiones". Mientras iba a

Brownsville para buscar abastos, envió a Naranjo con una brigada de caballe- ría a Villa Aldama; ordenó a Treviño marchar con otra a Cerralvo; dejó al ge- neral Canales con su fuerza en Mier y a Cortina con su división en Camargo, dando órdenes de aprovechar la pausa para dar instrucción a la tropa.

Para esos momentos la extensa comarca comprendida entre Matamoros, Tampico y Monterrey se hallaba defendida malamente por los imperiales de la división Mejía con 3 500 hombres. Las comunicaciones entre Matamoros y Monterrey se hicieron cada vez más comprometidas. Los convoyes dejaron de circular y aumentó el aislamiento de Matamoros por tierra. El 4 de septiembre Tomás Mejía le contaba a Bazaine sus penurias. Le habían ordenado ocupar el Río Bravo e inclusive Laredo y mantener un destacamento en Cadereyta, pero las bajas que había sufrido desde la salida de San Luis Potosí no habían sido reemplazadas. Se quejaba del apoyo norteamericano a los republicanos (ahora que los azules controlaban la frontera). Y advertía que con sus fuerzas apenas podía cubrir la plaza acosada por Canales, Escobedo, Cortina y Es- pinosa. "Estoy resuelto a sucumbir en la plaza sin abandonarla", terminaba.

NOTA

1) Juan de Dios Arias: *Reseña histórica del Ejército del Norte durante la intervención fran- cesa, sitio de Querétaro y noticias oficiales sobre la captura de Maximiliano, su proceso íntegro y su muerte*. Jesús de León Toral: *Historia militar: la intervención francesa en México*. Lucas Martínez Sánchez: *Coahuila durante la Intervención Francesa, 1862- 1867*. José P. Saldaña: *Próceres de la Reforma y de la intervención francesa*. Niceto de Zamacois: *Historia de México*. François-Achille Bazaine: *La intervención francesa en México según el archivo del Mariscal Bazaine*.

177

JUÁREZ EN PASO DEL NORTE

Juárez llegará a Paso del Norte el 14 de agosto de 1865. Desde que salió de México tras la derrota de Puebla ha recorrido 7 600 kilómetros. La más larga retirada en la historia de México.

Paso del Norte es una ciudad que si los chihuahuenses pueden ponerse de acuerdo tendrá entre 3 mil y 10 mil habitantes. El presidente establece en Mézaro, a unos pocos kilómetros, un depósito para las pocas provisiones y material de guerra que ha podido concentrar. José C. Valadés anota: "En la villa de El Paso lleva una rutina diaria con visos de monástica [...] a la orilla de la sobriedad y templanza". Margarita, con otra visión, habla de "la vida tan indecente que llevas, malpasándote en todo". Por cierto que Juárez no ha recibido su salario desde enero del 65: "siento repugnancia recibir alguna cantidad de lo que se me debe, por las escaseces de nuestro erario". Muy lejos de la descripción de Francisco Bulnes que dice: "Juárez tiene el primer lugar en la resistencia puramente decorativa [...]. Juárez siempre durmió en buena cama, disfrutó de buena mesa, se tonificó con delicados vinos, conversó con excelentes amigos, tuvo al alcance de sus enfermedades notables médicos y recomendables medicinas; tuvo siempre pueblos a quienes imponer contribuciones pesadas". Los hechos narrados parecen contradecir esta versión rayando con la calumnia.

Tiene noticias de la muerte de su hijo Antoñito en Nueva York. Le escribe a Margarita: "La mala suerte nos persigue, pero contra ella qué vamos a hacer [...]. Sigue cuidando a los hijos que nos quedan y cuídate tú mucho". Y ella le responde: "La falta de mis hijos me mata, desde que me levanto los tengo presentes. La muerte es la única que me dará consuelo [...]. Me queda otra esperanza y es que tú te reúnas con nosotros".

Ralph Roeder, en una biografía de Juárez, anota: "El presidente se vio reducido, por fuerza, al papel de un espectador en la lucha, sin la posibilidad de ejercer más que un control remoto y formal sobre la resistencia". Y Carlos Monsiváis en el extremo opuesto declara: "Todo a fuego la patria te siguió". Ambos se equivocan: Juárez con la misma intensidad en la recóndita esquina de Paso del Norte con que la que lo había hecho en Chihuahua sigue manteniendo un alud de correspondencia, nombramientos, instrucciones, sugerencias a la chinaca. Y no es que esta lo sigue sino a la inversa, Juárez sigue y apoya lo que la revuelta permanente va levantando.

El 2 de septiembre Bazaine le escribe al general Neigre: "La intención de Juárez es dirigirse a Guerrero", lo que le agrada porque tiene en marcha la expedición para tomar Acapulco (será ocupado el 11 de septiembre sin combate con una expedición que viene de Manzanillo). Las falsas noticias se repiten: El 1º de octubre Bazaine recibe un parte oficial remitido de Mazatlán por el comandante de Aymard: *Juárez ha pasado la frontera por Paso del Norte y se ha dirigido a Santa Fe* (Nuevo México). Varios telegramas remitidos de Sonora a Bazaine confirmaban la noticia, que reprodujeron todos los periódicos imperialistas. Franz Werfel pone en boca de Maximiliano al conocer la falsa noticia: "Por Dios, es demasiado. Esto es la victoria". Y un poco después Maximiliano escribe: "Yo defiendo a Juárez y digo que ha sido útil a México en muchas cosas [...]. Tengo muchos deseos de ponerme de acuerdo con Juárez, pero debe de reconocer la decisión de la verdadera mayoría del país, que quiere la tranquilidad, la paz, la prosperidad, y es necesario que se resuelva a trabajar unido conmigo y ayudarme con su vigor increíble y con su clara inteligencia en la obra difícil que tengo emprendida, venga a ayudarme con sinceridad y lealtad y lo recibiré con los brazos abiertos como a cualquier buen mexicano".

Mientras los franceses lo hacen huido y los rumores sugieren que ha pasado la frontera, realmente ignorando su paradero, ante el riesgo de que progresen hacia el norte, el 13 de octubre el presidente baraja la posibilidad de refugiarse en Coahuila o Nuevo León si avanzan.

Pero a Brincourt le ordenan dejar la ciudad de Chihuahua supuestamente para combatir las guerrillas en Sonora; el 29 de octubre del 65 sale hacia Durango. Casi de inmediato guerrilleros reocupan la ciudad. ¿Se habían tragado los franceses su propia desinformación? ¿No querían acercarse demasiado a la frontera norteamericana? Ante la inconsistencia enemiga, el 20 de noviembre Juárez vuelve a la ciudad de Chihuahua, donde restablece su gobierno. Se trata de acercarse a la zona de conflicto, mostrar su existencia en territorio nacional.

Los franceses lanzan de nuevo una ofensiva sobre Chihuahua. Una fuerza franco-mexicana a cargo del coronel Billault avanza desde Durango. Juárez recibe la información. Nuevamente la fuga. Anota: "Salí de Chihuahua el 9 de diciembre de 1865", con una pequeña escolta y con el gobierno. El 11 de diciembre a las cuatro de la tarde, Billault entra en la ciudad y declara el estado de sitio. Nuevamente se repite la historia, los franceses no persiguen al presidente y Juárez retorna a Paso del Norte el 18 de diciembre de 1865.

NOTA

1) Jesús Vargas: "Los leales de Chihuahua". Víctor Orozco: "La resistencia a la intervención francesa en Chihuahua". Agustín Rivera: *Anales mexicanos. La Reforma y el Segundo Imperio. Benito Juárez en Chihuahua.* Francisco Bulnes: *El verdadero Juárez y la verdad sobre la intervención y el imperio.* Niceto de Zamacois: *Historia de México,* tomo XVIII. Benito Juárez: *Documentos, discursos y correspondencia,* tomo X. Paco Ignacio Taibo II: *La lejanía del tesoro.* José C. Valadés: *Maximiliano y Carlota en México: historia del segundo imperio.* Ralph Roeder: *Juárez y su México.* François-Achille Bazaine: *La intervención francesa en México según el archivo del Mariscal Bazaine.* "Funciones patrióticas".

178

LOS DINEROS DEL EMPERADOR

Cuando llegó a México, uno de sus primeros decretos, de junio del 64, fue fijar su salario como emperador con un sueldo anual de millón y medio de pesos y otros 200 mil pesos para la emperatriz Carlota (además estaba cobrando una pensión austriaca de 150 mil florines, menos 50 mil que se deducían para los gastos de Miramar), muy lejos de los 60 mil pesos anuales del presidente Juárez, que cobraba de vez en cuando. En esos años un teniente coronel del ejército ganaba 1 500 pesos anuales. Un salario, el de Max, que este narrador acostumbrado a medir el precio de la vida en bolillos y refrescos, cifra en 3 millones y medio de kilos de arroz al precio de la época. Aun así, para el año 65 se había excedido en su salario en 200 mil pesos.

Masseras cuenta: "El desorden más inconsciente en todo lo que tocaba a las cuestiones de dinero. El archiduque Maximiliano no había sabido contar nunca [...]. Menos supo contar todavía, si es posible, el emperador de México. Él pertenecía a esa categoría de hombres nacidos exclusivamente para la vida fácil, que en la satisfacción de un deseo no conocen ningún cálculo, y hacen a un lado el cuidado del pago, suponiendo que el dinero se encuentra siempre".

Al margen de los salarios el emperador gastó del 15 de junio de 1864 al 20 de enero de 1866, en reparaciones del Palacio Nacional y del Castillo de Chapultepec la suma de 423 975 pesos. El dinero se fue en alfombras, en mármoles, en cristales, en muebles regios, en salones de baile. Gastó en una gran pajarera 22 mil pesos; dio en seis meses 20 banquetes, 16 bailes, 12 recepciones de corte y 60 comidas íntimas. Los emperadores tenían 26 criados de cámara, ocho cocineros, un jefe y seis mozos en las caballerizas. En un mes, fuera de vinos y sueldos, se gastaron en la cocina 3 852 pesos. Manuel Payno añade: "Las residencias reales eran varias. Al antiguo palacio de los virreyes se le llamó Palacio Imperial. Se mandaron mudar a diversos y lejanos edificios las oficinas y los ministerios; se demolió parte y se reparó y adornó otra, quedando sólo para habitación del archiduque y de sus servidores más allegados. A Chapultepec se le llamó alcázar, y desde el principio se comenzaron a gastar grandes sumas que se entregaban a un austriaco llamado Schafier y a otro conocido como Grube. Además, se compraron varias propiedades en Cuernavaca y se les puso por nombre los palacios de Olindo y Cuernavaca".

Max cada mañana iba a trabajar a Palacio desde el Castillo de Chapultepec y decidió trazar un camino directo: la Calzada del Emperador. Quería reproducir el modelo parisino de los Campos Elíseos trazado por George-Eugéne Haussmann. Se le encargó a Luis Bolland Kuhmackl. Con grandes costos, la primera parte se culminó en el 66. El paseo estaba limitado a la corte de los emperadores, no podían transitar los vehículos públicos, bestias de carga, simples jinetes, ni entierros y procesiones. El Paseo del Emperador nunca se terminó.

El mariscal francés Randon en una carta a Bazaine designaba a la hacienda pública de Maximiliano "caverna de dilapidadores de la fortuna pública" y Napoleón III le diría: "Es necesario que el emperador Maximiliano comprenda que no podemos ocupar indefinidamente México, y que en lugar de construir teatros y palacios, es esencial que introduzca el orden en sus finanzas y en sus caminos nacionales". La reclamación iba en ambos sentidos, Samuel Basch copia de los apuntes del emperador Maximiliano lo siguiente: "Los franceses roban todo el dinero. De los dos préstamos no entran más que 19 millones de francos en las cajas del tesoro y la guerra que ellos hacen cuesta más de 60".

NOTAS

1) Luis Pérez Verdía: *Compendio de la historia de México: desde sus primeros tiempos hasta la caída del segundo Imperio*. Ángel Pola: "Efemérides". José C. Valadés: *Maximiliano y Carlota en México: historia del segundo imperio*. Emmanuel Masseras: *Ensayo de una Intervención Francesa en México*. Paul Gaulot: *L'Empire de Maximilien*. Konrad Ratz: *Tras las huellas de un desconocido: nuevos datos y aspectos de Maximiliano de Habsburgo*. Juan de Dios Arias: *Reseña histórica del Ejército del Norte durante la intervención francesa, sitio de Querétaro y noticias oficiales sobre la captura de Maximiliano, su proceso íntegro y su muerte*. Manuel Payno: *Cuentas, gastos, acreedores y otros asuntos del tiempo de la intervención francesa y del imperio de 1861 a 1867*. François-Achille Bazaine: *La intervención francesa en México según el archivo del Mariscal Bazaine*. Samuel Basch: *Recuerdos de México: memorias del médico ordinario del emperador Maximiliano, 1866-1867*. "La calzada del emperador".

2) Mandos y oficiales del ejército francés se habían dedicado a la productiva profesión de contrabandistas con gran escándalo. Maximiliano se vio obligado a tomar medidas. Entre otras para evitar el contrabando que se hacía introduciendo por el puerto de Veracruz cargamentos con el rótulo: *a Service de S. M. l'empereur* que no eran registrados en la aduana y que la opinión pública acusaba a Bazaine estar involucrado. Maximiliano ordenó, el 21 de julio, que todo bulto de efectos que entrase en el puerto fuese registrado aun cuando fuese dirigido a su persona. "Haga usted preparar las órdenes más severas para que en presencia de dos empleados y del señor Poliakowitch, secretario de la intendencia, se abran durante dos meses todas las cajas dirigidas a mí o a la Emperatriz. La misma orden severa, naturalmente sin la intervención del señor Poliakowitch, deberá darse para todas las cajas, que vengan para el ejército francés y las del mariscal [...]. Creo que el mariscal y los oficiales franceses deben felicitarse de probar al público, como yo lo hago, que no tienen fundamento las calumnias que se hacen esparcir. Han dado lugar a una discusión fuerte en el Consejo de Ministros, las quejas contra el contrabando que se hace bajo el nombre del ejército francés". La medida fue inútil y poco después escribió este acuerdo: "No siendo posible por ahora proceder contra tan conocidos culpables, resérvese hasta nueva orden".

179

EL CHOQUE CON GONZÁLEZ ORTEGA

El 30 de noviembre del 64 el general Jesús González Ortega dirigió una carta al gobierno en Chihuahua señalando que el mandato de Juárez había terminado y que él, como ministro de la Suprema Corte, debería sustituirlo. Su argumentación era una interpretación del artículo 80 de la Constitución que decía que el presidente debería ejercer sus "funciones hasta el día último de noviembre del cuarto año siguiente al de su elección". El mismo día Sebastián Lerdo de Tejada le contestó informándole la opinión del Consejo de Ministros: si el mandato presidencial era de cuatro años, la fecha donde debería culminar era el 30 de noviembre del año siguiente, 1865.

La argumentación de González Ortega tenía dos peros, el primero se lo responde Lerdo, el segundo es que no sólo cesaría en su cargo Juárez, también él. Lerdo añade que habiendo sido gobernador de Zacatecas al mismo tiempo que presidente de la corte suprema, ambos cargos eran incompatibles, aunque "el ciudadano presidente ha acordado usar sus amplias facultades, para resolver que tiene usted el carácter de presidente de la Corte Suprema de Justicia y que, con ese carácter, llegando el caso de faltar el ciudadano Presidente de la República, podrá usted entonces sustituirlo".

González Ortega tras la batalla de Majoma estaba militarmente relegado y políticamente aislado. Juárez no le tenía ni cariño ni respeto y le escribía un par de meses más tarde a Pedro Santacilia: "Hace tiempo ha dado a conocer su afición al dinero y su ningún escrúpulo en elegir los medios de conseguirlo. Esa afición es uno de los móviles que lo hacen delirar por la presidencia". El argumento era bastante pobre, si algo no tenía la presidencia de México en ese momento era dinero.

El 28 de diciembre González Ortega le escribió a Juárez. Se encontraba en Chihuahua sin "objeto alguno" desde que entregó el mando de lo que quedaba del ejército a Patoni. Pedía un pasaporte y destino en cualquier parte del país como militar. El 30 de diciembre Juárez le concedió licencia por tiempo indefinido. El general viajó a Paso del Norte y en abril de 1865 llegó a Nueva York y luego a Washington, en donde estaba políticamente muy activo entre los pequeños grupos del exilio liberal, aunque sin comisión oficial. A lo largo de todo el año de 1865 ofreció sus servicios al gobierno que lo ignoró.

El tema de quién debería ser legalmente el presidente del país volvió a plantearse en septiembre de 1865, con el gobierno arrinconado en Paso del Norte. El 27 de septiembre Juárez le escribía a Santacilia "El punto es demasiado grave". Estaba hablando de una posible prórroga de sus poderes. Evidentemente sin ningún mandato de un congreso que en esos momentos no existía.

Juárez se preparó para la batalla política que la prórroga de su presidencia implicaba. Había escrito: "Querer o pretender que durante la lucha exista la libertad con toda su fuerza, es una candidez inexcusable, es una quimera". Ponía sobre la mesa argumentos reales. La imposibilidad de reunir al congreso, su profunda desconfianza en González Ortega, su posible sucesor, y en su dudosa capacidad de mantener la telaraña de redes, contactos, que cubría toda la resistencia en la república; las presiones de Lerdo e Iglesias que habían chocado con él frecuentemente y pensaban que González Ortega era un inepto. Incluso una injusta duda: Si tomaba el poder, ¿negociaría con los franceses? Tan brutalmente el grupo cercano a Juárez lo había criticado, que eran capaces de creérselo.

Por otro lado, en Juárez había una vocación de poder en que se identifica (y en cierta medida no le falta razón) su figura resistente con el destino de la patria. Él tiene un compromiso con la resistencia a ultranza ante una invasión extranjera. Lo explora brillantemente Eduardo Antonio Parra en la que sin duda es la mejor novela sobre el personaje: *Juárez, el rostro de piedra*.

Queda tan sólo el problema moral. ¿La legalidad republicana? Si bien es cierto que Juárez no tiene sustento para prorrogar su mandato, tampoco lo tiene González Ortega en pretender la presidencia.

Guillermo Prieto le escribe a Zarco: "Es el caos cuanto me rodea". Es el primero en estar en contra tanto de la prórroga como de la represión a González Ortega. Pide que se acepte su renuncia como jefe de correos y como director del periódico oficial, Juárez se niega, Prieto insiste. El 13 de octubre Prieto rompe con Juárez, le escribe a Santacilia: "Yo para servir a la patria no lo necesito" y le añade el epíteto a Lerdo de Tejada de "Loyola", por jesuita.

El 31 de octubre comienza a circular un testo redactado por Sebastián Lerdo de Tejada, donde dice que los militares que hayan permanecido más de cuatro meses fuera de México, aquellos que "se han ido voluntariamente a permanecer en el extranjero durante la guerra actual, sin licencia ni comisión del gobierno […] han abandonado la causa de la República en la época del infortunio; han abandonado también sus banderas en el tiempo del peligro, y se han hecho desertores del ejército enfrente del enemigo", y por tanto serían desposeídos de su cargo y reducidos a prisión.

González Ortega responde: "Conciudadanos, creedme, os hablo con el corazón: si a la salvación de mi patria conviene el sacrificio por mi parte, de no pisar ya sus feraces bosques, de no aspirar sus balsámicas auras, de no defender entre vosotros su hermosa bandera, hago con gusto este sacrificio, y con gusto haré también el de buscar una tumba extranjera, si a este precio veo una patria dichosa. Por el contrario, si creéis que por la ley os sirva de centro y de bandera, si creéis que mi vuelta a México os aproveche en vez de perjudicaros después de los pasos desacertados que ha dado el gobierno, entonces os pertenezco por ley y por convicción. Obrad con prudencia, pero obrad también cual lo reclama el honor de México y os salvaréis".

El 8 de noviembre por decreto firmado por el ministro Lerdo de Tejada, se prolonga el mandato presidencial de Juárez. No sólo Prieto y González Ortega chocan contra la decisión, también el ex ministro Manuel Ruiz, el general Negrete, el general José María Patoni y el general Epitacio Huerta, que volvía de la prisión en Francia. Los apoyos de los que piensan que la prórroga de mandato era necesaria son mucho mayores y sobre todo mucho más significativos, eran los caudillos militares que sostenían la resistencia en el interior: Diego Álvarez y Jiménez en Guerrero, Manuel González hablando por Porfirio Díaz, Corona y los sinaloenses; los norteños Escobedo, Treviño, Naranjo, Viesca, los michoacanos Régules y Riva Palacio. Zarco apoya a Juárez en una carta el 5 de enero de 1866 desde Nueva York.

Guillermo Prieto está en un terrible dilema, pese a su cariño por Juárez, piensa que está violando la Constitución y actúa en consecuencia. Cuenta: "Me separé de Juárez en noviembre de 1865, por su golpe de Estado; me siguieron Patoni y otros. Lerdo me persiguió cruelmente. Atravesé el desierto, durando mi marcha cerca de dos meses. Me situé en Brownsville". A partir de enero del 66 hace lo que sabe hacer, publicar un periódico titulado *La Bandera*, en el que combatía al imperio y defendía la presidencia de González Ortega.

Epitacio Huerta llegó a Brownsville, tuvo que desistir de pasar la frontera porque se había publicado una orden para que si lo hacía fuese aprehendido en el acto y llevado preso a disposición de Benito Juárez. Fue a La Habana buscando entrar a México por Sisal o Acapulco (pero allí Diego Álvarez tenía orden secreta de Juárez de que a la primera intentona de pronunciamiento lo fusilase). Todo fue inútil.

En la correspondencia Juárez-Santacilia se ve el nivel de envenenamiento al que llegaron las relaciones entre los liberales tras la ruptura y la dureza de Juárez con sus ex compañeros. El Presidente escribe: "Ese pobre diablo [Prieto], lo mismo que Ruiz y Negrete, está ya fuera de combate", y sobre González Ortega: "Si le queda algún rastro de juicio y buen sentido, lo mejor que puede hacer es someterse o callarse". El 21 de abril del 66 Pedro Santacilia, ante el riesgo de que se cree una base orteguista en Brownsville y el general piense pasar a México en el momento en que alguna guerrilla se pronuncie en su favor, le escribe a Juárez: "Dado el primer paso, el paso grave a González Ortega, es necesario no detenerse y dar duro y dar sin misericordia y caiga el que cayere". Añade en su carta sus sospechas (totalmente infundadas) contra Riva Palacio y Escobedo. No fueron mucho más suaves las cartas y escritos de los orteguistas.

Al paso de los años varios autores analizaron la ruptura y algunos rozaron peligrosamente la calumnia, como Justo Sierra que decía que a González Ortega se le "veía como un crapuloso que había salido de la república solamente para dedicarse al placer de los burdeles de Nueva York". Y más recientemente Luis Javier Garrido que narraba: "Ortega era por entonces un hombre sin escrúpulos que coqueteaba alegremente en Estados Unidos con los peores intereses para comprometer aún más al país".

El hecho es que se había producido la primera ruptura en el frente de los liberales puros. Es cierto, había habido muchas deserciones, pero los orteguistas, excepto Manuel Ruiz (que el 1º de diciembre del 65 aceptó el imperio en Río Florido y se retiró a la vida privada), se mantenían partidarios de la lucha sin fin contra Maximiliano y los franceses. Altamirano sentenciará: "La historia dirá alguna vez con su voz austera todo lo que hubo de injusto y de mezquino en esta naciente rivalidad".

NOTAS

1) González Ortega a Lerdo y Lerdo a González Ortega, ambas del 30 de noviembre de 1864. Benito Juárez: "Apuntes para mis hijos" en *Documentos, discursos y correspondencia*, tomo I. Centro de Investigación Científica Jorge L. Tamayo: *Pedro Santacilia, el hombre y su obra*. Marco Antonio Flores Zavala: *Jesús González Ortega: notas biográficas*. Eduardo Antonio Parra: *Juárez, el rostro de piedra*. Guillermo Prieto: *Obras completas*, tomo XXIV ("Guillermo Prieto a sus amigos") y tomo XXVI. Francisco Zarco: *Obras completas*, tomo XX. Ignacio Manuel Altamirano: "González Ortega" en *Obras completas*, tomo II. Eber Betanzos: *Discordia constitucional: Benito Juárez y la Constitución de 1857*. Manuel Santibáñez: *Reseña histórica del cuerpo del Ejército de Oriente*, vol. 2. Niceto de Zamacois: *Historia de México*. Agustín Rivera: *Anales mexicanos. La Reforma y el Segundo Imperio*. Justo Sierra: *Juárez, su obra y su tiempo*. Luis Javier Garrido: "La dignidad de la función pública en Benito Juárez". Silvestre Villegas Revueltas: *Jesús González Ortega frente a Benito Juárez*. J.E. Cadenhead Jr.: *Jesús González Ortega and Mexican National Politics*. Benito Juárez: *Documentos, discursos y correspondencia*. José González Ortega: *El golpe de estado de Juárez. Rasgos biográficos del general Jesús González Ortega*.

2) En abril de 1866 González Ortega, sin haber obtenido el apoyo de los generales y gobernadores que estaban combatiendo en México, se establece en Brownsville. Tres meses más tarde, a mitad de julio del 66, el Congreso de los Estados Unidos, tras discutir los argumentos de la disputa interna reconoce como presidente a Benito Juárez. Y otros cuatro meses después, el 3 de noviembre, González Ortega desembarca del vapor Saint Mary en Brazos de Santiago (Texas), acompañado por sus hijos Carlos y Joaquín, el general Fernando M. Ortega, Epitacio Huerta y su eterno asistente Juan Togno, con la intención de posteriormente cruzar la frontera mexicana. Los norteamericanos, a pesar de sus protestas, le ofrecieron salvo regreso a Nueva Orleans, mientras tanto con "la mayor atención, otorgándoles cuantas consideraciones le parezcan a V. convenientes; pero al mismo tiempo les tendrá bajo la más estricta vigilancia". La detención violaba las garantías de no intervención en asuntos mexicanos que había proclamado el general Sheridan. El 6 de diciembre del 66, los norteamericanos liberaron a González Ortega y sus compañeros permitiéndole regresar al interior de los estados Unidos. Si para González Ortega la ruptura terminó en debacle, para Guillermo Prieto resultó tragedia. Publicó el 9 de septiembre del 66 "Guillermo Prieto a sus amigos", en donde culmina diciendo que quiere entrar en México en territorio republicano para seguir su trabajo periodístico contra la intervención, pero manteniendo su autonomía respecto al gobierno. El 1° de marzo de 1867, desde Brownsville le escribió al general republicano Berriozábal, comandante militar de la línea del Bravo, diciéndole que deseaba volver a su patria. El general le permitió pasar a Matamoros, y allí le dio pasaporte para Monterrey, dando parte al gobierno que dispuso el 18 del mismo mes que volviese a salir del territorio de la república, y que no regresara a ella sin permiso previo. Estuvo oculto en San Luis Potosí en casa de Juan Bustamante hasta el fin de la guerra.

180

EL FINAL DEL 65

El 18 de octubre Drouyn de Lhuys le escribía a Montholón, ministro de Francia en Washington: "Lo que pedimos a los Estados Unidos es estar seguros de que no tienen intención de entorpecer la consolidación del nuevo orden de cosas fundado en México, y la mejor garantía que podrían darnos de su intención sería el reconocimiento del emperador Maximiliano por el gobierno". Pero la diplomacia de lo Estados Unidos no tenía ningún interés en el reconocimiento del imperio y sí en cambio en obtener garantías de la retirada del ejército francés. El secretario de Estado norteamericano William H. Seward inició correspondencia con los franceses y el 6 de diciembre resumió: "Francia se halla dispuesta a evacuar cuanto antes el territorio de México; pero no puede convenientemente hacerlo sin haber recibido antes la seguridad de los sentimientos, si no amistosos, por lo menos tolerantes de los Estados Unidos con respecto a México [...]. Lamenta el Presidente tener que decir que considera la petición del emperador enteramente impracticable [...]. La verdadera razón del descontento de los Estados Unidos consiste en que el ejército francés al invadir a México, ataca a un gobierno republicano profundamente simpático a los Estados Unidos y elegido por la nación, para reemplazarlo por una monarquía, que, mientras exista, será considerada como una amenaza a nuestras propias instituciones republicanas".

El juarismo era consciente de que el fantasma de la intervención norteamericana tenía un gran peso. Pedro Santacilia le escribía al presidente el 2 de diciembre del 65. "Indudablemente la razón que ha tenido Bazaine para reconcentrar su ejército es el temor de que repentinamente tengamos un auxilio poderoso de parte de los norteamericanos".

Mientras tanto, Maximiliano lidiaba con las eternas contradicciones del mandato imperial. Enviaba a Carlota a una gira de turismo y reaseguramiento del sureste rumbo a Yucatán (que duró un mes y medio, del 6 de noviembre al 20 de diciembre), acompañada de José Fernando Ramírez, Eloin, los ministros de España y Bélgica, el general López Uraga, con de una gruesa escolta, un capellán, un médico, dos damas de honor y otros empleados y criados. Indultaba a Juan Vicario y le escribía al barón de Pont en París: "El asunto del momento es organizar el país con reflexión y paciencia, obra que no admite ni milagros ni transiciones repentinas, y yo procuro evitar el único error de mi predecesor Juárez, que en el corto tiempo de su presidencia quiso deshacer y reformar todo [...]. Deseo mucho entenderme con Juárez; pero, ante todo, debe reconocer la resolución de la mayoría efectiva de la nación, que quiere tranquilidad, paz y prosperidad; y es menester que se decida a colaborar con su inquebrantable energía e inteligencia a la obra difícil que he emprendido. Si, como creo, tiene realmente en vista la felicidad de México, debe comprender bien pronto que ningún mexicano quiere tanto como yo el país y sus adelantos, y que trabajo para ello con toda sinceridad y con las mejores intenciones. Que venga a ayudarme sincera y lealmente, y será recibido con los brazos abiertos como todo buen mexicano". Diez días después (18 de diciembre) emitía una ley sobre el estado civil y sobre el matrimonio civil, que repetía las de Juárez y enfurecía a sus partidarios conservadores.

Hacia el final de noviembre del 65 Mariano Escobedo, sabiendo que los franceses habían abandonado Monterrey y que allí sólo quedaba una guarnición de mil imperiales mandados por Quiroga y Tinajero volvió a concentrar sus dispersas fuerzas y avanzó sobre la ciudad, encontrándose con la brigada de Treviño. El día 23 los imperiales salieron de la plaza y en el pueblo de Guadalupe a las 11 de la mañana (según Arias) "atacaron muy torpemente el centro de las fuerzas republicanas, que se replegaron capciosamente para que las alas izquierda y derecha, envolviesen al enemigo por los flancos. Esta maniobra comenzó a desconcertarlo, y entonces Treviño con su irresistible caballería, oportunamente se lanzó sobre las fuerzas traidoras, las acuchilló y las puso en fuga precitada, después de hacerles más de 80 muertos y prisioneros. Los destrozados restos del enemigo acudieron a refugiarse tras de sus fuertes baluartes abundantemente artillados, y en ellos pudieron de pronto contener el empuje de las columnas liberales que en el encuentro también habían perdido siete oficiales y más de 30 soldados", junto a 65 prisioneros.

El 24 Escobedo ordena el ataque a las 3:10 de la tarde con cuatro columnas "con desusado vigor". Naranjo que dirige la columna central de infantería cuenta: "comenzó el ataque por el fuerte Carlota, que tomé en cinco minutos, cortando en doble tiempo el fuerte del camino real el cual, con toda su guarnición y artillería, cayó en nuestro poder así como la plaza que abandonó el enemigo sin resistir un cuarto de hora nuestro brusco ataque sobre ella, corriendo vergonzosamente por las calles de la ciudad, donde fue macheteado por nuestra caballería hasta que se replegó a la Ciudadela y Cerro del Obispado". En la operación han participado el coronel Ruperto Martínez y el teniente coronel Garza Leal, que con su columna atacó el fortín del Pueblo. Sóstenes Rocha dirigió la caballería que actuó tan rápido que les tomó 80 prisioneros armados. Para las cinco de la tarde la población estaba en poder de las fuerzas liberales.

Pero el 25 a las cuatro de la mañana, una columna de 220 franceses llegada de Saltillo y mandada por el mayor de L'Hayre, logró penetrar en Monterrey burlando las guardias republicanas. Los defensores del Obispado y la nueva columna avanzaron por la calle de la Purísima, el flanco izquierdo republicano que era el más débil y penetraron hasta la plaza de armas, que ocuparon, sorprendiendo a Escobedo y le hicieron a él y a su Estado Mayor una descarga casi a quemarropa de la que salió milagrosamente intacto.

Escobedo quedó cortado de Rocha y de Treviño, con los franceses en medio. Salvaron la situación Treviño que con 100 rifleros de a pie y Rocha con 150 jinetes se les fueron encima sin "tener en cuenta ni el número ni la posición del enemigo, que ignoraban completamente". Los "aturdieron y los acuchillaron, hasta poner en dispersión a la caballería francesa, que en su escape arrastró a la infantería. Las calles de la ciudad quedaron regadas de cadáveres, y el enemigo hubo de buscar refugio en el cerro del Obispado".

Escobedo, con la fuerza reunida y dueño de Monterrey, decidió rematar a los imperiales y las fuerzas republicanas formaron una línea atrincherada en la plazuela de la Purísima. En ese momento se recibieron noticias de que otra columna francesa con Jeanningros y 800 hombres de la Legión viniendo desde Monclova estaban a cuatro kilómetros de distancia.

Naranjo cuenta: "En posición tan desesperada y, no obstante nuestra extensa línea, la reconcentramos emprendiendo nuestra retirada, la cual nos hace más honor que la toma de la plaza por el orden con que se hizo al estruendo de los fuegos concentrados de artillería y al frente de un enemigo doble en número y con todos los elementos de guerra".

Escobedo decide replegarse, se reconcentra en Guadalupe y organiza la dispersión en dos columnas; siguiendo la narración de Arias, "una compuesta de soldados reclutas que conducían las cargas, tomando el rumbo del cerro de la Silla, y que Escobedo personalmente dirigía: la otra, al mando del general Rocha, compuesta de la mejor tropa, tomó lentamente el camino real, para en todo caso dar tiempo a que los reclutas y las cargas se salvasen. Pero los franceses, advertidos de ese doble movimiento, también se fraccionaron en dos columnas, una de las cuales pudo dar alcance a Escobedo".

Treviño y Escobedo personalmente salieron a provocar a los franceses y montaron una emboscada con 100 hombres de infantería. La caballería francesa se adelantó y acometió; "pero los tiradores, que eran reclutas, se asustaron a tal grado, que de entre ellos sólo tres salieron a disparar sus tiros, que siempre dieron por resultado la muerte de un francés: el enemigo avanzó rápidamente y envolvió a Escobedo y a Treviño, que salieron ilesos por mera casualidad. Al escapar el general Escobedo, un francés lo seguía tan de cerca que podía dividirlo con el sable; pero cuando dejó ir su formidable golpe, Escobedo, diestrísimo en el manejo del caballo, logró evitarlo, y el francés con su propio impulso vino del caballo a tierra; mientras así escapaba Escobedo, también Treviño lo hacia por un flanco, merced a su inteligencia como jinete".

Arias prosigue: "La otra columna francesa alcanzó a Rocha en el pueblo de los Lermas. Allí la retaguardia de Rocha y la vanguardia francesa, de 20

tiradores cada una, tuvieron un rudo encuentro en que perdieron igual número de hombres: ambas quedaron con diez, que fueron replegándose hasta
incorporarse a sus respectivas fuerzas. Las dos formaron en batalla; pero los
franceses no aceptaron el combate, y se retiraron a la vista de nuestras tropas.
Rocha por su parte, cumpliendo las instrucciones que tenía siguió su marcha
hasta Cadereyta, donde pudieron reunirse las columnas republicanas. Como
siempre, la escasez de elementos para mantener una fuerza numerosa por
mucho tiempo en cualquiera de aquellos pueblos, determinó la necesidad de
dividirla, para poder reunirla de nuevo y en el número conveniente".

La definitiva dispersión que tan buenos resultados le había dado a la
División del Norte fue rápida. Escobedo con sólo su secretario, su pequeño
Estado Mayor y con Rocha marcharon a reunirse a las infanterías que habían
quedado frente a Matamoros: parte de la fuerza viajó a Linares; Treviño fue
a Cerralvo; y Naranjo a Villa Aldama, quedando Ruperto Martínez en las
inmediaciones de Monterrey para hostilizar al enemigo.

Francisco F. Naranjo resumía: el "ataque de Monterrey, si no nos dio el
resultado que nos proponíamos, nos valió tres victorias en 48 horas y la fortuna de probar a los franceses y al mundo todo lo que valen los fronterizos,
probando al mismo tiempo a muchos miserables cobardes, que los franceses
corren como gamos siempre que se les bata con denuedo".

La batalla de Monterrey no había terminado con una victoria para la
república, pero Escobedo había demostrado que en igualdad de condiciones
podía batir a los imperiales.

NOTAS

1) Miguel Galindo y Galindo: *La gran década nacional o Relación histórica de la Guerra de
Reforma, intervención extranjera y gobiernos del archiduque Maximiliano, 1857-1867.*
Juan de Dios Arias: *Reseña histórica del Ejército del Norte durante la intervención francesa, sitio de Querétaro y noticias oficiales sobre la captura de Maximiliano, su proceso
íntegro y su muerte.* Antonio García Pérez: *Estudio político militar de la Campaña de
Méjico, 1861-1867.* Niceto de Zamacois: *Historia de México.* Agustín Rivera: *Anales
mexicanos. La Reforma y el Segundo Imperio.* Francisco Naranjo: "Parte de la batalla
de Monterrey, 28 de noviembre de 1865".

2) Alexis Hubert de la Hayrie (1825), mayor del 100° de línea transferido a jefe de
batallón de la Legión. Según Jean Meyer, "tuvo la idea de hacer de sus zuavos (infantes) un cuerpo montado [...]. En su expediente, un informe de inspección general
lo señala como el *Duguesclin de nuestro tiempo*". Aunque su expediente está repleto
de faltas disciplinarias menores (problemas de puntualidad, de uniforme, palabras)
y mayores (juego, duelos, faltas graves), llegaría a ganar la Legión de honor y luego
llegaría a general de División (biografía en Internet. Jean Meyer: *Yo, el francés. Crónicas de la intervención francesa en México, 1862-1867*).

181

BOTIQUÍN

Para dar una idea del botiquín de un batallón republicano existe el testimonio de Cesáreo Aguirre, del primer batallón de Coahuila, que recoge con la aprobación de Viesca el dinero para la obtención del material de medicina para las curaciones en campaña y anota:

100 píldoras de quinina (malaria, paludismo)
100 píldoras de protoyoduro de mercurio (sífilis)
50 vomitivos de emético (para forzar el vómito)
30 vomitivos de ipecacuana (*idem*)
20 purgas de sal cartatica (antidiarréicas)
1 botella agua sedativa (para calmar los nervios)
2 botellas de laudazo (anestésico para el dolor)
Media botella de linimento volátil alcanforado (alivio de golpes y músculos)
1 botella de cerato blanco
1 botella de pomada mercurial (contra chancros, infecciones de piel, hongos)
2 botellas de cloroformo (anestésico, llevaba 20 años usándose)
50 píldoras de opio (analgésico)
Media botella de agárico yesca (astringente)
50 papeles polvos de Dower (ipecacuana y opio mezclado con alcohol)
2 rollos de tela emplástica (con resinas)
1 rollo de vendas.

NOTA

1) Lucas Martínez Sánchez: *Coahuila durante la Intervención Francesa, 1862-1867*. Debo al doctor Eduardo Monteverde la descripción de varios de los productos que forman parte del botiquín.

182

EL GENERAL WOLL

Si la palabra oportunista adquiere algún sentido en español, se debe a personajes como el general y negociante Adrián (o Adrien) Woll, nacido el 2 de diciembre de 1795 en St. Germain-en-Laye, cerca de París. Voluntario a los 18 en la defensa de París en el ejército del primer Napoleón, en 1815 desertó y emigró a los Estados Unidos donde fue también soldado. Terminó su periplo en México siguiendo a Mina en 1817, pero sus compañeros dirán que no pasó más allá de Tampico donde se quedó en las casas de juego y vio el final de la Independencia como civil.

En 1823 pidió su reinstalación como teniente coronel y con un intervalo en que fue tallador en casas de juego obtuvo el grado de *honorario*, es decir, sin sueldo ni mando. Su participación en diversas represiones de golpes de Estado en 1828 le permitió adquirir el grado efectivo. Bajo Santa Anna en la Guerra de los Pasteles y en la campaña texana del 36 hizo carrera hasta llegar a general.

Pero en 1846 se negó a combatir a los norteamericanos y aprovechando que había ganado cierta cantidad en el juego y hecho negocios turbios cuando fue comandante general de Tampico y controlaba la aduana, tomó una licencia y regresó a Francia, siendo destituido por Santa Anna.

Volvió a México de 1853 a 55 y el generalísimo en su última dictadura se olvidó de su anterior comportamiento y le dio tareas en la represión de la Revolución de Ayutla. Fue comandante general en Tamaulipas, Nuevo León y Coahuila, donde se comentaba que había estado muy activo favoreciendo el contrabando. Mandaba un cuerpo de ejército en Matamoros cuando huyó al exilio con el dictador abandonando sus tropas.

Como era inevitable, porque la querencia mexicana lo perseguía, regresó en 1859 para apoyar a Miramón. Fue muy activo durante la Guerra de Reforma. Tenía 63 años. Combatió a Santos Degollado, tomo Zacatecas y aprovechó para pasar en el camino de Fresnillo levantando grandes contribuciones supuestamente para el gasto de su brigada, que ya estaba pagada por el gobierno de Guanajuato.

Leonardo Márquez lo estimaba mucho y mencionaba "la retirada del general Woll en 1860, desde Techalutá hasta Guadalajara, batiéndose día y noche con el enemigo que en crecido número lo rodeaba, atravesando las llanuras este ameritado general con sus tropas formadas en cuadro, y sosteniendo el fuego en todas direcciones, sin dejar un rezagado, ni una mula, ni el más pequeño objeto en su camino, hasta llegar sin novedad a dicha capital".

En mayo de 1860 defendió con éxito Guadalajara, pero a la caída de Miramón, Woll retornó a Francia, sólo para retornar en 1862 formando parte de las fuerzas invasoras francesas. No participó en ningún combate, pero fue parte de la comisión que viajó a Miramar para proponerle la corona imperial a Maximiliano, quien lo nombró su ayudante, lo trajo en su viaje a México y le encargó un plan para organizar las fuerzas armadas del imperio, que Woll nunca escribió.

En el otoño del 65 Maximiliano mandó a Woll a Francia para explicarle a Napoleón III la situación militar. El general, cuando descubrió que estaba en marcha un plan para retirar al ejército francés, abandonó a su mujer que trabajaba de cocinera en la Legación de Francia y no regresó a México.

NOTAS

1) "*Mexican Adventure Biography Index*". *Los traidores pintados por sí mismos. Libro secreto de Maximiliano en que aparece la idea que tenía de sus servidores.* Leonardo Márquez: *Manifiestos (el Imperio y los imperiales). Por qué rompo el silencio,* rectificaciones de Ángel Pola. Un índice de su correspondencia en *La correspondencia de Adrien Woll.*

2) Después de la caída del imperio, Woll se quedó en Montauban, al norte de Toulouse en el sur de Francia, donde murió en febrero de 1875, a los 80 años de edad.

183

LAS PIEDRAS

Por lo visto, la banda del 62º de línea francés acostumbraba tocar en la plaza mayor de Mazatlán tres veces por semana. Pero el 25 de enero de 66, cuando se estaba ejecutando la cuarta pieza, comenzaron a llover pedradas sobre los músicos y la gente que estaba en la plaza. El coronel Roig dio orden de terminar el concierto.

El domingo 28 se reunió una más grande muchedumbre, atraída por la música o por el chisme y en un determinando momento volvieron las pedradas patrióticas, aunque sin causar bajas, dando una en el atril de un músico militar y la otra a los pies del mismísimo coronel.

"La policía no descubrió a los culpables, que arrojaban las piedras desde las casa vecinas" y el coronel negado para enfrentar el anonimato de los lanzadores les puso una multa de 2 mil pesos a los dueños de las casas, aunque eran unos españoles imperialistas, que cobró de inmediato el alcalde.

Sin que hayamos podido enterarnos de qué es lo que se estaba interpretando, el 1º de febrero, la policía montaba guardia cuando una nueva piedra, una sola, pero certera, cayó sobre el concierto.

Para el 4 de febrero en la plaza de Mazatlán había más policías que público y ya no se repitió el hecho.

NOTA

1) Jean Meyer en *Yo, el francés. Crónicas de la intervención francesa en México, 1862-1867* rescata la historia de las piedras de Mazatlán a partir de un informe consular de Forest al embajador Danó.

184

BAGDAD

Cuenta Juan de Dios Arias que un día "un soldado, pasando cerca de Mariano Escobedo y cuadrándose ante él, con respeto le dijo: *Mi general, qué, ¿ya no nos dice usted nada?*". El reclamo apelaba a una tradición de la chinaca: el jefe era el educador político del ejército, el responsable del discurso frecuente, la narración en torno a la hoguera de la fábula de la revolución liberal que lleva más de diez años en marcha, el contador de historias.

Tras el asalto a Monterrey, Escobedo siguió la táctica que hasta ahora le había funcionado, basada en la dispersión y la movilidad y con una pequeña escolta se fue hacia Matamoros donde había dejado su infantería presionando a Mejía. Hacia esa misma zona, pero del lado norteamericano, viajó también el coronel R. Clay Crawford, de Tennessee; uno de los más activos miembros de la conspiración que el general Wallace había montado para apoyar la guerra en México contra el imperio. Matamoros se había vuelto una obsesión para unos y otros, no era casual, los recursos de la aduana eran muy importantes.

La ciudad estaba cercada desde el 17 de octubre del 65. Mejía tiene unos 2 mil hombres para defenderse. Escobedo, que contaba con 3 mil hombres y 11 cañones, el lunes, 23 de octubre envió al general Sóstenes Rocha para pedir la rendición. Mejía dijo que defendería la ciudad hasta perder la vida, trató de nuevo en la tarde Escobedo de convencerlo, sin lograr nada.

Tras un día de construcción de trincheras para poder acercar la artillería a las fortificaciones, a las cinco de la mañana del miércoles 25, las columnas se arrojaron con rapidez sobre los puntos fortificados, intentando apoderarse simultáneamente de todas las posiciones exteriores que ocupaban los imperialistas. Un fortín, situado al Oriente, cerca de la orilla del río, fue tomado por las fuerzas republicanas, que habían envuelto ya la trinchera llamada Matamoros; pero el general Tomás Mejía, se presentó con la columna de reserva y atacando con ímpetu logró rechazarlos mientras además sufrían la metralla lanzada por el vapor *Paisano*.

Los combates se reiniciaron el 26 y los liberales pudieron tomar uno de los fuertes pero la caballería de Mejía los volvió a rechazar. Escobedo se encontró con que no podía continuar porque se les habían acabado las municiones.

La retirada fue satisfactoria, las fuerzas se situaron a sólo cuatro kilómetros de distancia y los imperiales suponiendo que había desmoralización salieron a perseguirlos pero fueron rechazados.

El 4 de noviembre de 1865 Escobedo fue hacia el Río Bravo con órdenes de organizar una brigada de mil hombres en las afueras de Brownsville,

Texas, donde recibiría armas y uniformes (que Wallace le había pedido a Grant) y esperar la llegada de los generales Wallace y Carvajal). Crawford y su segundo de a bordo, el coronel Arthur Reed habían podido reclutar a unos pocos soldados norteamericanos licenciados ofreciéndoles 50 dólares mensuales, que ni siquiera tenían cómo pagarles.

Los combates en torno a Matamoros seguían y el 6 de noviembre de 1865, Mejía se quejaba a los gringos: "Los hombres, los víveres y las municiones de guerra son entregados a nuestros enemigos por personas que dependen de vos; los cañones de Escobedo se hallan encomendados a sirvientes que proceden de vuestro ejército; los heridos son curados en el hospital de Brownsville. Los oficiales de Escobedo y Cortina entran armados a comer diariamente en este punto. En una palabra, Brownsville parece ser el cuartel general de los juaristas". El general Weitzel lo ignoró.

Pero el 7 de noviembre, el vapor *Antonia*, procedente de Bagdad, tripulado por 70 marineros franceses, a las órdenes del instructor de navío Q. de la Rédolliere intentó acercarse a la plaza. Los sitiadores trataron de impedirles el paso del río, haciendo sobre el buque un fuego nutrido de rifle y algunos disparos de cañón. Del lado de Texas se dispararon también bastantes tiros de fusil resultando heridos dos marineros. Venciendo al fin las dificultades que se les presentaban, penetró por el río dentro de la línea fortificada. Su llegada subió la moral de los sitiados.

Juan de Dios Arias habría de preguntarse: ¿por qué con tan ruines elementos de guerra se comprometió el sitio de una ciudad bien fortificada, guarnecida y provista de buenos recursos? La respuesta es que Escobedo esperaba importantes refuerzos, en armas y hombres producto de la operación de Wallace.

Reducida la guarnición de Matamoros a permanecer encerrada tras de sus trincheras, y quietos los franceses en Monterrey, Escobedo en Brownsville conociendo las negociaciones previas de Wallace con el gobierno mexicano contactó al jefe de la línea, el general Weitzel para sondear su actitud y a Crawford, para ver la posibilidad de sumarlo a sus fuerzas, bajo el supuesto de que los soldados norteamericanos que se incorporaran como voluntarios lo harían encuadrados en el ejército mexicano y bajo su disciplina. Escobedo trató a Crawford con cautela, porque este había impreso documentos donde se decía general mexicano y hablaba de "la división americana de la República Mexicana", tenía o decía que tenía dinero que quién sabe de dónde había salido, se decía había sido secretario del filibustero Walker y oficial del ejército de la Unión expulsado por mala conducta. Las dos últimas cosas no eran ciertas.

Bagdad, ciudad de ecos de califas de las *Mil y una noches,* extrañamente situada sobre la desembocadura al mar en lo que unos llamaban Río Bravo y otros Río Grande, con 7 mil habitantes, en el extremo oriental de la división entre ambos países, el final de la frontera entre México y Norteamérica, era una población que había vivido durante la guerra del contrabando, y que tenía una débil guarnición imperial formada por 40 austriacos y 150 mexicanos imperialistas. Escobedo pensó que podría dar un golpe sorpresa sobre ella y convocó a una parte de sus tropas.

Pero Crawford no tenía ni paciencia ni voluntad de subordinarse a Escobedo o a las instrucciones de Wallace, y en enero algunos de sus hombres entraron en Bagdad y 17 de ellos fueron capturados por los imperiales y condenados a muerte. El 1° de enero le escribió a Weitzel para que intercediera por ellos, pero el general norteamericano al mando de las fuerzas al otro lado del río no obtuvo resultado. Escobedo le propuso a Crawford y a su ayudante Reed que, según Arias, "protegiesen el paso de una fuerza mexicana, organizada a orillas del Bravo". No fue eso lo que sucedió, sino que en la noche del 4 al 5 de enero, a las cuatro de la mañana unos 130 soldados norteamericanos atacaron a los guardias que custodiaban el ferry. Iban dirigidos por Crawford y Reed con una treintena de hombres que habían dormido en el Globe Hotel y un centenar de soldados negros del 118° batallón encabezados por el teniente coronel Edmundo Davis, que por cierto estaba borracho.

Los imperiales fueron derrotados y detenidos y de inmediato comenzó la depredación de la población. "Se lanzaron a todo tipo de excesos [...] saqueando las casas de comercio y pasando el botín para Texas". Al menos 50 carretas con bienes cruzaron a los Estados Unidos y fueron llevadas a Brownsville.

Davis regresó a Clarksville y dejó a Crawford y Reed dirigiendo los robos e incendios. Escobedo que estaba en Brownsville cuando se enteró, fue a Clarksville y se dio cuenta de la magnitud del desastre, que llevaba 20 horas de saqueo. A duras penas intenta detenerlo. Sabiendo que sería culpado de haber dirigido el asalto le pidió a Weitzel que cerrara la frontera para impedir que pasara a Estados Unidos el producto de los robos y le pasó una nota de denuncia calificando la acción de Crawford como un acto de filibusterismo. "Los asaltantes no tenían bandera" (le escribirá más tarde a Juárez).

El 5, el teniente el coronel Enrique A. Mejía con 200 voluntarios, probablemente republicanos exilados, cruzó el río e intentó tomar el control de Bagdad, detuvo a Reed, pero Crawford se refugió en un vapor, sus hombres reaccionaron y los detenidos fueron ahora Mejía y los suyos.

El barco francés *Antonia* apareció ante Bagdad el 6 de enero y comenzó a bombardear la población matando a dos de los soldados negros, la respuesta fue el fuego de los norteamericanos que hirieron de muerte a un cabo francés y a un sargento austriaco. La información que se posee es extremadamente confusa. ¿Estaba Escobedo en Bagdad y también fue capturado? ¿Aún no había cruzado la frontera? De nuevo en la versión de Arias, Escobedo controlaba en ese momento la ciudad y resistió el ataque con buen éxito. Durante varios días el camino entre Bagdad y Clarksville estuvo en poder de los hombres de Crawford. Los comerciantes afectados denunciaron a los Estados Unidos el saqueo y bloquearon lo sustraído en la aduana.

Según Juan de Dios Arias, el narrador de la historia de la División del Norte, "cuando al general Escobedo llegó la noticia de un atentado tan inaudito, no pudo contener su indignación, y le pidió un auxilio de tropa al jefe de la línea americana con que lanzar de Bagdad a los filibusteros y restablecer allí el orden, fundando su pedido en una de las cláusulas del tratado de extradición entre México, y los Estados Unidos". Weitzel dio a Escobedo 150 hombres de un batallón negro, con los que, inmediatamente marchó a Bagdad, e intentó poner freno a los desmanes de Crawford y de Reed, quienes intentaron deshacerse de Escobedo a todo trance aun cuando fuese asesinándolo. Para complicar más aún la situación, los soldados negros se unieron a los hombres de Crawford en el saqueo. Escobedo envió al otro lado del río al coronel Adolfo Garza para que avisase al jefe de la línea americana lo que pasaba y con un centenar de voluntarios detuvo de nuevo a Reed.

El 13 de enero Weitzel cruzó la línea, entró en Bagdad e impuso el orden. Crawford huyó llevándose un pequeño vapor que Escobedo había capturado a los imperialistas y "manifestó su resolución de matar a Escobedo, ya fuese en desafío o ya mandando asesinarlo, si la casualidad hacía que pasase del otro lado del Bravo", pero fue detenido y enviado a Fort Jackson en Louisiana. Escobedo salió de Bagdad y marchó a Brownsville para dar órdenes a Cortina de que avanzase sobre el puerto.

El caos continuó por los conflictos entre los propios republicanos y el 17 de enero el coronel Mejía tuvo que dejar el mando. La presencia de la flota francesa definió la situación. Weitzel, que tenía órdenes de evitar cualquier enfrentamiento con los franceses, retiró sus tropas a Brownsville, y los imperiales entraron en Bagdad el 24 de enero con una columna de 650 hombres formada por marinos franceses, 120 austriacos, 100 rurales y 300 lanceros mexicanos.

El general Wallace estaba furioso con Crawford, "no es el hombre para la delicada tarea que se le asignó". El ejército norteamericano creó una comisión para investigar lo sucedido, que rehuyó ir a fondo y concluyó que los soldados norteamericanos involucrados estaban licenciados y esperaban transporte para regresar a sus hogares, y devolvió a los franceses material bélico que estaba del lado norteamericano de la frontera. Crawford escapó de la custodia y le envió a Wallace un reporte del "*affaire* Bagdad" junto con un recibo por 122 mil dólares como "compensación por sus servicios". Wallace ni siquiera le respondió.

El 19 de enero de 1866, Juárez en Paso del Norte, le había escrito a Pedro Santacilia en Nueva York: "Mi querido hijo Santa: Yo nunca me he hecho ilusiones respecto del auxilio abierto que pueda darnos esa nación [Estados Unidos]. Yo sé que los ricos y poderosos ni sienten, ni menos procuran remediar las desgracias de los pobres. Aquellos se temen y se respetan y no son capaces de romper lanzas por las querellas de los débiles ni por las injusticias que sobre ellos se ejerzan. Ese es y este ha sido el mundo. Sólo los que no quieran conocerlo se chasquean. Los mexicanos, en vez de quejarse, deben redoblar sus esfuerzos para librarse de sus tiranos. Así serán dignos de ser libres y respetables, porque así deberán su gloria a sus propios esfuerzos y no estarán atenidos como miserables esclavos a que otro piense, hable y trabaje por ellos".

Escobedo se retiró el 25 de enero marchando a Reynosa, donde tenía parte de sus fuerzas. Allí determinó que se reconcentrasen las otras tropas que iban ya con destino a Bagdad; y reunidas se dirigió a Linares para formular un nuevo plan de operaciones.

NOTAS

1) Centro de Investigación Científica Jorge L. Tamayo: *Pedro Santacilia, el hombre y su obra*. Robert Ryal Miller: *Lew Wallace and the French Intervention in Mexico*. Juan de Dios Arias: *Reseña histórica del Ejército del Norte durante la intervención francesa, sitio de Querétaro y noticias oficiales sobre la captura de Maximiliano, su proceso íntegro y su muerte*. Manuel Humberto González Ramos: "Historia del puerto de Bagdad". Antonio García Pérez: *Estudio político militar de la Campaña de Méjico, 1861-1867*. Masae Sugawara: *Mariano Escobedo*. Benito Juárez: *Documentos, discursos y correspondencia*, tomo X (Saavedra a Juárez; Benito Juárez a Pedro Santacilia, Chihuahua, 29 de junio de 1865; Escobedo a Juárez, 29 de enero de 1866). Lewis A. Lawson: *A Rogue's Life: R. Clay Crawford, Prison Escapee, Union Army Officer, Pretend Millionaire, Phony Physician and the Most Respected Man in Macon, Georgia*. "The News", *Chicago Tribune*, 20 de febrero de 1866. Ulysses S. Grant y John Y. Simon: *The Papers of Ulysses S. Grant, 1866*. "Hoja de servicios del C. General de División Mariano Escobedo, su edad cincuenta y siete años, natural de Galeana del Estado de Nuevo León, su estado casado, sus servicios, y circunstancias los que a continuación se expresan". Paco Ignacio Taibo II: *La lejanía del tesoro*. Fernando Díaz R.: *La vida heroica del general Tomás Mejía*. Lucas Martínez Sánchez: *Coahuila durante la Intervención Francesa, 1862-1867*. Niceto de Zamacois: *Historia de México*.

2) Crawford había estado en West Point, fue arrestado varias veces por ladrón. Durante la Guerra de secesión estuvo a cargo de la recluta de batallones negros.

185

EL 66

El 12 de enero de 1866 Maximiliano le escribía Bazaine: "Estoy resuelto [...] a hacer todos los sacrificios para cooperar a su terminación [de la guerra], tan impacientemente esperada por la opinión pública del país y la de Francia". Diez días más tarde Napoleón III, en el discurso pronunciado en la apertura de las Cámaras, declaraba: "El gobierno, fundado por la voluntad del pueblo en

México, se consolida: vencidos y dispersos los disidentes, no tienen ya jefe; las tropas nacionales han manifestado su valor y el país ha encontrado garantías de orden y seguridad […]. Como me prometía el año anterior, *nuestra expedición toca a su término*. Estoy en tratos con el emperador Maximiliano para fijar la salida de nuestras tropas, a fin de que su regreso se verifique sin comprometer los intereses franceses que hemos ido a defender en aquel lejano país". Forey, basado en su previa experiencia, opinaba que no se debía hacer regresar las tropas del ejército expedicionario en México, sino enviarle nuevos refuerzos hasta consolidar el imperio mexicano, porque de no hacerlo el imperio caería.

El ministro de Estado norteamericano Seward le notificaba a Montholon, embajador de Francia en Washington el 12 de febrero: "Quedaremos satisfechos, cuando el Emperador nos avise la época definitiva en que acabarán las operaciones militares de la Francia en México".

Maximiliano ha mandado a llamar a su embajador en Francia, Pepe Hidalgo, que llega a Veracruz y es citado de urgencia por Eloin. Arriba al Distrito Federal el 15 de enero del 66 y confirma el ambiente favorable que hay en Francia respecto al regreso del ejército. Maximiliano se reúne poco después con su embajador en Cuernavaca y recibe la esperada descarga: "Se ha enajenado la confianza de los conservadores", "la verdad no entraba en su palacio […] que había un descontento general, que estaba rodeado de juaristas". Maximiliano vacila y pide a Hidalgo una lista de posibles ministros; Hidalgo dice que lleva 18 años fuera del país y que no puede proporcionarla; el emperador se la pide a Almonte, que no se anima a apoyar el viraje. ¿Está Max pensando en hacerlo o es uno más de sus devaneos respondiendo a las continuas presiones?

Las conversaciones terminan con la ruptura: José Manuel Hidalgo renunció al cargo de embajador y rechazó la propuesta de ser nombrado consejero de Estado. Supuestamente en una siguiente entrevista con el emperador discutió, pidió escolta y salió de inmediato para Veracruz. Supuestamente también Max trató sin éxito de que lo detuvieran y lo regresaran al Distrito Federal. El hecho es que al inicio de marzo, José Manuel Hidalgo y fray Tomás Gómez, desencantados además por la actitud ante el clero que habían visto en el entorno de Maximiliano, se embarcaron para Europa. El sacerdote le dijo al ferviente monárquico: "Aquellos señores se han vuelto locos en México o representaron una comedia en Miramar". Hidalgo vivirá en París marginado del imperio.

Durante esos días se promulga la Ley de instrucción pública del imperio promovida por el liberal moderado Antonio Silíceo, que luego se ve obligado a renunciar bajo la presión de los conservadores: Gratuidad en la enseñanza básica (cobro de un peso al que no pudiera pagarlo); secundaria de siete a ocho años con el modelo de los liceos franceses. Creación de la Universidad Politécnica y escuela militar, fortalecimiento de la Escuela Imperial de Minas. Pocas variaciones, continuidad de proyectos respecto al juarismo, un juarismo afrancesado. Por razones presupuestarias la ley no pasará del papel.

Y Max no sabe qué hacer ante los franceses, el 5 de febrero le agradece al mariscal Bazaine el préstamo de un millón de pesos para impedir la desbandada del ejército imperial al que se le debían dos meses de salario. Por otro lado llega de París poco después el enviado de Napoléon, el barón de Saillard, comisionado para arreglar con Maximiliano la retirada de las tropas francesas. Masseras precisa: "recordando a Maximiliano que no podía contar indefinidamente con el apoyo militar y hacendario de Francia, y haciéndole comprender que debía prepararse a gobernar por sí solo". Bazaine recibió un despacho de Drouyn de Lhuys poco tiempo después explicando la misión de Saillard: "El deseo de S. M., como ya sabe usted, es que la evacuación pueda principiar hacia el otoño próximo, y que quede terminada lo más pronto posible".

El barón de Saillard regresó a París y se entrevistó con Napoleón III al inicio de abril, y al otro día *El Monitor* informaba que el emperador había fechado el inicio del regreso de la primera división de las tropas expedicionarias en noviembre de 1866, la segunda en marzo y la tercera en noviembre de 1867.

Las noticias deben de haber desconcertado y enfadado profundamente al emperador. Maximiliano envió a Juan N. Almonte a Francia. José María Vigil cuenta que "la misión de Almonte se reducía a presentar al gobierno francés un proyecto de tratado secreto que sustituiría al de Miramar, en el cual se pedía que el ejército expedicionario permaneciera en México tres años más. Momentos antes de embarcarse Almonte, recibió instrucciones de Maximiliano, en las que le ordenaba que si Napoleón se negaba a su solicitud, le dijera que retirara de México todas las tropas francesas. Tan atrevida o mejor dicho insensata determinación se apoyaba en la confianza que tenía el emperador de México en que su hermano Francisco José, emperador de Austria, le había prometido mandarle pronto un ejército de 10 mil austriacos".

Al final de mayo Napoleón III le comunicó a Drouyn de Lhuys, la entrevista con Almonte, al que había tenido 14 días haciendo antesala, donde le había comunicado que "para evitar los peligros de una transición demasiado brusca; hemos debido ocuparnos al mismo tiempo en sustituir a las estipulaciones, de hoy más sin valor, del tratado de Miramar [...]. Es imposible admitir las proposiciones del general Almonte". El tratado de Miramar era papel mojado. Almonte no volvió a México. Tampoco volvió Eloin.

Sin embargo, aunque los franceses en el último trimestre no habían tenido victorias ni grandes avances militares, la situación de la guerra contra los republicanos no era mala para el imperio. Si la retirada francesa era lenta y muy gradual se podía afianzar el ejército imperial reforzado por los austriacos y los belgas que habían arribado.

Los belgas habían enviado una comisión de la nobleza para informarle a Carlota de la muerte de su padre y el ascenso al trono de su hermano Leopoldo II, que no era partidario de mantener la intervención. La comisión sufrirá un "accidente de guerra" cuando al regreso a Veracruz el 4 de marzo es asaltada en la diligencia en Río Frío y queda muerto el barón d'Huart y heridos el mayor Dwys, el general Fonry y su ayudante de campo Marécheal.

Al inicio de 1866, la brigada belga fue puesta debajo el mando de Douay y enviada a reforzar la campaña en el noroeste. Salieron de la Ciudad de México y llegaron a Monterrey con dos meses de agotadoras marchas a su espalda y perdiendo a 100 hombres por el camino. Timmerhans resumía las jornadas en "asarse vivo en los largos caminos y morirse de sed". Eran, según su jefe Van der Smissen, "912 hombres vigorosos, prestos a cualquier acción y de quienes respondo de su éxito cualquiera que sea el enemigo que haya que combatir". Se quedaban en la Ciudad de México 200 heridos, convalecientes, desertores capturados y juzgados por delitos. Eran el resultado de la campaña de Michoacán.

Se establecieron como guarnición en Monterrey, que durante aquellos primeros meses fue una estación de paso relativamente apacible; un oficial la caracterizaba como "pasar la vida tranquilamente" y dedicarse a "organizar paseos a caballo tres veces por semana, acompañados de música"; uno más escribía, "sólo una parte de los nuestros ha visto al enemigo, en Charco Redondo". Los franceses tras lo sucedido en Michoacán no confiaban en ellos y Maximiliano en asuntos militares estaba preso de las decisiones de Bazaine.

Mientras tanto, el 3 de marzo, en uno de los frecuentes cambios de gabinete Maximiliano aceptó las renuncias de José Fernando Ramírez, José María Esteva, Luis Robles Pezuela y Juan de Dios Peza, y nombró como ministros a un conservador y tres liberales moderados, los llamados pancistas.

Y seguían los quebraderos de dinero en el gabinete imperial. En el inicio de abril Maximiliano le escribía a Bazaine: "Me es muy grato saber que el tesoro francés se encarga de cubrir las necesidades de mi Legión austrobelga. En esto veo una prueba de la simpatía de vuestro gobierno por la causa de México". Y en mayo la crisis económica del imperio continuaba y Maximiliano se vio obligado a volver a pedir de nuevo a Bazaine que cubriera el sueldo de los voluntarios belgas y austriacos. El mariscal aceptó a condición de que pasaran como cuerpo auxiliar de su ejército, fueran unificados y, con la Legión Extranjera, formarían "la división auxiliar extranjera", bajo el mando del general francés barón de Neigre. La medida fue muy mal recibida. Los austriacos no querían servir bajo quienes en el pasado habían sido sus enemigos, llegaban rumores de un posible conflicto austro-prusiano y hasta se hablaba de que Napoleón III en caso de un conflicto extranjero trataría de anexionar Bélgica. Para tensar aún más la situación la nueva situación provocaba un descenso de su salario en un 25%.

NOTAS

1) Agustín Rivera: *Anales mexicanos. La Reforma y el Segundo Imperio.* Antonio García Pérez: *Estudio político militar de la Campaña de Méjico, 1861-1867.* Conde E. de Ké-

ratry: *Elevación y Caída del emperador Maximiliano. Intervención francesa en México, 1861-1867.* José María Vigil: *La Reforma.* Francisco de Paula Arrangoiz: *México desde 1808 hasta 1867.* Niceto de Zamacois: *Historia de México.* José Manuel Hidalgo: *Algunas indicaciones acerca de la intervención europea en México.* Víctor Villavicencio: "José Manuel Hidalgo y Esnaurrizar, un monarquista semiolvidado" en *El imperio napoleónico y la monarquía en México.* Tomás Rivas Gómez: "La enseñanza técnica durante el segundo imperio, 1864-1867". Laura O'Dogherty Madrazo: *La guardia de la emperatriz Carlota: su trágica aventura en México, 1864-1867.* Ángela Moyano: *Los belgas de Carlota: la expedición belga al imperio de Maximiliano.* Gustave Niox: *Expédition du Mexique, 1861-1867: récit politique et militaire.*

2)   La leyenda nacional cuenta que cada 21 de diciembre de 1835 a 1841 (exceptuando los años que pasó en la campaña texana y el posterior cautiverio) y posteriormente, sobre todo en la época de la Regencia, Almonte asistía en secreto a una misa en La Profesa donde estaba enterrado bajo un nombre falso su padre, José María Morelos. Poco antes de las Leyes de Reforma el clero tapió los túneles para esconder valores y dinero. En 1865 antes de salir de México comisionado a París exhibió los restos de Morelos en Palacio Nacional. Pero otra leyenda dice que los recogió de la iglesia de Carácuaro. En ambos casos, los restos del generalísimo viajaron con él a Francia en barco y le pidió a su esposa que al morir los enterraran en el cementerio de Pére Lachaise, pero tal cosa no sucedió y los restos se perdieron definitivamente. (Emilio Arellano: *Ignacio Ramírez, El Nigromante: Memorias prohibidas.* Verónica González Laporte: *El hijo de la sombra*).

186

PASO DEL NORTE, 1866

Mientras Maximiliano lidiaba con la amenaza de la retirada francesa, Benito Juárez esperaba en Paso del Norte que tarde o temprano los franceses hicieran una incursión para capturarlo y desmembrar el gobierno republicano. Sin embargo, el 31 de enero del 66 el capitán francés Billault desocupó Chihuahua dejando allí una guarnición de 300 a 500 imperialistas mexicanos. El 2 de febrero, ignorándolo, Juárez le escribía a Santacilia: "Los franceses que están en Chihuahua siguen vegetando ahí sin emprender ningún movimiento". Santacilia contesta: "Mucho temo que el objeto de los franceses al fortificarse seriamente en Chihuahua sea cuidar aquella plaza con una corta guarnición, para disponer de una parte de su fuerza destinándola al Paso del Norte".

Bulnes sostiene que "cuando Maximiliano quiso que el general Brincourt, arrojase a Juárez de Paso del Norte, este jefe contestó que tenía orden expresa de no hacer avanzar sus fuerzas más allá de una jornada común de tropa de la ciudad de Chihuahua".

Sólo hay menos de 400 kilómetros, y aunque parece que en febrero se inicia una incursión, el siguiente combate será 120 kilómetros al sudoeste en el mineral de Cusihuirachi el 21 de febrero, donde los franceses derrotan a las tropas del coronel Juan José Méndez y lo matan.

El 23 de febrero Juárez le escribe a Santacilia y tras confesar que están "agobiados por la miseria", habla de volver a Chihuahua porque recibe noticias de que no hay franceses en la ciudad.

Y los días pasan con noticias sobre el exilio en la correspondencia con Pedro Santacilia. El chismerío de los emigrados es insoportable. El cruce a Estados Unidos de los que se van descolgando de la lucha armada lo hace más denso, el intercambio de insultos se vuelve potente, las noticias personales abundan: "que Epitacio Huerta tiene en Nueva York una querida francesa y ya no quiere pelear". El 25 de marzo Santacilia revela información sobre un complot: "Los franceses de acuerdo con los traidores han resuelto ver cómo lo deshacen a usted por medio del plagio o del asesinato. El plan es mandar a Paso del Norte algunos oficiales reaccionarios que vayan a ofrecerle [...] sus servicios". Lo llama a mantenerse acompañado de custodios. Buenas noticias porque finalmente Matías Romero ha hecho llegar a la familia del presidente en Nueva York 4 mil pesos que le debían de salarios y una mejor noticia Santacilia ha conseguido puros en La Habana y se los manda a Juárez desde Nueva York.

Ese mismo 25 de marzo Luis Terrazas dirige un ataque exitoso sobre la ciudad de Chihuahua. El coronel Platón Sánchez agujereó con una bala de cañón una de las campanas grandes del templo parroquial, lo que hizo que los imperialistas abandonaran la iglesia. Los oficiales franceses huyen y la mitad de la guarnición se pasa a los republicanos. Para las 11 de la noche la ciudad vuelve a ser juarista.

Cinco días antes el general Auguste-Henri Brincourt escribe una carta que será interceptada: "El general Bazaine con un crédito ilimitado y cerca de 100 mil hombres de tropas extranjeras y mejicanas no ha podido obtener sino la situación actual que es demasiado precaria, no soy yo que con 2 500 hombres, privado de bandera francesa, y una caja de hacienda en déficit, podría restablecer la situación, en presencia sobre todo de la obstinación del emperador Maximiliano y del mariscal que persisten ambos, con razón o sin ella en su política personal y en sus desacuerdos caracterizados después de la muerte del señor Langlais, que era el único que tenía la voluntad y los medios de cambiar el estado de hacienda. Si cuando las noticias de Francia nos presentan la expedición de México siendo día a día más impopular y las relaciones con los Estados Unidos bajo un aspecto siempre amenazador. Así, he determinado a partir, con una licencia de seis meses y es más que probable que no volveré".

NOTA

1) Centro de Investigación Científica Jorge L. Tamayo: *Pedro Santacilia, el hombre y su obra*. Agustín Rivera: *Anales mexicanos. La Reforma y el Segundo Imperio*. "Carta de renuncia del general Brincourt". Jean Meyer: *Yo, el francés. Crónicas de la intervención francesa en México, 1862-1867*, donde sostiene que hubo una orden secreta de Napoleón III de no tomar Paso del Norte y de evacuar Chihuahua; si tal orden existió no está registrada en la correspondencia de la época.

187

LAS ARMAS NORTEAMERICANAS

Para la república el problema de conseguir armas largas, revólveres, cañones, municiones, a partir de la pérdida de todas las grandes ciudades del país, y sobre todo de puertos y fronteras, fue un problema angustioso. Y no sólo fusiles, sino fusiles de calidad, bayonetas, porque en cualquier comunidad podían hacerse lanzas y un herrero podía manufacturar un sable, pero ¿cómo conseguir un rifle de repetición que no te obligara a ponerte a 100 metros de los franceses antes de poder hacer una descarga efectiva? Muchos autores establecen que una de las claves de la futura victoria republicana estuvo en las cuantiosas donaciones de armas y municiones que hizo el gobierno norteamericano durante el fin del 65 y el 66. El general Sherman así lo afirma: "Durante el invierno (65) y primavera de 1866 continuamente y de manera encubierta se proveyeron armas a los liberales mexicanos, al menos 30 mil mosquetes", y Francisco Bulnes hace de ello una de sus tesis centrales: "Puede afirmarse que el número de fusiles y rifles vendidos a precio nominal o muy bajo por el gobierno americano por interpósita persona y los pagados con los bonos del empréstito Carvajal no bajaron de 40 mil con sus respectivas municiones". Siguiendo esta historia podrá comprobarse que ambas afirmaciones son falsas.

Mientras funcionó el embargo de Lincoln que impedía vender armas a los beligerantes, por más que el de México fuera un gobierno reconocido, el gran problema fue encontrar intermediarios. En 1863 el presidente Juárez comisionó "al general Plácido Vega para que, con una fuerte cantidad de dinero que se le dio en Mazatlán y otra que se le autorizó a que girara contra la aduana marítima del puerto", comprara armas en San Francisco. Dos años después el general Plácido Vega no se había presentado ni había traza de que las entregara.

En marzo-abril del 65, el embajador Matías Romero habló con Lincoln: "El Presidente me dijo entonces que él deseaba positivamente que tuviéramos armas, que nos las daría si esto se podía hacer de una manera honrosa para los Estados Unidos, y por lo que respecta al pago de su valor, aceptaría lo que pudiéramos ofrecerle, que había armas sobrantes en abundancia y que extrañaba que no hubieran pasado ya algunas a nuestro poder". Lincoln fue asesinado en abril y aunque en mayo del 65 se levantó el embargo, las buenas intenciones no se concretaban.

Como se ha contado, el general Herman Sturm (el gran amigo de Wallace) firmó un contrato con el general Carvajal el 1° de mayo del 65 aceptando ser agente de la República Mexicana para la compra y envío de armas. Carvajal aseguró que pondría a su disposición todos los fondos necesarios y le prometió un fondo secreto y discrecional para ganar las simpatías entre los miliares norteamericanos para la causa mexicana. Por sus servicios Sturm recibiría de 10 mil a 20 mil dólares, así como el cargo de general en el ejército mexicano pudiendo contratar asistentes. La oferta de Carvajal estaba constituida esencialmente por saliva, porque no contaba con ningún recurso económico. Como cuenta Robert Ryal Miller, el general Sturm visitó empresas manufactureras de armamento en Cincinnati, Cleveland, Louisville, Indianápolis, Nueva York, Boston, Pittsburgh y St. Louis.

Mientras estas operaciones parecían atascadas por falta de fondos, Benito Juárez le contaba a su yerno Pedro Santacilia (27 de julio de 1865) que Viesca y Garza Melo, por el rumbo de Piedras Negras, acababan de comprar 900 fusiles nuevos, cuatro piezas de artillería y una cantidad considerable de municiones del otro lado del Bravo.

Al inicio de agosto Sturm y Carvajal se reúnen en Nueva York. El general mexicano había conectado con la West Virginia Land and Mining Company para negociar un préstamo de 30 millones de dólares avalados por bonos de la República Mexicana. Carvajal le dio a Sturm 20 mil pesos en bonos mexicanos como adelanto para impresiones y publicidad y una obligación por millón y medio de dólares como adelanto de operaciones y le garantizó otra cantidad importante para cubrir contratos de compras de armas que hubiera negociado.

Pronto se descubrió que West Virginia era una empresa semi fantasma, sin recursos económicos y sus ofertas un fraude, que no sólo no cubrió las obligaciones que se le habían dado a Sturm sino que lo obligó a calmar a los posibles voluntarios y a cancelar contratos con empresas de armas.

El 11 de septiembre de 1865, el embajador Matías Romero, con la mediación de Sturm, celebró un contrato con John Corlies y Compañía según el cual el gobierno mexicano entregaría a la empresa 37 millones y medio de dólares en bonos, que serían cubiertos por la república al 6% anual, no pudiendo venderse a menos del 60% de su valor nominal. De la venta Corlies podía quedarse con siete y medio millones como comisión. Además el gobierno mexicano se comprometía a vender a John Corlies y Compañía 440 mil acres de terrenos de labor y pasto a un peso por acre y a concederle el derecho a reclamar para su explotación 350 minas de las que estuvieran sin denunciar. Durante el siguiente año y medio sólo 9 millones de bonos fueron negociados. Incluso Sturm cuenta que un oficial mexicano exilado en Nueva York no pudo conseguir que le vendieran una barra de pan con un bono de mil dólares.

Para el 21 de septiembre de 1865 Carvajal había reclutado varios ex oficiales de la Unión y sus cuentas de hotel y gastos habían creado una gran deuda. La venta de los bonos no prosperaba y Sturm le prestó de su bolsa 4 600 dólares a cambio de una garantía territorial para Herman Sturm y sus hermanos, Robert y Frederick, de 50 acres de tierra minera y otros 4 439 acres de tierra agrícola en Tamaulipas o San Luis Potosí. ¿De dónde había obtenido Carvajal el permiso para negociar esas tierras?

Mientras las grandes operaciones neoyorquinas no parecían dar resultado la labor hormiga continuaba con éxito: el 25 de noviembre en Piedras Negras el sargento Francisco Jiménez cruzaba hacia México un cargamento de armas: obuses de montaña, 77 fusiles, 192 bayonetas, cinco esmeriles, 21 barriles de pólvora, 19 barriles chicos de pólvora, 25 cajones de parque de cañón, una caja de balas de metralla, 230 fulminantes. Y siempre pagando en efectivo. ¿De dónde salía el dinero de los norteños? Fundamentalmente del asalto a los convoyes franceses.

El 15 de diciembre de 1865 Matías Romero, que suele confundir las ofertas de ayuda de militares norteamericanos con hechos consumados, informó a Juárez que podría conseguir armas a precio cero, pagando tan sólo el transporte. Se trataba de un gran arsenal que se movería de Baton Rouge, Luisiana, a Brownsville, y se decía que el propio general Phillip Sheridan había aprobado la operación. Aunque se hablaba originalmente de 30 mil mosquetes, en el depósito sólo había 10 mil fusiles rayados Springfield, 3 mil fusiles Enfield, municiones abundantes, cañones de a 12, 24 cañones rayados de tres pulgadas, 400 sables nuevos para caballería, 1 700 carabinas de caballería Bordside, 600 carabinas de repetición Sharp, 100 sillas de montar nuevas y muchas más de medio uso. "Si tuviésemos los fondos necesarios, aunque sólo fuese para transportar estas armas a la República, creo que podríamos disponer de ellas". Pero William Henry Seward tuvo conocimiento de la operación; se puso de acuerdo con Stampton, secretario de Guerra, "para que no continuaran actos contrarios a los deberes de neutralidad". Esas armas nunca llegaron a México.

El 6 de enero del 66 Romero visitó al general Grant a su casa acompañado de un emisario de Porfirio Díaz, el coronel Baranda, y le transmitieron la "urgencia con que se necesitaban armas [...] y la falta de recursos". Grant, que claramente estaba en un posición antagónica a la de Seward y que junto con Sheridan incluso había dado órdenes a las guarniciones fronterizas de aprovechar el menor pretexto para romper con los traidores y franceses, le dijo a los enviados "que trataría de que se nos dieran 5 mil fusiles con municiones suficientes y que vería con este objeto al Presidente y al ministro de la Guerra. "El día 9 volví a ver en su despacho al general Grant quien me dijo que el Presidente tenía la mejor disposición para que nos dieran las armas; que le había dicho que si no se nos podían vender, convendría ponerlas de algún modo a nuestro alcance, para que nos apoderásemos de ellas y que, aunque el secretario de Guerra estuvo frío, no había manifestado oposición a que se nos dieran". Supuestamente Baranda, que venía con Justo Benítez y comisionado por Porfirio Díaz, podría pagar con una libranza en Nueva York 5 mil fusiles Springfield y 3 millones de tiros al costo. Pero finalmente el ministro de la Guerra Stampton dijo que eso sería violar las reglas de neutralidad y que deberían ser compradas "en subasta pública y pagando en efectivo". Por más declaraciones de simpatía en privado del presidente, en el gabinete mandaban los no intervencionistas.

El 2 de febrero de 1866 el general Sánchez Ochoa firmó un contrato con el general norteamericano John C. Fremont en el que le entregaba seis de los 10 millones de pesos que tenía en bonos y una concesión de un ferrocarril a cambio de vagas obligaciones de entrega de armamento. El embajador Matías Romero, que estaba centralizando todas las operaciones, intervino y el contrato se declaró nulo.

Finalmente la operación de Sturm pareció dar un resultado cuando en julio salió hacia Matamoros el vapor *J. W. Everman* acompañado de gran publicidad. La salida de Nueva York fue acompañada de periodistas y una banda de música. Supuestamemente cargaba 5 020 rifles Enfield, mil pistolas, 618 mil cartuchos, 1 100 000 cápsulas de percusión, mil sables, seis cañones con 20 400 proyectiles, 13 801 mochilas, 1 308 piezas de ropa interior, 813 sartenes y equipo médico, incluidas seis tiendas hospital. En el *J. W. Everman* estaba el general Lew Wallace, que falto de dinero no había logrado movilizar más que a media docena de sus voluntarios, y un agente de Corlies y Company llamado Wilbur Stocking.

En mayo Carvajal había salido de Washington viajado a la frontera y retomado el control de Matamoros, pero el día en que llegaron las armas, una revuelta local lo había sacado a patadas. En el tumulto (narra Miller) las municiones fueron saqueadas, los americanos encarcelados y Carvajal huyó a Texas disparando al oficial que trató de arrestarlo. Más tarde el general Servando Canales liberó a los norteamericanos y permitió que una parte del cargamento fuera llevado a un almacén del lado gringo de la frontera.

El saqueo había reducido la carga. Wallace, Church, y Stocking viajaron a Monterrey para entrevistarse con Mariano Escobedo. Tras un mes de negociaciones el general mexicano aceptó pagar mil rifles, 345 pistolas, los seis cañones y municiones. Wilbur Stocking regresó a Brownsville, donde vendió los restos del cargamento a una empresa local que finalmente arregló su venta a Viesca: 3 mil rifles, 500 pistolas, 250 sables, un millón de cápsulas y 274 mil cartuchos. Viesca además había comprado y recibido en Castaños rifles

Sharp (que se cargaba por la culata), Spenser de siete tiros, Henry y Enfield, todos de repetición, comprados con dinero contante y sonante.

Después de Santa Isabel (fines de febrero de 1866) Matías Romero le escribió a Escobedo: "El gobierno de los Estados Unidos ha mandado que se envíen a Brownsville 10 o 15 mil fusiles con algunas municiones. Tal vez llegando dichas armas a la línea del Río Bravo, se determinen las autoridades militares de los Estados Unidos a venderlas a cualquier comerciante que las quiera comprar como especulación particular. Creo que se venderán a un precio puramente nominal y si Ud. pudiera quedarse con ellas, estoy seguro que las conseguiría bajo términos muy ventajosos". Escobedo, que desconfiaba de esas ofertas que hasta ahora se han mostrado inexistentes y que ha estado comprando armas regularmente, le contestó: "Estaré muy pendiente de que lleguen dichas armas a Brownsville para comprar las que me sea posible, no ya para el ejército del Norte, pues tiene las suficientes".

Sturm insistió y compró por 231 333 dólares en bonos el vapor *Sheridan* que envió a México en los primeros días de agosto del 66. Las noticias de la prensa anunciaban que había llegado a Matamoros, "en un excelente vapor procedente de Nueva York, el general norteamericano Wallace, acompañado del mayor general Sturm. El expresado general llevaba 8 mil pistolas giratorias de seis tiros, 4 700 carabinas, dos baterías de 12 piezas cada una, cantidad considerable de pólvora, y algunos centenares de voluntarios norteamericanos". Lo de los voluntarios norteamericanos era falso y el destino de ese envío es incierto. Los cañones del *Sheridan* iban en un envío aparte en un velero porque, según Sturm, no querían violar las reglas de neutralidad entregando un cañonero al gobierno mexicano. El velero se hundió en la costa de Tamaulipas y poco después el *Sheridan* que había sido destinado a bloquear el puerto de Veracruz al final de la guerra naufragó en el Océano Atlántico. Otro fiasco.

El gobierno mexicano advirtió a Sturm que no hiciera ninguna otra operación con el general Carvajal y que sólo recibiría órdenes del embajador Matías Romero. Sturm reclutó a un viejo Robert Dale Owen, quien con Wallace, Romero y él, asistieron a la sesión de gala el 2 de noviembre de 1865 de la Mexican Financial Agency en Nueva York.

En 1866 era claro que los 30 millones en bonos Carvajal no se venderían, y el gobierno norteamericano y los banqueros privados como Jay Cooke se negaron a participar. Robert Dale Owen se separó de la operación. El general Sturm encontró una posible respuesta: cambiar bonos por armas. Claro, los bonos eran negociados al 60% de su valor nominal. Wallace anotó, "su experiencia, habilidad, conocimiento de los negociantes y los precios, su incansable lealtad tuvieron éxito". ¿Era eso o más bien que la industria armamentista norteamericana con el fin de la guerra tenía los almacenes saturados? Supuestamente 2 millones de dólares de material bélico fueron comprados con bonos. ¿Cuánto llegó y de qué calidad es otra historia? Más allá que tres de los barcos se hundieron por el camino y los dos envíos que llegaron lo fueron en el momento inapropiado y fueron saqueados.

El 11 de noviembre de 1866, Sturm envió el *Vixen* a Minatitlán (Veracruz). De nuevo los comisionados mexicanos de Porfirio Díaz lo acompañaron: Pedro Baranda y Justo Benítez. Cargaba, según Sturm, 5 100 rifles, 50 pistolas Remington, 117 056 balas, 334 500 cápsulas fulminantes, 616 sables, dos telescopios, 12 copias del libro de Hammond sobre Higiene y equipo médico. Realmente, según Díaz, sólo le llegaron 1 700 fusiles y 1 300 sables y fueron en su mayor parte de mala calidad. Ángel Pola dirá: "Porfirio Díaz me ha referido que el vestuario que le fue entregado, procedente de los Estados Unidos, estaba podrido a fuerza de suciedad, que la mayor parte de las armas eran de muy mala clase y estaban usadas y que, en suma, para su campaña aprovechó muy poco de lo que el gobierno de Juárez pudo remitirle en armas y en municiones".

Parte del mito sobre las armas norteamericanas era la calidad de los nuevos rifles. Mientras que el fusil Minie francés que hacía blanco a 500 metros, era de retrocarga, el Winchester de repetición (de palanca) llamado carabina Henry, con 16 proyectiles tenía el mismo alcance, pero una infinita mayor velocidad de tiro. Se aseguró que "a los generales Baranda y Escobedo les fueron entregadas armas de repetición para la caballería que no eran conocidas en México ni siquiera por el ejército francés", pero a Díaz no le llegó ninguno y los que pudo comprar Escobedo no pasaron de unos cuantos centenares (no se pudieron enviar tantos a México porque en toda la Guerra de Secesión no se produjeron más de 14 mil).

El 27 de noviembre del 66 Sturm envía un cargamento de armas en el *Suwanee,* con Juan José Baz a cargo, para la División de Oriente de Porfirio Díaz, pero el 4 de diciembre en la costa de Carolina el barco naufraga en una tormenta. Baz se salva, pero los supuestos 7 mil rifles de repetición que transportaba desaparecieron y no estaban asegurados.

Poco se sabe sobre los envíos de armas por la costa oeste, fuera de las informaciones de Bazaine de que a mediados de mayo del 65, 1 500 fusiles llegaron a Acapulco comprados y contrabandeados como "pianos", o que Pesqueira y García Morales habían logrado introducir armas por la frontera de Sonora. Aunque Mark Moreno señala que los envíos desde San Francisco se duplicaron en 1866, la chinaca michoacana y en particular el general Nicolás Régules o Riva Palacio no recibieron durante la guerra ningún envío.

El *Periódico Oficial* a fines de diciembre de 1866 daba la siguiente noticia: "El gobierno del estado (de Coahuila) está para recibir las armas y municiones que un comisionado especial contrató en la República vecina, la mayor parte de aquellas son rifles de ocho y 16", la realidad es que el comisionado coronel Anacleto R. Falcón se había trasladado a Laredo (Texas) para obtener a través del capitán de marina E. S. Lourl mil rifles y pertrechos de guerra, pero se había encontrado con que el jefe del destacamento, el tal Lourl, no era capitán sino teniente, ya no estaba en el lugar y que él "no era quien había de especular con el armamento de su gobierno".

Viesca había logrado anteriormente comprar 219 rifles Enfield, con bayonetas, que costaron 2 187.50 pesos con destino a Coahuila. Esta red abastecía a los Libres de la Frontera y los Guías de la Libertad, así como al batallón Supremos Poderes, tres de las pocas unidades que estaban armadas con rifles Henry y Spenser. Durante el sitio de Querétaro Viesca pudo enviar varios Henry y 3 mil tiros de Spenser.

Sturm volvió a intentarlo al enviar hacia Tampico el 3 de marzo de 1867 el vapor *General McCallum* con un cargamento de armas de *su propiedad* para vendérselos al general Pavón: 5 mil rifles, 1 100 cajas de carabinas y rifles, mil revólveres, 730 mil cartuchos, 8 mil fulminantes, siete libras de pólvora, y varias cajas con sables, mosquetes y municiones. Dos agentes de Sturm acompañaban el envío para cobrarlo. El barco llegó a Tampico el 15 de abril de 1867 en el momento en que se estaba produciendo un motín y el cargamento fue retenido. Robert Sturm, su hermano, intentó liberarlo o venderlo sin resultado.

Herman Sturm hizo otros cuatro envíos a México en 1867. El 18 de mayo el *Veto* viajó a Matamoros con armas para el comandante del puerto, el general Berriozábal. En agosto del 67 el barco *Zingarella* y el velero *Samuel F. Keese* iban destinados al general Porfirio Díaz pero al arribo del *Zingarella* la guerra había terminado. El *Keese* se perdió en el mar.

La afirmación de Wallace: "Lo más importante es que Díaz y Escobedo, fueron en gran parte equipados por Sturm y yo bajo el acuerdo con Carvajal", es obviamente falsa. Mucho más cerca de la verdad están las declaraciones de Alberto Hans: "Muchas armas y muchos objetos de equipo provenían de los Estados Unidos; pero habían sido pagados muy caro y no enviados gratuitamente, como se ha dicho muchas veces en Europa, porque los americanos del Norte son gentes demasiado positivas para dar nada a amigos o a aliados, sin recibir en cambio especies sonantes o buenas garantías de pago". Y de Juan de Dios Arias: "La República no debe a los Estados Unidos ni una espada, ni un capsul que no haya comprado a gran costo, y esto, cuando restablecida la paz entre los confederados y los federales del Norte, quedó permitida la venta de armamentos".

NOTAS

1) Robert Ryal Miller: *Lew Wallace and the French Intervention in Mexico, Herman Sturm: Hoosier Secret Agent for Mexico* y "Arms Across the Border: United States Aid to Juarez During the French Intervention in Mexico". Lucas Martínez Sánchez: "Los patriotas de Coahuila en el sitio de Querétaro" en *Coahuila durante la Intervención Francesa, 1862-1867*. Ángel Pola: Entrevista con el general presidente Porfirio Díaz, marzo de 1904. John Mason Hart: *Empire and Revolution: The Americans in Mexico since the Civil War*.

François-Achille Bazaine: *La intervención francesa en México según el archivo del Mariscal Bazaine*. Mark Moreno: *World at War: Mexican Identities, Insurgents, And The French Occupation, 1862-1867*. Benito Juárez a Pedro Santacilia, Chihuahua, 27 de julio de 1865. Matías Romero: *Artículos sobre México publicados en los Estados Unidos de América en 1891-1892* y *Correspondencia de la Legación Mexicana en Washington durante la Intervención extranjera, 1860-1868*. Francisco Bulnes: *El verdadero Juárez y la verdad sobre la intervención y el imperio*. Alberto Valdés Inchausti: *Pedro Baranda y Quijano, general y político de la república*. Jesús de León Toral: *Historia militar: la intervención francesa en México*.

2) Wallace y Church viajaron posteriormente a Chihuahua donde se encontraba el gobierno Juárez. Lo hacen en un carruaje que les presta Escobedo durante 20 días; durante el viaje estudian algunas minas de plata en el norte. "Juárez es un gran hombre en el sentido real de la palabra" le escribe Wallace a su mujer. Le presentan un reporte de la expedición del *Everman* y tratan de obtener concesiones mineras o para la construcción de una línea del telégrafo (traen la representación de algunos capitalistas norteamericanos). Wallace y Church acompañaron al gobierno en el viaje de retorno a Durango. Wallace regresó a Indiana en febrero de 1867. Tras el final de la guerra en mayo de 1867, Lew Wallace renunció a su cargo de agente mexicano. Pasó parte de los dos años siguientes tratando de conseguir que el gobierno le pagara o una concesión minera o negocio que cubriera los 100 mil dólares que Carvajal le había prometido. Recibió 2 500 de Romero en 1868. El gobierno dijo que Carvajal se había excedido en su oferta y finalmente le entregó 15 mil dólares.

3) En agosto de 1867 Herman Sturm hizo un resumen de sus operaciones y se lo envió como un recordatorio de la deuda al gobierno mexicano. De los 670 mil dólares que pretendía cobrar logró recibir 43 500 en 1868. Entre 1888 y 1891 Sturm viajó varias veces a México con desigual suerte. En una de sus reclamaciones pudo obtener 210 854.50, pero en bonos gubernamentales que valían un tercio en el mercado (menos valiosos incluso que los bonos que el propio Sturm negociara en su día). Finalmente el general Sturm se hizo un minero rico y vivió en Denver donde murió el 17 de octubre de 1906.

188

LA OFENSIVA DE ESCOBEDO (1866)

Al inicio del año 1866 el noreste imperial está reducido a las ciudades de Saltillo, Monterrey y Matamoros. Sin embargo, Bazaine, que aunque tiene órdenes de iniciar el repliegue francés, bajo presión de Maximiliano no abandona la zona y cuenta con toda la división de Douay para apoyarlo.

Mariano Escobedo ha pasado de la lucha de pequeñas guerrillas a una nueva modalidad de la chinaca, un pequeño ejército que se divide, amaga, ataca para conseguir armas y recursos, se concentra para golpear, se dispersa de nuevo. Va aprendiendo lentamente las reglas de esta nueva guerra que también se practicará en el noroeste con Corona, en Michoacán y Oaxaca.

Al inicio del año tiene concentrados un millar de hombres y cuatro cañones en Linares (Nuevo León), al sureste de Monterrey, y un depósito de municiones en San Pedro Iturbide. Ordena a Jerónimo Treviño que con la 1ª División de caballería (la Legión del Norte, el batallón de Supremos Poderes y los lanceros de Parras), 800 chinacos armados muchos de ellos con rifles norteamericanos y Francisco Naranjo con la infantería avancen hacia Monterrey para amagar la plaza fuerte de los imperiales, y da instrucciones al gobernador de Coahuila, Andrés Viesca, que hostilice Saltillo con la cooperación del coronel Martínez, que salió de Galeana (Nuevo León).

Viesca, que había ocupado Parras derrotando a un batallón de imperialistas mandado por Máximo Campos en la noche del 11 al 12, se ve obligado a salir del pueblo el 18 de febrero ante la presencia de una columna francesa, e informa a Escobedo. Los imperiales en número de 500 hombres vuelven a tomar la ciudad. Y ahí la habilidad de Escobedo en esta nueva guerra: Mueve al general Espinosa hacia Matehuala para distraer la columna de Douay que viene de San Luis Potosí hacia Monterrey, informa a Treviño que estaba pretendiendo batir a 200 franceses en la plaza de Saltillo, y lo hace variar el rumbo hacia Parras dejando a una pequeña fuerza de caballería a la vista de Monterrey, para ocultar el movimiento y ordena a Martínez que situase su fuerza en Palomas y Agua Nueva para asediar Saltillo. Lo que parece un galimatías geográfico es una combinación de movimientos de alguien que tiene un dominio territorial notable y una inmensa confianza en un ejército que es capaz de las marchas más terribles en las peores condiciones.

Treviño y Naranjo indicaron a Viesca que con su fuerza (no más de 300 hombres) retrocediese violentamente hasta encontrarlos. En la tarde del 28 de febrero las tropas de Nuevo León llegaron a Santa Isabel, a 13 kilómetros de Parras, tras haber recorrido 500 kilómetros (evadiendo el paso por Monterrey), y Andrés S. Viesca con la mitad de su fuerza se reunió con ellos en la madrugada del 1º de marzo, después de una marcha de 120 kilómetros sin descanso. El punto de encuentro era una hacienda de mampostería, con terrazas, arrimada a un cerrito de poca elevación sobre un acantilado con bancos de rocas.

El comandante De Brian Foussieres (37 años, gran bebedor de ajenjo) que había tomado la jefatura de la guarnición de Parras tuvo noticias de la concentración republicana e incitado por el traidor Campos se decidió al ataque. Según versión de un prisionero francés, creían que la fuerza de Santa Isabel era la pequeña tropa de Viesca que había ocupado y desocupado Parras. El subteniente Ernest Moutiez anota: "A veces en el cuerpo expedicionario soplaba un viento de bravura loca".

Durante la noche del 28 de febrero De Brian salió de Parras con ocho oficiales y 177 legionarios más 400 auxiliares mexicanos de la guardia rural. La pequeña columna llegó cerca de la hacienda antes del alba. Las compañías fueron desplegadas con la tropa mexicana en el centro y una reserva con la caballería mexicana aliada. Moutiez recuerda el olor de un viento ligero como el de un "cuarto sin ventilación o una fogata". Brian decide atacar, en la noche sus oficiales lo invitan a replegarse y los reprende. Tras tres horas de marcha forzada, ya empieza a oscurecer.

Son cerca de las tres de la mañana del 1º de marzo. Arias cuenta: "Por un momento Treviño dudó si debía mantenerse en sus posiciones, y ya disponía su marcha" para cambiar la posición cuando habló con Naranjo y sabiendo el gusto de los franceses por los ataques nocturnos y el cansancio de sus tropas, que habían recorrido cientos de kilómetros, ambos jefes resolvieron aguantar. La caballería atrás del cerro, a cubierto, de manera de poder tomar a los asaltantes por el flanco y la infantería acomodada en un peñón de unos 60 metros.

Viesca no tenía ni dos horas de haber llegado al campamento cuando comenzaron a oírse los tiros de las avanzadas. Son las 4:30 de la madrugada. Una fuerza de caballería de 40 hombres al mando del teniente coronel Joaquín Garza Leal retrocedía resistiendo el fuego sostenido por más de hora y media sin pérdidas.

Brian descabalga y sigue a sus hombres sable en mano. Cargan desde muy lejos, cerca de 700 metros, llegan agotados, los recibe a tiros el escuadrón de Monclova y los tiradores de la Legión del Norte armados con rifles de repetición. Aunque agotados por la carrera los franceses tratan de escalar el cerro. Las descargas mexicanas los frenan. El comandante De Brian es herido por las esquirlas de un cañonazo.

Naranjo y Treviño están en todos lados. Los imperiales lanzan la caballería hacia el lado izquierda y la infantería reitera su carga por el flanco derecho. Por segunda y tercera vez los rechazan. Francisco Naranjo le escribirá a Juárez: "Tal vez le parecerá a usted extraño cuando digo que mis soldados rechazaron a los franceses a la bayoneta […] uno de mis cuerpos está armado con rifle de Enfield de bayoneta, constituyéndose así en un cuerpo de infantería montada". Una voz salida de la hacienda grita en francés: *en retirada*, los legionarios sorprendidos dudan.

Los auxiliares imperialistas mexicanos se desparraman y huyen. Los legionarios franceses comienzan a replegarse con un 50% de bajas. A la orden de Treviño carga la caballería republicana, González Herrera con 500 jinetes, apareciendo por sorpresa tras la hacienda y simultáneamente dos columnas de a pie del Cuerpo de Tiradores y de los Rifleros de Nuevo León los persiguen. El escuadrón mexicano imperialista retrocede por el camino de Parras. Los legionarios huyen en desorden, evacuando el cerro y buscan la manera de agruparse, será inútil. El capitán Cazés muere al cruzar el arroyo que corre frente a la finca. El teniente Revis completamente rodeado se defiende con su revólver y sable, lo mutilan de manera horrible; el comandante De Brian, se retira sostenido por el sargento Racle de la 3ra compañía, ocho o diez jinetes los asaltan, matan primero al suboficial y después rematan al comandante.

A unos 100 metros los restos de los franceses encabezados por el capitán Moulinier intentan formar un cuadro con cuatro fusileros, mueren los cinco. "Asaltan al médico militar Rustegho que ha establecido su ambulancia al pie de los muros de la hacienda y queda herido. Lo remata un desertor francés del 62 regimiento de línea, apellidado Albert. El sargento Desbordes, reúne a los heridos y a unos 70 inválidos, y con ayuda del fusilero Degeorges organizan la defensa y rechazan a los que los rodean. Conscientes de su inferioridad se arrojan a una barranca pero no tardan en quedar acorralados. Los mexicanos lanzan piedras y piedras sobre ellos y les gritan "ríndanse". Al fin los últimos combatientes deponen las armas.

"Un oficial mexicano elegantemente les pide la rendición". La caballería del general González Herrera respeta a los heridos que se encuentran en el llano; los laguneros rematan todos los que quedan en el cerro al pie de los muros del casco de la hacienda.

A las 7:30 todo está concluido. La columna francesa ha sido completamente aniquilada. Lo que Meyer llama "el loco asalto nocturno lanzado por el comandante Paul Brian" se convierte en una terrible derrota. El coronel Francisco Naranjo quedará por algún tiempo inútil por una herida severa de bala en una pierna. Fue llevado en camilla en hombros de los prisioneros franceses, pasará su primera etapa de convalecencia en Cuatro Ciénegas. El campo está regado de cadáveres; caballos, pertrechos de guerra y una pieza de montaña quedaron en poder de los republicanos.

Las bajas de la columna imperial varían según las fuentes, los franceses registran las propias pero no las de los mexicanos que los acompañaban de la brigada Campos. En total siete oficiales franceses fueron muertos y uno hecho prisionero, cerca de 80 soldados están detenidos entre ellos 37 heridos. El resto, de los 450 que entraron en combate, están muertos o dispersos. Treviño tiene órdenes de fusilar a los capturados en represalia por la ley del 3 de octubre, pero decide no hacerlo.

Los republicanos ocupan Parras sin gran esfuerzo, encuentran los alojamientos de los imperiales, según Arias, "desbezados, inmundos y con repugnantes huellas de una soldadesca inmoral y ruda" y la protesta de los comerciantes y los vinicultores que están arruinados porque tuvieron que vender sus productos a los precios que les imponían.

La columna de socorro que envía Douay desde Saltillo al conocerse el desastre ocupa Parras el 5 de marzo, pero ni sombras de los republicanos que se han dispersado, por lo que ni siquiera intentan perseguirlos. En el resto del país la derrota de los imperiales en Santa Isabel hace que el Estado Mayor francés ordene a sus tropas no alejarse más de 13 kilómetros de las rutas que unen las poblaciones principales, lo que significa abandonar la ofensiva y pasar a la defensiva.

El 17 de marzo Escobedo le escribe a Juárez: "Esta frontera ha llamado la atención del imperio" y registra cómo los francesas han concentrado fuerzas en Monterrey, Matamoros y Tampico. En Monterrey está el general Pierre Jean Joseph Jeanningros, el jefe de la legión Extranjera en México, de 60 años, con 34 de soldado profesional, con 800 hombres, más el regimiento belga de la emperatriz y los 60 hombres de caballería del vidaurrista Quiroga. Mil doscientos de Douay y 800 que llegaron de Saltillo, más otros 800 que vienen de Durango. No menos de 4 mil hombres. Escobedo cuenta en esos momentos con "la primera división de caballería fuerte de 1 200 hombres con un número igual que debe tener el general Viesca, con 760 caballos en el otro lado de la sierra, en Galeana y con 800 buenos infantes muy bien disciplinados, bien armados y regularmente vestidos y equipados". No llegan a 3 mil. "Estoy abrumado con los deberes que cargan sobre mí y tengo la conciencia de no ser apto para sacar todo el partido que es de esperarse", dirá Mariano.

Si bien los problemas para organizar las partidas republicanas son muy complicados para Escobedo, los franceses están lidiando con el cansancio y la deserción entre sus tropas, al grado de verse obligados Jeanningros y Douay a lanzar terribles decretos de muerte, contra los individuos y contra los pueblos que no sólo protegiesen la desbandada, sino que diesen siquiera un vaso de agua a los desertores. Y a eso hay que sumar el continuo hostigamiento de guerrillas fantasmas que no ofrecen combate frontal. La guerra se endurece. El teniente G. Coiné escribe: "No hacemos prisioneros y los heridos son ejecutados; es una verdadera guerra de salvajes, indigna de los europeos".

Escobedo se mueve de un lado a otro, amaga y ataca al sur. Con algunos hombres de infantería se reúne con Albino Espinosa y embiste a los destacamentos imperiales de la zona hasta obligarlos a encerrarse en Matehuala el 21 de marzo, y cuando los franceses envían una columna de refuerzos desde San Luis Potosí ataca el mineral de Real de Catorce que estaba siendo vigilado por Ruperto Martínez y destruye la guarnición de 200 imperiales, haciéndose con recursos económicos.

Luego Escobedo volvió a su cuartel general en Linares y de ahí en abril va a Fort Davis, Texas, para comprar armas.

Douay con fuerzas numerosas llega a Saltillo y ordena que "dos gruesas columnas" persigan a Espinosa, mientras él personalmente marchaba por Galeana hacia Linares intentando que Escobedo le diera batalla, mientras la Legión de Jeanningros le cerraba el camino. Escobedo regresó violentamente y observó a través de la red de informadores y patrullas los movimiento de Douay. Si este salía a perseguirlo dejaba desguarnecidas las ciudades claves: Monterrey y Saltillo. El general orejón, que se estaba volviendo un maestro en la guerra de guerrillas, ordenó a Viesca que marchase sobre Saltillo, que contaba con una débil guarnición, a Treviño que con Ruperto Martínez, fuera sobre Monterrey, y a Naranjo se colocara en una posición (en China, Nuevo León) en la que podría amagar el puerto de Matamoros.

Arias comentaría: "Tales movimientos debían desconcertar, y de facto desconcertaron, al enemigo". Douay en el distrito de Galeana, frustrado en su persecución mandó incendiar el pueblo de San Pedro y el de Río Blanco, y sus tropas hicieron barbaridades en la región. El teniente francés Malgrive lo había escrito semanas antes: "Corremos como locos para perseguir a un enemigo que no se deja aprehender".

Douay contramarchó para Saltillo y Jeanningros abandonó su expedición a Linares, y retrocedió violentamente hacia Monterrey. Escobedo, que había logrado concentrar sus fuerzas, trató de enfrentarlo. El jefe francés forzó el camino en medio de una fuerte lluvia, Arias lo llamaría una "fuga cobarde" siempre hostilizado por los jinetes de Ruperto Martínez, que lo persiguieron hasta las puertas de la ciudad.

Ruperto Martínez es un típico hijo de la chinaca. Tenía 35 años, huérfano de padre a quien mataron los indios, trabaja en el campo desde los 12 años; se incorpora a la Guardia Nacional y llega al grado de capitán. Manda en el ejército de guerrillas de Escobedo un grupo de 30 jinetes, que la mayoría de las veces no tiene municiones y se ven obligado a usar arcos y flechas. En una de sus cartas cuenta que andaban "errantes por los campos" y que se alimentaban de "carne, sin tortilla ni sal". Poco a poco su guerrilla crece hasta llegar a 300 hombres que se bautizan como Rifleros de Nuevo León.

Jeanningros, mientras tanto, lograba romper el bloqueo y se acercaba a Charco Escondido el 1º de abril, para enlazar con Mejía en Matamoros y enviarle un refuerzo de 600 mexicanos. Con esto normalizaron los convoyes entre Monterrey y Matamoros, que eran claves para la economía del imperio. Pero las guerrillas de Escobedo dominan desde el Río Bravo hasta el norte de San Luis Potosí. Por más que lo intenta Douay no puede lograr un choque frontal, los republicanos se le desvanecen y se ve obligado a desperdigar sus tropas en brigadas que sufren el acoso de la chinaca liberal.

Hay choques en Saltillo el 22 de mayo; en el Cañón de Santa Rosa el 23 de mayo; en las inmediaciones de Monterrey, en Las Fuentes, en Montemorelos, el mismo día; en Papagallos el 9 de junio; en La Manteca el 10 de junio.

Escobedo había empezado a montar una operación contra Matehuala cuando los rumores primero, los espías después y los correos capturados al enemigo al fin, le informaron que este preparaba movimientos mandando dos columnas, una que trasportaría mercancías desde Matamoros y otra que llevaría una conducta de caudales desde Monterrey, encontrándose a mitad de camino en Ciudad Mier, sobre el río Bravo para intercambiar materiales. Atacarlos sería una jugada de ajedrez llena de remiendos, pero la información seguía fluyendo. El general republicano supo que en Matamoros el convoy estaría al mando del general Feliciano Olvera, viejo conocido, y que contaría con dos compañías de infantería de austriacos (aunque los austriacos traen la moral baja, piensan que deberían haber regresado a su país y no están a gusto bajo el mando de Olvera), dos cañones y un millar de imperiales mexicanos; incluso se decía que había algunos gringos confederados. La segunda estaría mandada por el teniente coronel De Tucé, con dos batallones de la legión extranjera (1 500 franceses) y seis piezas de artillería y salió de Monterrey el 8 de junio.

Las tropas que debían marchar sobre Matehuala se habían ya puesto en camino, pero Escobedo movilizó a los enlaces para reconcentrar a la Brigada desperdigada en pueblos y rancherías. Sabía que los franceses que venían de Monterrey tenían la orden de que en caso de ser atacados por fuerzas superiores, deberían hacerse fuertes y esperar a la segunda columna y ordenó al general Jerónimo Treviño que les hiciera la vida imposible para demorarlos, atacando a las partidas que se desprendían del grupo buscando víveres, haciendo santiaguitos a las vanguardias, atacando rezagados, obstruyendo los caminos, envenenándoles el agua potable.

Y tras él fue Escobedo hacia Cerralvo, a 90 kilómetros al noroeste de Monterrey y el 12 y 13 de junio se libraron escaramuzas, suficientes para que los franceses se acuclillaran a la espera de la otra columna. La mitad de la trampa ya estaba armada. Escobedo dejó al general Ruperto Martínez hostigando a los franceses, con 600 hombres de caballería, y organizó lo aparentemente imposible.

La infantería republicana marchó 160 kilómetros (otros dirán que sólo 110, aunque con tan malos caminos no hay distancias rectas) en dos días y al fin, derrengados, con la lengua de fuera, porque marchar bajo el sol de Nuevo León y Tamaulipas no era cosa de broma, arribaron a un rancho que tenía el premonitorio y desafortunado nombre de Derramaderos. Allí, el 14 de junio de 1866 hicieron una pausa para ver qué rumbo traía el convoy con sus 200 carros y más de 2 mil mulas.

En Derramaderos Escobedo recibió informaciones de la columna enemiga y su ruta, que venía hostigada por la chinaca de Macedonio Rodríguez, y decidió que había que darles combate donde no tuviesen agua, para evitar que se atrincherasen por muchas horas. El 15 de junio los republicanos llegaron a la mesa de Santa Gertrudis, a unos diez kilómetros de Camargo. El convoy imperialista era vigilado por chinacos y le dijeron al general que ya había que entrarle, y aunque Escobedo argumentó que llegaban muy cansados, estaban sin comer y sedientos, lo convencieron, porque las lomas de Santa Gertrudis se prestaban para la emboscada. "Tan sólo tenía yo 1 500 hombres" y ocho piezas de artillería ligera. Para esto, la columna que dirige DeTucé está paralizada en Cerralvo a la espera y Escobedo lo sabe. Está a 12 kilómetros del enemigo.

Se montó la emboscada. La infantería del general Escobedo bajo su mando personal, con Sóstenes Rocha como segundo, la componían cuatro columnas (una de ellas posiblemente mandada por el argentino Meyer); Jerónimo Treviño, que ocho días antes había sido merecidamente nombrado general de brigada mandaba la caballería (la Legión del Norte, la segunda de Carabineros de Lampazos, y un piquete de Supremos Poderes), y la de reserva que era también de infantes o caballería desmontada. Arias cuenta: "Para dar una sorpresa completa la consigna era guardar el mayor silencio; y en verdad era tal, que parecía no moverse el viento en la llanura ni en los salvajes bosquecillos de aquellos desiertos casi eriales".

Venían imprudentes los traidores, pero uno de los oficiales republicanos, por distracción, soberbia o calentura, salió a provocar a los imperiales y estropeó la emboscada. Rápidamente, los hombres de Olvera desplegaron su caballería y el adelantado imprudente retornó a las filas de la columna sin poder reparar el daño.

Como se suele decir cuando se cuentan batalla como esta, ya era muy entrada la tarde, caía la noche y los imperiales se detuvieron para dar el combate al día siguiente, confiando en su fuerza y en su artillería. Escobedo no puede haber hecho menos que dudar: ¿Emboscada perdida?, ¿fuerzas niveladas?, ¿otra retirada más? Y mientras los imperiales reponían cansancios, el general republicano al que le faltaba la gracia verbal de Riva Palacio, la sequedad brutal y emocionante de Zaragoza o la simpleza dramática de Negrete, y estaba bien claro que a pesar de su apariencia de profesor de escuela arrojado a otros menesteres, lo suyo no era la elocuencia, improvisó un discurso repleto de todos los lugares comunes que había aprendido en aquellos años y a la masa agotada en Santa Gertrudis le gustó.

Los republicanos comenzaron a la luz de la luna a replegarse unos kilómetros más atrás para montar un nuevo campamento y disponer una nueva emboscada. A oficial tras oficial se le exigió sigilo, disciplina y, sobre todo, silencio. Los imperiales habían usado los carros de su caravana como parapeto, como si estuvieran en el *far west* rodeados de indios, pero al no ver ante sí a ninguna fuerza en las primeras luces del 16 de junio de 1866, iniciaron su avance abriendo fuego de artillería en abanico, buscando la respuesta artillera de los republicanos para situarlos. Se les devolvió el silencio.

Sin desayunar, porque el estómago lleno es malo para la herida de machete, el tajo de espada, la punta de bayoneta, quietos, cuerpo a tierra, se quedaron esperando los chinacos: las cuatro columnas de infantería: los batallones Zaragoza e Hidalgo; los rifleros de Naranjo, con su jefe ausente y los rifleros de China; la brigada Tamaulipas de Canales; la Legión del Norte y los carabineros de Lampazos; el piquete de los Supremos Poderes, los zapadores; los Libres de la Frontera y los tiradores del Bravo y el general Treviño al mando de las caballerías escondidas en un pequeño valle.

Los imperiales desplegaron columnas de ataque, cubriendo su frente una extensa línea de tiradores, y siguieron su avance sin molestias, sin saber en la que se estaban metiendo, aunque eran más que los republicanos. Arias, siempre presente, cuenta: "hasta llegar a una distancia de 150 metros de las columnas republicanas, que al fin recibieron la orden de ponerse en pie y romper sus fuegos. La distancia era tan estrecha, que apenas se hizo una descarga y mediante el toque de carga, las columnas se lanzaron a la bayoneta con tan soberbio empuje, que el enemigo hubo de retroceder por largo trecho hasta apoderarse de una ligera eminencia, donde logró defenderse tenazmente".

"El enemigo se vio arrollado por todas partes: sus batallones, sedientos y cansados, se rendían a discreción, y solamente algunos austriacos resistieron con una terquedad que les costó bien cara". Y las crónicas dicen que con un Colt en la mano el general Mariano Escobedo buscó con la mirada a Treviño para que cargara por el flanco, pero el norteño le había adivinado, y ya venían los chinacos con las lanzas por enfrente flanqueándolos por la derecha.

Según la versión de las tropas del general Canales, fue él quien presionó a Treviño para que cargara con el potente argumento de que "en Tamaulipas hay hombres y no cabrones", y Treviño desenfundó la pistola y se produjo el siguiente diálogo:

—¡En Nuevo León también hay hombres, amigo!

—Yo no lo digo por usted, sino por este orejón [Mariano Escobedo].

—¡Vamos a hacer la batalla como usted dice, pero me responde con su vida!

—Sí, señor, le respondo con el cuello.

Escobedo entonces ordenó la carga final en tres columnas que los acabó de desbaratar. De los imperiales, sólo su comandante Olvera pudo ponerse a salvo con menos de 100 jinetes, porque tenían buenos caballos; los demás se habían quedado en el campo; los austriacos aguantaron un poco más.

Todo empezó a las seis y eran las siete y media. Hacia las diez de la mañana terminó la persecución. Las pérdidas de los imperialistas consistieron en 251 mexicanos y 145 austriacos muertos; 121 mexicanos y 45 austriacos heridos; y 858 mexicanos y 143 austriacos prisioneros. Total de bajas: 1 664, una masacre. Más 13 piezas de artillería y mil y pico fusiles capturados.

En el doloroso conteo de las bajas propias, Escobedo es parco: "Por nuestra parte hay muy poca pérdida que lamentar"; son 145 muertos y 78 heridos.

Era la victoria militar más importante de los últimos años, y para una chinaca llena de penurias, el botín valía triple de lo que realmente valía. Escobedo decidió devolver las mercancías a los comerciantes de Matamoros previo pago de derechos aduanales, haciendo la excepción de las mercancías y dineros de los traidores, que fueron decomisados. El dinero de los impuestos sirvió para pagar a la tropa, comprar armas y municiones, y hasta alcanzó para pagar los materiales para el necesario hospital de sangre, porque los heridos se morían o salvaban como en albures, sin poder hacer nada por ellos. Todavía sobró para comprar 4 mil armas, entre ellas algunos fusiles Remington de repetición y hasta para mandar meses después hacer en Monterrey 10 mil uniformes de paño, que mucha falta hacían. La última medida fue enviar 45 mil pesos al gobierno y 5 mil pesos personalmente al presidente Juárez que los recibió en agosto y los rechazó argumentando que no podía recibir dinero mientras subsistieran las condiciones de miseria de los soldados del ejército.

Escobedo enviará para San Luis Potosí 1 500 fusiles, a Zacatecas envió al general Díaz de León 300 soldados de infantería y 200 de caballería, llevando 300 armas de más. Envió a Chihuahua 500 soldados bien provistos de municiones, 800 a Durango bajo las órdenes del general González Herrera; mandó al gobernador de Aguascalientes 300 fusiles y media batería: envió a Tamaulipas 700 fusiles y vestuarios; entregó al estado de Coahuila ochocientas armas; y el estado de Nuevo León recibió mil fusiles con sus correspondientes municiones y mil equipos.

El príncipe de Salm Salm, que en sus recuerdos suele ir del chisme a la calumnia, dice que los republicanos "se hicieron de varios millones de pesos […]. Escobedo […] no se olvidó de sí mismo. Por conducto de la casa de Brach Schöfeld de Monterrey, envió a Inglaterra por cuenta personal 50 mil pesos".

Mermado por las tropas que tuvo que dejar preparando el reparto de lo obtenido en Santa Gertrudis, la organización de hospitales para cuidar a los heridos, y los grupos que habrían de repartir las armas capturadas en todo el norte, Escobedo volvió sobre los Legionarios de Jeanningros con dos divisiones, una de infantería bajo el mando del general Rocha y otra de caballería a las órdenes del general Treviño, que a largo de varios pequeños combates a mitad de junio encerraron a los franceses en Monterrey. Treviño luego fue comisionado hacia San Luis Potosí.

Los legionarios franceses por primera vez en la campaña estaban sufriendo bajas importantes a causa de los frecuentes desertores, varios de los cuales cruzaron la frontera hacia los Estados Unidos o se unieron a los republicanos. Douay reconoce que en un combate contra la guerrilla fuera de Matehuala "las dos terceras partes de los muertos y los heridos han sido reconocidos como los de unos miserables que han abandonado las filas francesas para combatir contra sus antiguos hermanos de armas". En Saltillo, el 5 de julio el general Félix Douay escribía: "Las deserciones siguen. Me señalan 11 en Matehuala, cinco en Monterrey, tres en Saltillo. Un desertor capturado fue fusilado. Dos contratistas mexicanos han sido colgados. Aprobé esas ejecuciones". No sólo entre la Legión Extranjera, el doctor mayor Aronssohn en julio del 66 habla de que en el 7° de línea se produjeron deserciones de grupos de 20 o 30 a la vez. Al salir de Chihuahua, "eran tantos que nos vimos reducidos a nada". Si bien el fenómeno no era masivo, este goteo debilitaba fuertemente la moral del ejército de ocupación.

El coronel Juan de Dios Arias escribiría: "Así concluyó la famosa expedición tanto tiempo meditada por Douay, y en la que empleó cerca de 10 mil hombres sin más resultado que levantar la moral de nuestros sufridos insurgentes". La última ofensiva de Bazaine se diluye en la nada, con la agravante de las derrotas de Santa Isabel y Santa Gertrudis. El 28 de junio del 66, Escobedo le escribe a Juárez: "Estoy sumamente contento, señor presidente, porque ahora podemos hacer la guerra en mayor escala".

NOTAS

1) Jean Meyer: *Yo, el francés. Crónicas de la intervención francesa en México, 1862-1867*. Mario Treviño Villarreal: *El principio del fin: la batalla de Santa Gertrudis*. Benito Juárez: *Documentos, discursos y correspondencia*, tomo X (Partes y correspondencia de Andrés S. Viesca, Jerónimo Treviño, Francisco Naranjo) y tomo XI (partes y correspondencia de Mariano Escobedo). M. Penette y J. Castaingt: *La Legión Extranjera en la intervención francesa*. Antonio García Pérez: *Estudio político militar de la Campaña de Méjico, 1861-1867*. Juan de Dios Arias: *Reseña histórica del Ejército del Norte durante la intervención francesa, sitio de Querétaro y noticias oficiales sobre la captura de Maximiliano, su proceso íntegro y su muerte*. Jesús de León Toral: *Historia militar: la intervención francesa en México*. Gustave Niox: *Expédition du Mexique, 1861-1867: récit politique et militaire*. Félix Salm Salm: *My Diary in Mexico in 1867*. Nelson: "Maximilian's Austrians in Action". Luis Raymundo Hernández: *La intervención francesa en Tamaulipas, 1861-1866*. Paco Ignacio Taibo II: *El general orejón ese*. "Hoja de servicios del C. General de División Mariano Escobedo, su edad cincuenta y siete años, natural de Galeana del Estado de Nuevo León, su estado casado, sus servicios, y circunstancias los que a continuación se expresan". Lucas Martínez Sánchez: *Coahuila durante la Intervención Francesa, 1862-1867*. Agustín Rivera: *Anales mexicanos. La Reforma y el Segundo Imperio*. Leopoldo Martínez Caraza: "La caballería en México". Niceto de Zamacois: *Historia de México*. Lawrence Douglas Taylor Hanson: *Voluntarios extranjeros en los ejércitos liberales mexicanos, 1854-1867*.

2) En el canje de prisioneros franceses capturados en Santa Isabel intervino el médico monclovense Simón Blanco como intermediario ante el general Douay. Viesca les dio un trato correcto, se les permitió recibir dinero de sus jefes franceses y después del largo recorrido por el desierto hasta Cuatro Ciénegas, tuvieron por cárcel la ciudad de Monterrey.

3) Las cifras de los combatientes de Escobedo en Santa Gertrudis han sido exageradas; Antonio García Pérez y otros historiadores, así como el parte de los franceses, hablan de 3 mil a 5 mil, y en el colmo de la desinformación dicen que había entre ellos de 400 a 1 500 norteamericanos. Arias precisa que no había en la Brigada de Escobedo "arriba de tres extranjeros", entre ellos el argentino Meyer y el oficial suizo Erick Wulff, que se acababa de sumar y actuaría como agente secreto y periodista del *New York Tribune*, probablemente algunos más, desertores franceses y belgas. Las versiones austriacas atribuyeron la derrota a la traición de Olvera, que desertó y los atacó por la

retaguardia, pero no se sostienen, Olvera permaneció fiel al imperio. Aunque las crónicas basadas en fuentes austriacas dicen que todos murieron en el combate o fueron capturados y ejecutados, la cifra de prisioneros fue de 188.

4) Para dar una idea de la extensión de la chinaca en el norte, sólo en Durango operaban cinco guerrillas en los municipios de Ocampo, Hidalgo, El Oro, Indé, Guanaceví y San Bernardo, coordinadas por el gobernador republicano Antonio Carvajal. En la Región Lagunera (Mapimí, Santa Rosa, Lerdo y San Juan de Guadalupe) actuaba la guerrilla de Jesús González Herrera. Estaba la partida de Jesús Valdespino en Cuencamé; la de Remedios Meza, en Tamazula. En Santiago Papasquiaro y Tepehuanes la de Joaquín Lozoya y Guadalupe J. Dolores Colchado. Y había guerrillas en Pueblo Nuevo y en Nazas.

5) Existe una versión antiescobedista de la batalla de Santa Gertrudis debida a la pluma de Garza Sáenz: "La historia real: Santa Gertrudis fue una matazón y no batalla" en Turist@m, que atribuye la victoria a los tamaulipecos de Canales.

189

SÓSTENES ROCHA

En una guerra continua que habría de durar casi 14 años nada es seguro, nada es fácil, pero en tu caso sería particularmente difícil. Tenías debilidad por el ejército, al fin y al cabo hijo de militar y eso pesaba más que haber nacido en Marfil, Guanajuato, el 6 de julio de 1831. Cadete del Colegio Militar (compañero de batallón al inicio de los 50 de Miramón y Leandro Valle), teniente contra la Revolución de Ayutla, aunque en los últimos momentos abandonas el barco del santanismo. Estás con el gobierno de Comonfort al inicio, pero cuando la brigada de Severo del Castillo se le voltea a Comonfort en los desgraciados acontecimientos de Puebla, el capitán Sóstenes se va con él. Derrotado Severo, te amnistías. Lo tuyo no es por lo visto la fidelidad.

Santos Degollado te da empleo con las guardias nacionales de Guanajuato. Vuelves a combatir del lado liberal contra las pequeñas insurrecciones de los mochos y harás el principio de la Guerra de Reforma con Doblado y la coalición. Tras las batallas de Salamanca y Romita formas parte de los capturados, le ofreces a Miramón no mezclarte "jamás en cuestiones militares y políticas". En el 58 Miramón te reincorpora y reinstala en el cuerpo de ingenieros.

Estarás con Márquez en Tacubaya. Mantienes relaciones con los liberales que te ven con recelo, pero sigues sirviendo al ejército de los cangrejos y con tus zapadores estarás en la batalla de Atenquique. Serás herido en la cabeza en la ofensiva de Miramón contra Veracruz.

El 21 de octubre de 1860 el general Robles Pezuela da noticia de que Sóstenes Rocha desertó con toda su compañía. No quisiste irte solo sino con los soldados que tenías a tus órdenes. Combatiste el final de la Guerra de Reforma con los liberales y entrarás con las tropas de Feliciano Chavarría a la Ciudad de México. Había dudas sobre ti y tras la victoria fuiste dado de baja. No te tienen mucha confianza y no te dan mando militar. Luego te nombran jefe menor en la policía. Pero en esos tiempos de lucha contra las bandas de la reacción hace falta todo el que se defina de este lado. Serás luego teniente coronel de milicia.

Para adquirir nuevos méritos, y para merecer esa rehabilitación, te habías presentado en calidad de soldado raso al general Aureliano Rivera, y actuaste en la campaña contra los reaccionarios que sembraban el terror en el Valle de México. Tu mayor hazaña el enfrentamiento exitoso con tan sólo 200 dragones contra Leonardo Márquez que traía casi 2 mil hombres en la cordillera de Las Cruces.

Calvo prematuro, militar por obsesión y sin duda romántico porque cantabas esa vieja canción aragonesa: "Muchos dicen que el cuerpo es de tierra / que el alma que encierra / es la que ha de vivir / pues dejemos el cuerpo en calma / sigamos el alma / que sabe sentir".

A pesar de tus eternas dudas, no eras liberal, no eras republicano, no titubeaste demasiado al producirse la Invasión francesa, eras soldado y pesaba mucho esa potente noción de patria en peligro. Combatiste a los franceses y Márquez en Barranca Seca. Asciendes a teniente coronel de Ingenieros y te dan orden de formar el cuerpo de Zapadores, con el que te incorporas al Ejército del Centro, que venía mandando el general Comonfort. Sufres las indecisiones de tu jefe y sus fallidos intentos de auxiliar la Puebla cercada.

En la batalla de San Lorenzo, con tu batallón de zapadores, eras uno de los pocos que no se quiebran ante la carga de Bazaine. Pierdes la mitad de tus hombres y terminas prisionero. No sabrás que durante tu captura el gobierno mexicano te ha ascendido a coronel.

Garrido te describe: "Un ingeniero que pinta mapas, que ha conocido las cárceles del imperio y se peina el bigote con esmero y a cuyo lado la gente muere envuelta en la bandera".

Te fugas como tantos otros generales, coroneles y capitanes en Orizaba, corres a buscar un nuevo destino en la guerra, cruzas la Huasteca Potosina hasta encontrar a Juárez en San Luis, donde te dan el mando de un batallón. El mismo batallón con el que tratas de recuperar San Luis en el ataque de Negrete y que no quede por ti y tus zapadores, que haciendo prodigios de valor lleguen hasta el centro de la ciudad y paguen la más alta cuota de sangre.

Con el ejército destruido seguiste al gobierno hacia Chihuahua y luego a Paso del Norte con Juárez y Terrazas. Cuando los franceses se replegaron, te encargaron la toma de la capital contra el traidor Carranco. Y ese fue el primer paso del retorno, porque tras haber gozado el éxito, y recibir el nombramiento de coronel de manos del mismo presidente, te lanzaste a unirte a la División del Norte que estaba integrando Escobedo.

Escribirías pidiendo mano dura: "Por mi parte y para que, haciendo a un lado nuestros impulsos de piedad vengáramos a nuestros hermanos inmolados en aras de la patria, desearía que el supremo gobierno nos ordenara [...] a los jefes militares ser inflexibles con los enemigos de nuestra independencia y no hacer prisioneros en las batallas", es decir, ejecutarlos ahí mismo.

El coronel Arias, que era además narrador y secretario de Escobedo, te describe: "Nadie ha desconocido el valor, la instrucción y ciertas aptitudes militares de Rocha, pero descarriado en la viciosa escuela de las revoluciones civiles y de los pronunciamientos, había contraído ciertos resabios de insubordinación, que era más peligrosa a medida que se le hacía entender la superioridad de su inteligencia. Sin embargo, la docilidad de su carácter y su clara percepción, al lado de un hombre tan rígido en la disciplina como lo es el general Escobedo, le dieron el convencimiento de lo que era su mala escuela, y de que la moralidad del ejército era imposible, mientras se barrenasen sus severas leyes".

Harás toda la campaña del norte con Escobedo y serás nombrado general a su propuesta el 17 de marzo de 1866 junto a Naranjo y Treviño. Tu brigada Rocha va a ser clave en muchas de las futuras batallas.

Queda como epílogo temporal la frase de un soldado de tus enemigos, Alberto Hans: "El general Rocha es un hombre instruido, valiente, pero duro y rencoroso".

NOTA

1) Jesús Rodríguez Fraustro: *Sóstenes Rocha.* Juan Manuel Torrea: *Sóstenes Rocha.* Manuel Neira Barragán: *El folklore en el noreste de México.* Juan de Dios Arias: *Reseña histórica del Ejército del Norte durante la intervención francesa, sitio de Querétaro y noticias oficiales sobre la captura de Maximiliano, su proceso íntegro y su muerte.* Miguel Galindo y Galindo: *La gran década nacional o Relación histórica de la Guerra de Reforma, intervención extranjera y gobiernos del archiduque Maximiliano, 1857-1867.* Alberto Hans: *Querétaro: memorias de un oficial del emperador Maximiliano.*

190

MATANZA

Rancho de Matamoros, Coahuila. Una patrulla francesa de caballería que entra por el camino de San Fernando rodea el poblado, traen los sables desenvainados. Es el 10 de enero de 1866.

Según la narración de Santos Vadés, "días atrás habían sido batidos entre Avilés y San Carlos por los chinacos de González Herrera (una guerrilla de la que formaban parte los custodios del Archivo de la Cueva del Tabaco) y en aquel campo hubieron de sucumbir más de diez de los hijos de Francia".

Denuncias de los traidores informaron que una parte de la partida guerrillera había salido de ese poblado. "Los franceses rodearon el rancho y luego sacaron de los jacales a los escasos hombres que había en él. Fue preso Abundio Mazuca y luego los vecinos Trinidad García, juez del estado civil; Cosme García, Atanasio Salazar y Gertrudis García, quienes por su avanzada edad no pudieron seguir a González Herrera". Conducidos al patio de la escuela, un sargento hizo salir al maestro Cristóbal Díaz, que se dice había quedado dentro del salón narrando un acontecimiento de la historia de México.

Luego sumaron al grupo a dos herreros de San Miguel del Mezquital, apenas llegados a trabajar en el rancho y a dos adoberos de Parras. Sus nombres han quedado en el anonimato.

"Cuando ya no hallaron más varones, se les ordenó cavar un pozo cuya dirección fue de sur a norte, en el frente de la iglesia, y cuando lo hubieron concluido se les formó en filas a lo largo del pozo, y a su frente, un pelotón de soldados franceses, se disponía a la ejecución. Las mujeres se abrazaban a los que iban a ser sacrificados, pero eran arrojadas a culatazos".

Un oficial, que Santos Valdés describe como "de bigotes horizontales y adheridos por la pomada húngara, entonces de moda", ordenó la ejecución. El maestro lanzó un *Viva México, Viva Juárez* antes de que sonora la descarga. "Los cuerpos de los ajusticiados cayeron de espaldas al fondo del pozo. Una fajina de imperialistas avanzó a paso veloz y se ocupó de cubrir los cadáveres de tierra. Más allá de la línea de soldados, había mujeres desmayadas y llorando. Los alumnos del maestro, con los ojos abiertos por el espanto, maldecían en silencio a los soldados".

NOTA

1)   José Santos Valdés: *Matamoros, ciudad lagunera.*

191

EL REGRESO DE DUPIN

A su regreso a Francia, el coronel Charles Louis Desiré Dupin se entrevistó con Napoleón III. "Tengo la ventaja de contar con el valor para confesar mi opinión", dijo. Y fuera esta opinión la que fuese, se vio sometido a una investigación sobre si se había apropiado de fondos sacados a particulares durante la lucha de la contraguerrilla. Siendo exonerado estaba a disposición del imperio y el 31 de agosto del 65, el ministro de la Guerra de Francia, el general Randon, le escribió a Bazaine: "Volveré a mandar a ud. al coronel Dupin [...]. Los hombres de ese temple pueden ser siempre útiles en un país como México". Cuatro meses más tarde regresaba a Veracruz.

El 12 de enero del 66 un enfurecido Maximiliano le comunicaba a Bazaine: "El telégrafo me trae noticias de extrema sorpresa, que el coronel Dupin ha regresado, deseo conocer cuáles son las razones que han motivado su regreso y evitar la ejecución de las instrucciones que yo le había dado al respecto, en una conferencia especial en México". Maximiliano estaba en una situación delicada, se había quejado ante el cuerpo diplomático de las atrocidades de Dupin y había vetado su retorno ("Había prohibido el regreso a México del coronel Dupin y mis órdenes serán respetadas"), pero Bazaine decidió ignorarlo y a los pocos días Dupin apareció en la Ciudad de México con la cruz de comandante de la Legión que le dieron en París por sus méritos en la previa campaña.

El 29 de enero de 1866 el coronel Dupin regresó a Tampico a hacerse cargo de nuevo de la contraguerrilla. Tres meses más tarde, el 24 de abril del 66, el general Albino Espinosa, llamado por sus amigos "el de las 37 heridas" y miembro de la división de Mariano Escobedo, supo que Dupin se dirigía rumbo al Valle de Purísima y ya había ocupado el pueblo de Doctor Arroyo. Arias cuenta que el francés "no quiso verse sitiado por Espinosa, y también le salió al encuentro a orillas del lugar. Se trabó el combate, y fue tan reñido, y tan feliz de parte de los republicanos, que casi deshicieron al enemigo, el cual huyó violentamente y tanto, que no sólo abandonó la ciudad, sino el dilatado trecho de toda la comarca". Dupin se retiró de la región.

La utilidad de Dupin se iba achicando. Para Maximiliano era una espina de maguey en el ojo; para los propios franceses una inutilidad peligrosa por sus salvajadas y sus desplantes. Difícilmente se podían ganar adeptos en las poblaciones con los métodos del coronel. Ramírez, el secretario de Relaciones Exteriores del imperio, comentaba sus hazañas calificándolo de bárbaro. Bazaine mantenía a la contraguerrilla vigilando Soto la Marina desde lejos. Cuando la subordinaba a operaciones regulares, el comportamiento de la tropa era un desastre. Dupin abandonaba el frente con sus hombres con pretextos absurdos, ordenaba marchas y contramarchas sin sentido, perdía la cabeza, inventaba enemigos, asistía a combates imaginarios, disputaba en voz alta en soledad contra los superiores distantes, dictándoles las órdenes de la campaña.

Al fin, el 12 de septiembre del 66 la contraguerrilla del coronel Dupin hizo entrada en Soto la Marina, abandonada por los juaristas. Para celebrarlo, el coronel promulgó un decreto válido para el estado de Tamaulipas, según el cual toda persona capturada con armas en manos sería fusilada en el acto. El edicto provocó múltiples protestas en el bando imperial, porque implicaba el abandono formal de toda legalidad, incluso la legalidad de guerra.

Finalmente el conflicto entre el emperador de México y el coronel Dupin terminó cuando Bazaine lo hizo reemplazar definitivamente de la dirección de sus queridos colorados en septiembre de 1866 por De Galliffet, que restablecido de su herida regresó a México con el grado de teniente coronel. Dupin le reclamó públicamente: "Usted se hizo dar el mando del cuerpo que yo formé, sin haber tenido el gusto de consultarme". Muchos oficiales de la contraguerrilla por solidaridad con su jefe renunciaron. La contra quedó desactivada en la práctica. Su leyenda negra quedó atrás, inolvidable.

NOTAS

1) Benito Juárez: *Documentos, discursos y correspondencia*, tomo X. Juan de Dios Arias: *Reseña histórica del Ejército del Norte durante la intervención francesa, sitio de Querétaro y noticias oficiales sobre la captura de Maximiliano, su proceso íntegro y su muerte.* François-Achille Bazaine: *La intervención francesa en México según el archivo del Mariscal Bazaine.* Israel Cavazos Garza: *Diccionario biográfico de Nuevo León.* Jean Tulard: *Dictionnaire du Second Empire.* Juan de Dios Peza: *Epopeyas de mi patria: Benito Juárez.*

2) Dupin abandonó México con Bazaine en marzo del 67. Había dejado descendencia de una relación informal con una joven de Nuevo León mientras gobernó Tamaulipas. Poco ante le había escrito a su sobrina Marie de Bussy de la que estaba enamorado y cuya mano no le concedieron: "Estaría encantado de dejar este país en el cual he llevado una guerra atroz sin ningún resultado". Lo recompensan con el cargo de jefe de Estado Mayor de la división acuartelada en Montpellier. Muere el 3 de octubre de 1868, a los 54 años, "a causa de una vida de excesos". Un libro suyo sobre el viaje a Japón será publicado póstumamente. En México corrieron falsos y variados rumores sobre su muerte: que había sucedido en un buque en el Canal de la Mancha o que había regresado a Asia para morir.

192

MARGARITA

Si Carlota necesita un librero para ser leída y contada, el espacio para los libros sobre Margarita Maza no requiere más de tres centímetros de un estante. No suele haber historia para estos personajes claves pero no significativos, sin los cuales habría un vacío fantasmal en tantas fotos.

Era recogida. No va a la escuela, pero es autodidacta y aprende en su casa a leer y a escribir, y no lo hará nada mal. Tiene 20 años menos (17-37) que Benito Juárez cuando se casa en julio del 43. Juárez la había visto crecer porque era hija de su primer protector, Antonio Maza, rico de origen italiano dedicado a la industria del grano. Margarita dirá en la boda refriéndose al abogado Benito: "Es muy feo, pero es muy bueno".

Su vida está ligada a la vida y muerte de sus hijos; muchos y con destinos truncados: en 1844 nace Manuela y un año más tarde Felicitas, y en el 48 nace Margarita, las tres en Oaxaca. En el mismo 48, en octubre, nace María Guadalupe, también en Oaxaca, que muere a los dos años y será enterrada en las afueras de la ciudad. En 1850 se une a la familia Soledad, y en el 51 nace Amada 1851 en Oaxaca, que morirá a los dos años. Finalmente un hijo, Benito, nacido en 1852, y en 1854, María de Jesús y Josefa, un par de gemelas.

Con Juárez en el exilio, perseguido por Santa Anna, Margarita tiene que esconderse perseguida por el militar español reaccionario José María Cobos. Con los siete hijos sobrevivientes y ayudada por un sirviente zapoteca se ve obligada a huir en largas caminatas, cruzando ríos crecidos en embarcaciones improvisadas, cargando a brazos sus pocas posesiones y los niños. Se establece en la hacienda de Cinco Señores y luego posteriormente en Etla donde su compadre Ignacio Mejía le pone un tendajón, en el que la familia vive de vender pan y cigarros. Haciendo milagros económicos le alcanza para mantener a la familia e incluso para mandarle a Juárez algo de dinero a los Estados Unidos.

Al triunfo de la Revolución de Ayutla y tras una breve estancia en la Ciudad de México los Juárez regresan a Oaxaca donde en diciembre del 56 nace José María (Pepe). El golpe de Comonfort y de Zuloaga los dispersa de nuevo, mientras Juárez inicia ya como presidente el viaje que lo llevará a Veracruz, Margarita se refugia en Oaxaca. Nuevas persecuciones de los Cobos, ahora de su hermano, el también general Marcelino Cobos y de José María Moreno, que toman la ciudad y que ordenan la detención de la esposa del presidente para enviarla a prisión. Altamirano habría de decir que Cobos "fue el inventor del secuestro en México".

Finalmente logra reunirse con Juárez en Veracruz. En el viaje está a punto de matarse al casi despeñarse su carruaje durante la noche por un precipicio.

En 1860 Margarita da a luz en Veracruz, y bajo bombardeo, a su hija Francisca.

Y repentinamente la victoria. Juárez presidente en la Ciudad de México. La tranquilidad no dura mucho, al agitado 1861, sucede la Intervención francesa ¿Quién es esta mujer, toda discreción, a la que los amigos de Juárez quieren tanto? Participa en colectas públicas para apoyar a los defensores de Puebla y en el 63 organiza los hospitales de sangre.

La derrota y el exilio hacia el norte. Todas las crónicas cuentan las historias del carruaje, pero pocas toman nota de una segunda carretela donde van con la comitiva presidencial Margarita y sus hijos.

Se separan en Monterrey, cuando Juárez toma el camino hacia Chihuahua, Margarita y los pequeños viajan hacia Estados Unidos. Hay que privarle a los perseguidores de un botín político así. El 14 de agosto de 1864 en la oficina del *marshal* de Nueva Orleans, nuestro personaje escribe: "Yo, Margarita Maza de Juárez, juro solemnemente que soy súbdita de México y que nunca me he hecho o he sido ciudadana de los Estados Unidos, por naturalización u otra manera, ni he declarado mi intención de hacerme tal ciudadana; que nunca he sostenido ningún cargo político, ni votado en ninguna elección en los Estados Unidos, ni realizado ningún acto que anule mi fidelidad a México". Viaja hacia Nueva York, acompañada de Pedro Santacilia, que se ha casado con Manuela, donde se encuentra buena parte del exilio radical mexicano.

El 13 de junio del 64 había nacido Antonio, el último hijo de Juárez, en Saltillo, que morirá de enfermedad a los dos años en Nueva York. En esa ciudad morirá también Pepe a los ocho años. Gracias a la correspondencia, caótica, eternamente demorada, podemos seguir de cerca la profunda depresión de la mujer. Ella que nunca se queja, pero se desmorona ante la desaparición de dos de sus hijos pequeños. Está desconsolada, la muerte de los niños la tiene destruida. Le insiste a Juárez que no tiene miedo a los caminos ni al desierto y que con gusto dejaría a los niños en una escuela y a las niñas con la mayor y que se lanzaría a México para compartir destino. En abril del 66 durante una recepción, Seward le dice a Margarita que espera pronto ver en México a Juárez y a Santa Anna. Margarita le contesta (según Matías Romero): "Veré a uno u a otro, pero no a los dos".

Mantiene la sobriedad republicana, el orgullo. En una de las recepciones en Estados Unidos durante 1866, un baile organizado por el general Grant, al que acude el presidente Johnson, sólo usa los aretes que Juárez le ha regalado "para que no vayan a decir estando tú en El Paso con tantas miserias. Yo esté aquí gastando lujo".

Y desde lejos sigue las dificultades de los años terribles del final del 64 a mitad del 66. El 8 de julio Margarita le escribe a Juárez desde New Rochelle: "hasta que yo no sepa que has llegado a Chihuahua ni estaré tranquila, porque siempre me temo una sorpresa porque te conozco que eres tú un confiado".

NOTAS

1) Patricia Galeana: *La correspondencia entre Benito Juárez y Margarita Maza*. Ángeles Mendieta Alatorre: *Margarita Maza de Juárez*. Andrea Sánchez Quintanar: "Mi estimado Juárez". Vicente Quirarte trata muy bien la etapa de Margarita y el exilio republicano en Nueva York en la novela *La isla tiene forma de ballena*. Justo Sierra en su biografía de Juárez no la menciona; Niceto de Zamacois la ignora.

2)   Margarita regresará de Estados Unidos a Veracruz al inicio de julio del 67, la plebe desenganchó los caballos de su carruaje para arrástralo a mano. Fue miembro de la sociedad lancasteriana. Muere en enero del 71, cargarán el ataúd Negrete, Juárez y Aureliano Rivera.

193

LA MANO QUE DETIENE LA PLUMA

¿En qué momento la inercia que parecía mantener al imperio en una progresión favorable contra la república resistente se rompió? ¿En qué momento se revirtió? Esa parece ser la pregunta favorita de los historiadores y por lo tanto su respuesta definirá los acontecimientos del siguiente año. No habrá respuesta clara, porque no existe ni el momento mágico ni la anécdota simbólica capaz de sintetizar el momento clave que define una guerra popular.

Los triunfos norteños en Santa Isabel y Santa Gertrudis. La decisión de Napoléon de romper el tratado de Miramar y acelerar el retorno de la expedición. El incremento de la presión diplomática norteamericana. El desgaste de los franceses frente a la persistencia de la chinaca. La incapacidad de Maximiliano de crear un ejército imperial. La decisión de Bazaine de abandonar la ofensiva. Todo esto, sin duda, y mucho más y el narrador se declara derrotado (o triunfante) y sigue ofreciendo lo que sabe hacer: contar historias.

Se dice que el 5 de julio de 1866, cuando Maximiliano, bajo múltiples presiones y en los eterno vaivenes de su pensamiento estaba a punto de abdicar, "al tomar la pluma", Carlota le detuvo la mano, proponiéndole que le permitiera salir hacia Europa a tratar de solucionar los tres grandes problemas del imperio: una reunión con Napoleón III para forzar el cumplimiento militar del Convenio de Miramar, conseguir más apoyo económico y arreglar con el Papa las tensiones existentes con la Iglesia mexicana, porque ante el riesgo de la retirada francesa tenían que mejorar la relación con los conservadores y el clero. Era evidente que la situación era desesperada y Maximiliano aceptó el consejo. Zamacois añade: "Si su empresa no alcanzaba el éxito favorable que esperaba, el emperador, después de entregar el poder a la nación iría a reunirse con ella a Europa".

Existen unas instrucciones de propia mano de Maximiliano a Carlota, fechadas el 8 de julio, en que le dice que tiene que pedir a Napoleón que el tesoro francés pague hasta fines del 67, 20 mil "hombres de tropas mixtos, incluyendo la división auxiliar de cazadores", un subsidio de medio millón de pesos mensuales hasta fines del 67; que nombren a Brincourt general de división y lo manden de inmediato a México reemplazando a Castagny, "y tome el mando si Douay no acepta" (para librarse de Bazaine), y que no haya disminución de fuerzas respetando el artículo 3º de Miramar.

Lo que sorprende es la velocidad en que se producen los hechos. *El Diario del Imperio* del día 7 de julio anuncia la salida para Europa de Carlota. Y el 8 cuenta Irineo Paz: "Desde muy temprano se notó en Palacio gran movimiento entre los criados de alta y de baja librea [...]. Se encamisaban los coches de camino, se enjaezaban las mulas y los caballos en las caballerizas, se llevaban de uno a otro lado los sacos de provisiones, subían y bajaban las escaleras muchas personas casi atropellándose; se llevaban baúles y maletas al carro de los equipajes, los dragones arrastraban sus sables en el patio principal alineándose al lado de sus monturas; algunos personajes de ambos sexos iban de unos a otros departamentos en traje de camino [...] todos se alistaban: unos para acompañarla por dos o más leguas y otros para formar parte de su séquito en toda la larga peregrinación [...] su médico, su capellán, cuatro damas de honor, tres viejas y una muy joven pero vestida de negro y enteramente cubierta con un espeso velo. Iban además algunas doncellas, que quién sabe si lo serían, y como diez o 12 criados con librea de más inferior categoría".

Partían el ministro de Negocios Extranjeros Martín de Castillo, el general José López Uraga, el conde de Bambelles, coronel de la guardia de palacio, su médico el doctor belga Boklushlabech, los chambelanes Felipe Neri del Barrio (el antiguo ministro de Guatemala) conde de Alcaraz, Suárez Peredo, conde del Valle y el general Woll. A las dos y media de la tarde del 13 llegaron a Veracruz. Sin detenerse más que algunos instantes en la ciudad, pasaron a bordo del vapor *Emperatriz Eugenia* y partieron hacia San Nazaire.

José C. Valadés tiene razón: "Carlota marchó a Francia con una carga de dinamita a explotar al menor contacto de quien la contradijera en los propósitos de su misión". Un mes más tarde Benito Juárez, en una carta al general Viesca registraba sardónicamente: "Estará triste con la retirada de *Mamá Carlota* [...]. Esta retirada precipitada de la llamada Emperatriz es un síntoma evidente de la disolución del trono de Maximiliano".

Ni Maximiliano al despedirla ni Carlota al partir sabrán que el 31 de mayo de 1866 una nota oficial francesa anunció el próximo fin de la intervención; la victoria de Prusia contra los austriacos en la batalla de Sadowa, el 3 de julio de 1866, no hizo sino confirmar a Napoleón en su decisión.

NOTA

1) Ireneo Paz: *Maximiliano*. Francisco Bulnes: *El verdadero Juárez y la verdad sobre la intervención y el imperio*. José C. Valadés: *Maximiliano y Carlota en México: historia del segundo imperio*. Agustín Rivera: *Anales mexicanos. La Reforma y el Segundo Imperio*. Benito Juárez: *Documentos, discursos y correspondencia*, tomo XI (Benito Juárez a Andrés S. Viesca, Chihuahua, 7 de agosto de 1866).

194

MIENTRAS TANTO, RÉGULES

Un oficial de la vieja escuela, general sufrido y sufridor, Nicolás de Régules, había aprendido todo de nuevo en la chinaca: concentrar combatir, ser derrotado, dispersarse, volver a reclutar y concentrar, amagar y así en círculo eterno que desgastaba a cualquier contrincante. La muerte de Salazar y Artega y el que Riva Palacio hubiera asumido la dirección de la guerra en Michoacán, más la persecución sistemática a la que lo había condenado el general imperial Ramón Méndez, lo colocaba en una situación crítica. Estaba intentando rehuir el cerco para volver a juntar a sus desperdigadas guerrillas, buscar un respiro.

El día 11 de enero de 1866 Méndez estuvo a punto de ultimar a los liberales en Tacámbaro, y el 26 de enero forzó el combate en un lugar llamado La Palma. El encuentro fue muy reñido y la victoria estuvo cerca de las manos de los republicanos al apoderarse de un cañón matando a todos los artilleros, pero la caballería imperial cargando en columna cerrada sobre sus flancos los arrolló. El combate se prolongó durante tres horas y a las siete y media de la noche los liberales se replegaron. Las crónicas imperiales daban la cifra de 108 republicanos muertos, pérdida de municiones y víveres y 700 prisioneros, aunque los partes republicanos sólo reconocían 418. Los imperialistas tuvieron 22 muertos del Batallón del Emperador y 54 heridos, todos ellos de lanza, lo que da idea de la pobreza del armamento de la chinaca.

En estas historias, donde lo increíble se vuelve probable y lo imposible se vuelve algo ligeramente más difícil de alcanzar, Régules se reunió con Riva Palacio y convocaron a las partidas guerrilleras del sur del estado, llegando a reunir casi 3 mil hombres concentrándolos en la Loma de la Magdalena, a nueve kilómetros al sur de Uruapan. El 26 de enero volvieron a chocar. Ramón Méndez traía cuatro piezas de artillería pero sus disparos resultaban muy altos y Régules y Riva Palacio sacaron a la infantería de los parapetos en que se encontraban, la organizaron en tres columnas y otras tres de caballería y contra las prácticas habituales avanzaron sobre toda la línea imperial simultáneamente. A 40 metros se produjeron las primeras descargas de fusilería y durante tres horas se prolongó el combate. Méndez habría de reconocer que los republicanos "combatieron con un denuedo extraordinario". La batalla resultó indecisa. Los juaristas perdieron 300 hombres y los imperiales 150.

Todavía el 20 de febrero en Uruapan vuelven a encontrase en un combate sangriento que ocasionó 200 muertos y 300 prisioneros a los liberales y 150 bajas a los franceses. Régules burla la persecución y logra pasar el río Lerma por el vado de la Concepción, perseguido por el general Aymard al que rehúye durante la mitad de marzo hasta que en la noche del 17 cae sobre su campamento "y destroza cuanto a su paso se encuentra"; aunque las bajas son leves, porque los liberales sólo pierden 27 prisioneros y dos muertos, se quedan sin tres banderas, 800 armas, 900 caballos. Aymard se retira entonces a La Piedad y Lagos.

Alberto Hans dice hablando de la brigada de Régules: "Después de numerosas derrotas, sus tropas llegaron a un estado de desnudez y de miseria imposible de describir, y que él no podía remediar, no teniendo, como los jefes republicanos del norte, la vecindad de los americanos que vendían armas y municiones".

Régules fragmenta sus fuerzas y las cita hacia el sur de Michoacán, cerca de la frontera con Oaxaca. Para una tropa hambreado y batida tantas veces esa retirada puede ser mortal, porque los empuja hacia una zona escasa en apoyos y alimentos. Los imperiales no cejan y Méndez sale de Morelia el 8 de abril buscando el nuevo campamento donde Régules ha logrado reconcentrar 600 hombres. Al recibir Régules la noticia retrocede a Huétamo. "Méndez atravesando un estéril país, hace en 17 días 200 kilómetros sólo para descubrir que no hay tropas de la república porque Régules ha pasado el río Balsas" y dispersado de nuevo sus fuerzas.

NOTA

1)   Antonio García Pérez: *Estudio político militar de la Campaña de Méjico, 1861-1867.* Niceto de Zamacois: *Historia de México.* Eduardo Ruiz: *Historia de la guerra de intervención en Michoacán.* Alberto Hans: *Querétaro: memorias de un oficial del emperador Maximiliano.*

195

ALTAMIRANO Y RIVA PALACIO EN GUERRERO

Es imposible saber cuándo conoce Vicente Riva Palacio que Juárez le ha retirado el mando del Ejército del Centro, la conjunción de las harapientas e inderrotables guerrillas que operan en Michoacán. Si bien la carta de Juárez está fechada el 21 de febrero del 66, las comunicaciones entre Chihuahua y las montañas michoacanas pueden tomar meses.

La destitución provoca protestas en el ejército. Riva Palacio no puede ocultar su desencanto. Su secretario Eduardo Ruiz anota: "Por más que el general trataba de cubrir la impasibilidad de su semblante…".

Vicente no quiere crear fisuras, dice: "La obligación del soldado es obedecer". Pide licencia temporal y se va hacia Guerrero donde quizá con Juan Álvarez pueda conseguir fusiles.

Una carta de Juárez fechada 9 de marzo de 1866 en respuesta a otra de él recibida con cuatro meses de demora le dice a Riva Palacio: "Hizo bien en tomar provisionalmente el mando"; pero insiste en que le envió el generalato a Nicolás Régules y sólo en caso de que no pueda asumirlo, le dice que lo vuelva a tomar él.

En Guerrero, Riva Palacio se reunirá con un Ignacio Manuel Altamirano que se encuentra al margen de la guerra, limitándose a conspirar entre los caudillos republicanos locales. Jorge Tamayo comentará: "La insidiosa actitud de Ignacio Manuel Altamirano empieza a dar resultados desfavorables", provocando una fisura entre los republicanos en Guerrero al inicio del 66.

Altamirano, fiel discípulo de El Nigromante, estudiante en la Ciudad de México, presente en los asesinatos de Tacubaya, diputado arisco en el 61, supuestamente voluntario en el 63 aunque nunca llega a Puebla; nombrado por Juárez en octubre del 65 coronel de milicias, nombramiento que no acaba de lanzarlo a la acción, encontrará a su amigo Vicente Riva Palacio alicaído.

Eduardo Ruiz, que acompaña al general, cuenta: "Riva Palacio se hallaba alojado en una casa de la cuadrilla de la hacienda, que servía de habitación a Ignacio Manuel Altamirano: era una miserable choza, aquella en que vivía el talentoso tribuno. Con él estaba su inseparable compañera Margarita, su santa esposa. Riva Palacio tuvo íntimas y largas conferencias con Juan Álvarez, quien manifestó tierno cariño por el nieto de su jefe, el invicto general Vicente Guerrero. Uno de los objetos que tenía el viaje de Riva Palacio era solicitar del anciano patriota, siquiera fuesen en calidad de prestados, algunos fusiles para crear nuevas fuerzas en Michoacán con elementos que no se distrajeran de los del cuartel general del Ejército del Centro. El general Álvarez manifestó gran pena de no poder acceder a estos deseos, pues que no hacía cuatro meses que había proporcionado armas y soldados al general Porfirio Díaz, para abrir una nueva campaña en Oaxaca, después de su evasión de Puebla".

Altamirano le decía que la gestión era inútil, que la mayoría de los fusiles con los que contaba Guerrero para defenderse eran viejas armas de chispa y sobre todo machetes.

Hacia fines de marzo del 66 Riva Palacio decidió regresar a Michoacán o al limítrofe Estado de México. Ruiz cuenta que "una noche, fuimos a un palenque en que se daba un gran baile. Había una numerosa concurrencia y se bailaban la zamba-rumbera y la cueca y las dulces malagueñas. La música era el arpa grande de dos órdenes tan acostumbrada en la costa, y el que trovaba era un vate ignorado que en el momento de llegar nosotros cantó "Aquí está Riva Palacio, / No lo había yo conocido; / ¡Bien haya lo bien parido! / ¡Viva el nieto del Estado!

Mientras estaba en Guerrero, malas yerbas se cocinaban en peores hogue-ras, para un general en disposición de espera. Los republicanos habían sido casi ultimados en Michoacán. Y por mucho que Altamirano le escribiera a Juárez de Vicente: "Es joven, acaba de vencer, y sin embargo sin ninguna queja…".

NOTA

1)   Benito Juárez: *Documentos, discursos y correspondencia*, tomo XI. José Ortiz Monas-terio: *"Patria", tu ronca voz me repetía: biografía de Vicente Riva Palacio y Guerrero*. Eduardo Ruiz: *Historia de la guerra de intervención en Michoacán*. Paco Ignacio Taibo II: *La lejanía del tesoro*.

196

ADIÓS, MAMÁ CARLOTA. UN CONTRAPUNTO

Humeaba el café de Uruapan en el fogón, un café buenísimo de la varie-dad grano de oro, que daba una infusión rojiza, y que costaba sudores que llegara hasta Huetamo. Poco más que eso podías hacer, general falto de tropas, que tomar café y escribir artículos.

Y entonces llegó el mensaje del coronel José María Alzati, un día en que es-tabas confeccionando un artículo para *El Pito Real*, el diario de campaña de las fuerzas del sureste de Michoacán; un diario que se imprimía en las montañas y llegaba de un lado a otro de manos de comerciantes, vagabundos, espías y arrieros, y que tenía al pie del grabado con su título una maravillosa cuarteta:

> Yo soy chinaco
> no soy imperial
> no le hace que soplen
> el pito real.

Desenvolviste la nota doblada en ocho, mientras los pocos oficiales que te rodeaban daban vueltas aquí y allá a la espera de noticias. Luego, los miraste socarrón y pediste papel para escribir una nueva pieza destinada al periódico. El mensaje quedó al lado mientras corría la tinta por el papel y Ruiz lo ojeó como distraído, como sin querer:

"Ya no hay imperio en la frontera, Escobedo vencedor. Los franceses se preparan a embarcarse y la emperatriz se ha ida a Europa a pedir socorros. Ay-mard abandona Zitácuaro. Mientras usted llega reuniré a los amigos. Alzati".

¿Y qué escribías, poeta?

Alegre el marinero,
con voz pausada canta
y el ancla ya levanta
con extraño rumor.
La nave va en los mares,
botando cual pelota:
Adiós, mamá Carlota,
Adiós, mi tierno amor.

Estabas fusilándote de mala manera el esquema rítmico e incluso alguna frase de un poema de Rodríguez Galván, "Adiós, oh patria mía", escrito en el 42 cuando viajaba hacia La Habana. Pero de eso se trataba, de forzar la parodia que tantas veces buscaste en el teatro, de encontrar la burla en la rima...

De la remota playa
te mira con tristeza
la estúpida nobleza
del mocho y el traidor.
En lo hondo de su pecho
ya sienten su derrota;
Adiós, mamá Carlota
Adiós, mi tierno amor.

Y pronto *El Pito Real* circulará de mano en mano y el verso se hará una canción pegajosa y machacona en la que la emperatriz de nadie, se vuelve la emperatriz de todos, por gracia del abandono. Y aparecerán ejemplares en Morelia en la misma recámara del general Méndez, del que se dice que es tan bruto (eso dice el propio *Pito Real*) que le hablan los muebles, causándole un ataque de hipo y una tembladera de manos; y llegará *El Pito Real* hasta Toluca por manos de barilleros; y se venderán ejemplares bajo mano en Las Vizcaínas, en la misma Ciudad de México. Y dos meses y medio más tarde, en San Antonio (Texas), Guillermo Prieto leerá un ejemplar remendado, haciendo memorias.

Y en tanto los chinacos
que ya cantan victoria.
Guardando tu memoria sin miedo ni rencor,
dicen mientras el viento
tu embarcación azota
Adiós, mamá Carlota
Adiós, mi tierno amor.

Terminaste de escribir y ordenaste a tu tropa, que no llegaba a la docena, que subiera a los caballos. Un mes más tarde, habías logrado reunir de nuevo a los restos de la división michoacana y se reanudaba la campaña. Dos meses después, Régules, traicionado por algunos de sus subordinados, te encargaba de nuevo la jefatura del ejército de Michoacán. Y no ello sin que hubieras tenido que huir un par de veces a uña de caballo de patrullas francesas, porque si habían decidido irse, no por eso lo cumplían; sin que hubieras perdido y ganado varias escaramuzas, sin que tu ejército rearmado y desarmado no hubiera tenido que recomponerse. No ello sin muchas horas de sueño sin sueño y días sin respiro. Y una tarde, al pasar revista en Zitácuaro, los chinacos de Ronda aparecieron a caballo, adornadas las lanzas con cintas rojas y cantando una canción cuya letra te parecía conocida. Una canción llamada *Mamá Carlota*.

Y en medio de las lágrimas, sentimental general Riva Palacio, estabas crecido, hinchado, estabas orgulloso, porque formabas parte del único ejército en el mundo que le cantaba canciones a la esposa del jefe enemigo.

NOTAS

1) Paco Ignacio Taibo II: *La lejanía del tesoro*. Henoc Pedraza Ortiz: "Adiós, mamá Carlota, adiós, mi tierno amor". Eduardo Ruiz: *Historia de la guerra de intervención en Michoacán*. Daniel Moreno: "Riva Palacio, un general del romanticismo".

2) *El Pito Real*. Riva Palacio editó un periódico cuyo nombre fue tomado de una danza muy popular. Cuando la imprenta de Gregorio Pérez Jardón no podía imprimirlo, los ejemplares se hacían a mano. *El Pito Real* llegó a venderse al mismo precio, un peso, que una hectárea de tierra. Del cuarto ejemplar que traía los versos de *Mamá Carlota* se hicieron dos ediciones con un tiraje por encima del habitual.

3) El manuscrito original de *Adiós, mamá Carlota* en la biografía de Eduardo Ruiz de Pedro Leonardo Talavera. Oscar Chávez canta muy bien en el CD "Juárez no debió de morir".

197

LA CAÍDA DEL NORTE

Junio-agosto de 1866

El ejército francés que se hallaba en México en junio del 66 a las órdenes del mariscal Bazaine constaba de dos divisiones de infantería y una brigada de caballería, con artillería y los servicios administrativos correspondientes. Las dos divisiones de infantería estaban mandadas, una por el general Castagny y la otra por el general Douay, siendo los jefes de brigada los generales Aymard, Neigre, Brincourt y Manssian. La artillería la mandaba el general Courtois; y la caballería estaba a las órdenes del general Lascoursy. Todas las fuerzas ascendían a cosa de 26 mil hombres. ¿Iban a replegarse? ¿Seguirían combatiendo? ¿Todavía podría contar el imperio con su fuerza?

El 27 de mayo los belgas solicitaron permiso para evacuar Monterrey junto con las tropas francesas; pocos días después se registraron incidentes entre la tropa. La versión belga hablaba de unos pocos soldados borrachos que gritaron vivas a la libertad, "cosa que en este país es sedicioso", y que las deserciones fueron mera coincidencia. Para los franceses se trataba de un motín. Dos batallones fueron enviados desde San Luis Potosí para reprimirlo.

La situación en Matamoros donde resistía Tomás Mejía era cada vez peor. Desde abril Maximiliano había pedido que lo reforzaran y Bazaine rehusó y propuso que fueran tropas mexicanas las que lo hicieran. Niox anotaba: "Se tuvo empeño, en alejar todo motivo de conflicto y se recomendó al general Mejía que diese pruebas de la más grande paciencia con los jefes militares de la orilla izquierda del Bravo". Cortados de Monterrey y desmoralizados por las narraciones que Olvera hacía del desastre de Santa Gertrudis, Tomás Mejía buscó intermediarios en Brownsville y le propuso una negociación al general Antonio Carvajal, que regresaba de los Estados Unidos. Capitularía entregando Matamoros si se le permitía salir con su fuerzas por mar rumbo a Veracruz. Escobedo llegó tarde para impedir el trato, porque creía que ahí habría podido acabar con la brigada de Mejía y el ministro de la Guerra republicano Ignacio Mejía le pidió responsabilidades a Carvajal y a Juan José de la Garza.

El 6 de junio Bazaine, siguiendo instrucciones de Napoleón III, informó al emperador Maximiliano que iba a ocuparse de la organización del ejército imperial mexicano. ¿Qué significaba esto? En los hechos tal cosa no sucedió, la prioridad de Bazaine era sacar al ejército francés de México en un repliegue ordenado, que permitiera al imperio de Maximiliano sustituir sus fuerzas. ¿Pensaba Bazaine que esto era posible? Se suponía que arribaría pronto el refuerzo de 10 mil hombres de la legión austriaca. Pero los austriacos nunca llegarán; bajo presión norteamericana y el estallido de la guerra con Prusia, que sucedería el 14 de junio, sería imposible. Cuando Max estaba pensado en ese posible refuerzo, ya había sido disuelto el contingente en Trieste. A finales de junio, Maximiliano decidió la disolución del cuerpo austrobelga, para integrarlos al nuevo ejército imperial mexicano. Los soldados, reclutados por seis años, cumplirían su servicio en el ejército imperial, como parte del batallón de cazadores de la Emperatriz, los oficiales tendrían la opción de participar o podrían licenciarse; lo mismo sucedería con los belgas.

En una nota enviada el 31 de mayo el gobierno francés proponía a Maximiliano un nuevo arreglo que habría de firmarse el 31 de julio en el que el gobierno imperial mexicano se comprometía a entregar al gobierno francés la mitad del producto de todas las aduanas marítimas y fronterizas del imperio, cuyas ganancias calculaban en 10 millones de pesos anuales. Aduanas cuyos ingresos ya estaban grabados en un 40% por la Convención de Londres. Del 60% restante, la mitad sería para Francia. Bazaine propuso y fue aceptado, que en noviembre de 1866, desocupasen México 6 mil hombres, 8 mil en la primavera siguiente y el resto de 12 mil en diciembre de 1867. La única concesión era que "La Legión extranjera en las condiciones estipuladas por el Convenio de Miramar, queda a cargo de México después de la partida de las tropas francesas y haremos por elevarla a un efectivo de 7 a 8 mil hombres".

El tratado de Miramar quedaba roto. Se adelantaba la retirada de 12 mil franceses un año. Si esta convención no se aceptaba, el mariscal Bazaine tenía orden de replegar inmediatamente sus tropas y dejar abandonado al imperio mexicano a sus propias fuerzas. Según el conde de Kératry: "La corte de México quedó herida de estupor". Maximiliano (en privado, ante testigos que se apresuraron rápidamente a repetirlo) dijo: "Napoleón me ha engañado: existe una convención formal entre él y yo, sin la cual jamás habría aceptado el trono, que me garantizaba absolutamente el auxilio de las tropas francesas hasta fines de 1868". Sin embargo, el 30 de julio de 1866 se firmaría el nuevo convenio.

Poco antes, el 2 de julio, Bazaine, tras intentar entrevistarse con Maximiliano, que se niega a recibirlo, salió hacia el norte para evaluar los estragos indirectos que habían causado las victorias de Escobedo; se decía que para atacar Chihuahua y sacar del país a Juárez, pero realmente iba a organizar el repliegue del ejército francés, violando incluso el nuevo acuerdo. El 10 de julio estaba en San Luis Potosí y allí ordenará la evacuación de Monterrey que terminaría el 26 de julio cuando el general. Douay partía hacia Saltillo. Ese mismo día la División del Norte de Escobedo ocupaba la ciudad.

Bazaine envia el 20 de julio, desde San Luis Potosí, una nota a Maximiliano: "No podía dejarse sola a la legión belga en Monterrey, porque no estaba segura; que el espíritu de disciplina había llegado a tomar en ella tales proporciones, que el general Douay no se había atrevido, por temor a sublevación armada, a ejecutar la orden que había recibido de licenciarla". El plan de Bazaine de repliegue hacia el sur trataba de no dejar guarniciones aisladas y crear una línea de contención en Matehuala.

El capitán James Frederick Elton cuenta que al llegar a Saltillo, "los habitantes, a sabiendas de que la ocupación llegaba a su fin, no osaban mostrar ningún respeto, pues naturalmente temían la reacción de los liberales, que esperaban pacientemente a una distancia respetuosa hasta que la partida de los franceses les dejara el camino abierto. En la noche, cuando la banda del 12º de cazadores tocaba en la plaza, no se veía casi a nadie, con la excepción de los oficiales y los hombres de la guarnición; en torno al kiosco había un ambiente sombrío a pesar del ajenjo [...]. Todos los días pasaban tropas marchando hacia el sur, y la mañana del 4 de agosto se completó la evacuación" cuando salieron Douay con Jeanningros a la retaguardia acompañados de las tropas de

Máximo Campos y Julián Quiroga. Horas más tarde la chinaca de Victoriano Cepeda, en medio de repiques y el regocijo popular, hacía su entrada a la ciudad. Al siguiente día llegaron las fuerzas de Pedro Martínez y poco después las del Ejército del Norte al mando de Escobedo, Viesca y Treviño.

En este clima Florencio Antillón, que se había retirado a la vida privada, se levanta en armas a fines de julio en San Pedro Piedra Gorda con otros dos "jubilados", el general Francisco Arce que había estado dos años preso en Puebla y Durango y Miguel Auza, uno de los héroes de Puebla, que también había estado encarcelado. Conociendo Guanajuato, donde estaba viviendo últimamente va levantando partidas y sufriendo reveses, pero ganando una nueva zona para la chinaca. No serían los únicos, a mediados de agosto el general Ignacio R. Alatorre, otro de los veteranos de la defensa de Puebla, volvió a empuñar las armas contra el imperio. Se decía de él que había reconocido al imperio, lo cual no era totalmente cierto; estuvo preso en la ex Acordada y permaneció incomunicado hasta el 29 de junio de 1866 cuando lo pasaron a la prisión militar de San Cosme, porque estaba en contacto con jefes republicanos. Lo obligaban a firmar su adhesión al imperio o sería deportado a la Martinica, consultó con algunos amigos, firmó, disfrazado salió de la Ciudad de México en los primeros días de agosto y se presentó en Cosamaloapan al general Alejandro García. Tres meses después ocuparía Jalapa.

Desde la mitad de junio Tampico, con una guarnición de 200 hombres de la contraguerrilla y 500 imperiales mexicanos bajo el mando del coronel Langlois, está cercada por las guerrillas que han tomado las márgenes del Pánuco y controlan La Huasteca y Ozulama. El 1º de agosto se inicia el ataque. Para el 2 de agosto la artillería de los sitiadores responde al fuego de las fuerzas navales desde el Pánuco, lo que obliga a los barcos a retirarse hacia Veracruz; las tropas mexicanas reciben refuerzos, según los sitiados; en total no son menos de 2 500 hombres, entre ellos el general Desiderio Pavón, el jefe republicano de 50 años, que había perdido Tampico en el 63, veterano desde la Revolución de Ayutla, que ha pasado los últimos meses como guerrillero en la Huasteca.

Cuando un escuadrón de caballería venido de Oaxaca simula un ataque al fuerte de Casamata y al Cuartel del Octavo, el grueso de los republicanos llega al fuerte de Iturbide y degüella a la guarnición francesa, los defensores mexicanos del fuerte se pasaron a los republicanos y permiten el acceso de las fuerzas de Pavón a la ciudad. Los chinacos llegan hasta la plaza de armas y comienzan a sonar las campanas de las iglesias. Con la ciudad tomada, el resto de los imperiales se mantiene en una casamata y en el cuartel Octavio, pero las deserciones los van mermando. Para el 4 de agosto la guarnición se reducía a 110 mexicanos, fieles a Francia y los restos de la contraguerrilla. La llegada el 7 de agosto de Veracruz de los barcos *Diligence*, *Mosquito* y *Tactique* que abren fuego sobre las posiciones republicanas, es enfrentada cerca del muelle y son obligados a levantar bandera blanca. Escasos los víveres y municiones y sin esperar refuerzos, Langlois capituló, cambiando la libertad de sus hombres por el abandono de Tampico.

Mientras se estaba librando la batalla, Maximiliano ordenó al mariscal Bazaine que apoyara a la plaza: "La toma de Tampico por los disidentes y la evacuación de Monterrey, en virtud de vuestras órdenes, me enseñan que, los resultados de vuestra campaña en el Norte son de fatales consecuencias para mi país. Deseo, por mi calidad de soberano estar al corriente del plan que os proponéis seguir en vuestras operaciones, a fin de que yo intente salvar, si es posible, los adictos al imperio en las provincias no pacificadas que queréis abandonar; mi honor exige que no olvide este cuidado". Bazaine respondió una semana después negándose a aceptar la responsabilidad de los fracasos y señalado que el abandono de Monterrey y Saltillo estaba asociado a la caída de Matamoros y era una opción militar, "a fin de establecer a retaguardia una línea fuerte, fácil de conservar y separada de la primera por un verdadero desierto en el que ni aliados ni enemigos, pueden contar con ningún recurso". Y añadía peores noticias: "Me será imposible dejar mis tropas en Guaymas y Mazatlán. Hace mucho tiempo que el gobierno mejicano ha podido y debido ocuparse de asegurar el dominio del poder imperial en estas dos plazas. Me veo obligado a entregar Sonora y Sinaloa a los solos recursos de que dispone el gobierno de VM, y no tardaré en llamar a las tropas que ocupan aquellos lejanos países".

En Francia, la pérdida de Tampico causa sensación, las aduanas de este puerto, de acuerdo con el convenio de 30 de julio, era junto a las de Veracruz la garantía económica del ejército de Napoleón III, pero Bazaine temeroso de un nuevo desastre ignoró la petición de Maximiliano.

El 26 de julio Maximiliano cambia de nuevo su gobierno: Lacunza, Escudero y Echánove y Somera dejan sus cargos y entra en Gobernación y Fomento Salazar Ilarregui; en Hacienda, el intendente en jefe del ejército francés Friand, y en Guerra, el general francés D'Osmont. Se suponía que un gabinete así, donde se incluían dos altos mandos franceses, daría confianza a Napoleón III, pero su nombramiento, además de ser desaprobado por todos los mexicanos imperialistas, sería rechazado por Bazaine en septiembre.

El gobierno real se formaba a fines de julio del 66 por un consejo de Estado, integrado por un grupo que no hablaba español, que mal conocía el país y recorría los pasillos del Castillo de Chapultepec como si el México real estuviera sólo entre esos muros: el cura August Fischer, Samuel Basch, el alemán médico personal de Maximiliano, otro alemán oscuro apellidado Herzfeld y un austriaco de apellido Bilimentz, al que Maximiliano consultaba en todos los negocios arduos de política, pues lo tenía por muy buen arqueólogo. El 15 de agosto Maximiliano añadió a sus nombramientos el de un abogado muy conservador, Teodosio Lares, que aceptó condicionándolo a un cambio de política.

El mariscal Bazaine regresó a la Ciudad de México el 13 de agosto, ordenando a Douay que Matehuala fuese ocupada por el regimiento belga, pero habiéndose negado 18 oficiales y dos médicos a cumplirlo y sospechando Douay que el resto de la tropa los imitaría envió a Matehuala los contingentes mexicanos de Quiroga y Campos y el batallón de cazadores de África. Amenazada la plaza más tarde por los 1 400 hombres de la vanguardia de Escobedo, trató de nuevo que los belgas los apoyaran, pero el teniente coronel Van der Smissen se negó argumentando que no consentiría jamás en ponerse a las órdenes de un jefe de batallón francés. Los belgas fueron enviados a Querétaro por órdenes del emperador.

Para dar una idea de las extrañas informaciones que el narrador tiene que sortear resulta ilustrativa la siguiente historia: Por esos días el coronel Victoriano Cepeda, de la vanguardia de Escobedo, llegó al poblado de El Cedral, al norte de Matehuala, y se enfrentó a dos columnas de los cazadores de África y un piquete de caballería de la Legión del coronel francés conde Hubert de La Hayrie. Ahí las crónicas son contradictorias, o los franceses estaban controlando el pueblo, fortificados en la casa grande de la hacienda, o a la inversa. Tras un combate en que ambas partes se atribuyen el triunfo, el coronel Pedro Agüero (que según otros sólo era alférez) "dejó tendido de tremendo machetazo" a La Hayrie o "se topó con el francés, en duelo singular a balazos y le quitó la vida con un certero disparo en la cabeza". La historia acompañó a Agüero a lo largo de toda su futura vida militar, pero el conde evidentemente no estaba muerto, porque siguió su carrera militar hasta terminar siendo general en Francia y murió en París en 1893.

Anacleto Herrera y Cairo le escribía a Juárez desde Monterrey: "El viaje de Bazaine [...] tenía como objeto proteger la retirada de los franceses de Durango. Los republicanos están "esquivando todo combate" para "no comprometer el honor del ejército francés", bajo la sabia máxima de que "enemigo que huye puente de plata". ¿Existe una orden de Juárez de no hostigar a los franceses en repliegue y tan sólo atacar a los imperiales de Maximiliano en los espacios que Bazaine va dejando? Probablemente. ¿O es sólo inercia? Lo que sí existe es una orden de no fusilar a los oficiales franceses capturados para no provocar a Bazaine.

Juárez lo veía claramente cuando el 27 de agosto le escribía a Santacilia: "Los franceses ya no piensan en otra cosa que en la reconcentración para en seguida emprender la retirada a Francia". Un día antes Napoleón le escribe a su vez a Maximiliano desde Saint Cloud: "Se acerca el momento para mí de pedir toda su energía y toda su inteligencia para acabar de una manera o de otra, con los asuntos de México [...]. La cuestión se resume así: o el emperador Maximiliano podrá mantenerse con sus propias fuerzas, o tendrá que abdicar y entonces todas nuestras fuerzas embarcarán para volver a Francia [...]. Todo esto es muy difícil, pero cuento con usted para librar a Francia de esta cuestión mexicana".

La invasión indestructible se había vuelto la engorrosa "custión mexicana".

NOTAS

1) Fernando Díaz R.: *La vida heroica del general Tomás Mejía*. Paco Ignacio Taibo II: *El general orejón ese*. Agustín Rivera: *Anales mexicanos. La Reforma y el Segundo Imperio*. Juan de Dios Arias: *Reseña histórica del Ejército del Norte durante la intervención francesa*. James Frederick Elton: *With the French in Mexico*. Benito Juárez: *Documentos, discursos y correspondencia*, tomo XI. Óscar Flores Tapia: *Mariano Escobedo, la lealtad republicana*. Lucas Martínez Sánchez: *Coahuila durante la Intervención Francesa, 1862-1867*. Manuel Santibáñez: *Reseña histórica del cuerpo del Ejército de Oriente*. Jean Meyer: *Yo, el francés. Crónicas de la intervención francesa en México, 1862-1867*. Niceto de Zamacois: *Historia de México*. Antonio García Pérez: *Estudio político militar de la Campaña de Méjico, 1861-1867*. Conde E. de Kératry: *Elevación y Caída del emperador Maximiliano. Intervención francesa en México, 1861-1867*. Laura O'Dogherty Madrazo: *La guardia de la emperatriz Carlota: su trágica aventura en México, 1864-1867*. Ángela Moyano: *Los belgas de Carlota: la expedición belga al imperio de Maximiliano*. Gustave Niox: *Expédition du Mexique, 1861-1867: récit politique et militaire*.

2) El 16 de septiembre del 66 Maximiliano pronunciará un discurso en la fiesta del Grito de Independencia asegurando que "la mayoría de la nación lo había elegido para que hiciera valer sus derechos contra los enemigos del orden, de la propiedad y de la verdadera independencia". Y añadió: "No es en momentos arduos cuando abandona un verdadero Habsburgo su puesto". Él quizá no, pero dos días después Friand y D'Osmont renunciaron sus carteras bajo presión de Bazaine, quien les señaló que, según la ordenanza militar, sus empleos eran incompatibles. Maximiliano le escribió a Bazaine: "Creo que han sorprendido vuestra buena fe al presentar la modificación ministerial como el principio de una era de reacción incompatible con la presencia de dos generales franceses entre sus nuevos colegas. Mi pasado y mi tolerancia política son bien conocidos". Bazaine se limitó a repetir el argumento de la incompatibilidad. Fueron nombrados ministro de Hacienda Joaquín Torres Larráinzar y de Guerra el general Ramón Tavera.

198

ALFRED GEORGES BERTHELIN Y JULIO GARCÍA EN COLIMA

En el sur de Jalisco, Alfred Georges Berthelin, jefe de la gendarmería militar, hacia septiembre de 1866 recorría las poblaciones practicando el terrorismo de estado, imponiendo préstamos forzosos a las comunidades, ofreciendo un peso con 20 centavos a cada delator que le ofreciera presa. El día 16 le escribía al general Ignacio Gutiérrez, comandante imperial de Guadalajara:

"Todo hombre que se trae y que se reconoce que forma parte de las gavillas, es fusilado inmediatamente. Ya he hecho pasar por las armas a 42 de estos".

Berthelin, nacido en Sens, Francia, el 4 de agosto de 1825, graduado en la academia de Saint Cyr, jugador obsesivo, colaborador del golpe que llevó a Napoleón III al poder, combatiente en Crimea y Argelia, era llamado La Avispa; los franceses se lo habían prestado a Maximiliano, para ejercer labores de policía rural. Eduardo Ruiz decía que era bastante más bandido que los bandidos que a veces perseguía. Se decía que tenía un carnet donde había anotado los nombres de 500 mexicanos muertos en sus operaciones entre Guadalajara y Colima por horca y fusilamiento y Rivera Cambas asegura que lo hizo apoyado vehementemente por el clero de Jalisco. Una descripción de la época lo retrataba así: "Afeminado en su traje y en el exagerado aseo de su persona por el afeite y los perfumes que usaba y las sortijas que lo engalanaban".

Su fama, sustentada en el terror, se acrecentaba con sus intervenciones en 1865 cuando derrotó y mató al general Antonio Rojas, se quedó con su perro y lo nombró con el apellido del coronel chinaco paseándolo en triunfo. Luego formó parte del ejército imperial que tomó Morelia.

Regresando de custodiar una conducta a Manzanillo, las autoridades imperiales le ordenaron a Berthelin que acabara con las guerrillas de Colima. En esa zona actuaban por lo menos cuatro chinacas: las de Nery, el coronel Magaña, el coronel Zepeda y la más importante, la del coronel Julio García. Este venía combatiendo desde la Guerra de Reforma. A la muerte de Rojas se hizo cargo de la guerrilla en Colima. Detenido y milagrosamente liberado en un juicio en México a fines del 65, cuando trataron de recapturarlo se escapó y retornó a Colima, ocultándose en la sierra de Coalcomacán, donde estableció su cuartel general. Su guerrilla estaba formada en su mayor parte por campesinos que en tiempos normales se retiraban a sembrar o cosechar y luego volvían a la guerra.

Al inicio de noviembre Berthelin es invitado a un banquete, donde las fuerzas conservadoras le entregan dinero para la futura campaña, mejorando su sueldo, y él promete llegar hasta La Troje, donde tiene su cuartel general García y acabar con él. Parte con un destacamento de 110 hombres, franceses y mexicanos imperiales. Un desertor avisa a García que convoca a varias partidas de guerrilleros de la zona y llega a reunir 250 hombres mal armados.

Berthelin el 9 de noviembre del 66 avanza hacia Las Trojes. Los liberales deciden emboscarlo en el cañón del Guayabo, una garganta angosta que había sido lecho de un río. Un grupo de jinetes avanza para provocarlo y meterlo en la trampa. A las diez de la mañana Berthelin, todo prepotencia, los avista y se lanza en su persecución. Está acostumbrado a que las comunidades campesinas huyan ante su presencia. En el cañón del Guayabo cae en la trampa. Los imperiales desconcertados tratan de ponerse a la defensiva pero les llueven no sólo tiros, sino piedras y troncos de árboles. Tratan de organizar un contraataque que llega a duelos de sable contra machete. Más de 40 muertos quedan en el campo y los restantes imperiales huyen hacia Colima. Los dichos populares dicen que Berthelin fue muerto en singular combate a manos de García. Su cabeza fue colgada en Las Trojes. Se decía que García llevaba la macabra muestra en su caballo hasta que decidió enviarla a Colima en una castaña con alcohol. La Avispa tenía en el momento de morir 42 años.

NOTA

1) Ricardo Guzmán Nava: *El triunfo de la república en Querétaro y Julio García, valiente general republicano*. Antonio García Pérez: *Estudio político militar de la Campaña de Méjico, 1861-1867*. José Miguel Romero: *Breve historia de Colima*. Eduardo Ruiz: *Historia de la guerra de intervención en Michoacán*. Jean Meyer: *Yo, el francés. Crónicas de la intervención francesa en México, 1862-1867*. Manuel Rivera Cambas: *Historia de la intervención europea y norteamericana en México y del imperio de Maximiliano de Habsburgo*.

199

FISCHER

August Gottlieb Ludwig Fischer era un pelirrojo sacerdote protestante, de cara pecosa y notable fuerza física, nacido el 22 de junio 1825 en un pueblo a unos cuantos kilómetros de Stuttgart, hijo de un carnicero. Tras una infancia tormentosa se unió en 1845 a una expedición de colonos que viajaba hacia Texas. Pasaría varios años trabajando como pasante de notario y buscador de oro en California. Llegó a México en el 52, abjuró del protestantismo y fue ordenado sacerdote católico para obtener el puesto de secretario del obispo de Durango. Durante la Guerra de Reforma apoyó a los conservadores. Despedido muy pronto del palacio episcopal, por "sus costumbres disolutas" (tuvo dos hijos con una mujer casada protestante), se refugió en Parras en la casa del latifundista pro imperial Sánchez Navarro, quien seducido por las apariencias lo presentó a Maximiliano.

Samuel Basch lo describe: "El padre Fischer me pareció un hombre, que por su aspecto duro y severo más bien se le hubiera tomado por un soldadón que por un sacerdote. Aquel aspecto suyo, no menos que su rostro terso y rozagante, que a decir verdad nada tenía de ascético, contrastaban de una manera muy extraña con su acento melifluo todo unción, así como también con la costumbre que tenía de alzar los ojos al techo o de bajarlos al suelo cuando la conversación recaía sobre un asunto que se le figuraba peligroso".

A partir de septiembre del 65 sería capellán de la corte y entraría en el círculo interior del imperio. Necesitado de suavizar las relaciones con el clero, en 1866 Maximiliano lo nombró embajador en Roma para obtener un concordato con el Vaticano. El viaje resultó infructuoso, pero Fischer mantuvo la confianza del emperador (quien un año después le diría a su médico Basch: "El padre Fischer con su concordato ha mentido y me ha engañado"). Fischer pretendía en esos momentos el obispado de Durango.

A fines de julio del 66 el gabinete particular de Maximiliano, sus consejeros de confianza, cambiaron y Agustín Fischer, recién llegado de Roma fue nombrado jefe. Bulnes comentando el cambio diría: "El gobierno imperial fue un gobierno extranjero. El Emperador extranjero; los principales ministros, excepto uno, extranjeros; el jefe de gabinete y del gabinete particular un aventurero extranjero, terminado en clérigo disoluto, y en cuanto a las demás personas que íntimamente rodeaban al Archiduque, eran sin excepción extranjeros".

NOTAS

1) Conde E. de Kératry: *Elevación y Caída del emperador Maximiliano. Intervención francesa en México, 1861-1867*. Konrad Ratz: *Tras las huellas de un desconocido: nuevos datos y aspectos de Maximiliano de Habsburgo*. José Luis Blasio: *Maximiliano íntimo: el emperador Maximiliano y su corte. Memorias de un secretario particular*. Samuel Basch: *Recuerdos de México: memorias del médico ordinario del emperador Maximiliano, 1866-1867*. Álvaro Canales Santos: *Agustín Fischer, el Rasputín de II Imperio Mexicano*. Una excelente foto de Fischer en el libro de Judith Licea de Arenas: *Imágenes del segundo imperio mexicano, 1864-1867*. Paul Gaulot: *La Verite sur l'Expédition du Mexique*. Francisco Bulnes: *El verdadero Juárez y la verdad sobre la intervención y el imperio*.

2) Maximiliano tardíamente debió tener conocimiento de las costumbres de Fischer, porque luego, en Querétaro, escribió al profesor Bilimeck: "Durante mi marcha, he tropezado casualmente con Fischer; es decir, con los lares domésticos del piadoso pastor, de que tanto se ha hablado; y para expresarme con toda claridad, he dado con las huellas de la familia Fischer. No son rumores vanos ni hablo con acalorada fantasía; los Fischer existen en carne y hueso, *el verbo se hizo carne*. Sólo que la cosa no anda muy limpia".

200

LA LOCURA DE LA EMPERATRIZ

El buque *Emperatriz Eugenia* llegó a Saint Nazaire el 8 de agosto de 1866 con la emperatriz Carlota y toda su comitiva. En el muelle el embajador Almonte y su esposa. De inmediato le dirigió a Napoleón un telegrama para "poner a su majestad al tanto de diversos asuntos en relación con México". A toda velocidad se desplazan a París, el día 9 en la estación Monte Parnaso

Carlota es recibida por José María Gutiérrez de Estrada, el joven príncipe Salvador de Iturbide, el abate Doménech, y el conde de Bombelles. Toda la claque mexicana. Van al Gran Hotel. Momentos después llegó a saludarla el príncipe de Metternich, ministro de Austria en París. Es muy probable que Carlota entonces supiera que poco se podía contar con Austria.

Agosto 10 a las seis de la tarde. Visita de la emperatriz Eugenia acompañada de altos dignatarios y damas de su corte. Carlota le escribe a Maximiliano su primera impresión: "Ni Napoleón ni su esposa pueden soportar la menor presión sea real o ficticia".

Han pasado sólo tres días. El 11 de agosto se produce la primera conferencia entre Carlota y Napoleón III en Saint-Cloud, en el palacio donde había sido proclamado emperador. Zamacois, tan atento a los detalles, cuenta que "la emperatriz Eugenia, que se encontraba en el primer tramo de la escalera, acogió a la esposa de Maximiliano con señaladas muestras de satisfacción y afecto. El emperador Napoleón, pretextando estar enfermo, se resistía a tener una entrevista con la emperatriz Carlota; mas habiendo insistido en conferenciar personalmente con él, no pudo excusarse y la recibió".

La esposa de Maximiliano, asumiendo plenamente su papel de embajadora, narró la crisis profunda por la cual atravesaba el imperio mexicano. Indicó el beneficio de sustituir al mariscal Achille Bazaine, y rogó que el regreso del ejército expedicionario se aplazase hasta el mes de abril del año siguiente, 1867; así como que se concediesen dos años de respiro para el pago de la deuda de México con Francia. De hecho estaba contestando la última carta de Napoleón III a Maximiliano en la que se rompía el tratado de Miramar.

Carlota, ante Napoleón, leyó un comunicado: "El gobierno imperial mexicano no podía prever, ni habría podido admitir como probable, el hecho de que al cabo de tres años de una guerra ruinosa, el general en jefe del ejército franco-mexicano, compuesto de 50 mil hombres, no hubiera conseguido someter las ricas provincias de Tabasco, Guerrero y Chiapas, donde no se ha visto ni un soldado francés. No podía suponer [...] que después de prolongarse tres años la guerra, gracias a la inacción del comandante en jefe o a sus disposiciones, todos los extensos estados del norte habrían caído de nuevo bajo el yugo de los juaristas [...]. El general en jefe francés ha privado a este gobierno de sus naturales recursos, no terminando pronto y felizmente la guerra".

Si Niceto de Zamacois dice que "la conferencia fue larga y acalorada", el conde de Kératry la define como: "larga y violenta; llena por una y otra parte de recriminaciones". Pero nada se decidió en ella, quedando en el aire muchas preguntas, pero ninguna respuesta.

Supuestamente hubo otra reunión y Carlota insistió en el envío de un cuerpo de ejército francés (de al menos 20 mil hombres), la destitución de Bazaine y Castagny; entregar el mando del ejército de intervención a Douay o a Brincourt, y el sostenimiento de la ayuda de medio millón de pesos al mes.

Napoleón escuchaba, explicaba, argumentaba, pero no cedía ni un milímetro. Carlota se iba agotando ante la pared en la que rebotaban sus argumentos. El 15 de agosto le escribe a Maximiliano: "Se han hecho viejos, los dos son pueriles y lloran a menudo". Se ha entrevistado con Napoleón y con Eugenia dos veces, tiene la sensación de que el emperador de los franceses se ha olvidado de México. "He hecho todo lo que es humanamente posible".

El 22 de agosto le escribe de nuevo a su marido. Ha usado todos los argumentos, pero no ha movido a Napoleón III. "No te ha amado jamás [...] te ha fascinado como la serpiente, sus palabras eran falsas, como sus lágrimas, todos sus actos son impostura. Es preciso que te pongas lo más lejos de sus garras". Y culmina: "No puedo saber [...] si lo que desean aquí es que abdiques o no".

El 29 de agosto, una derrotada emperatriz parte de París para Miramar. El 4 de septiembre le envía a Maximiliano un telegrama: "Todo es inútil". Este recibió la noticia del mal éxito que habían tenido las conferencias entre Carlota y Napoleón III un mes más tarde, el 30 de septiembre, y mantuvo la información en secreto, comunicándola sólo a los miembros de su gabinete particular.

El 16 de septiembre Carlota celebró en Miramar la fiesta de Independencia al izar en el castillo el pabellón mexicano: cañonazos, música e iluminaciones y en la noche el jardín repleto de farolitos venecianos.

Blasio la visita en Miramar. Según Khevenhüller, los rumores en México decían que Napoleón había envenenado a la emperatriz con un vaso de agua azucarada. La historia era absurda, pero Carlota comenzaba a desvariar y estaba convencida de que así había sido. Junto al secretario de Max se dirige a Roma para hablar con el Papa.

El 27 de septiembre el Papa la recibe en visita oficial. La plática se inició con un: "Estoy envenenada, ahí fuera están los que me han envenenado por orden de Napoleón". La visita duró una hora y toda la charla giró sobre el tema del envenenamiento; el Papa trataba de disuadir suavemente y consolar a la infortunada emperatriz de México, y ella insistía en lo mismo En su hospedaje Carlota tenía unas gallinas al pie de la cama para probar su comida, no fuera a envenenarla Napoleón; bebía en la fuente de Trevi, cosa que si para un humano normal era permitida, estaba totalmente fuera de juego para una emperatriz.

El 29 de septiembre en un gesto inusitado el Papa recibe una segunda visita de Carlota, está acompañado por su secretario el cardenal Antonelli. Habla claramente de que si grande fue su conflicto con ella y con Maximiliano en los dos últimos años, más grande aún es el horror que le causa Benito Juárez. Zamacois proporciona más historias truculentas: "La emperatriz, al salir del Vaticano, se figuró que el cochero tenía mal puesta la escarapela, y lo reprendió duramente por ello. Durante la comida se mostró bastante encolerizada, y no tomó café ni helado hasta que todos lo hubieron servido. Fijando luego la vista en la cafetera se empeñó en sostener que aquella cafetera estaba rota y Joaquín Velásquez de León para calmar su exaltación, la hizo quitar de la mesa".

El 1º de octubre el médico le prohíbe salir, pero, de nuevo Zamacois, "la emperatriz […] le cogió de un brazo, y haciéndole a un lado para pasar, marchó al Vaticano. Dominada por la aterradora idea de que la querían envenenar […] se quedó todo el día en el Vaticano, sin querer separarse del Papa, única persona que le inspiraba completa confianza, comiendo en su mismo plato".

Y de ahí al delirio diciendo que si el conde Del Valle, su médico el doctor Boklushlabech y la señora Kuchachebich no hacían salir a los que querían matarla, los juzgaría y decapitaría. "Se le contestó que todo se haría al pie de la letra […]; pero a poco rato se volvió a salir con una de sus camaristas, se fue al Vaticano y dijo a monseñor Borromeo, obispo y gran chambelán del Santo Padre, que pasaría la noche en el Vaticano junto al Papa". El mismo día le escribe a Maximiliano una nota: "Me despido de ti, ya que Dios me llama. Te doy las gracias por la felicidad que siempre me has dado". El 10 de octubre es llevada a Miramar donde su hermano, el conde de Flandes, la deja incomunicada.

NOTAS

1)   Niceto de Zamacois: *Historia de México*. Agustín Rivera: *Anales mexicanos. La Reforma y el Segundo Imperio*. Conde E. de Kératry: *Elevación y Caída del emperador Maximiliano*. Brigitte Hamann: *Con Maximiliano en México: del diario del príncipe Carl Khevenhüller. 1864-1867*. José María Vigil: *La Reforma*. José Luis Blasio: *Maximiliano íntimo: el emperador Maximiliano y su corte*. Norbert Frýd: *La emperatriz Carlota de México*. José Iturriaga: *Escritos mexicanos de Carlota de Bélgica*. Verónica González Laporte: *El hijo de la sombra*. Los pasos de Carlota por Europa y su camino a la demencia están bien narrados en dos novelas: Juan Antonio Mateos: *El cerro de las campanas: memorias de un guerrillero, novela histórica* y Fernando del Paso: *Noticias del imperio*, parece obvio el interés literario en el personaje trágico, el puro síndrome de Estocolmo.

2)   Entre las muchas y delirantes historias que rodean a Carlota, Wikipedia da noticia de que la locura de la emperatriz tiene su origen en que había sido envenenada por una herbolaria juarista del mercado de La Merced que cuando buscaba un remedio para la infertilidad le proporcionó una seta llamada teyhuinti.

201

ORIZABA

En una de sus afortunadas reflexiones, el conde de Kératry dice: "Arrangoiz, Gutiérrez de Estrada, Hidalgo y demás conservadores, dijeron que Maximiliano los había engañado, y Maximiliano en sus cartas a Jesús Terán, al barón de Pont y en otros documentos, decía que los conservadores lo habían engañado a él; y fray Tomás Gómez dijo que Maximiliano y Carlota habían hecho una comedia, y Maximiliano y Carlota echaron la culpa a Bazaine, y Bazaine a Eloin, y Eloin a Napoleón III". Todos habían querido ver, atrapados por sus intereses más inmediatos lo que no estaba allí. Quizá simplemente todo les había salido mal.

El 18 de octubre tras la celebración de un Consejo de Ministros Maximiliano se dirigió a su gabinete. Allí llegaron dos telegramas, uno del conde de Bombelles, fechado en Miramar, y el otro del ex ministro Castillo, fechado en Roma; ambos daban noticia de la locura de Carlota. Herzfeld que los estaba descifrando "fingió que no podía traducir bien el contenido de los despachos". Se dice que Maximiliano le dijo: "Conozco que debe ser algo espantoso; pero prefiero que me lo digáis, porque así estoy con mayor tormento". Herzfeld trató de disimular y le dijo al emperador que lo único que entendía era que alguien estaba enfermo en Miramar, y que probablemente se trataba de una dama de la emperatriz. Maximiliano lo hizo confesar y llamó al doctor Basch que se había retirado a su cuarto. Basch, un hombre de pequeña talla y tímido, había llegado a México en febrero como médico militar y a partir del 18 de septiembre de 1866 era médico de cámara en la corte. Maximiliano le dijo llorando: "¿Conoce usted al doctor Riedel, de Viena?". "Apenas oí este nombre [dice Basch], comprendí todo. Herzfeld había dicho la verdad, y aunque yo hubiera querido mantener en la duda al emperador, no podía mentir. *Es director del hospital de locos*, me vi forzado a responder".

La primera noticia falsa en la prensa llegada de Europa fue que la emperatriz volvía de su misión en un vapor de guerra francés y que no tardaría en arribar a Veracruz.

El día 19 paseando en el terrado de Chapultepec con Basch, Herzfeld y el naturalista y arqueólogo Bilimetz, conferenció con ellos sobre su proyecto de abdicar y les encargó que no lo dijeran a nadie, ni siquiera a Fischer. Esa noche dio instrucciones para preparar la partida, y en las primeras horas de la mañana del 20, escribió a Bazaine, respondiendo a una nota que le había enviado lamentándose de la enfermedad de Carlota ("Profundamente me han conmovido las palabras de consuelo y de pésame que acabáis de enviarme a nombre vuestro y de la mariscala") y le anunciaba que salía hacia Orizaba para estar más cerca de Veracruz y los posibles correos.

Maximiliano ordenó a su íntimo amigo Herzfeld que se lo comunicara a los ministros y al coronel Kodolisch, comandante de la escolta. Al saber que Maximiliano iba a partir, el presidente del Consejo de ministros Teodosio Lares, un hombre de 60 años, que había sido ministro de Justicia de Miramón por pocos días, se presentó en Chapultepec a las tres de la tarde, y, según Basch, "con voz conmovida y temblando todos sus miembros, solicitaba ver al momento a Maximiliano para entregarle un escrito que no consentía la menor dilación". Maximiliano se negó a recibirlo, y Lares tuvo que entregar el papel que contenía la dimisión definitiva de todo el ministerio en caso de que el archiduque se ausentase. Las presiones de Bazaine y del clérigo Fischer, que como buen conspirador ya había formado un "club antiabdicacionista", compuesto de Scarlett ministro inglés, Sánchez Navarro, el ministro Arroyo, el ayudante Ormachea, lograron convencer a los ministros de que el mejor medio de evitar la renuncia era que no pusieran obstáculo a la salida del emperador.

El mismo día publicaba el periódico oficial la noticia: "Última hora. Tenemos el sentimiento de anunciar que el buque de guerra francés *Adonis*, trae el cablegrama trasatlántico, comunicando la triste noticia de que nuestra augusta emperatriz enfermó el día 4 del corriente en Roma, y fue conducida inmediatamente a Miramar. Parece que el mal tiene el carácter de una fiebre cerebral muy grave. Esta nueva ha conmovido profundamente al emperador". El clero se apresuró a hacer rogativas públicas en las iglesias, pidiendo por el restablecimiento de la desgraciada princesa, y Maximiliano se encerró en el Castillo de Chapultepec dando orden de que no se le molestara y que Fisher hiciese saber al presidente del Consejo de ministros que por razones de salud, una fiebre intermitente, los médicos le aconsejaban que cambiase de aires, y que pensaba irse a Orizaba para estar más cerca de las comunicaciones con Europa, pero que eso nada cambiaba la situación y que le enviaran a Orizaba los asuntos más urgentes. Dejaba de lado la reunión que habría de celebrarse ese día con los obispos y arzobispos Espinosa (Guadalajara), Colina (Puebla), Barajas (Potosí), Verea (Linares) para buscar un concordato a satisfacción del Vaticano.

A las dos de la mañana del 21 de octubre Maximiliano salió para Orizaba, acompañado por su ministro Arroyo, Fischer, el oficial de órdenes Pradillo, Basch y Bilimetz y escoltado por 300 húsares.

Tiene razón Irineo Paz cuando afirma: "El edificio imperial estaba pues en esos momentos, si no desplomándose, al menos sufriendo trepidaciones, bamboleos, desquiciamientos, como si lo azotara la más furiosa de las tempestades y estuvieran sus cimientos a flor de agua. Era como una barca sin timón, cuyos tripulantes hacían apenas débiles esfuerzos para que no se fuera a pique".

En Ayotla, Maximiliano se cruzará con el general Castelnau que venía hacia México, enviado especial de Napoleón III y se negará a recibirlo. Pasará la noche en la hacienda de Zoquipan y según Basch "no prestaba oídos a ninguna razón, a argumento ninguno, no hacía más que responder secamente: *No debe derramarse por mi causa más sangre*". Ahí le escribió una nueva carta a Bazaine informándole que le haría llegar unos documentos con carácter por ahora de reservados hasta que le confirmara su difusión por telégrafo: "Tres cosas me preocupan y quiero salvar de una vez la responsabilidad que me incumbe. Es la primera, que los tribunales militares dejen de intervenir en los delitos políticos. La segunda, que la ley de 3 de octubre sea revocada de hecho. La tercera, que no haya persecuciones políticas por ningún motivo y que cese toda clase de procedimientos sobre esta materia".

En los últimos días de octubre Maximiliano llega a Orizaba. En Veracruz tenía ya parte de su equipaje para embarcarse hacia Europa. Basch es muy preciso respecto a cómo sería el viaje: "El emperador se encaminará directamente a San Thomas en el *Dandolo*; de allí se despachará el buque de vela al mando de Eességuier [...] a Gibraltar. De allí, telegrafiar, y si es posible, llamar a la emperatriz a Corfú. En caso de que la emperatriz no esté en disposición de ir, llamar a Corfú a alguno de Miramar. El buque de vela llevará a San Thomas todos los despachos que lleguen antes de su partida".

Sin embargo, algo lo detiene. En los primeros días de noviembre llegan comisiones del Ayuntamiento del Distrito Federal, de vecinos notables de México y Puebla, con peticiones firmadas por millares de personas pidiendo al emperador que no abdicara. El 15 de noviembre recibió una carta de Eloin, que pareciera adivinar lo que pasaba por la cabeza del emperador: "Tengo, sin embargo, la íntima convicción, de que el abandonar la partida antes del regreso del ejército francés, sería considerado como un acto de debilidad", si no hay respuesta social entonces "habiendo cumplido hasta el fin su noble misión, regresará a Europa con todo el prestigio que a su partida le rodeaba, y en medio de los acontecimientos importantes que no tardarán en surgir, podrá desempeñar el papel que por todos conceptos le corresponde" y le daba noticias sobre el estado de salud de Napoleón ("Se asegura que la diabetes ha venido a complicar la inflamación que padece" y absolutamente desfasadas de Carlota ("la emperatriz, en medio de sus flores que hacen un jardín encantador en Miramar, brilla en todo el esplendor de una salud completa"). La carta había sido interceptada en Nueva York por los republicanos y "desempeñar el Papel que le corresponde" causó ronchas. ¿Estaba Eloin sugiriendo que Max podía recuperara sus derechos de sucesión de Austria? ¿Que había para él un destino en el Véneto?

A Orizaba llegó una declaración firmada por Bazaine, por el embajador francés Danó y por el general Castelnau, en que se mostraban "satisfechos al descubrir que el emperador estaba pronto a marchar voluntariamente". Según Basch, el emperador "se consideró altamente ofendido". Una cosa era que él decidiera renunciar y volver a Europa para reunirse con Carlota, otra que se lo impusieran los franceses. Los oficiales austrohúngaros más cercanos presionaban a Maximiliano para que no desistiera y no regresara a Europa "a remolque de los franceses". Max terminó respondiendo: "Les juro que sólo abandonaré México con honor".

Casi al mismo tiempo el Encargado de Negocios de Austria en México (el conde de Lago) le informaba que su hermano no le permitiría entrar en sus dominios si se veía obligado a salir del imperio mexicano, y llegaba una carta de la archiduquesa Sofía, su madre, en que le decía que se sepultara entre los escombros de México antes que someterse a las exigencias de los franceses, o sea antes que abdicar.

Si Maximiliano nunca había sido un hombre de decisiones firmes, en Orizaba, donde "hormiguean ministros, embajadores, delegados [...] y otra gente de ralea semejante. Todos quieren pescar algo antes de la ruina general". Las dudas lo dominaban, sometido a presiones continuas que "me causan gran consternación".

Maximiliano convocó a sus ministros a Orizaba e invitó a Bazaine para una entrevista. El mariscal no llegó, pero el 20 de noviembre arribaron 23 de los ministros y consejeros de Estado. Teodosio Lares, que parecía rejuvenecido, dio lectura al inicio de la reunión de una nota firmada por Maximiliano, en que anunciaba su intención de abdicar, pero "si nuestro Ministerio y nuestro Consejo de Estado se hallan en aptitud de proponernos los medios para llegar a una solución segura y práctica, entonces continuaremos perseverando con franca y buena voluntad en la obra de la regeneración de México".

Durante dos días se produce una discusión en torno a este "sí, pero", y el 24 hay una votación. Sólo dos de los 23 (Silíceo y Cortés Esparza) estaban a favor de la abdicación; diez, entre ellos Lares, votaron por la permanencia de Maximiliano en el poder. Quizá el más beligerante fue Carlos Sánchez Navarro y Berain ("uno de los conservadores más rabiosos"), al que Victoriano Salado describe como: "riquísimo propietario del norte del país [...] tipo alto, barrigón, bien agestado, con ese aire de holgura y comodidad que comunica la ropa bien cortada, los anteojos con varillas de oro, un camafeo puesto en un anillo y el hablar arrogante con todo y condescendiente con los inferiores". Para ese tiempo, sus propiedades comprendían 45 haciendas de ganado mayor con unos 7.5 millones de hectáreas en los estados de Coahuila, Nuevo León, Chihuahua, parte de Zacatecas y San Luis Potosí, superficie equivalente a Portugal.

Una tercera fracción, encabezada por Lacunza, reunió 11 votos proponiendo no desechar en principio la idea de la abdicación, pero posponer la discusión porque "no era ese el momento oportuno para llevar a cabo una resolución de tanta importancia".

Maximiliano puso dos condiciones: Convocar una asamblea nacional "que garantice la representación más amplia posible de todas las clases del pueblo mexicano", pensada como una constituyente donde "claramente resulte estar garantizada la representación completa de todos los ciudadanos mexicanos"; y garantizar un plan financiero para sostener los gastos del gobierno. El consejo, que aceptaría cualquier cosa, fuera o no viable, acordó su propuesta el día 24.

Concha Lombardo, que se hallaba en la ciudad en esos días, no podía menos que asombrarse que "la vida que hacía el emperador en Orizaba era más bien la de un simple particular. De diez a cuatro andaba cazando mariposas".

En la tarde del 30 de noviembre Maximiliano dirigió una comunicación a la junta de ministros y consejeros, declarando su resolución de no abdicar, y el 1º de diciembre anunciaba en un manifiesto que seguiría en el poder por opinión del Consejo de Ministros y convocaba a "reunir un Congreso Nacional, bajo las bases más amplias y liberales, en el cual tendrán participación todos los partidos, y este determinará si el Imperio aún debe continuar en lo futuro".

En esos días Maximiliano se reunía con los recién llegados Miguel Miramón y Leonardo Márquez. Márquez regresaba de su extrañísima gira por el Medio Oriente y fue llamado a Orizaba, donde Maximiliano le otorgó la gran cruz del Águila Mexicana en premio por sus servicios diplomáticos. Miramón volvía sin licencia, alarmado por las noticias que corrían en Europa y como siempre pensando que en la retirada de los franceses se abriría una coyuntura donde podría tener un papel protagónico. Márquez alertó al emperador de su llegada el 7 o el 9 de noviembre, o desde Veracruz Bureau lo anunció por telégrafo y preguntó si le dejaba seguir adelante, a lo que el emperador contestó afirmativamente, con un telegrama: "Felicito a usted por su vuelta al país"; el caso es que Maximiliano comenzó a conversar con las dos grandes espadas de la reacción en Orizaba. ¿Eran estas entrevistas secretas o simplemente formaban parte con otra docena más del cabildeo que rodeaba al emperador? Basch sostiene que, "en aquellos paseos solitarios, tenía el emperador con Miramón entrevistas que deseaba ocultar a los ojos de lince de los franceses". Ambos le aconsejaron no abdicar, ofreciéndole sostenerlo en el trono o morir en su defensa. Miguel Miramón argumentaba que, con muy inferiores recursos de los que aún podía disponer el imperio, conservó la Presidencia durante la Guerra de Reforma. "Contando ahora con 30 mil hombres de excelentes tropas [exageraba], más todas las clases sociales [exageraba aún más] y poseyendo por de pronto las rentas aduanales de Veracruz y las plazas de Puebla, Orizaba, México, Querétaro, San Luis, Guadalajara, Guanajuato, dudar de nuestro triunfo sería la más insigne de las aberraciones. Además, la reacción es católica, imperialista, odia a los norteamericanos protectores de Juárez y sus demagogos y si no le ha dado, como sabe darlo, todo su apoyo al Imperio ha sido porque este ingratamente se divorció de ella para ayudar a los franceses a que la tiranizasen. Sin bayonetas extranjeras, sin yugos estranguladores de nuestra independencia y sin las humillaciones que nos imponía Napoleón, el Imperio tiene que ser la gran manifestación nacional que cubrirá de gloria al Emperador Maximiliano".

De algún modo Bulnes tiene razón; Miramón y Márquez subestimaban al ejército republicano nacido de la chinaca, "habían pasado en Europa [y por lo tanto no habían vivido] la época de lucha entre 80 mil imperiales, franceses, austriacos, belgas y mexicanos, contra un puñado de héroes republicanos infatigables, irreducibles, enérgicos [...], hábiles, intransigentes y convertidos en militares a fuerza de derrotas, de sufrimientos, desastres [...] no habían visto que los 80 mil hombres sostenidos con millones y con la opinión de la mayoría nacional, favorable al principio al Imperio, no habían podido destruirlos".

Pese a los argumentos, las entrevistas de Márquez y Miramón con Maximiliano parecían estériles. El padre Fischer debía hacer prodigios para obligarlos a ser pacientes. "¿Qué quieren?", les dijo un día a los dos generales, que se quejaban amargamente; "el emperador no se halla dispuesto a volverse espontáneamente a México: ¿tratan ustedes acaso de llevárselo por fuerza a Palacio?".

No será sino hasta el 3 de diciembre del 66, en este proceso de eternas oscilaciones, cuando Maximiliano promulgue un decreto sobre la organización de un ejército mexicano de 8 mil hombres. Márquez precisa: "El Emperador nos dejó en libertad a Miramón y a mí para que, contando al general Mejía por compañero, dividiésemos el territorio del Imperio en tres fracciones". La norte-oeste quedaría a cargo de Miramón, con un ejército que integraría contando con los 2 mil imperiales que había en Jalisco y Colima; la centro-sur, que comandaría Márquez (que contaría con la brigada de Ramón Méndez, la guarnición de la Ciudad de México y la de Puebla), y la del norte, a cargo de Tomás Mejía con su maltrecha brigada, que podría apoyarse en la del general Olvera.

Tres días más tarde, el 6 de diciembre, Maximiliano declaró a los voluntarios extranjeros "libres de repatriarse". Para quien decidiera ingresar en el nuevo ejército, se ofrecían primas, grados militares y tierras.

Menos de 800 voluntarios permanecieron fieles al emperador; del cuerpo austriaco unos 3 600 se irán con los franceses, entre ellos el conde Graf Thun-Hohenstein. Salm Salm describe en sus *Memorias* que los oficiales austriacos más cercanos decidieron quedarse (von Kodolitsch, Graf Khevenhüller y von Hammerstein) y recibieron la petición de Max de que lo ayudaran a construir un ejército imperial mexicano. El coronel Graf Khevenhüller-Metsch formó un cuerpo de caballería conocido como los Húsares Rojos; von Hammerstein-Equord, ascendido a teniente coronel integró el 18 batallón de infantería de línea y se creó el destacamento de cazadores del emperador mandado por el coronel mexicano Moso. Según Graf Khevenhüller sabían que no podían ganar pero decidieron quedarse a proteger al emperador.

Al inicio de noviembre renunció Édouard Drouyn de Lhuys, el ministro de Asuntos Extranjeros desde el 62, que en su día había declarado en un ataque de cinismo profundo: "Hemos ido allí no para hacer proselitismo monárquico, sino para obtener reparaciones y garantías que hemos debido reclamar; y apoyamos al gobierno que se ha fundado con el concurso de las poblaciones, porque esperamos de él la satisfacción de nuestros agravios". Fue nombrado ministro Léonel de Moustier. Junto al cambio un ajuste en la política militar de Napoleón: Decidió que la evacuación se efectuaría, no en tres plazos como se había firmado en la revisión del tratado de Miramar y prometido a los Estados Unidos, el primero en noviembre de 1866, el segundo en marzo de 1867, y el tercero en noviembre del mismo año, sino que todo el ejército saliera de una vez, en la primavera de 1867. ¿A qué se debía este repentino cambio? ¿Alteraba mayormente el plan original? No, simplemente aplazaba tres meses el inicio de la operación y adelantaba seis su fin.

El 23 de noviembre, el suspicaz Seward le indicó a su embajador en París, Bigelow: "Diga usted a Moustier, que nuestro gobierno está sorprendido y afectado con la noticia, dada ahora por primera vez, de que el prometido embarco de una parte de las tropas francesas, que debía efectuarse de México en el presente mes de noviembre, ha sido aplazado por el emperador".

El embajador Bigelow se entrevistó en París con Napoleón III, que le dijo "que era cierto que había resuelto aplazar la vuelta total de las tropas hasta la primavera; pero sin que estas prestasen apoyo ninguno durante ese tiempo al gobierno de Maximiliano, pues la determinación tomada únicamente había sido motivada por consideraciones militares. Su majestad continuó diciendo que casi al mismo tiempo había enviado a México al general Castelnau, encargado de informar a Maximiliano que Francia no podía darle ni un centavo, ni un hombre más". Bigelow reportó: "Yo no dudo que el emperador proceda de buena fe hacia nosotros". Mientras esto sucedía en París, una comedia de errores se producía en Veracruz. Dos enviados norteamericanos, Campbell y el general Sherman, salieron el 11 de noviembre de Nueva York en la fragata de guerra *Susquehanah,* pasando por La Habana y Tampico desembarcaron en el puerto convencidos de Maximiliano iba ya rumbo a Europa. Su misión era entrevistarse con Juárez para confirmar que no se reconocería otro gobierno en México que el suyo. El marqués de Montholon le había avisado al mariscal Bazaine de la salida de la comisión y que las órdenes del general Sherman eran "evitar todo conflicto con nosotros". El mariscal Bazaine contestó "que la fragata norteamericana sería recibida como todo buque de guerra de una nación amiga, y que los personajes en cuestión serían bien acogidos en México si deseaban pasar a la capital". Al descubrir que Maximiliano no había abdicado, los enviados norteamericanos regresaron a su tierra.

NOTA

1) Agustín Rivera: *Anales mexicanos. La Reforma y el Segundo Imperio.* Konrad Ratz: *Tras las huellas de un desconocido: nuevos datos y aspectos de Maximiliano de Habsburgo.* Armando Praviel: *La vida trágica de la emperatriz Carlota.* Ireneo Paz: *Maximiliano.* Emmanuel Maseras: *Ensayo de un imperio en México.* Niceto de Zamacois: *Historia de México.* Francisco Bulnes: *El verdadero Juárez y la verdad sobre la intervención y el imperio.* José María Vigil: *La Reforma.* Hilarión Díaz: *Juárez glorificado y la intervención y el imperio ante la verdad histórica.* Samuel Basch: *Recuerdos de México: memorias del médico ordinario del emperador Maximiliano, 1866-1867.* (Ireneo Paz: "Hay que tener en cuenta que el médico de Maximiliano era un gran embustero"). Leonardo Márquez: *Manifiestos (el Imperio y los imperiales). Por qué rompo el silencio,* rectificaciones de Ángel Pola. Ignacio Manuel Altamirano: *Historia y política de México, 1821-1882.* Victoriano Salado Álvarez: *Orizaba.* José Luis Blasio: *Maximiliano íntimo: el emperador Maximiliano y su corte.* Francisco de Paula Arrangoiz: *México desde 1808 hasta 1867.* Brigitte Hamann: *Con Maximiliano en México: del diario del príncipe Carl Khevenhüller. 1864-1867.*

202

PORFIRIO EN OAXACA

El 3 de octubre de 1866 Porfirio Díaz se encuentra en las cercanías de Miahuatlán, 105 kilómetros al sur de Oaxaca con una fuerte columna de imperiales que cuenta con unos 1 200 hombres, entre ellos 250 cazadores del emperador franceses y húngaros y dirigida por el general Carlos Oronoz, un conservador activo desde la Guerra de Reforma, de 37 años y el jefe de batallón francés Testard. Porfirio cuenta con una fuerza equivalente, entre ellos seis pequeños escuadrones de caballería con 700 hombres, pero muchos están "mal armadas, desnudos y sin disciplina ni munición" según el propio Díaz y sus víveres escasean.

Monta una emboscada situando a la caballería de González en una loma y distribuyendo la infantería en unos maizales y va con su escolta a provocar. La caballería lo sigue y cae en la trampa. Luego lanza sobre los imperiales varias columnas a pesar de que pensaba que se quedarían sin municiones en 15 minutos. El empuje de las columnas, más la suma de los vecinos que se lanzaron por la libre, de los que alguien diría que sufrieron muchas bajas, porque además de ser muy bravos, estaban muy borrachos.

Testard moriría con casi todos sus oficiales y soldados, fueron capturados 800 imperiales, entre ellos 22 oficiales mexicanos y 20 oficiales franceses y su artillería y los bagajes. Mientras que Porfirio Díaz respetó a los presos extranjeros y a los infantes mexicanos a los que sumó a su tropa, ordenó fusilar a 18 de los oficiales mexicanos que se habían pasado a Bazaine durante el sitio de Oaxaca del 65, "considerando la traición mucho más punible que la invasión"; él personalmente le dio un sablazo al capitán Manuel Álvarez. Díaz lamentaría el incidente con una cierta vergüenza en años posteriores. Porfirio siempre consideró la pequeña batalla de Miahuatlán su gran éxito militar.

El general Oronoz, con unos pocos supervivientes de su caballería, pudo escapar al desastre, entrando en Oaxaca dos días más tarde. Poco después Porfirio se presentaba ante los muros de la plaza, donde previamente habían llegado las tropas de su hermano, Félix, intimando la rendición.

El sitio llevaba 11 días cuando Porfirio recibe la información de que una columna que los informadores estiman entre 800 a 1 500 hombres con artillería, viene desde Huajuapan para apoyar a los cercados. Si los enfrenta, Oronoz puede contraatacar y si no lo hace él puede quedar atrapado entre dos fuegos. Durante el 16 de octubre recrudece el ataque a la ciudad, envía un mensaje al general Figueroa, para que se le una y dejando cercada la ciudad con una pequeña guarnición que enciende multitud de hogueras para simular una fuerza que no existe, sale en la noche a marchas forzadas.

El 18 de octubre los ejércitos se enfrentaron en las lomas de La Carbonera, en San Francisco Telixtlahuaca, entre Nochixtlán y San Francisco Huitzo. El combate se inició a las 12 de la mañana. Los imperiales venían mandados por el mayor Krielk, eran entre 1 300 y 1 500 hombres, la mayoría austriacos, polacos y húngaros, y algunos mexicanos. Díaz traía 3 602 hombres, entre los que se encontraba, según los cronistas "una turba de indios bozales, mixtecas y zapotecas" y contaba con los coroneles Félix Díaz, Manuel González, el comandante Carlos Pacheco y la guerrilla del autonombrado general Luis P. Figueroa, "tez tostada, barba negra y movimientos pausados y seguros".

La batalla comenzó a las 11 de la mañana y los imperiales fueron desbordados al utilizar Porfirio la sorpresa de movilizar varias columnas que tenía escondidas en cañadas cercanas, que cayeron sobre los austriacos desde varios frentes: A las cinco de la tarde la caballería imperial comenzó la fuga y la infantería se rindió. Los vencedores se encontraron con un enorme botín de guerra, que sumado a lo obtenido en Miahuatlán permitiría rearmar al nuevo ejército: ocho obuses de montaña, más de 40 mulas cargadas de municiones y más de 600 carabinas. Los imperiales tuvieron 161 muertos, entre ellos seis oficiales y 42 heridos y dejaron 381 prisioneros entre ellos siete oficiales. El general Díaz tuvo 65 muertos, 113 heridos y 27 dispersos. Con su dureza habitual mandó fusilar a cuatro soldados prisioneros y sumó a todos los que quisieran seguirlo.

El 20 de octubre el general triunfante se presentó ante Oaxaca mostrando a los presos austriacos formados y le ofreció de nuevo a Oronoz la posibilidad de que se rindiera. Además los liberales habían capturado una comunicación del coronel Trujeque que les decía a los sitiados que no existían posibilidades de auxiliarlos. Durante los siguientes días se produjeron tiroteos esporádicos, pero Díaz sabe que el juego ha terminado. El 31 de octubre el general Carlos Oronoz capitulaba.

Ahora sí, las cosas han cambiado.

NOTAS

1) Porfirio Díaz: *Memorias*. Ignacio M. Escudero: *Historia Militar del general Porfirio Díaz*. Hubert H. Bancroft: *Vida de Porfirio Díaz*. José María Vigil: *La Reforma*. Agustín Rivera: *Anales mexicanos. La Reforma y el Segundo Imperio*. Mark Moreno: *World at War: Mexican Identities, Insurgents, and The French Occupation, 1862-1867*. Carlos Tello Díaz: *Porfirio Díaz, su vida y su tiempo*. Una muy extensa narración de los combates de Miahuatlán y La Carbonera en la novela de Victoriano Salado Álvarez: *Porfirio Díaz*.

2) Con la tropa de Figueroa combatía como capitán Teodoro Flores, padre de los Flores Magón.

203

EL INCIDENTE MATAMOROS

Matamoros volvía ser un nido de conflictos para la república. La capitulación de Mejía y el que se le permitiera retirarse con sus tropas armadas para ir a Veracruz había irritado a Juárez. Hacía responsable al general Carvajal, conspirador de tiempo completo que no era, además, querido en la región, por la violencia de su carácter, su falta de tacto en la administración y su ferviente norteamericanismo. Por eso el gobierno nombró al general Santiago Tapia gobernador de Tamaulipas. Pero el coronel Canales, que había sacado a Carvajal, se había hecho con el cargo y aunque estaba dispuesto a seguir a Escobedo, al que consideraba como su maestro, no se alineó con el gobierno y desconoció a Tapia. Este avanzó con 1 200 hombres, sobre Matamoros, pero un ataque fulminante del cólera morbu, enfermedad que estaba haciendo estragos en la zona, lo mató. El general León Guzmán quedó a la cabeza de los sitiadores.

El 10 de octubre de 1866, el general Escobedo recibió una comunicación de Juárez en que le ordenaba pusiese a disposición del general Santiago Tapia las fuerzas necesarias para arrojar al coronel Canales de Matamoros. Escobedo, desconociendo la muerte de Tapia, marchó con otros 1 500 hombres.

La situación de la ciudad era muy confusa. El brigadier Philip Sheridan había desplegado fuerzas en la frontera, preocupado por que se pudiera reconstruir un ejército confederado en México bajo auspicios de los imperiales. Matamoros estaba viviendo el auge de la industria de la carne, la crianza de ganado, que se había disparado por los consumos militares. Canales había pedido préstamos forzados a los comerciantes en tres meses, unos 600 mil dólares.

En los primeros días de noviembre cuando en Brownsville se supo la llegada de Escobedo, el general americano Thomas D. Sedgwick, que había servido seis años en el ejército, y era el gran organizador de batallones de soldados negros, comandante del Río Grande, lo invitó para una entrevista. En ella el jefe americano manifestó a Escobedo su esperanza de que los asuntos de Matamoros se resolverían pacíficamente; no podía entender que entrasen en conflicto dos fuerzas que decían reconocer la misma autoridad, y le ofreció apoyo.

Escobedo intimó la rendición de Canales, que contestó "Usted sabe que para los hombres de la frontera, las amenazas son un tema ridículo", y ordenó que se estableciese el sitio, pero en la mañana del día 24 de noviembre, una comunicación del general Sedgwick, sorprendió a Escobedo. Entre el general americano y el coronel Canales se habían producido extrañas negociaciones y Servando Canales se rendía a las fuerzas de Estados Unidos. "Ninguna fuerza, excepto las de Estados Unidos, deben entrar a la ciudad". Dos compañías al mando del coronel J. G. Perkings cruzaron el río y tomaron Matamoros.

Según las explicaciones de Sedgwick, Canales, no teniendo dinero para pagar a sus soldados, había permitido el saqueo y los mercaderes locales, muchos norteamericanos, le pidieron a él apoyo. Escobedo que estaba a punto de comenzar el ataque sobre la ciudad, quedó sorprendido. Las relaciones entre el gobierno juarista y los Estados Unidos pasaban por su mejor momento. ¿Cómo se había atrevido Sedgwick a inmiscuirse en los asuntos internos mexicanos? El general norteamericano le pedía una entrevista a la que asistiría Canales y Mariano consultó con León Guzmán y Juan de Dios Arias y decidió escuchar las explicaciones del norteamericano.

Sedgwick insistía en el arreglo pacífico bajo las condiciones impuestas por Canales (que no habría ningún tipo de represalias). Escobedo dejó claro que su misión era reprimir severamente y de una vez por siempre, las asonadas militares y el abuso de la fuerza. Sedgwick pareció ceder y dijo que retiraría sus fuerzas.

Pero más tarde envió una nota: "En vista del hecho de que ningún arreglo pacífico puede hacerse respecto de la rendición de la ciudad de Matamoros por el coronel Canales, creo de mi deber mantener la posesión de esta ciudad hasta que reciba más amplias instrucciones del general Sheridan". Curiosamente Sheridan era conocido como mexicanófilo y simpatizante de Juárez.

Escobedo rápidamente contestó que a pesar del acuerdo el norteamericano había decidido "ocupar el territorio de una nación amiga, que, como México, está en francas y leales relaciones con los Estados Unidos" y terminaba: "si quiere darles protección (a Canales y a sus tropas) no puedo impedir que lo haga bajo su responsabilidad en territorio de los Estados Unidos".

Segdwick, dado que Escobedo había decidido iniciar el ataque, le envió un comisionado, que finalmente aceptó la retirada de los norteamericanos, permitiendo tan sólo el general mexicano que para evitar que los sitiados atravesaran el río y llevasen el desorden a Brownsville, o que intentasen el paso por terreno de los Estados Unidos para caer sobre la retaguardia de los republicanos, en un lugar de cruce llamado Santa Cruz, quedase una cortísima fuerza de 50 a 60 gringos para custodiar el paso y proteger el tránsito de las familias indefensas. Escobedo aceptó exigiendo que se retirase la bandera de los Estados Unidos que flameaba sobre el edificio más alto de la ciudad.

Escobedo organizó tres columnas con escalas para salvar los fosos, bajo el mando de Sóstenes Rocha que atacarían el baluarte de Freeport y el fortín llamado de Monterrey. Dio el mando de la artillería al general Francisco Paz, que acababa de regresar de la prisión en Francia y esperó el 27 de noviembre.

Al amanecer tanto Escobedo como sus soldados quedaron desconcertados al ver la bandera americana dominando aun las alturas de la ciudad. Ya no había lugar para más negociaciones. Comenzó el fuego y antes de lo previsto los atacantes llegaron a los fosos y los hombres de Canales comenzaron a abandonar sus parapetos. Los atacantes llegaron a tocar los baluartes. Se produce en esos momentos una baja particularmente dolorosa para la república, el general Albino Espinosa, que mandaba la reserva de infantería, cayó mortalmente herido a 40 metros de distancia del fortín de Monterrey.

Los sitiados tocaron parlamento, el fuego se suspendió instantáneamente, y un oficial de los Estados Unidos, acompañado de dos mexicanos, salió con bandera blanca; se dirigió a Escobedo y le dijo que tras ocupar la muralla y los fortines, de ninguna manera penetrase a la plaza, protegida como estaba por la bandera y tropa de los Estados Unidos.

Escobedo respondió que no reconocía ningún derecho para hacer esa intimación, y que obraría como creyese más conveniente, pero mientras se estaba produciendo la conferencia los sitiados se rehicieron en sus trincheras y baluartes. Comenzó de nuevo el combate, las fuerzas sitiadoras tuvieron que replegarse, siempre en buen orden, al punto de su partida y con graves pérdidas.

Escobedo, tratando de evitar un incidente internacional, le escribió indignado a Sedgwick recordándole los compromisos que había aceptado la noche anterior y diciéndole que no creía que tuviera orden de "ocupar el territorio de una nación amiga que, como México está en francas y leales relaciones con los Estados Unidos" y diciéndole que tenía órdenes de ocupar la ciudad y eso haría.

El jefe americano que pretendía seguirse ofreciendo como mediador ofreció a Escobedo los auxilios de cirujanos y medicinas que pudiese necesitar para sus heridos. Escobedo rechazó encrespado la oferta y envió una nueva carta donde calificaba lo sucedido como "ocurrencias verdaderamente incalificables", diciendo que "las fuerzas americanas han servido de reserva a las sublevadas que defienden la plaza; el coronel Canales se dirigió a sus tropas diciendo que las fuerza de los Estados Unidos han pasado el río Grande para sostenerlo a él, y de hecho lo han sostenido, no sólo con su presencia, sino con su bandera, que han enarbolado en el edificio más público y prominente. Lo han auxiliado también consintiendo en que su columna de reserva cubra las fortificaciones; y las fuerzas americanas han formado en calidad de reserva en el lugar designado por Canales [...]. Multitud de espectadores de todas nacionalidades han presenciado los hechos que refiero; y todos son testigos, de que no fueron los fuegos del enemigo los que me han hecho retirar de los parapetos asaltados".

Sedgwick presentó excusas, atribuyendo a errores del intérprete, la presencia de tropas norteamericanas en Matamoros y desmintió que hubiesen tomado parte en la resistencia. Escobedo no se dio por satisfecho y estaba dispuesto a romper relaciones con el norteamericano y tomar a sangre y fuego Matamoros.

Para hacer todo más confuso a las siete de la noche del día 30 de noviembre, Canales envió una comunicación, en la que informaba que el general Sedgwick le intimaba la rendición, declarando a los rebeldes que la guarnecían prisioneros de guerra, y añadiendo que aquel acto lo consideraba como un principio de guerra entre México y los Estados Unidos, y que en tal caso, mexicano antes que todo, se ponía a las órdenes de Escobedo para que ambos defendiesen la plaza.

Escobedo estaba en problemas, metido en una guerra que no quería. Canales había sido un camarada leal en la campaña contra los invasores, había estado en Santa Gertrudis y Escobedo ejercía sobre él cierta especie de autoridad paternal. ¿Qué hacer? Entonces se presentó en la tienda del cuartel general Canales acompañado solamente de su padre y de dos oficiales americanos, ofrecían la entrega inmediata de la ciudad sin condiciones de ningún género. Escobedo avisó a Sedgwick que ocuparía Matamoros y que saliera de allí con sus soldados. El general norteamericano cumplió al instante y los republicanos penetraron a la ciudad sin mayores trastornos.

Poco después el general mexicano recibió la visita del ministro americano Campbell y del general Sherman, los que reprobaron los actos de Sedgwick y finalmente le quitaron el mando. Dolorosamente durante 56 días había estado inmovilizada la columna vertebral de la División del Norte en momentos claves.

Al inicio de diciembre Mariano ordenó el avance hacia San Luis Potosí, sumó a su brigada a Canales y a sus tropas, pero este se sublevó nuevamente en el camino y fue perseguido por las tropas de Cortina. La historia del "incidente de Matamoros" sería expurgada de la historia oficial.

NOTAS

1) Francisco Bulnes: *El verdadero Juárez y la verdad sobre la intervención y el imperio.* Hilarión Díaz: *Juárez glorificado y la intervención y el imperio ante la verdad histórica.* Juan de Dios Arias: *Reseña histórica del Ejército del Norte durante la intervención francesa, sitio de Querétaro y noticias oficiales sobre la captura de Maximiliano, su proceso íntegro y su muerte.* La correspondencia de Escobedo con Sedgwick, Sheridan y Benito Juárez: *Documentos, discursos y correspondencia* y en Masae Sugawara: *Mariano Escobedo.* Santiago Roel: *Mariano Escobedo* (la polémica con Pedro Reyes Velásquez). William A. Dobak: *Freedom at Sword. The U.S. Colored Troops, 1862-1867.* La hoja de servicios de Donald E. Sedgwick en *The Papers of Ulysses S. Grant, 1866.*

2) Cortina y Canales terminarían acompañando a Escobedo en Querétaro reincorporados el juarismo. Juan N. Cortina había combatido a los texanos y los norteamericanos entre 1859 y 1861, cuando se le conoce como El Robin Hood del Río Grande. Combate contra los franceses en Puebla. Se une al imperio al que abandona para combatir del lado de la república. Se suma al ejército federal norteamericano durante la guerra de secesión. Autonombrado gobernador de Tamaulipas acaba sumándose a la División del Norte. Canales terminaría por darle su nombre nada menos que al aeropuerto de Tamaulipas.

204

LA CONSPIRACIÓN DE TLÁLPAM

Se decía que varios hombres se habían apostado armados en los últimos días de octubre de 1866 bajo los arcos en el camino de Chapultepec. Que su presencia levantó sospechas. Que se había recibido aviso de que se meditaba un atentado contra una persona de muy alta jerarquía que debía pasar por allí. Las autoridades apostaron vigilantes que no perdieran de vista a los acechadores, y los siguieran cuando se retiraban al anochecer, perdida ya la esperanza de dar el golpe; que los referidos acechadores eran dos, y juntos con otros dos apostados en el camino, fueron presos; que instruido el proceso con actividad, a las pocas horas estaban los cuatro convictos, pero uno solo confesó, "llamado José María Martínez, cómplice de la conspiración descubierta en Tlálpam, el cual, aprobada la sentencia, fue ajusticiado".

El general O'Horán, prefecto imperial de Tlálpam, transmitió esta noticia al emperador anunciando que había "ahorcado a 12 de los cabecillas".

Pero los detenidos no eran cuatro ni 12 sino 11, no habían sido detenidos en el camino de Chapultepec cuando preparaban un atentado, sino en el pueblo de Tlálpam, no habían sido ahorcados sino fusilados y el cabecilla no se llamaba José María sino Vicente.

¿Qué significaba todo este galimatías?

El Diario del Imperio ofrecía una nota muy sucinta el martes 9 que ampliada por Zamacois venía a contar que recibiendo el soplo O'Horán el 7 de octubre que el guerrillero republicano Vicente Martínez se hallaba con unos cuantos hombres en el distrito de Tlálpam en una casa a sólo 200 metros de la que habitaba, le envió a la tropa y a las cinco de la tarde, Martínez, se vio sorprendido. Junto a él fue detenido Jacinto Lazcano, que estaba sentenciado en rebeldía por la corte marcial a pena de muerte por haber sido uno de los que habían matado a los prefectos imperiales Falcón y Becerril al principio de la intervención. Encarcelados declararon quiénes eran los complotados para sublevarse en los barrios. Nuevas detenciones, algunas con intercambio de balazos porque "cada uno tenía en su casa tres o cuatro armas". Once de los detenidos fueron sentenciados a la pena de muerte y fusilados en Tlálpam, el lunes 8 de octubre.

O sea que en 24 horas, había sido descubierta la conspiración, habían sido detenidos dos de los cabecillas, estaban confesos, habían proporcionado los nombres de otros, que también fueron detenidos, y todos ellos fueron juzgados y fusilados. Algo no sonaba muy claro en esta historia.

Sin embargo, Maximiliano se impresionó profundamente cuando recibió envuelto en un paño negro el fusil que los conspiradores tenían para atentar contra él, "regalo caprichoso y macabro del general O'Horán"; pero en su entorno se sugería que la conspiración era "probablemente imaginaria", o peor todavía, había la sospecha, que se volvió rumor, de que O'Horán había sacrificado no a los conspiradores sino a sus propios cómplices, para que no pudieron comprometerlo con sus declaraciones.

NOTA

1) Francisco Bulnes: *El verdadero Juárez y la verdad sobre la intervención y el imperio*. Niceto de Zamacois: *Historia de México*. Hilarión Díaz: *Rectificaciones a las memorias del medico ordinario del emperador Maximiliano* (en el anexo de *Recuerdos de México*, de Samuel Basch). Pedro Pruneda: *Historia de la guerra de México, desde 1861 a 1867*. *Diario del Imperio*, 8 de octubre de 1866.

205

SONORA

El 7 de enero del 66, un general republicano que sería conocido como El Machetero y de nombre Ángel Martínez, que había hecho sus primera armas en Sinaloa junto a Ramón Corral, tomó Álamos en Sonora, iniciando una campaña que habría de culminar en septiembre, cuando el día 4 el general imperialista Lamberg fue derrotado y muerto en Guadalupe, Sonora, cerca de Ures. Este terrible golpe ocasionaba al día siguiente la caída de Ures y Hermosillo y la destrucción de las fuerzas del cacique ópata Refugio Tánori, aliado a los imperiales.

El 14 de septiembre por órdenes de Bazaine los soldados franceses evacúan Guaymas para comenzar a concentrar sus tropas y principiar la evacuación de México. Seis días más tarde son detenidos 16 de los jefes imperialistas, que habían sido derrotados en la acción de Guadalupe y que se habían retirado a Guaymas. Allí se embarcaron en una goleta mercante y se dirigieron hacia Baja California, antes de que entrasen en el estado las fuerzas republicanas. Ángel Martínez mandó en su persecución un buque de guerra armado, al mando del teniente coronel Próspero Salazar que logró alcanzarles en la tarde del 20 y detenerlos sin que hicieran resistencia. En el momento de aprehenderlos un soldado republicano disparó un pistoletazo sobre el coronel José María Tranquilino Almada, matándolo.

Cinco días más tarde, el 25 de septiembre, fueron fusilados en Guaymas los capturados en el puerto. Zamacois cuenta que: "Refugio Tánori murió con la serenidad y valor que había demostrado en los campos de batalla. Era indio

de raza pura, de extraordinario valor y ardientemente adicto a la causa imperialista. Jefe de los indios ópatas, se había hecho a la cabeza de ellos contra
los republicanos. No obstante ser un hombre sumamente serio y escaso de
palabras, al llegar al sitio de la ejecución dirigió al público la palabra, diciendo con voz fuerte y animada: *Voy a morir por defender la causa del Imperio, que
engendra la regeneración social de mi patria, su independencia, su honor. Muero,
pues, satisfecho, por haber cumplido con mis deberes de mexicano. ¡Viva el emperador!*; la descarga ahogó la voz de Tánori y su cuerpo cayó en tierra sin vida".

Un periódico francés en la Ciudad de México daría poco después la noticia de que "Algunos franceses que pudieron escaparse de la matanza de
Sonora, empiezan a llegar a esta capital".

NOTAS

1) Gilberto Escoboza: *Los soldados franceses en Sonora*. Antonio García Pérez: *Estudio
político militar de la Campaña de Méjico, 1861-1867*. Niceto de Zamacois: *Historia
de México*. Agustín Rivera: *Anales mexicanos. La Reforma y el Segundo Imperio*. Bob
Cunningham y Harry P. Hewitt: *A Lovely Land Full of Roses and Thorns: Emil Langberg and Mexico, 1835-1866*. Zulema Trejo Contreras: *De la gloria al olvido: el general
Emilio Langberg*. La biografía de Langberg en el *Handbook of Texas*.

2) Hay una excelente foto de Langberg en la página web del Danisch American Museum.
El 18 de enero de 2008, en una cena ofrecida a la reina de Dinamarca, el entonces
presidente Calderón declaró: "Y ahora en este Castillo de Chapultepec quiero recordar
al general Emilio Langberg, un militar danés que estuvo al servicio de nuestro Ejército,
y que combatió en la batalla de Churubusco durante la guerra contra Estados Unidos".
Se le olvidó decir que tras la segunda batalla de Puebla se alineó con la Intervención
francesa y terminó siendo el jefe imperialista maximilianista en Sonora, donde murió.

206

EL DESASTRE DE LOS AUSTRIACOS

La moral del ejército austriaco al servicio de Maximiliano al iniciarse el
año 1866, era muy baja. Bulnes cita: "A pesar de todos sus esfuerzos, sus
abusos comenzaron a ser conocidos. Se sabe que simples oficiales han robado
hasta 40 mil pesos. Como esto pasaba *un poco* los límites, el general De Thun
se ha contentado con obligarlos a dar su dimisión, lo que ellos han aceptado
para volverse a Austria a disfrutar del fruto de sus rapiñas. Resulta de esta
malversación que el cuerpo austriaco ha perdido su reputación [...]. Tengo
temores de expedicionar con austriacos que no buscan más que el dinero".

Fuera cierta esta afirmación de un oficial francés o producto de las eternas contradicciones entre los aliados, el caso es que De Thun tenía una terrible fama de despótico, probablemente forjada en su trayectoria como represor de revueltas populares y fue acusado de azotar a oficiales imperiales mexicanos.

A esta situación habría de sumarse el que en mayo de 1866 el embajador de los Estados Unidos en Viena, presionó al gobierno diciendo que si no cesaba de enviar soldados a México, los Estados Unidos estaban dispuestos a romper relaciones. Una medida tan drástica obedecía a que tras el anuncio de la futura retirada francesa los norteamericanos no querían que un ejército imperial europeo al sur de su frontera fuera sustituido por otro. Aunque había un contingente listo para embarcarse, debido a la presión y las crecientes tensiones con Alemania, el hermano de Maximiliano, Francisco José, dio orden de cancelar el viaje.

Mientras tanto, la brigada austriaca seguía actuando con pequeños contingentes combatiendo a la chinaca, la mayor parte de las veces en la sierra de Puebla y protegiendo la vital carretera a Veracruz. En junio del 66 una patrulla de 15 húsares húngaros mandado por el capitán Nikolaus Czéke de Szent György y 26 imperiales de infantería mexicanos buscaron una concentración de guerrilleros republicanos, supuestamente de 200 hombres pobremente armados, en una zona inaccesible de las montañas.

Los localizaron cerca de Teotitlán y los atacaron por sorpresa, mientras los centinelas chinacos gritaban: "Los sombreritos, los húngaros", dispersándolos y capturando parte del equipo, lo que le valió al oficial recibir la medalla de bronce del mérito militar. Pero la guerrilla se rehizo.

Thun, mientras tanto, seguía enfrentado a Bazaine y el 8 de julio del 66 informó que el mariscal francés les tenía bloqueados 100 mil pesos y no se les pagaban sus salarios. "Los movimientos de mis tropas se hallan paralizados a consecuencia de esta falta de fondos", y remataba: "tengo motivos serios para creer que ciertas personas quieren conducirse con el cuerpo austriaco de la misma manera que lo han hecho ya con el cuerpo belga [...]. En presencia de lo que está pasando, no puedo aceptar ninguna responsabilidad".

Nada parecía salirles bien, aunque el 16 de julio Thun dio la orden a atacar a una partida guerrillera en las cumbres de Apulco y tras un fuerte enfrentamiento, construyó un blocao, que seis días después era incendiado por los mexicanos y hecha prisionera su guarnición. Bazaine les ordenó que se limitaron a mantener despejado el camino de Veracruz con la excepción de un parte de la brigada que operaba en el estado de Oaxaca y había estado chocando contra las guerrillas de Figueroa, que lo mismo los derrotaba en la salida de Tehuacán, que en agosto ofrecía rendirse y en mes después aparecía con 500 combatientes.

Por esos días se produjo en Puebla una reunión de oficiales austriacos, el tono fue turbulento, hubo acusaciones de traición contra los franceses. Más tarde se reunieron 4 mil austriacos exigiendo no seguir subordinados a Bazaine y pronunciando *mueras*. Los oficiales tuvieron que frenar el motín. Días más tarde, el 18 de agosto del 66, Thun anunció que a excepción de los que decidieran permanecer como voluntarios, la división austriaca abandonaría México.

Los desastres siguieron cuando el teniente Hoop el 11 de septiembre derrota una fuerza republicana, pero cae en una emboscada al perseguirlos en El Grande.

En Oaxaca, después de que Porfirio Díaz tomó la ciudad a fines de octubre, la pequeña guarnición austriaca al mando del capitán Beskoschka se había sostenido todavía algunas semanas en un fuerte, pero acabó por tener que rendirse. En el camino de Pachuca a Real del Monte, un destacamento de 40 austriacos fue destrozado por una fuerza de 300 hombres que salió de repente de la nada. Veinte soldados austriacos quedaron tendidos en el campo, y los otros 20 se refugiaron en una casa que encontraron a orillas del camino. A pesar de una resistencia desesperada, al incendiase la casa se rindieron.

En Jalapa, la situación se hizo más crítica, por las continuas deserciones de los defensores y por la complicidad y simpatía de los habitantes con los republicanos. Faltos los defensores de víveres y reducidos a un corto número, se sostuvieron con la esperanza de prontos refuerzos concentrados en la catedral. El coronel Dupin, poco antes de dejar México, salió al frente de mil hombres para auxiliarlos; pero con los ríos desbordados y los caminos en un estado casi intransitable, no pudo hacer su marcha con rapidez. Sin embargo, los rumores eran que una fuerza austro-francesa que estaba en camino los dejó abandonados. El general Calderón entregó la plaza el 11 de noviembre y la guarnición austriaca de Jalapa, mandada por el mayor Von Hammerstein, tuvo que deponer las armas después de haber combatido en el interior la población con el enemigo, el 22 de noviembre.

Las noticias de que los franceses en su repliegue estaban deseosos de librarse de ellos crecieron cuando se supo que en la retirada de San Luis Potosí una pequeña fuerza de austriacos fue aniquilada mientras tropas francesas se encontraban a corta distancia y no hicieron nada para impedirlo. Las protestas crecieron cuando corrió el rumor de que serían puestos a las órdenes de Leonardo Márquez. En diciembre la Legión fue finalmente disuelta.

El falso récord del cuerpo austriaco fue impresionante, hablarán de 55 batallas libradas y sólo nueve derrotas. La realidad había sido muy diferente. Los voluntarios austriacos, con sus 2 mil bajas, perdieron el 33% de sus 6 mil efectivos originales.

NOTA

1) Antonio García Pérez: *Estudio político militar de la Campaña de Méjico, 1861-1867*. Konrad Ratz: *Tras las huellas de un desconocido: nuevos datos y aspectos de Maximiliano de*

Habsburgo. Francisco Bulnes: *El verdadero Juárez y la verdad sobre la intervención y el imperio.* "Austrohungarian Army". "El Cuerpo de Voluntarios Austriaco y su aventura mexicana, 1865-1867". En el segundo tomo de François-Achille Bazaine: *La intervención francesa en México según el archivo del Mariscal Bazaine* hay continuas quejas sobre el comportamiento de los austriacos. Nelson: "Maximilian's Austrians in Action".

207

MAZATLÁN

Los meses que siguieron a la muerte de Rosales fueron extremadamente difíciles para los guerrilleros republicanos, el armamento escaseaba. En el norte del estado, los indígenas se rebelaron contra el gobierno *yori* en el Río Sinaloa (octubre de 1865), en Ocoroni (diciembre de 1865) y en El Fuerte (enero de 1866), aunque no se pronunciaron por el imperio como lo hicieron en Sonora. Ramón Corona, quien en ese momento era comandante militar del estado, envió al general Ángel Martínez para combatir a los indios insurrectos. Martínez era tepiqueño y, probablemente, también indio. Comandaba una brigada llamada de "los macheteros", por usar esta arma de combate con la que aterrorizaban al enemigo. Martínez venció a los rebeldes y luego pasó a Sonora como ya sabemos.

El 62º Regimiento francés permaneció cinco años en México y pasó una larga temporada en Mazatlán; su estancia, en compañía del pobre 51º, fue trágica: en oficio del 25 de octubre de 1865, el coronel Roig reportaba que de los 2 015 hombres de la guarnición de la plaza de Mazatlán, constantemente amagada por los liberales del general Ramón Corona, 359 se encontraban en el hospital y 391 encamados en sus cuartos.

Por más que de Ramón Corona sus paisanos digan que "su pensamiento era laberíntico", la batalla por Mazatlán fue una pieza maestra de terquedad; sin fuerzas suficientes para derrotar a los franceses en un asalto frontal, Corona se limitó a posesionarse del estado y encerrarlos en el puerto. Un oficial francés diría: "Estamos casi presos en Mazatlán".

Al inicio del 66 Corona, con 1 200 combatientes, puso cerco a los 1 310 ocupantes de la ciudad y midió sus defensas el 10, 15 de enero y 8 de febrero, replegándose tras sus fracasos a Culiacán. El puerto, pieza clave del imperio en el Pacífico, se mantuvo hostigado y cercado. Corona lograba un reclutamiento continuo de combatientes porque las poblaciones reaccionaban a las barbaridades y matanzas que los franceses realizaron durante la estancia de Castagny.

El 18 de marzo salió de Mazatlán hacia la villa del Presidio, ocupada por fuerzas republicanas, una columna importante al mando del comandante francés Roig, con cuatro compañías del 62° de línea, 500 mexicanos, cuatro piezas de montaña y un pelotón de caballería.

Tras haber algunas escaramuzas con las fuerzas del capitán Juan Miramontes, que constantemente acosaba a la ciudad con patrullas de lancheros y cazadores, la columna franco-mexicana llegó a la villa del Presidio el 19 a las 11 de la mañana, obligando a huir a la guarnición republicana. Ramón Corona, que se hallaba en Siqueros, se puso inmediatamente en marcha con 2 500 infantes, 500 jinetes y nueve cañones. Hacia la una y cuarto de la tarde atacaron el poblado, pero los franceses, abrumados por una fuerza que los doblaba, se reconcentraron en la plaza principal y se trabó un combate terrible. "Los imperialistas hacían un fuego mortífero desde las murallas y de algunos parapetos que habían levantado. Después de cuatro horas de lucha con muchas bajas, los liberales se retiraron, dejando en poder de sus contrarios dos obuses de montaña, pero manteniendo el cerco. Al amanecer del día siguiente al toque de diana, los liberales volvieron a intentarlo, con la dificultad de que los imperiales habían cerrado la plaza con parapetos. Aun así cargaron. A las cuatro de la tarde del mismo día 20 se oyó el toque de corneta en el campo sitiador invitando a parlamento". La negociación se hizo con el segundo jefe de los sitiados, porque el comandante Roig se hallaba herido de gravedad. Los republicanos propusieron que la fuerza francesa podría retirarse a Mazatlán llevando todas sus armas y todos sus heridos, que la fuerza auxiliar sería desarmada y que sus equipos y municiones se entregarían; puestos en libertad, los mexicanos imperialistas podían decidir si deseaban continuar en las filas imperialistas, pasarse a las republicanas o preferían retirarse a sus casas, "asegurándoles de antemano que sería respetada su voluntad y nadie les molestaría en lo más leve".

Roig decidió desechar las proposiciones. El resto del día, así como la noche, pasó sin otra cosa que ligeros tiroteos. El 21 siguieron fuegos esporádicos. El general Ramón Corona esperaba para pasar a la ofensiva al general Rubí que venía a marchas forzadas desde Culiacán. Los imperialistas, comenzaban a estar cortos de víveres y de agua y a las ocho de la noche rompieron el cerco y se retiraron hacia Mazatlán. Corona lanzó tras ellos la caballería que los fue hostigando en su retirada y logró recuperar los dos obuses de montaña que había perdido previamente. Los huidos llegaron a su destino a las cinco de la mañana del 22; había tenido ocho muertos y 50 heridos y pocos días después murió el comandante Roig.

El 26 de marzo de 1866, Corona fue nombrado por el presidente Juárez general en jefe del Ejército de Occidente, reuniendo en un solo mando a las brigadas de Jalisco y Sinaloa. Poco tiempo para descansar tendría, las noticias eran que Lozada se aproximaba de nuevo y que una nueva columna francesa había salido de Mazatlán para unírsele. Sabiendo que Lozada había llegado el día 1° de abril a Concordia y que su tropa estaba cansada de la marcha, se propuso caer sobre ellos con 1 500 hombres.

A las cinco de la tarde Corona y sus tropas, la mayoría milicias locales pobremente armadas, asaltaron la población en tres columnas. La fuerza francesa escuchó en la lejanía los disparos de cañón, pero a causa del desconocimiento del terreno y un mucho por cautela se retiraron a Mazatlán.

El enfrentamiento se generalizó en las calles. Lozada, dejando a la infantería dentro de la población, salió con la caballería para agruparse con otras fuerzas que estaban en Concordia y retornó al combate. A las ocho de la noche, tras cinco horas de lucha, el joven general republicano José María Gutiérrez bajo fuego de los imperiales, cayó muerto, lo que provocó una desbandada. Lozada muy probablemente exagerando hablaba de 200 republicanos muertos y un número de heridos mucho mayor. Los imperialistas tuvieron 53 hombres muertos y 64 heridos.

La caída de la noche impidió la persecución y sólo a las seis de la mañana del día posterior Lozada alcanzó con 400 hombres de caballería a una parte del ejército republicano en retirada, a unos 12 kilómetros. La brigada del coronel Parra sufrió 32 muertos, bastantes heridos y algunos prisioneros. Manuel Lozada reportó al mando francés: "Por lo expuesto comprenderá que todo el grueso de las fuerzas enemigas que mandaba Corona, han sido batidas y derrotadas, y que sólo resta saber aprovechar el triunfo, persiguiendo tenazmente a los dispersos para que no se vuelvan a organizar nuevamente". Lozada regresó el 6 de abril para Tepic, porque no aceptaba estar dirigido por un militar francés de inferior graduación a la suya, así como por el resentimiento de que no hubiera marchado en su auxilio la columna franco mexicana salida de Mazatlán.

El narrador, que no cree en la magia, no encuentra en los libros e informes que ha consultado la explicación de cómo Corona pudo rehacerse en menos de un mes. No hay duda de que contaba con un fuerte apoyo en las comunidades rurales y que la barbarie francesa del año anterior había puesto en estado de insurrección al estado entero. ¿Pero aislados como estaban de dónde salían las armas, las municiones?

El repliegue de Manuel Lozada permitió a Corona, cuya terquedad no puede ponerse en duda, acercarse a Mazatlán con sus tropas el 2 de mayo. Esto significaba concentrar guerrillas dispersas y al no poder lograrlo en tiempo, se retiró perdida la sorpresa. El 3 de mayo salió del puerto una columna compuesta de 400 franceses del 62° de infantería y 250 mexicanos de las guardias rurales al mando del comandante francés, que en las crónicas mexicanas se apellida Loemaria, que el 5 continuó su marcha hacia el Walamo, a 20 kilómetros de Mazatlán, y acampó en los Callejones de Burrón.

Ramón Corona había estado siguiendo con sus exploradores el avance de la columna y reunió 1 800 hombres al frente de sus contrarios. La acción empezó por un fuego terrible de artillería y tiradores. El comandante francés ordenó un contraataque con 300 infantes a paso de carga y a la bayoneta, al mismo tiempo lanzó su caballería de cazadores de África franceses y la caballería móvil de Tepic, para enfrentar el movimiento de los republicanos que salían al choque. Después de una hora de un combate sangriento, las fuerzas del general Ramón Corona fueron derrotadas y perseguidas, dejando en poder de los vencedores dos cañones, 120 fusiles y dos cargas de municiones perdiendo 100 hombres muertos y 130 heridos.

Pasarían cuatro meses y, en la noche del 11 al 12 de septiembre del 66, 2 mil infantes y mil jinetes atacaron súbitamente en Palos Prietos un destacamento francés de una compañía de cazadores y 200 imperiales mexicanos. Combate encarnizado desde los primeros momentos y ya los franceses llevaban la peor parte, cuando un refuerzo procedente de Mazatlán les devolvió la fuerza necesaria para repeler al atacante. Con 500 bajas se retiraron los liberales del campo de batalla, pero no sin causar bastantes entre los aliados. A los que, según cuenta Hernández, los obligaron a replegarse hacia el puerto Mazatlán, donde los imperiales tenían 249 heridos y 520 hombres con fiebres. Estos combates no alteraron fundamentalmente la situación, porque los republicanos se rehicieron y mantuvieron Mazatlán bajo un cerco flexible y el resto de Sinaloa bajo su control. Una derrota más. ¿Cuántas hasta alcanzar el triunfo?

El 15 de septiembre Corona tomó Guaymas y Bazaine ordenó la evacuación de Mazatlán. Cercados por tierra y con un número de heridos y enfermos de paludismo muy grande (el 62° se encontraba en ese momento fuera de combate en un 50%; de 2 015 soldados, 750 estaban enfermos o imposibilitados para combatir) había que montar una operación naval. El 8 de noviembre se embarcaron caballos y material de guerra en barcos de comercio; el día 10 lo hicieron los enfermos en dos barcos de guerra.

Corona, que conocía la precaria situación de los franceses, siguió acumulando fuerzas en las afueras de la ciudad y para aumentar la presión en la noche del 11 al 12 atacó al 62° de línea; nuevamente hubo escaramuzas la noche siguiente, llegando hasta los fosos de la plaza.

Por la mañana del 13 de noviembre de 1866, un enviado del alto mando de la marina francesa y Ramón Corona pactaron la entrega de la ciudad. A las diez de la mañana, los últimos defensores, 1 300 hombres, se embarcaron. Tras una tregua de dos horas Corona dio orden de que se ocupara la línea fortificada y la guerrilla Hernández entró en la plaza para conservar el orden. El resto de la fuerza, formada en columna, inició el ingreso a la ciudad. Años de combates terminaban. El pueblo mazatleco, que había dado tantas muestras de resistencia, se volcó a las calles. Los franceses pudieron contemplarlo desde sus buques. Vigil dice que el vicealmirante Mazéres, "enjugándose las lágrimas, pronunció estas palabras que concretan su juicio sobre la intervención: *La Francia ha venido a desprestigiar su bandera en este país, al permitir los jefes y oficiales que a la sombra de esta enseña se hayan cometido tantas enormidades*". Se llevaron 600 hombres directamente a Francia por el istmo de Panamá. Varios murieron de enfermedad en el trayecto.

El 1º de diciembre del 66 Lozada declaraba la neutralidad política del departamento de Nayarit abandonando al imperio, "mientras se establecía el gobierno que reconociera la nación". Argumentando: "conviene que los pueblos del Departamento no sigan sosteniendo idea alguna política", establecía su neutralidad hasta el fin de la guerra, el mantenimiento del ejército voluntario de mil hombres, el libre paso de las fuerzas beligerantes, la protección del comercio, la seguridad en los caminos y la libertad de opinión (con una salvedad, el derecho a expulsar a los que manifestaran opiniones contra Manuel Lozada).

En Baja California, Sonora y Sinaloa, incluido el cantón de Nayarit no había quedado ni vestigio del régimen imperial y Corona y los republicanos podían actuar hacia Jalisco.

Maximiliano escribiría el 4 de diciembre de 1866: "Acabo de recibir noticias muy desagradables de Sinaloa y del departamento de Mazatlán; las poblaciones de estas comarcas no saben darse cuenta de la causa que motiva la salida de las tropas francesas, antes que cuerpos mexicanos bien organizados vayan a reemplazarlas, ellas ven con terror al general Corona, próximo a apoderarse de un solo golpe de todo el país que antes nos estaba sometido. La confianza está, por lo tanto, profundamente debilitada, y esta fatal medida nos hace perder en el espíritu público más que una derrota grande, pues parece indicar que el gobierno mismo no tiene fe en el porvenir".

NOTA

1) José María Vigil: *La Reforma*. Antonio García Pérez: *Estudio político militar de la Campaña de Méjico, 1861-1867*. Juan A. Hernández: *Memorias*. El parte de D'Osmond en Niceto de Zamacois: *Historia de México*. Jean Meyer: *Yo, el francés. Crónicas de la intervención francesa en México, 1862-1867*. Agustín Rivera: *Anales mexicanos. La Reforma y el Segundo Imperio*. Benito Juárez: *Documentos, discursos y correspondencia*, tomo XI (Corona a Juárez, 2 de agosto del 66). "Ramón Corona" en la web Gente en Sinaloa.

208

EL FIN DEL 66

Octubre-diciembre

En el estado de la Huasteca se produjeron, en la segunda mitad del 66, alzamientos al grito de "muera el emperador"; las guerrillas crecían y Jalapa y Perote, en Veracruz, iban quedando cada vez más aisladas. En Tlaxca un destacamento mexicano enviado en auxilio de los defensores se pasó al enemigo, precipitando la rendición. Ixmiquilpan había caído en poder de los juaristas; el coronel Van der Smissen se propuso ocuparla con una columna compuesta de 250 infantes en carruajes y dos compañías montadas. Las tropas llegaron a Tula el 24 de septiembre de 1866. Ese mismo día, Van der Smissen fue informado que Ixmiquilpan, situado a 50 kilómetros al norte, había sido tomada por la guerrilla republicana de Joaquín Martínez, con 300 hombres de infantería y 500 de caballería. Martínez era un ex miembro de la guardia imperial que había desertado tras negarse a combatir y había jurado fidelidad a la república convirtiéndose en guerrillero en la sierra.

El jefe de la Legión Belga se dirigió hacia allá esa misma noche para atacar al amanecer y tomar al enemigo por sorpresa. El plan fue un completo fracaso. La lluvia retardó la marcha de las carretas y los informes sobre la debilidad de las defensas resultaron falsos. El 25 de septiembre atacó la población. Según el testimonio de N. Widy, "cuando llegamos cerca de la villa, en lugar de enfrentarnos a algunas barricadas, como nos habían dicho, se encontraron un reducto formidable. Se trataba de una iglesia protegida por todos lados. Cuando el coronel se acercó por la calle principal, recibió fuego de artillería y de mosquetes […]. Los hombres caían como moscas". El ataque se convirtió en fuga. Los belgas sufrieron la pérdida de 11 oficiales y 80 soldados. Van der Smissen se alejó de Ixmiquilpan, encontrando resistencia en las poblaciones de tránsito, y entró en Tecla. El regimiento fue prácticamente descabezado tanto por la partida de algunos oficiales como por la muerte de otros en Ixmiquilpan.

A principio del mes de noviembre llegaron las esperadas órdenes, pero eran de replegarse hacia la Ciudad de México. El contingente belga con van der Smissen, reforzado con voluntarios del depósito de Tacubaya, hasta el número de 900 hombres, y algunos cientos de soldados del ejército imperial recibieron órdenes de relevar a la guardia austriaca acantonada en Tulancingo dirigida por el coronel Polack. Tendrían la tarea de cubrir el flanco de la evacuación del cuerpo expedicionario francés y con instrucciones de no "emprender cualquier operación fuera del círculo de la plaza". Con los belgas había marchado en calidad de voluntario, el conde Félix de Salm Salm, que aparece por primera vez en nuestra historia.

El coronel belga dispuso construir algunas fortificaciones. En noviembre del 66 los belgas estaban aislados rodeados de las guerrillas del general Martínez, de las que se decía exagerando brutalmente, que sumaban 6 mil hombres. "Si estas deplorables condiciones se prolongan, temo ver a mis compatriotas diezmados".

A fines de diciembre recibió el coronel Van der Smissen la orden de evacuar la ciudad. Los voluntarios belgas aislados en Tulancingo no tuvieron noticia de su licenciamiento y de la oferta de repatriarlos junto a los franceses, sino dos semanas después de que fuera hecha pública. El 24 de diciembre recibieron la orden de negociar la entrega de Tulancingo y de dirigirse a Puebla donde debían entregar las armas. El 27 un enviado del general republicano Martínez se presentó con bandera de parlamento y al día siguiente los belgas abandonaron la plaza y se dirigieron hacia Veracruz. Maximiliano les ofreció integrarse al nuevo ejército imperial pero de cerca de 800 sólo 39 aceptaron. Salm Salm se fue a la Ciudad de México.

La situación de Durango, cercada por las guerrillas, se estaba agravando. A fines de septiembre del 66, 5 mil mexicanos intentaron cortar las comunicaciones entre Fresnillo y Durango, operación frustrada por un contraataque de las tropas mandadas por el coronel Gottret. Aun así los ataques se hicieron cada vez más persistentes poniendo en aprietos a la guarnición. Pensando que corrían el riesgo de un desastre mayor, el 13 de noviembre rompían el cerco y se retiraban hacia el sur. El 17 de noviembre la ciudad era ocupada por el coronel republicano Pereyra.

En las proximidades de Matehuala, que era el último punto ocupado en el noroeste por los imperiales arreciaban los ataques; era tan fuerte la presión que el 17 de septiembre del 66 efectuaron una salida rechazando a los sitiadores mandados por Cepeda y Martínez. Estos volvieron a las andadas y lograron cortar las cañerías de agua que surtían a la población. Una nueva salida los obliga a alejarse, pero no demasiado.

El 14 de octubre "Louis" le escribe al general Douay en un tono muy sentimental: "¿Hasta cuándo recibiré la orden de marchar? Mi salud está muy gastada, y si permanezco aquí un año, blanquearán mis huesos". En una segunda carta decía: "Tengo deseos de dormir en cama; de día y noche están los caballos ensillados, no nos dejan dormir; nos hostilizan de todas maneras, estamos sitiados por 4 mil hombres [...]. Por todo esto verá usted la desmoralización en que se encuentran y cuán fundada es la esperanza que desocupen Matehuala. No quisiera que sucediera así, sino que los echáramos afuera a balazos; pero es preciso estarse a lo que se manda".

El cerco liberal había logrado poner ante la ciudad diez cañones y 5 mil hombres mal armados y peor organizados pero Bazaine ante este alarde de fuerza, ordenó al general Douay que iniciase un movimiento ofensivo dos o tres jornadas más allá de Matehuala, "atacase vigorosamente al enemigo y que una vez bien puesto el nombre de las armas francesas, escarmentado duramente el enemigo, recogiese todas las guarniciones y con ellas se retirase hacia San Luis Potosí". Douay llegó a Matehuala, formó dos columnas y el 20 de octubre, se presentó inopinadamente en Laja de Abajo, derrotando a la caballería liberal y dispersando la infantería, que se refugió en las montañas; sin apenas descanso, se presentó en el Valle de la Purísima y destruyó un centro de aprovisionamiento. Desbandados los liberales retrocedió Douay a Matehuala, entrando el 25 de octubre. Durante los siguientes tres días ordenó que se destruyeran las fortificaciones y el 29, por la mañana, ordenó la evacuación. Horas más tarde los liberales tomaban posesión de la ciudad.

Mientras tanto, en la Ciudad de México, el 1º de noviembre, durante la fiesta de Todos los Santos y del día de muertos, en un teatrito de madera que se había construido en la plaza de Armas donde suelen levantarse barracas y se venden dulces, se daba una función dramática en la que aparecía el retrato de Napoleón III. Cuando se mostró, según Zamacois, "el público estalló en gritos de muera Napoleón y en silbidos contra él, que dieron a conocer lo excitados que estaban los ánimos". Bazaine dirigió al siguiente día un oficio al presidente del Consejo de Ministros, pidiéndole que mandase clausurar inmediatamente el teatro en que había sido insultado el emperador de los franceses y amenazó con hacerlo personalmente en caso contrario.

Las tropas republicanas que el general Ramón Corona había enviado a explorar en dirección a Jalisco a las órdenes del coronel Eulogio Parra (nayarita de 27 años) y Amado Guadarrama avanzaron hasta llegar a los barrancos de Santa Clara. En Guadalajara estaban estacionados tres batallones franceses para apoyar al general mexicano Gutiérrez y una columna imperial se había desprendido de Zapotlán y estaba pernoctando en un lugar llamado las Cebollas. Parra y sus tropas salieron a interceptarlos a las tres de la madrugada del 18 de diciembre. La vanguardia mandada por el jefe del escuadrón de Ahualulco empezó a batirse con la descubierta imperialista al pie del cerro de la Coronilla, situado cerca de Santa Ana Acatlán, 50 kilómetros al sur de Guadalajara. Curiosamente la batalla más importante del ejército de Ramón Corona habría de librarse con él ausente.

Parra dispuso sus tropas: los sinaloenses del batallón mixto, el escuadrón Ocampo, el escuadrón Guerrero y la guerrilla Martínez, que mandaba el coronel Donato Guerra. En el centro y costado izquierdo, los jaliscienses del batallón Degollado, el 4º ligero de infantería de Ahualulco y como reserva la caballería de los Guías de Jalisco.

La columna imperialista, al mando del coronel francés, que por aras de la desinformación recibirá los nombres de Sayan, Saynz, Sayn o Sajaú (dicen García Pérez, Hernández, Meyer y Zamacois) estaba formada por 700 hombres, entre ellos 270 franceses del batallón de cazadores y el resto mexicanos del cuerpo de gendarmería, atacó la posición de los republicanos. Los cazadores franceses cargaron varias veces siendo rechazados, mientras que los gendarmes "que no era tropa de línea, sino gente novel en el arte de la guerra, desaparecieron al ver el aspecto serio que había tomado el combate". Parra logró entonces desplegar a su caballería envolviendo a sus enemigos, que empezaron a replegarse hacia la hacienda del Plan.

Los cazadores franceses, aunque heridos muchos de ellos, continuaban haciendo fuego en retirada, mandados por el comandante, y a través de indecibles dificultades llegaron al cerro llamado de Las Cabras situado frente a la hacienda. Intentaron allí hacerse fuertes pero pronto fueron cercados por las tropas republicanas. El coronel Sayan había muerto, el capitán francés Lussac, aunque herido, siguió combatiendo y animando a sus soldados, hasta que cayó herido de un segundo balazo. Los republicanos usaron los cañones recién capturados. Eran las cinco y media de la tarde y la defensa del cerro continuaba. Después de siete horas de combate los republicanos tocaron parlamento, y al cesar el fuego se presentó el general republicano Guadarrama, para ofrecerle al "comandante francés de Lanauze la vida para todos, dejando a los oficiales el derecho de conservar sus armas".

Los vencedores hicieron a sus contrarios 150 muertos, 372 prisioneros, de los cuales 101 eran franceses, incluso diez oficiales; les quitaron dos obuses de a 12; 12 cargas de municiones para cañón y rifle, 250 carabinas Minié, 112 fusiles, 50 sables, ocho carros con sus tiros de mulas, conteniendo 5 mil pesos, algunos equipajes, útiles de cocina, tiendas de campaña, y algún vestuario. Las pérdidas de los republicanos fueron un coronel, un capitán, 33 soldados muertos y muchos oficiales heridos. Como siempre las bajas en combate de los oficiales mexicanos fueron enormes, desproporcionadas, porque es obvio que combatían en primera línea.

Al recibir la noticia el mariscal Bazaine dio órdenes de evacuar Jalisco, pero mucho antes de que estas órdenes llegaran, la guarnición imperialista que había quedado en Guadalajara al mando del general Gutiérrez abandonó la ciudad en la madrugada del 19 de diciembre y un día después la caballería de Guadarrama, a la vanguardia del ejército que había triunfado en La Coronilla, ocupó la ciudad. Al día siguiente entró Eulogio Parra, "conduciéndose sus tropas con la mayor moderación y disciplina". Pero lo sorprendente era el material de guerra que los imperiales habían dejado atrás: víveres, uniformes, por valor de 300 mil pesos, 71 piezas de artillería, monturas, ganado vacuno, muchas cargas de harina, número de mulas, fusiles, municiones. El 28 de diciembre salen los franceses de Lagos y entra la guerrilla republicana de Jesús Anaya. Corona llegó a Guadalajara el 14 de enero del 67.

San Luis Potosí, que era el centro del repliegue, sólo vio a los franceses hasta el 23 de diciembre, dos días después la división de Tomás Mejía también se retiraba.

La chinaca se estaba volviendo ejércitos que avanzan, en la medida en que los franceses se repliegan, derrotando a imperialistas mexicanos, belgas y austriacos. Juárez y el gobierno se aproximaban a la zona de combate y se habían establecido en Durango. Al final de año la república podía contar con la división del general Escobedo, que llegará en enero del 67 a San Luis Potosí sumando fuerzas y alcanzando los 9 mil hombres. Ramón Corona, reuniendo a las fuerzas de Nayarit, Sinaloa y Jalisco, habrá llegado a Guadalajara. Irineo Paz dice que progresa lentamente porque "no tenía deseos de encontrarse frente a frente de Miramón y Márquez, así es que hizo sus marchas con sumo recelo y tomando precauciones exageradas". Régules y sus michoacanos, lastimosamente maltratado por las tropas del general Méndez, estaban reorganizándose con suma dificultad. Porfirio Díaz apenas contaba con 2 500 hombres, pero un amplio territorio. Las fuerzas de Pesqueira y García Morales se hallaban en Sonora decididas a no salir de ese estado y Riva Palacio reunía e improvisaba en el occidente de la capital un nuevo ejército y, eso sí, decenas de guerrillas mal armadas a lo largo de todo el país. No era una fuerza impresionante, pero los imperiales en estos tres últimos meses habían perdido Mazatlán y todo Sinaloa, Jalisco con todo y Guadalajara, Zacatecas ocupado por el general Miguel Auza, Durango y Matehuala, San Luis Potosí, parte de Guanajuato y Tulancingo (el corazón de la Huasteca).

NOTA

1)   Antonio García Pérez: *Estudio político militar de la Campaña de Méjico, 1861-1867*. Laura O'Dogherty Madrazo: *La guardia de la emperatriz Carlota: su trágica aventura en México, 1864-1867*. Ángela Moyano: *Los belgas de Carlota: la expedición belga al imperio de Maximiliano*. Niceto de Zamacois: *Historia de México*. José María Vigil: *La Reforma*. Ireneo Paz: *Algunas batallas*. Manuel A. Hernández: *Memorias sobre la guerra de intervención en el occidente y centro de la república*. Gustave Niox: *Expédition du Mexique, 1861-1867*.

209

LA CONSULTA

En la mañana del 12 de diciembre de 1866 Maximiliano sale de Orizaba. Los rumores de su renuncia corren por todo el país imperial, presiones a favor y en contra van y vienen. Max regresa por Puebla, allí se enterará de la muerte de Paulino Lamadrid, hombre muy querido de su escolta y de cómo una guerrilla liberal saquea sus posesiones en el Jardín Borda. Sorprendentemente parece no tener prisa. ¡Tarda 22 días en llegar a la Ciudad de México!

El 5 de enero del 67 Maximiliano llega a la hacienda La Teja, situada en los alrededores del Distrito Federal (entre Chapultepec y Reforma), es larga la lista de visitantes, entre ellos el arzobispo Labastida, los ex ministros José Fernando Ramírez y Pedro de Escudero y Echánove que partían comisionados para Europa. Allí se entrevistará más tarde con el mariscal Bazaine, que debe haber recibido la confirmación de la nueva orden de retirada de Napoleón III ("Embarcad la legión extranjera, y a todos los franceses, soldados o paisanos que quieran hacerlo, y a las legiones austriaca y belga, si lo piden"). Bazaine le confirma el retorno a Francia del cuerpo expedicionario y le dice: "Hoy mi opinión es que Vuestra Majestad se retire espontáneamente". Según Basch, Maximiliano respondió al mariscal: "Tengo en usted la mayor confianza; usted es mi verdadero amigo y le suplico que asista a una junta que voy a convocar para el lunes 14 de enero en el palacio de México. Allí estaré presente, y usted repetirá lo que piensa. Si la mayoría es de su opinión, partiré. Si quieren que me quede, asunto concluido, me quedaré; porque no quiero parecerme al soldado que tira el fusil para huir más pronto del campo de batalla".

Como había anunciado, el 14 reunió en Chapultepec a ministros y ex ministros, Teodosio Lares (presidente del gobierno), José María Lacunza (secretario de Relaciones Exteriores), Teófilo Marín (ex de Obras Públicas), Manuel García Aguirre (Justicia), Joaquín Mier y Terán (Obras Públicas), José María Cortés Esparza (ex ministro de Gobernación y miembro del consejo de Estado), Bonifacio Gutiérrez (consejero de Estado), miembros del gabinete como Agustín Fischer, los generales Portilla, Pánfilo Galindo, Luis Robles Pezuela, Leonardo Márquez, Tomás Murphy, subsecretario de Guerra, Labastida (arzobispo de México), Barajas (obispo de San Luis Potosí), Santiago Vidaurri, el director del Museo de Historia Natural Manuel Orozco y Berra, los grandes capitalistas Alejandro Arango y Escandón, Sánchez Navarro, Manuel Lizardi (prestamista al que la plebe había bautizado como Vampiro del Erario), Hidalgo y Terán (regidor del Distrito Federal), Víctor Pérez (de la Junta de Menesterosos), el ex gobernador de Jalisco Jesús López Portillo, José Urbano Fonseca director de Bellas Artes y el mariscal Bazaine así como otros personajes de menor significación como Campos, Pereda, Almazán, Luis Méndez, Manuel Cordero, Esteban Villalba, Sarabia, Iribarren, Linares, Hernández. En total 35 asistentes.

Maximiliano, que la había convocado decidió no asistir. Teodosio Lares presidió la asamblea. Inició con: "¿Puede el gobierno imperial y debe emprender la pacificación en las circunstancias actuales del país y en presencia de las cifras presentadas por los ministros de Guerra y de Hacienda?". El ministro de la Gobernación dio lectura de los departamentos que se habían quedado fieles al imperio. Según sus declaraciones el erario contaba en este momento con una renta efectiva de 11 millones de pesos. La renta debía subir a 23 millones después de haber recuperado San Luis Potosí, Zacatecas y Jalisco y debía llegar a 36 millones cuando se hubiera conquistado el resto del país. El ministro de la Guerra, informaba de un efectivo inmediatamente disponible de 26 mil hombres.

Se abrió el debate: Márquez pensaba que el gobierno debía emprender vigorosamente la guerra, puesto que los recursos de que disponía, en hombres y en dinero, eran más que suficientes para conseguir este objeto. ¿Por qué, decía, perder el ánimo? ¿No es esto la historia constante de la guerra civil? Murphy lo apoyó, consideraba "que las fuerzas disidentes no son sino un conjunto de bandas de ladrones". Marín se sumó: "Afortunadamente, el país entero parecía resuelto en favor del imperio, pensaba que el gobierno debía proseguir la guerra hasta que se obtuviese una pacificación completa". García Aguirre pensaba igualmente que se debía seguir la guerra a todo trance. Si los soldados faltaban, el gobierno debía acudir al reclutamiento forzado; si se necesitaba dinero, debía tomarlo por todas partes donde se hallara. Lares, Mier y Terán y Lacunza apoyaron la continuación de la guerra.

Hasta ahora y basados en dos datos inexactos, la reserva económica y el número de combatientes que se podían reunir (no más de 14 mil) las voces contra la abdicación dominaban la reunión.

El mariscal Bazaine leyó un discurso en francés (a pesar de que hablaba perfectamente el español) que no entendieron algunos de los asistentes y tuvo que ser traducido por Lacunza. Dijo que la república había entrado en las costumbres y la mente de la mayor parte de los habitantes. Había tenido bajo sus órdenes 40 mil soldados franceses y 20 mil mexicanos; había tenido a su disposición todos los recursos necesarios y no había podido obtener la paz. Era de opinión que el emperador debía abdicar. "¿Qué se ganaría con hacer esfuerzos militares y grandes gastos para volver a conquistar el territorio perdido? ¡Nada! En resumen, me parece imposible que S. M. pueda continuar gobernando el país en condiciones normales y honrosas para su soberanía, sin descender a la categoría de un jefe de banda, y es preferible para su gloria y su defensa que SM haga entrega del poder a la nación".

Arango y Escandón le respondió "Idos: nada importa. Habéis hecho muy poco por vuestro soberano; menos aún por la Iglesia; nada, absolutamente nada por vuestra honra" y afirmó: "Los que hemos creído y alimentamos aún la convicción firmísima de que las instituciones monárquicas son una defensa para nuestra cada vez más amenazada nacionalidad, no podemos hoy aprobar el pensamiento de abdicación". Bazaine le contestó diciendo que se había entregado a "digresiones inútiles".

Los generales Portilla y Galindo se pronunciaron en favor de una guerra sin merced. Sánchez Navarro, amigo íntimo del padre Fischer, se declaró por la guerra a todo trance; llegó al extremo de proponer que se hiciera la guerra hasta con puñales. El arzobispo de México, Labastida, se declaró incompetente. No solamente su ministerio no le autorizaba a resolver estas cuestiones, sino que no podía aun siquiera comprobar las cifras presentadas por los ministros de Guerra y de Hacienda. Barajas obispo de San Luis Potosí declaró que, al recibir la invitación de asistir a la junta, había creído que se trataba de una cuestión de moral. Se recusó por los mismos motivos que su colega, pero, dijo que entre los republicanos conocía varios jefes muy honorables y dignos de estimación. Hidalgo y Terán se sumó a lo dicho por los obispos.

El balance hasta ese momento era claro. Todos estaban por la continuación del imperio con Maximiliano al frente y por lo tanto la guerra, menos Bazaine que representaba la posición de Napoleón III y la jerarquía católica cobrándole viejas deudas a Max y absteniéndose.

Intervino Iribarren, ex comisario imperial en los departamentos de Sonora y de Sinaloa, y dijo que consideraba que sería una cosa muy fácil recuperar todo el país. Lo contrario pensaba Sarabia, ex comisario imperial en Durango, al que le parecía que el emperador debería abdicar, porque las cosas no podían mantenerse en la situación actual. Robles Pezuela dijo que se admiraba mucho al ver al ministro de Hacienda contar con una renta efectiva de 11 millones de pesos, y "en presencia de este estado de cosas, no creo que el Imperio se pueda sostener". A su opinión se sumó Bonifacio Gutiérrez y la fortaleció aún más Cortés y Esparza: ¿Cuáles eran los documentos que se tenían para verificar la exactitud de las cifras que se les habían presentado? ¿Quién podía afirmar la existencia de los 11 millones de que se hablaba? ¿No había ilusiones en eso? ¿Los 26 mil hombres que decía tener el ministro de Guerra eran soldados o simplemente gentes armadas? ¿Existen efectivamente en tal número? ¿Quién de los presentes puede responder con certeza sí o no a estas preguntas? En su concepto, hacía algún tiempo ya que el emperador hubiera bien hecho de retirarse. Se sumaron a él las opiniones de Cordero y Luis Meléndez y más tarde la de Almazán.

Villalva "se pronunció de una manera muy vehemente contra los republicanos. Terminó su discurso diciendo que el emperador se había comprometido a no abandonar jamás a los mexicanos y que le conjuraba a que cumpla su promesa". Víctor Pérez señaló que la lista de los estados favorable al imperio era inexacta, "quería pues que el emperador conociera toda la verdad y votaba por la abdicación" al igual que López Portillo.

Linares y Tomás Murphy argumentaron a favor de seguir la guerra; Fonseca estaba a favor de la continuidad del imperio y le parecía "poco conveniente de volver a tratar esta cuestión a cada instante". El padre Fischer se pronunció por la guerra. Luego Orozco y Hernández lo acompañaron y se pronunciaron contra la abdicación. Finalmente: 26 votaron por la no abdicación y la continuidad de la guerra; siete (Bazaine, general Robles Pezuela, López Portillo, José María Cortés Esparza, Cordero, Víctor Pérez y Sarabia) votaron por la abdicación. Los obispos Labastida y Barajas se abstuvieron. Vidaurri no contestó y Lizardi se excusó por ser extranjero.

Maximiliano sin discusión aceptó la resolución de la junta e hizo mención del acto en sus apuntes con estas pocas palabras: "Otra junta de los Consejos en México, mismo dictamen". Y añadió una nota críptica: "Trabajo asiduo para juntar el Congreso; agentes de Juárez y Porfirio Díaz". ¿Qué quería decir? ¿Qué para hacer el congreso que tenía en la cabeza necesitaba contactar con agentes republicanos?

NOTA

1)   José Luis Blasio: *Maximiliano íntimo: el emperador Maximiliano y su corte. Memorias de un secretario particular.* José María Vigil: *La Reforma.* Conde E. de Kératry: *Elevación y Caída del emperador Maximiliano. Intervención francesa en México, 1861-1867.* Juan

de Dios Arias: *Reseña histórica del Ejército del Norte durante la intervención francesa, sitio de Querétaro y noticias oficiales sobre la captura de Maximiliano, su proceso íntegro y su muerte.* Benito Juárez: *Documentos, discursos y correspondencia. L'Ere Nouvelle,* 18 de enero de 1867. Agustín Rivera: *Anales mexicanos. La Reforma y el Segundo Imperio.*

210

RIVA PALACIO, EL RETORNO

Al volver de Guerrero te encontraste destituido del gobierno de Michoacán, del primer distrito del Estado de México y de cualquier cargo en el Ejército del Centro. Así fuiste a parar a Huetamo. A esperar la espera. Juárez te escribió regañándote aunque con cierta amabilidad: "siento que tan pronto se haya cansado" y te pidió colaboración sin aclarar qué quería de tus tristes huesos y de esos nervios a flor de piel que la inactividad estaba cauterizando. Probablemente porque Juárez desconfiaba de ti y pensaba que estabas conspirando con González Ortega.

Y mientras, la guerra se encontraba paralizada y se le daba respiro a los imperiales. Arias, Ronda y Garnica se hallaban en la vecindad de Guanajuato refugiados, Villada mantenía la llama en Apatzingán y Régules sostenía una pequeña fuerza cohesionada a pura voluntad. Será el mismo Régules el que aparecerá en Zitácuaro en mayo del 66, atacando este pueblo; la guarnición que lo defendía, se rinde y la ciudad de tantos combates es entregada a las llamas.

El 30 de septiembre del 66 hay un conato de revuelta de la chinaca michoacana contra Régules en Huetamo. Te niegas a acompañarlos, ante todo la disciplina militar. La paciencia se acababa y decidiste, con órdenes o sin ellas, volverte a hacer cargo de las operaciones en el primer distrito del Estado de México, volver a empezar como si no hubieran pasado tres años y pediste al coronel Alzati que mediara con Régules y este en lugar de Zitácuaro, donde podías reconstruir la fuerza y te resultaba territorio conocido, te ofreció como base Luvianos, un mugroso rancho aislado, o un maravilloso refugio, según como se viera, porque existían noticias de que por ahí había una fuerza alzada, que ni lo era, nomás rumores. Ni siquiera te ofreció devolverte el mando de parte de las fuerzas que tú mismo habías formado. Y aceptaste porque querías volver a la guerra, y a poco...

En noviembre del 66 las fuerzas conjuntadas de la resistencia de Michoacán y el Estado de México avanzaron hacia el sur y el suroeste. Habías reunido 1 500 hombres. ¿De dónde los habías sacado? ¿Quién los había armado? Y por más que Niox diga que estaban bien entrenados y armados, no se podía ignorar que no estaban allí las curtidas guerrillas michoacanas, sino una fuerza que se había montado reuniendo pequeñas partidas, grupos de jinetes con lanza, infanterías de los pueblos con machete. Y por muchos discursos que les prodigaras, poeta, por mucha intención, daba para lo que daba, para combatir y morir y desbandarse a la menor caída de los jefes.

¿Cómo se te ocurre, poeta, intentar pasar el invierno en el valle de Toluca? Las botas no cubren los calcetines agujereados y la tos recorre tus mesnadas como clarín de órdenes. Pero para celebrar el fin de año amagas los pueblos de Tenango y Calimaya, y luego Tlacotepec, a diez kilómetros de Toluca, y evades a las fuerzas de La Hayre.

Los imperiales reforzaron Toluca el 12 de noviembre de 1866 con una columna de 600 hombres a caballo comandados por el general Delloye, muy preocupado por las permanentes incursiones de la guerrilla liberal de Fragoso en la zona de Chalco, Texcoco y Cuautitlán.

Era inevitable un choque desventajoso y el 9 de diciembre, dos columnas imperialistas avanzaron sobre San Juan Tilapa y Tlacoltepec, a ocho kilómetros de Toluca, donde estaba tu pequeño ejército. ¿Por qué si en otras partes estaban replegándose, aquí los franceses contraatacaban? Porque Toluca está a la puerta de la Ciudad de México, demasiado cercana a su línea de retirada. La columna de La Hayrie tomó el camino de Tenango para San Juan Tilapa, y otra mexicana de 150 infantes del batallón número 14, 100 soldados del 9º regimiento de caballería y una pieza de artillería de montaña, a las órdenes del teniente coronel Jesús Isasi, salió por el camino para Tlacoltepec chocando contra fuerzas republicanas a las que dispersaron, con la mala fortuna de que fueron a caer donde se hallaba el comandante La Hayrie con los franceses. Una andanada de disparos y una carga a la bayoneta, más la presión de los que los perseguían, obligaron a la huida, dejando muchas bajas. Los vencedores regresaron a Toluca y luego a la Ciudad de México.

Mientras tanto, tu amigo Ignacio Manuel Altamirano, tras un año de incomprensible inactividad pasa a la acción para "demostrar, aunque tardíamente" (dirá), que los surianos pueden hacer una aportación importante a la guerra. Su biógrafo Fuentes Díaz lo trata duramente por el "doblez" de sus cartas enviadas a Juárez repletas de quejas contra sus compañeros. Como queriendo reparar a toda velocidad su ausencia, Altamirano al final de noviembre del 66 sale de Tixtla con 400 dragones. El 12 de diciembre derrota a Abraham Ortiz en Puente de Ixtla; toma Jojutla el día 13, derrota a Manuel Carranza en Los Hornos el 14 y domina toda la zona. En permanente conflicto con el gobernador Diego Álvarez, acabará yéndose por la libre hacia la zona donde te encuentras cerca de Toluca.

Sin saber el refuerzo que se aproxima, has logrado rehacer a los derrotados e insistes preparándote para un nuevo intento de asaltar la ciudad de Toluca. Tras algunos escarceos, al anochecer del sábado 22 de diciembre de 1866, cuenta Jorge Díaz Ávila, "a las orillas del Río Lerma, por el camino real hacia Toluca, Riva Palacio y sus tropas tenían rodeado al contingente imperialista. Sin perder detalles de sus movimientos, pacientes aguardaban para apoyar en las tinieblas de la noche su ofensiva final. Muy al contrario, la noche nacía luminosa. En el cenit, una soberbia luna llena iluminaba ambos frentes y reflejaba, sobre los aceros, un halo espectral que pronosticaba lo cruento de la batalla, ya inmediata. Cerca de las diez de la noche, sin paciencia para continuar esperando y previendo una posible retirada de los imperialistas, Riva Palacio dio la orden de atacar. Bajo una claridad inusual, las tropas se trenzaron en un breve combate. Las espadas refulgían, los fusiles brillaban y Riva Palacio [...] supo acorralar al enemigo, obligándolo a tomar una huída vergonzosa. Ni los vapores de la pólvora, ni los humores desprendidos de los cuerpos abatidos, ni el fuego que incendiaba el campo de batalla opacaron aquella noche que parecía día". Escribirías que aquella noche la luna te brindó protección y auxilio.

Y de nuevo, una semana más tarde, porque la constancia, aunque en México se llame necedad, es virtud, atacas Toluca, aunque no podrás tomarla. Se van 26 mil gabachos y se llevan de pasada unos mil belgas y tres millares y medio de austriacos, y no faltará algún imperial mexicano que se suba al barco y acabe de jardinero en París. Ha triunfado la terquedad, te dices. Pero lejos, muy lejos aún se encuentra la victoria. El imperio tiene el control de las ciudades del centro y todavía miles de hombres en armas y no pocos soldados extranjeros y recursos económicos que tus congelados hombres no sueñan. Y tú sintiéndote títere de acontecimientos mayores y pasando frío. Y más lo pasan los surianos de Pascual Muñoz, que acaban de sumarse al nuevo ataque, cuando desde las cinco de la tarde, abriendo el año del 67, caes sobre Tenango y Tenancingo. Se suman las fuerzas del general guerrillero Francisco Leyva (un hombre de la chinaca de Villalba desde la Guerra de Reforma, que sufrió arresto domiciliario en Veracruz acusado de asesinar españoles en el 61 y se le negó la patente de corso que significaba dirigir oficialmente una guerrilla en Morelos al producirse la Intervención francesa), la guerrilla de Figueroa, que había estado combatiendo en Oaxaca con Porfirio Díaz y luego rondando la Ciudad de México y la caballería del coronel guanajuatense Jesús Lalanne que se está volviendo tu segundo en esa campaña, infatigable lector de memoria privilegiada, veterano desde las guerras de Reforma con González Ortega.

Y de nuevo sobre Cuernavaca, a 80 kilómetros de la capital, donde se encontraba el capitán francés Clery, con el cuerpo franco que había organizado, usando soldados franceses que no se habían repatriado. Conmocionado porque en los ataques habían sido saqueados los jardines Borda y la mansión de recreo de Maximiliano, el emperador mandó a Paulino González Lamadrid, su edecán y jefe de la gendarmería de la Ciudad de México, con 300 de los suyos y 250 cazadores a recuperarla. La brigada de Lamadrid encuentra a los imperiales que se vienen retirando y los suma, constituyendo un pequeño ejército.

El 7 de enero del 67 Lamadrid se despega de su vanguardia persiguiendo a los liberales que se repliegan y recibe un tiro en la frente que lo mata.

Por aquellos días, esta es la línea más avanzada de los republicanos hacia el corazón del imperio y las fuerzas surianas avanzaron hasta Tlalpan, a ocho kilómetros de México.

Y al fin cae Toluca, el 6 de febrero del 67, y tú, con los ojos enrojecidos por la falta de sueño, porque hay que convertir en ejército las tropas, con Jesús Lalanne a tu lado como casi general, con Vélez, al que acabas de aceptar en tu ejército que, tras haberse sometido, regresa a la guerra, piensas que no sólo hay que conseguir mantas y parque y más caballos, sino que hay que fijar rentas y restaurar el orden republicano y pasturas e impuestos y un periódico, claro, y que se puede amagar la capital, es más, tomarla sin disparar un tiro, y en los días armas un ejército y en las noches conspiras con extraños embozados que vienen desde México a ofrecerte el paso por una Garita, la deserción de un cuerpo de ejército, la cabeza de Miramón, tres quintales de pólvora, dinero… Y a lo mejor es cierto y la Ciudad de México puede caer sin disparar un tiro.

Se oían cañonazos todavía cuando se inauguraron los cursos de la Academia Literaria de Toluca que fundaste, porque sin educación no hay República… y el 24 de febrero del 67 estabas hostigando la Ciudad de México desde Tlálpam y días después combatías en las Cruces, amagabas Cuernavaca, avanzabas sobre Chalco, ya tus fuerzas se habían anexado a los surianos de Jiménez y Altamirano, y ya estabas en las goteras de la Ciudad de México, y si iba a producirse una gran batalla, esta no se había definido. ¿Aquí? ¿En la capital?

NOTAS

1) Benito Juárez: *Documentos, discursos y correspondencia* (Juárez a Riva Palacio, 16 de junio de 1866). José Ortiz Monasterio: *"Patria", tu ronca voz me repetía: biografía de Vicente Riva Palacio y Guerrero*. Paco Ignacio Taibo II: *La lejanía del tesoro*. Mario Casasús (antologador): *Ignacio Manuel Altamirano en Morelos, 1855-1901*. Jorge Díaz Ávila: *"Tres lunas"*. Ignacio Manuel Altamirano: *Historia y política de México, 1821-1882*. Manuel Rivera Cambas: *Historia de la intervención europea y norteamericana en México y del imperio de Maximiliano de Habsburgo*. Gustave Niox: *Expédition du Mexique, 1861-1867*. Florencia E. Mallon: *Campesino y nación: la construcción de México y Perú poscoloniales*. Francisco P. Troncoso: *Diario de las operaciones militares del sitio de Puebla de 1863*.

2) Francisco Antonio Vélez y Gallardo (Xalapa, 1830). Estudió en El Colegio Militar de Chapultepec, se incorporó a la Guardia Nacional de Orizaba y combatió a los norteamericano en el 46-47. En la Guerra de Reforma peleó al lado de los conservadores llegado a general de brigada. Diputado, senador, comandante militar y gobernador de Guanajuato (1859). Comandante militar y gobernador de San Luis Potosí (1860). Recibió de los republicanos, en la batalla de Ahualulco, sirviendo a las órdenes del general Miramón, una herida muy grave que nunca pudo acabar de curar y que re-

quirió continuos cuidados. Luchó en la Batalla de Calpulálpam con los cangrejos. Por la Amnistía de 1861, se retiró a la vida privada en el Distrito Federal. Se alzó contra el imperio en 1866. Marchó al sitio de Querétaro con la División de Riva Palacio. Alberto Hans dice de él: "Vélez. Este último es un tránsfuga, cuya conducta merece ser juzgada muy severamente. Antiguo amigo de Miramón, que le colmó de pruebas de afecto en los días de su poder, no a otro que a él debió su rápida elevación. El general Vélez sirvió al Imperio; pero al último momento, cuando vio partir las tropas francesas, se disgustó con Miramón, su antiguo bienhechor, con motivo de un piano, y con pretexto de ese disgusto fue a ofrecer su espada a los republicanos, que se apresuraron a aceptarla, porque Vélez tenía el prestigio de pertenecer al ejército de línea y gozaba de una reputación de valor y de experiencia".

211

LA CONTRAOFENSIVA DE MIRAMÓN

En paralelo con el debate interno sobre la abdicación en el campo imperial, los ejércitos republicanos siguen progresando hacia el sur y el centro y Juárez establece su gobierno en Durango al principio de enero y llegará pronto a Zacatecas. Juan de Dios Arias cuenta cómo se trataba fundamentalmente de hostigar mínimamente a los franceses en su repliegue y combatir a muerte a las tropas imperiales mexicanas que iban dejando detrás. En diciembre de 1866 la división de Escobedo con la vanguardia del general Jerónimo Treviño los fue persiguiendo hasta las cercanías de San Luis Potosí, que abandonaron muy pronto dejando atrás las tropas de Tomás Mejía. El 25 de diciembre el general Mejía, sin el amparo de los franceses, abandonó San Luis y se replegó a Querétaro llegando el 29. Al día siguiente tomó San Luis y se detuvo la división republicana de Jerónimo Treviño, urgido de "reorganizar y equipar sus tropas desnudas" y esperar el resto del ejército de Escobedo "que traía un inmenso tren de pertrechos y municiones".

Miramón, poniéndose al margen de las discusiones sobre si Maximiliano continuaría gobernando y buscando una salida militar (y quién sabe si no hubiera mucho de personal en la arriesgada decisión), al margen de los franceses salió de la capital sin más fuerzas que 400 hombres y dos piezas de campaña a la busca de los republicanos. En principio estaba saltándose la distribución militar original que Maximiliano había diseñado y entraba supuestamente en zonas de competencia de Leonardo Márquez. Al pasar por Querétaro puso a disposición de la brigada de Severo del Castillo las fuerzas de Mejía, que se encontraba enfermo. Es probable que el acuerdo con del Castillo se produjera en la Ciudad de México, para combinar el avance de sus brigadas hacia el norte o el noreste, pero la caída de Guadalajara en manos republicanas hizo que modificara su plan.

Miguel Miramón era un soldado enormemente intuitivo, acostumbrado a aprovechar cualquier ventaja y a combatir en condiciones de debilidad numérica; sin duda pensaba que la retirada de los franceses creaba un vacío político militar que su persona podía llenar. Incluso entre algunos de los mandos franceses se le tenía respeto, aunque D'Héricault, no pudiendo negar sus cualidades, aseguraba, en un desplante racista, que las sacaba de "algo de sangre francesa que tenía en las venas". El general Severo del Castillo, su compañero en la aventura era según Samuel Basch, "independientemente de sus conocimientos teóricos […] muy distinguido y de extraordinaria sangre fría. Parecía imposible que fuese tan enérgico aquel hombre pequeño, de aspecto delicado, tímido en el hablar, y sordo por añadidura. Pero aquella sordera suya le perjudicaba menos de lo que pudiera uno figurarse a la hora del combate, porque aun cuando no percibiese el fuego del enemigo, lograba orientarse perfectamente con sólo las respuestas de sus ayudantes a sus continuas preguntas".

Al pasar por León, Miramón activó la desmoralizada fuerza del general Gutiérrez, y sumando las tropas que traía organizó a toda velocidad una división de más de 2 500 hombres casi todos de caballería, algunos soldados austriacos y franceses que habían decidido quedarse en México para servir al imperio, así como una batería de campaña y otra de montaña y salió hacia el norte el 20 de enero. Dos días después Benito Juárez, en medio de una tremenda recepción popular, estableció su gobierno en Zacatecas.

Miramón decidió hacer que Del Castillo amagase a distancia San Luis Potosí para obligar a Escobedo a mantenerse en esa ciudad mientras él atacaba Zacatecas intentando capturar a Juárez; tomar preso al presidente, un viejo sueño desde el inicio de la intervención.

Durante toda esta etapa de la guerra los exploradores republicanos podían detectar los movimientos de columnas enemigas con suficiente antelación y reportarlos y las comunicaciones entre Zacatecas y San Luis (200 kilómetros de distancia) podían hacerse en dos días con mensajeros a caballo usando postas.

El día 25 de enero el gobierno en Zacatecas tuvo noticia de la aproximación de Miramón con su brigada y 14 piezas de artillería. El general Miguel Auza, uno de los héroes de Puebla, que estaba a cargo de la guarnición, recibió ese día el apoyo de una tropa de Durango conducida por el general Aranda. La mañana había empezado con el canto de una "mañanitas" que le habían compuesto al presidente. La noticia de que Miramón tomando el camino de Aguascalientes, donde no encontró resistencia, "se dirigía violentamente a Zacatecas" llegó también a Mariano Escobedo, que acaba de perder por un incendio un convoy con una gran cantidad de parque que venía del norte, y lo puso en duda. ¿Debía marchar hacia allá y fragmentar su división?

Sabía también que la brigada de Severo Castillo se acercaba a San Luis Potosí. Decidió, según Arias, pedirle "al general Auza, gobernador y comandante militar de Zacatecas, que resistiese allí a Miramón por sólo cuatro o cinco días" mientras organizaba defensa y ataque. Escobedo se equivocaba, no consideraba la velocidad con la que el ejército de Miramón podía moverse.

El día 26 un reconocimiento mostró que los imperiales estaban muy cerca de Zacatecas. Tomándole opinión a Auza, Juárez decidió permanecer en la ciudad y recorrió a pie las líneas de defensa.

Miramón no habría de recibirla en tiempo, pero existirá una orden de Maximiliano fechada el 5 de febrero en que le da instrucciones: "Os recomiendo muy particularmente de que si lográis apoderaros de don Benito Juárez, don Sebastián Lerdo de Tejada, don José María Iglesias, don Luis García y del general don Miguel Negrete, que les hagáis juzgar y condenar por un consejo de guerra, conforme a la ley del 4 de noviembre último, actualmente en vigor; pero la sentencia no se ejecutará antes de haber recibido nuestra aprobación; al efecto, nos enviaréis inmediatamente una copia de ella por el intermediario del ministro de la Guerra". Y añade: "Hasta recibir nuestra resolución, os recomendamos que procuréis al prisionero o a los prisioneros un trato conforme a lo que exige la humanidad".

Entre las cinco y seis de la mañana del 27 de enero los imperiales entraron a Zacatecas sorprendiendo las defensas en el cerro de la Bufa, Auza le pidió a Juárez que saliera urgentemente de la ciudad. El Presidente recogió sus papeles; en torno suyo se produjo un corredero de gente. Miramón verá desde lo alto de un cerro salir de Zacatecas el carruaje de Juárez y no sabrá que el presidente ha huido a caballo mientras que la escolta presidencial cubre la bocacalle inmediata al Palacio. Sabemos incluso los nombres de los caballos que montan los miembros del gobierno: Juárez monta El Relámpago; Sebastián Lerdo de Tejada, El Monarca; José María Iglesias, El Vapor. "A pesar de la inminencia de peligro Don Benito atravesó la Ciudad al tranco de su cabalgadura y la puso al galope corto cuando entró en la carretera de Fresnillo [...]. Idueta, con el carruaje vacío, emprende veloz la carrera por el camino de Jerez, sobre quien se desprende la caballería de Miramón suponiendo que en el coche iba el Presidente y cuando sale de su error, ya el coronel Corella con su acostumbrado denuedo logra rechazarla con ayuda de muchos zacatecanos". Juárez le escribirá más a tarde a Santacilia: "Aunque no fue cierta la noticia de mi prisión, poco faltó para que los ministros y yo hubiéramos caído en poder del enemigo. Un cuarto de hora más que nos hubiéramos dilatado en salir de Palacio hubiéramos dado un rato de gusto a Miramón; pero escapamos porque no ha llegado la hora".

El ejército republicano, con unos 1 500 hombres, se repliega a Jerez a 50 kilómetros de Zacatecas y Juárez y el gobierno siguen a Fresnillo. Los imperiales los hostigan durante 12 kilómetros haciendo prisioneros. El combate ha durado unas pocas horas y Miramón, aunque ha perdido al Presidente, se hace con su equipaje y con buena parte de la artillería. Los triunfadores se dedican al saqueo.

Escobedo, mientras tanto, ha dislocado al ejército del norte cubriendo San Luis Potosí con las brigadas de Aureliano Rivera y Sóstenes Rocha y manda a Treviño con la 1ª división al apoyo de Zacatecas; pero al conocer el golpe de Miramón, decide ponerse al mando del ejército, le suma las fuerzas de Pedro Martínez y Francisco O. Arce y toma el camino. Miramón, teniendo aviso de que Escobedo se acercaba el 1º de febrero, desocupa la ciudad. Horas más tarde Juárez y el gobierno estarán de regreso. En una carta a Santacilia el Presidente responde a un regaño familiar por haberse puesto tan cerca de la línea de fuego ("la calaverada del 27 de enero"): "Hay circunstancia en la vida en que es preciso aventurarlo todo si se quiere seguir viviendo física y moralmente".

Ese mismo día entre el punto de San Francisco de los Adames y el rancho del Guisillo, inmediato a la hacienda de San Jacinto, sobre el camino de Zacatecas a Aguascalientes, el ejército de Escobedo avista a los imperiales. Miramón intenta batirse en retirada, al menos hasta encontrar una posición ventajosa para hacer frente a sus adversarios, pero apenas si tiene tiempo de que sus fuerzas disparen los primeros cañonazos. Dos regimientos de su caballería, el 29 y el 99, organizados de prisa con escuadrones de guardias rurales, huyen acometidos de pánico e introducen el pánico en la infantería, que está siendo acosada por los cazadores de Galeana, armados con los fusiles de repetición Henry de 15 tiros y Spencer de siete.

Alberto Hans cuenta: "Miramón, a pie, dirigió los últimos tiros de cañón. Sabiendo que su hermano Joaquín acababa de ser gravemente herido en un pie, corrió a encontrarle y le ordenó que se retirara del campo de batalla. Joaquín insistió en quedarse y sostener la retirada con sus tiradores; pero el general Miramón repitió su orden formal y Joaquín subió a una carretela". Escobedo le reportará a Juárez: "Ni tropas, ni armamento, ni nada cuanto tenía se ha salvado. Sólo él, con una quincena de soldados de caballería ha logrado escapar", en rumbo a donde suponía estaba Del Castillo; pero su hermano Joaquín cae prisionero.

Las cifras de las bajas imperiales oscilan, pero no pueden haber sido menores de 200 muertos y heridos, más de un millar de "dispersos" y 19 piezas de artillería capturadas. No está claro el número de prisioneros, que va de 476, 500 a 800 (según el eterno baile de las cifras a las que está sometida esta investigación) entre ellos 122 franceses, belgas o austriacos del cuerpo de Gendarmes de la Emperatriz, que acababan de participar en el saqueo de Zacatecas.

Escobedo ordena al coronel Miguel Palacios (que había estado preso en Francia) el fusilamiento del general Joaquín Miramón y de los soldados imperiales extranjeros en una carta el 3 de febrero: "Las armas constitucionales han sido magnánimas hasta la demasía con los extranjeros armados que han venido a hacer la guerra más injusta que se registra en nuestros anales (estos ya ni bandera tienen, son mercenarios)" y "procederá a pasar por las armas a todos los extranjeros que se hicieron prisioneros con las armas en la mano [...] con excepción de los heridos".

Los soldados mexicanos capturados serán refundidos en el ejército republicano. Palacios separa 24 heridos y quedan 98. Nada se sabe del destino de los oficiales superiores imperialistas que habían sido capturados, pero es de suponerse que al menos tres de ellos fueron condenados junto con los soldados extranjeros.

A las siete y media en los corrales de la hacienda de Tepetates fue ejecutada la pena máxima durante dos horas. Alberto Hans, de nuevo: "Le concedieron a Joaquín Miramón algunas horas de la noche para que se preparara a la muerte. Declaró que tenía una pierna mutilada y que ni siquiera podría marchar al suplicio. Todo fue en vano. Pidió ver al coronel Montesinos y a otros varios oficiales de la división republicana, llamada división del Norte. Todo fue inútil. Se le mandó contestar que no había necesidad de oírle; entonces Joaquín tomó valerosamente su partido, se dispuso a morir y escribió a su mujer y a su hermano. Pronto sonó la hora fatal. No había luz todavía cuando fueron a buscar al prisionero. Joaquín Miramón pasaba generalmente por carecer de valor personal y ser una excepción entre sus hermanos. Se contaba a este respecto que más de una vez su hermano el presidente se lo había reprochado de una manera pública y cruel; así es que su conducta en San Jacinto había asombrado a todo el mundo. Se creía, por lo mismo, que moriría cobardemente; pero al contrario, luego que llegó al lugar de la ejecución pidió que se le apoyase contra la pared, porque tenía mutilado un pie y quería recibir la muerte parado. La recibió con un valor que jamás se habría esperado de él".

Escobedo escribiría más tarde una justificación: "El resto de los presos eran soldados extranjeros que no debían incorporarse a las filas republicanas, porque voluntariamente enganchados al servicio de Maximiliano, ni merecían confianza, ni tenían derecho alguno para ser considerados como los mexicanos [...] los austriacos espontáneamente se engancharon en Europa para hacer la guerra a la República. En cuanto a los franceses, eran los residuos del ejército intervencionista que [...] permanecieron voluntariamente". Arias añade: "Escobedo tenía que avanzar rápidamente y sin estorbo, ni menos llevando consigo el peligro de que los prisioneros le causasen un trastorno al encontrarse con Castillo".

Diez oficiales franceses publicaron en el *Courrier*, periódico que se imprimía en México: "Ordenar a sangre fría la matanza de unos prisioneros de guerra es un hecho tal, que subsistirá como una mancha indeleble en la historia; pero añadir todavía el insulto al adversario que combate lealmente, es una acción tan infame que nos hace llorar de rabia. Escobedo, en el parte de la acción, nos llama bandidos porque no nos cubre ya la bandera de la Intervención francesa, y porque hemos permanecido fieles al servicio del imperio queriendo cumplir lealmente con el deber que hemos contraído. ¡Nos llama bandidos, porque somos extranjeros y no tenemos ya bandera! Gracias al mariscal Bazaine, esta es la suerte que nos ha tocado […]. Perfectamente sabemos de dónde salieron las balas que han herido a nuestros infelices compañeros de armas; perfectamente sabemos quién es el que nos destina a una muerte semejante, si la desgracia nos hace caer en manos de un enemigo para quien civilización y humanidad no son más que palabras vanas. Esa sangre clama venganza, y nosotros la vengaremos. Nuestro único deseo es que el gobierno forme una legión compuesta de franceses, de austriacos y de belgas, poniéndola a la vanguardia bajo las órdenes del general Miramón; nosotros sabremos marchar, combatir y morir, hasta que hayamos vengado a nuestros compañeros".

Obviamente no mencionaban que la práctica de los fusilamientos de combatientes capturados la había iniciado el ejército francés y proseguido Maximiliano con la ley de octubre del 65.

El 4 de febrero, tan sólo un día después, en La Quemada, una hacienda en el estado de San Luis Potosí, las 3 mil jinetes de Aureliano Rivera, contraviniendo las órdenes de Escobedo de no presentar combate frontal hasta que se sumara el grueso del ejército, fueron derrotados por Severo del Castillo, que estaba protegido por una buena posición y contaba con 2 500 hombres. En la batalla cae muerto "cargando valientemente a la cabeza de una columna de caballería" el general Anacleto Herrera y Cairo, de 42 años, que fue coronel bajo Antonio Rojas y que tras haberse rendido a los imperiales en el 65, muere como republicano. Junto a él caerá el capitán médico Adolfo Lancaster Jones.

En la noche, cuando ya había pasado la acción, se unió a Del Castillo el general Miguel Miramón, que viene por Ojuelos huyendo de la batalla de San Jacinto. Juntos marchan a Querétaro a unirse a las fuerzas de Tomás Mejía, donde entran el 8 de febrero. Ahí conocerá la noticia del fusilamiento de su hermano. Al volver a Querétaro Miramón, luego de su derrota, "pidió a México que se le enviase una brigada, y que se diese orden a Méndez de reunirse con él, con lo que contaba reunir 8 mil hombres, tomar la iniciativa y salvar al Imperio en poco tiempo". Maximiliano no respondió a su demanda. A los pocos días el general imperialista Liceaga, batido en Guanajuato por el coronel Rincón Gallardo, entraba precipitadamente con sus fuerzas en Querétaro.

NOTAS

1) Juan de Dios Arias: *Reseña histórica del Ejército del Norte durante la intervención francesa, sitio de Querétaro y noticias oficiales sobre la captura de Maximiliano, su proceso íntegro y su muerte*. Manuel Ramírez de Arellano: *Apuntes biográficos del señor general de brigada D. Joaquín Miramón*. Ahmed Valtier: "Un día terrible para los franceses". José C. Valadés: *Maximiliano y Carlota en México: historia del segundo imperio*. Agustín Rivera:

Anales mexicanos. La Reforma y el Segundo Imperio. Antonio Avitia: "Viva la república". Coronel Miramón: "Querétaro, 1867". Esperanza Toral: *General Tomás Mejía.* Centro de Investigación Científica Jorge L. Tamayo: *Pedro Santacilia, el hombre y su obra* (Juárez a Santacilia, 2 de febrero, 25 de marzo, 15 de abril de 1867). José María Vigil: *La Reforma.* Alberto Hans: *Querétaro: memorias de un oficial del emperador Maximiliano. Diario del Imperio,* 11 de febrero de 1867. Antonio García Pérez: *Estudio político militar de la Campaña de Méjico, 1861-1867.* Egon Caesar Conte Corti: *Maximiliano y Carlota.* Francisco de Paula Arrangoiz: *México desde 1808 hasta 1867.* Samuel Basch: *Recuerdos de México: memorias del médico ordinario del emperador Maximiliano, 1866-1867.*

2) La narración sobre el madruguete de Zacatecas, la batalla de San Jacinto y los posteriores fusilamientos ha sido contada erróneamente muchas veces. Niceto de Zamacois se equivoca al decir: "En Zacatecas había una guarnición bastante respetable"; eran casi la mitad de los atacantes. Se equivoca Conti Corte cuando dice que en San Jacinto se hicieron 1 500 prisioneros. Yerran los que dicen que los franceses fusilados fueron 190 o 180 o 139 o 138 o 180 extranjeros imperiales, y que estos fusilamientos fueron el 8 de febrero (cuando fueron el 3); se equivoca Alberto Hans: "Por desgracia para Joaquín, algunos republicanos, deseando hacer de aquel joven jefe muerto con honor, un mártir de su causa, dijeron a gritos que [Herrera y Cairo] había sido fusilado de orden de los generales del Imperio, y que era preciso vengarle" (la muerte de Herrera fue posterior).

3) Maximiliano mantuvo con Miramón una posición ambivalente; el 1° de febrero de 1867, antes de conocer el desastre de San Jacinto, comunicaba a un francés: "Pero Miramón no es mi hombre, debo a Márquez estar aquí". Y cinco días antes de la partida de los franceses dirá: "Es preciso vigilar a Miramón" (Charles d'Héricault: *Maximilien et le Mexique: histoire des derniers mois de l'Empire mexicain*).

4) A 300 kilómetros al sur, el 26 de enero en la madrugada, en El Sauz, una hacienda situada entre León y Silao, Florencio Antillón y el coronel José Rincón Gallardo derrotan al general imperial Feliciano Liceaga y lo obligan a retirarse hacia Guanajuato en desorden. Antillón, que ha sido incorporado al ejército del Norte, había pasado en tan sólo unos meses de dirigir una pequeña guerrilla a hacerse con el estado de Guanajuato. Escobedo había negociado con Juárez para dispar la desconfianza que se tenía en las filas republicanas por haber abandonado México en el 64 con Doblado.

212

ADIÓS A BAZAINE

El 13 de enero del 67 comenzó el embarco final en Veracruz de los primeros 700 hombres del ejército francés. Un general registraba que "el general Castelnau había podido juzgar por sí mismo de la gravedad de la situación [...]. Se insultaba al Emperador Napoleón III en los teatros por medio de mueras y silbidos". Las relaciones se tensaban cada vez más. El presidente del Consejo de Ministros, Lares, sin duda por indicaciones de Maximiliano, le reclamaba a Bazaine el 25 de enero no haber enviado auxilio en el enfrentamiento producido en Texcoco, que si a pesar del último pacto (del 31 de mayo anterior), donde se establecía que la fecha de evacuación estaría programada para el otoño, ya no se podía contar con ellos, y exigía la "devolución de la Ciudadela, del material de guerra y otros puntos fortificados". Añadiendo que deseaba "una solución satisfactoria al incidente de *La Patria*". Bazaine había detenido al director y suspendido el diario por una crítica violenta contra los franceses.

Bazaine contestó que "en lo sucesivo, no quiero tener relaciones con ese Ministerio", aunque le escribió a Maximiliano suavizando el asunto, pero Fischer a nombre del emperador le devolvió la carta con una nota: "A menos que Vuestra Excelencia juzgue oportuno dar una satisfacción sobre estos términos, SM me ordena hacer saber a VE, que en estas condiciones no quiere ya tener en lo sucesivo ninguna relación directa con VE". Según Masseras, el mariscal arrojó fuego y llamas. Pero Bazaine continuó el debate epistolar de cara a la galería o a la historia futura: "Los jefes superiores del señor general Márquez, diariamente están en contacto con los comandantes generales de Ingenieros y Artillería del ejército francés, para ponerse al corriente del estado de las fortificaciones, defensas, aprovisionamientos en material, armas y municiones" y anunciaba su partida "en la primera quincena del mes de febrero". Fischer por instrucciones del emperador le devolvió la carta sin abrir.

El 3 de febrero el mariscal Bazaine dirigía un mensaje a la población: "Dentro de pocos días las tropas francesas saldrán de México. Durante los cuatro años que han permanecido en vuestra hermosa capital, llevarán eterno recuerdo de las cordiales relaciones que entre ellas y vosotros se han establecido. En nombre del ejército francés, a quien tengo el honor de mandar, y en el mío propio, el comandante en jefe se despide". Y dos días más tarde, cuenta Vigil, que "desde muy temprano se quitó la bandera francesa que flotaba en el palacio de Buenavista, habitación del mariscal, y poco después las tropas francesas, retirándose de los diversos puntos que ocupaban, fueron a formar en la calzada de la Piedad y en el Paseo Nuevo, próximos a la Ciudadela. Las calles de Corpus Christi, San Francisco, Plateros, Plaza de Armas, Flamencos, Porta Coeli, Jesús y todas las que siguen por donde tenía que pasar la columna francesa, hasta la puerta de San Antonio Abad, estaban llenas de una inmensa muchedumbre presenciando el desfile, que se verificó a las nueve de la mañana en medio de un silencio bien significativo. A la cabeza de las tropas iba el mariscal". Masseras completa: "No había más que esa muda y glacial inmovilidad que no es sólo la lección de los reyes, sino que se convierte a veces en la más elocuente y pesada de las reprobaciones".

El príncipe Kurt Khevenhüller (que se equivoca en la fecha) anota: "desaparecieron después de haber desfilado delante del panzón (Bazaine). Al irse, un oficial y comandante francés me gritó: ¡Es una vergüenza seguir a una bandera que de tal manera está manchada de excremento!". Vigil prosigue: "Durante el desfile de las tropas francesas, todas las ventanas y balcones de Palacio permanecieron cerrados; sin embargo, Maximiliano, acompañado de su secretario Mangino, estuvo observando la marcha tras de una cortina que alzó de manera que pudiese ver sin ser visto, y cuando hubieron pasado las últimas hileras dejó caer la cortina exclamando: En fin, heme aquí libre". Márquez declaró la capital en estado de sitio. La última columna en dejar el Distrito Federal fue la de Castagny, que el 15 de enero pasó por la ciudad rumbo a Veracruz tras haber recuperado a la guarnición de Mazatlán.

Kératry pensaba, y no era el único, que los franceses debían haber arrancado por fuerza a Maximiliano del país. "En aquel momento supremo, cuando el príncipe generoso se dejaba impulsar por su honor al precipicio abierto bajo sus plantas y perceptible a todas las miradas, hubiera sido muy noble arrebatar a viva fuerza al compañero de nuestra fortuna, que se trocaba en mala y llevarle a pesar suyo a Austria". Pero Bazaine, ahora subordinado a Castelnau, actuaba bajo las órdenes directas de Napoleón III, que en un telegrama fechado el 10 de enero decía: "No obligue al Emperador a abdicar, pero no retrase la salida de las tropas. Traiga de regreso a todos los que no quieran quedarse. La mayoría de la flota ha partido" (de Francia para recogerlos).

Por esos días circuló un folleto: "México, el Imperio y la Intervención", fechado el 2 de febrero, en el Distrito Federal, por un imperialista bajo el seudónimo de Un Mexicano, que concluía con estas palabras: "Dentro de pocos días, el ejército expedicionario estará en las costas de Francia. Todas las clases y todos los partidos de la nación, le interrogarán sobre su campaña; contarán hazañas prodigiosas [...]. Los franceses patriotas dirán: fuisteis a contener el incremento de los Estados Unidos, y os venís antes de tiempo [...] fuisteis a garantizar los intereses europeos, y los dejáis tan inseguros como antes; fuisteis a defender los intereses franceses y los dejáis peor de lo que estaban [...]. ¿Traéis al menos el dinero de la deuda primitiva? No. ¿Quedó siquiera garantizada y en vía de pago? Tampoco. ¿Qué habéis ganado para la Francia en esa campaña de cinco años? ¿En qué habéis consumido tantos millones de francos, y por qué habéis derramado tanta sangre francesa?".

El 9 de febrero Maximiliano le escribía a Lares quejándose de los generales imperiales, de las penurias del tesoro agotado, de lo fuerte que eran las fuerzas republicanas (que cuatro días más tarde, según él ya no lo serían). De olvidarse de un referéndum que le diera legalidad política al imperio: "Mucho se prometía de la habilidad, de la aptitud, de la lealtad y del prestigio de los generales Mejía, Miramón y Márquez. El primero ha dejado el servicio so pretexto de su estado de salud; el segundo ha sacrificado, casi sin combatir, en la primera batalla que ha dado, todos los elementos que se le habían confiado; el tercero, después de haber arrancado todo por los medios más violentos a los ciudadanos laboriosos y pacíficos, ha ordenado una expedición mal calculada, cuyos sangrientos resultados no se deplorarán nunca lo bastante". Y le pedía consejo sobre cómo "desenlazar la crisis actual".

Al día siguiente Lares respondió "Debemos ante todo evitar a la capital las calamidades de un sitio y los horrores de un asalto; hay, pues, que ir a intentar en otra parte la solución, en Querétaro, por ejemplo, donde el Imperio cuenta todavía con numerosos partidarios. Concentrado allí el mayor número posible de tropas regulares, a las órdenes de los generales distinguidos y más leales a fin de constituir un ejército respetable, convendría que VM tomase el mando en jefe, para reprimir las rivalidades y las preferencias inevitables entre nosotros". ¿Era suya esta opinión? ¿Lares hacía valoraciones militares o por su pluma hablaba Márquez?

Los belgas, 774, tras concentrarse en Puebla se habían embarcado el 20 de enero de 1867. Según un diplomático de esa nación, "se trataba de una soldadesca desbandada, que debió ser amenazada con quedarse en tierra si se negaba a obedecer".

Irineo Paz refiere: "Veinte mil franceses estaban tendidos, puede decirse, entre México y Veracruz, formando una gran sábana de acero que reverberaba a los rayos del ardiente sol de febrero", con la retaguardia en el Distrito Federal a cargo del general Castangy, haciendo rápidos preparativos para la marcha.

Una polémica histórica de no menor importancia se desataría años más tarde cuando circuló la información de que Bazaine ordenó vender secretamente armas a los republicanos. Aunque Basch escribió que no tenía "datos suficientes para probar que fue cierta la muy válida voz". Porfirio Díaz contaría: "El mariscal Bazaine me ofreció, por medio de tercera persona [Otterbourg, diplomático norteamericano], poner en mis manos las poblaciones ocupadas por los franceses y entregarme a Maximiliano, Márquez, Miramón, etc., si aceptaba yo una proposición que rechacé porque no me pareció honrosa. Otra proposición, que procedía igualmente de la iniciativa del mariscal Bazaine, se refería a la adquisición de 6 mil fusiles y 4 millones de pistones: si yo lo hubiera deseado, también me habría vendido cañones y pólvora; pero me negué a aceptar estas proposiciones". ¿Era cierto que provenía de Bazaine la propuesta o se trataba de una propuesta a dos bandas instigada por el cónsul norteamericano? Bazaine la desmentiría años más tarde: "no es más que una sarta de calumnias". Parece ser (si acepta uno fuentes poco confiables) que no fue la única oferta que recibió Díaz. A través de un tal Burnouf, supuestamente Maximiliano le ofreció "el mando de las fuerzas que están encerradas en México y Puebla, añadiendo que Márquez, Lares y compañía serán arrojados del poder y que él [Maximiliano] abandonará muy pronto el país, dejando la situación en manos del partido republicano".

Lo cierto es que el material pesado, los caballos y hornos de campaña fueron vendidos en pública subasta en México, Puebla, Orizaba y Paso del Macho;

los proyectiles pesados que la artillería mexicana no podía utilizar fueron inutilizados; la pólvora en grandes cantidades, fue sumergida en los pozos de la ciudadela de la capital (Basch: "fue echar al agua en presencia de mil espectadores toda su provisión de pólvora, y despedazar cureñas, y clavar cañones"). Basch recuerda que el emperador le contó: "Es ya notorio que entró en relaciones con Porfirio Díaz, y que vendió armas y municiones a los disidentes. No contento con eso el honrado mariscal Bazaine mandó destruir durante las 28 horas que precedieron a su marcha, armas, municiones y cuanto pudo".

Aunque se ha insistido en que el material de guerra francés, no fue aprovechado por los imperialistas, enormes depósitos de artillería y municiones se quedaron en Puebla a disposición del nuevo ejército imperial. Según *El Diario del Imperio*, Márquez dio orden de que los particulares que habían comprado pólvora y explosivos al ejército francés se registraran.

El 10 de febrero Bazaine le escribió a Maximiliano desde Puebla camino a Veracruz, una última carta "suplicándole que abdicara y ofreciéndole llevarlo a Europa. El emperador dijo a sus amigos, que estaba dispuesto a permanecer en México, y nada contestó a Bazaine". El 16 de febrero Bazaine entraba en Orizaba, y ahí se le incorporaba el general Castagny con el resto de sus tropas. F. de La Berrerye, el jefe de redacción del periódico francés de Orizaba contaba: "En la tarde bajo una fuerte lluvia, el general Douay, envuelto en su capa atravesó la villa como un simple burgués, con dos oficiales; en un pequeño carruaje llega al Campo de La Escamela, se pone al mando de sus brigadas, desciende hacia Córdoba y más tarde continúa su ruta hacia Paso del Macho. Será despedido por un gran número de mexicanos silenciosos [...]. Era un espectáculo curioso, más bien triste ver la larga fila del convoy civil y militar.

"Al lado de [...] carruajes cargados de enfermos o heridos, de los víveres indispensables, cañones, fusiles, municiones, vehículos más ligeros, transportan familias enteras con sus últimos recursos. Mujeres e infantes, extendidos en medio de un equipaje informal. Es una gran debacle humana, que hace llorar lágrimas de sangre. Los siguen mujeres indígenas que acompañan a los soldados franceses hasta Veracruz, de esa debacle sin precedente en la historia".

El último francés del cuerpo expedicionario muerto en México fue el capitán Lafontaine, el 22 de febrero de 1867, en el hospital de San José de Gracia de Orizaba. El 26 de febrero el mariscal Bazaine, con los generales Castagny, de Maussion y Osmont, conducen a Córdoba la última brigada del cuerpo expedicionario. El mismo día y en la tarde cuando los imperiales abandonan Orizaba, el general Manuel Gómez, con una escolta de ocho jinetes, de los cuales cinco eran desertores franceses, ocupan la villa a nombre de la república. El 1° de marzo la gran columna francesa llegaba a Veracruz, quedando las últimas tropas escalonadas entre Paso del Macho y el puerto.

La Legión Extranjera que según el tratado de Miramar debería quedarse diez años se retira al mismo tiempo. Una retirada precipitada, sin testigos.

Partirán entre el 18 y el 29 de febrero del 67. Sus bajas confesadas: 347 muertos en combate y casi 1 600 por enfermedad y deserciones. Son cifras muy confusas, otras dicen 682 muertos en combate, pero no incluyen 79 asesinados (¿por quién?, ¿cómo?), 23 fusilados y 14 suicidas, más 2 559 heridos de los que 549 mueren en los últimos meses.

Veracruz fue entregada a los imperiales; Bazaine les ofreció armas, municiones, 40 o 50 quintales de pólvora y una cañonera, que aparecía como vendida a México por inútil. El 11 de marzo simbólicamente (porque la realidad no respeta mucho los símbolos y seguro que subieran la escala del barco otros tras él) salía de México el último soldado de aquel ejército francés; será Bazaine: subirá al *Souvereign* acompañado de Pepita, embarazada de su segundo hijo.

Maximiliano escribirá a su amigo Herzfeld como despedida el 26 de marzo: "Su mariscal [Bazaine] es un hombre muy honrado que antes de marcharse vendió los muebles, cuyo uso le había concedido el gobierno; y así como convirtió en moneda contante los coches de Santa Anna, que eran propiedad del Estado y que Juárez respetó siempre".

Treinta barcos de transporte de la flota y siete vapores de la trasatlántica francesa se utilizaron entre el 18 de diciembre del 66 y el 13 de marzo en que la flota partió a todo vapor para Europa. Se habían retirado 28 693 hombres.

Inicialmente concebida como un golpe seco y breve, la Intervención francesa duró 1 895 días, más de cinco años.

NOTAS

1) François-Achille Bazaine: *La intervención francesa en México según el archivo del Mariscal Bazaine.* Emmanuel Maseras: *Ensayo de un imperio en México.* Niceto de Zamacois: *Historia de México.* José María Vigil: *La Reforma.* Ireneo Paz: *Maximiliano.* Laura O'Dogherty Madrazo: *La guardia de la emperatriz Carlota: su trágica aventura en México, 1864-1867.* Ángela Moyano: *Los belgas de Carlota: la expedición belga al imperio de Maximiliano.* Andrés Garrido del Toral: *Maximiliano en Querétaro.* Brigitte Hamann: *Con Maximiliano en México: del diario del príncipe Carl Khevenhüller. 1864-1867.* F. de la Berreyrie: *Révélations sur l'intervention française au Mexique de 1866 à 1867.* Konrad Ratz: *Tras las huellas de un desconocido: nuevos datos y aspectos de Maximiliano de Habsburgo.* Francisco Bulnes: *El verdadero Juárez y la verdad sobre la intervención y el imperio.* M. M. McAllen: *Maximilian and Carlota: Europe's Last Empire in Mexico.* Jack Autrey Dabbs: *El ejército francés en México. 1861-1867. Estudio del gobierno militar.* Jean Meyer: *Yo, el francés. Crónicas de la intervención francesa en México, 1862-1867.* Maximiliano a Hertzfeld, 26 de marzo de 1867. "A Cable from Napoleon", CIA Historical Review Program. Porfirio Díaz a Matías Romero, 3 de mayo de 1867.

2) El general Félix Charles Douay en Francia combatió en la guerra franco-prusiana. Luego sería personaje de una novela de Karl May y masacrador de la Comuna. Alexandre de Castagny, el carnicero de Sinaloa, quien presumía ascendencia nobilia-

ria y se autodenominaba "Alejandro Magno", recibió a su regreso a Francia la medalla conmemorativa de la expedición a México. Van der Smissen fue ascendido a coronel al disolverse el cuerpo expedicionario belga y recibió varias condecoraciones. A su regreso fue ascendido a general. La casa de Bazaine, que hoy es el museo de San Carlos, se la acabaría regalando Juárez a José Rincón Gallardo. En abril de 1867, desembarcaron en Europa, entre otros soldados del Cuerpo, 419 polacos, sólo el 50% de los que habían llegado a México. ¿Qué pasó con los más de 400 faltantes? M. Kulczykowski calculó que 83 habían desertado. "Ellos mismos se consideraban veteranos de las luchas por la independencia de su propia patria y sirvieron a la causa de subyugar a otro pueblo que luchaba contra los intervencionistas europeos".

3)   Gustave Niox y Porfirio Díaz tras haber combatido en bandos diferentes se encontraron finalmente. En 1911 el general francés que había escrito la gran historia de la intervención le ofreció una visita guiada por París al dictador derrocado y en el exilio. Lo llevó a ver museos y sobre todo lo acompañó a visitar el Museo de los Inválidos en París; llegaron hasta la tumba de Napoleón Bonaparte, y Niox sacando la espada que Napoleón había usado en Austerlitz, se la puso en las manos a Porfirio, que respondió que no merecía tocarla; recibiendo del francés el elogio: "Nunca ha estado en mejores manos". Tal para cual, par de viejos chochos y autoritarios.

213

LA DECISIÓN

Más allá de la percepción de Maximiliano respecto a la debilidad de los ejércitos republicanos ("el mal estado de las tropas de Juárez y la incapacidad de sus jefes") reforzada por Leonardo Márquez (según Ramírez De Arellano) que aseguraba "que la resistencia republicana era una serie de gavillas que no resistiría el embate de un ejército en forma", lo indudable es que la salida de los franceses alteraba drásticamente la correlación de fuerzas.

Los imperiales contaban en esos días iniciales de febrero con cerca de 4 mil hombres en Querétaro que sumaban los derrotados restos de las divisiones de Miramón (que había llegado el 8 de febrero replegándose) y Liceaga, las tropas de Castillo, más las fuerzas de Tomás Mejía; la brigada del general Ramón Méndez se encontraba en Michoacán con unos 4 mil combatientes (si se suma la caballería de Quiroga), los 5 400 hombres dirigidos por Leonardo Márquez en la Ciudad de México, que incluían los batallones extranjeros que habían decidido quedarse a combatir con el imperio, las tropas del general Manuel Noriega en Puebla, unos 2 500 soldados que contaban además con gran cantidad de artillería y un repuesto inmenso de municiones; las pequeñas fuerzas de Olvera en Sierra Gorda y guarniciones en San Martín Texmelucan y diversas ciudades de Veracruz, que no deberían sumar más de 1 500 hombres. Eran casi 17 500 combatientes.

¿Y eran los republicanos un puñado de gavillas con jefes incapaces o la chinaca se había vuelto en el último año algo diferente? La república podía oponerle al imperio el Ejército del Norte del general Escobedo en San Luis Potosí, a donde había llegado en enero, con 7 mil combatientes, sin duda la fuerza más fogueada del liberalismo en armas y seguía sumando; los 3 mil hombres del ejército del sur de Porfirio Díaz; los 5 mil del Ejército del Centro de Corona en Jalisco; la nueva brigada Antillón en Guanajuato con unos 2 mil combatientes, los 2 mil michoacanos de Régules (restos de todas las derrotas); los 500 combatientes de los generales Auza y Canto en Zacatecas y varias fuerzas dispersas, fundamentalmente guerrillas chinacas en las cercanías de la Ciudad de México que podrían sumar unos 5 mil hombres más y a las que trataría de dar forma de ejército el general Vicente Riva Palacio en Toluca con los surianos: el coronel Joaquín Martínez, en Pachuca, F. Leyva, en Cuernavaca y en el Estado de México, la tropa del recientemente alzado y bastante conservador general Francisco A. Vélez. En total 24 500 combatientes, muy por debajo de los 50 mil que le atribuye la página de *Heritage Historia* o los 40 mil hombres que les atribuyen algunos analistas (Garrido del Toral, Agustín Rivera, Konrad Ratz) o los 27 500 hombres que les imputa Bulnes.

La composición de los ejércitos liberales estaba alimentada por las últimas victorias, la retirada de los franceses y la clara sensación de que el imperio se estaba desmoronado, todo eso que se llama tener una alta moral. Tenían la histórica ventaja de la abrumadora presencia de oficiales en las brigadas. En los estadillos del la División de Oriente en 1866 se puede ver que la Guardia Nacional de Tlaxiaco tenía un comandante de batallón, un capitán, dos tenientes, dos subtenientes, por cada 26 soldados y clases; una compañía de Tepeji, por 13 soldados y clases que incluían un corneta, tenía un capitán y un teniente; una brigada de caballería de 3 002 hombres tenía un general, un comandante, cinco capitanes, tres tenientes… y así. Estaban mandados por generales que venían combatiendo desde la Guerra de Reforma, pero que habían aprendido a serlo en la resistencia contra el imperio y que si alguna virtud tenían Escobedo, Régules, Ramón Corona, Riva Palacio, Porfirio Díaz, Treviño, Naranjo, Sóstenes Rocha, Rivera, Guadarrama, Palacios, era que habían pasado la prueba de los momentos oscuros del 64 y el 65 y eran lo más parecido a la persistencia que un pobre país como el nuestro, agraviado, mil veces derrotado, acosado, podía ofrecer.

El armamento imperial era superior y si podían poner en acción la artillería de Puebla, muy superior, a pesar de los fusiles norteamericanos de repetición (con los que sólo contaba parcialmente la división del norte de Escobedo) y las supuestas armas que Bazaine le entregó a Porfirio Díaz. La experiencia combativa de los imperiales era sin duda superior, pero la moral crecía hora a hora en el ejército republicano y esto significaba un flujo continuo de nuevos reclutas. Nuevamente el problema era la dispersión de sus fuerzas y la integración de los cientos de partidas guerrilleras en un ejército.

El 9 de febrero de 1867, Maximiliano escribía a Lares: "el Imperio no cuenta con la fuerza moral ni con la material; los hombres y el dinero le huyen y la opinión se pronuncia de todos modos en su contra". Por más que pensara un día que la república era débil, al día siguiente no podía dejar de reconocer la crisis profunda en que se encontraba el imperio. Max anunció en el consejo de Estado que iba a intentar una mediación con Juárez, Márquez se le opuso fuertemente, pero el emperador dirigió una carta a Benito proponiéndole un congreso nacional y un plebiscito sobre monarquía o república. El Presidente lo ignoró. Había sido y era la hora de las armas.

No le faltaba razón a Masseras al calificar al emperador: "ligero hasta la frivolidad, versátil hasta el capricho, incapaz de encadenamiento en las ideas como en la conducta, a la vez irresoluto y obstinado, pronto a las acciones pasajeras, sin apegarse a nada ni a nadie, enamorado sobre todo del cambio y del aparato, con grande horror a toda clase de molestias, inclinado a refugiarse en las pequeñeces para substraerse a las obligaciones serias; comprometiendo su palabra y faltando a ella con igual inconsecuencia".

El 12 de febrero se anuncia el nuevo gabinete, muy conservador. A estas alturas Maximiliano debe de haber descubierto que los liberales pancistas moderados no representan a nadie en un país polarizado entre la república y el imperio. José María Lacunza será ministro de Estado y presidente del Consejo de Ministros; Teodosio Lares (ex ministro de Santa Anna y Zuloaga) tendrá cuatro carteras; un monárquico de la primera hora, Tomás Murphy, será ministro de Negocios Extranjeros; Manuel García Aguirre, de Gobernación; Vidaurri, de Hacienda; José María Iribarren, de Fomento, y el viejo general Nicolás de la Portilla, de la Guerra. Son nombrados también el general Ramón Tavera comandante y el general Tomás O'Horán jefe político de la Ciudad de México.

Aunque Leonardo Márquez en sus memorias pretende que quedó sorprendido por la decisión de Maximiliano de enfrentar a los republicanos en Querétaro, varios testimonios coinciden en señalar que fue él junto con el presidente del consejo Teodosio Lares los que metieron la idea en la cabeza de Maximiliano. Llovía sobre mojado, la iniciativa de Miramón había sido similar, pero la decisión de ponerse a la cabeza del ejército imperial era la típica factura de las veleidades del emperador. Samuel Basch coincide con Márquez que el 11 de febrero "con gusto y lleno de esperanzas en el porvenir, se ocupó Maximiliano de los preparativos de esta expedición". Márquez registra que fue convocado a las ocho de la mañana en palacio y se le comunicó la decisión. "A continuación entró el señor Lacunza, que enterado de lo que pasaba, se opuso a la salida del soberano; pero todas sus observaciones se estrellaron ante la voluntad firme del Emperador, que declaró haberlo pensado mucho y estar enteramente decidido". La orden para que Méndez se reúna con Mejía y Miramón circula. Curiosamente, en un mundo que ha estado dominado en los últimos meses por las dilaciones y dudas, entre la decisión y la marcha pasan muy pocas horas.

El 12 de febrero, "salimos de Palacio a las ocho y cuarto en vez de a las seis", dirá su médico el doctor Samuel Basch. Maximiliano va acompañado de un pequeño grupo: su secretario José Luis Blasio, su ministro de Gobernación García Aguirre y algunos camaristas, su fiel cocinero húngaro Tudos, algunos mozos de estribo, el ayudante de campo Ormaechea, el oficial de órdenes Pradillo. Con él viajan Leonardo Márquez, al que acompaña el conflictivo coronel de artillería Ramírez de Arellano, que acaba de ser reincorporado.

Salen del Distrito Federal casi anónimamente. En la Garita de Vallejo los espera la columna de 1 600 hombres, al mando del coronel Miguel López. Dejan atrás a los austrobelgas, cerca de ocho centenares que habían decidido quedarse con el imperio, así como algunos franceses miembros de la Legión Extranjera. Maximiliano quiere mexicanizar la que piensa será la batalla definitiva

Según D'Héricault (citado por Bulnes), algunos escritores franceses han dicho que el consejo de que Maximiliano dejara México para ir a Querétaro "no podía ser dado más que por un traidor y seguido por un imbécil".

NOTA

1) Samuel Basch: *Recuerdos de México: memorias del médico ordinario del emperador Maximiliano, 1866-1867.* Leonardo Márquez: *Manifiestos (el Imperio y los imperiales). Por qué rompo el silencio,* rectificaciones de Ángel Pola. Manuel Ramírez de Arellano con notas de Ángel Pola: *Últimas horas del imperio, los traidores de los traidores.* Agustín Rivera: *Anales mexicanos. La Reforma y el Segundo Imperio.* Antonio García Pérez: *Estudio político militar de la Campaña de Méjico, 1861-1867.* Konrad Ratz: *Querétaro: fin del segundo imperio mexicano.* Francisco Bulnes: *El verdadero Juárez y la verdad sobre la intervención y el imperio.* Basilio Rojas: *Un chinaco anónimo: Feliciano García, un miauhuateco en la historia.* Andrés Garrido del Toral: *Maximiliano en Querétaro.* Emmanuel Masseras: *Ensayo de una Intervención Francesa en México.* Rafael Muñoz: *Traición en Querétaro.*

214

EL ÁRBOL

Según Samuel Basch, durante la salida de Maximiliano hacia Querétaro, el emperador se detuvo unos instantes en Tacuba y escribió: "Uno de los más colosales se eleva todavía erguido en el actual camposanto de Tacuba, el pueblo lo llama el árbol de la noche triste. Se sentó al pie Cortés, aquel atrevido

aventurero, después del famoso combate nocturno en que se vio momentánea-
mente desalojado de México y allí, aquel hombre de fierro lloró amargamente.
Que la única vez en que en todo el curso de su vida, tan fecunda en peligros
y riesgos, en que la tristeza y el abatimiento pudieron doblegar aquella alma
heroica. Siempre me ha conmovido de una manera extraordinaria este pasaje
de la vida del gran conquistador, porque nos enseña lo que con numerosos
ejemplos nos muestra la historia y es: que aún los ánimos más férreos y tenaces
tienen momentos en que se creen abandonados de su estrella, y caen en la postración. Si en tales momentos nos sobreviene una reacción saludable, queda el
hombre aniquilado y se puede asegurar que su estrella se puso para siempre
[...] en cuanto a la estrella de Cortés no la oscureció una pasajera nube; irguie-
se él como reforzado por su dolor, y llevó a feliz término su atrevida empresa".

NOTA

1)   Samuel Basch: *Recuerdos de México: memorias del médico ordinario del emperador*
      Maximiliano, 1866-1867.

215

QUERÉTARO

Lo que tomaría dos días en diligencia, a la columna de Maximiliano le tomó
siete días. El día 12 de febrero de 1867 la columna hace noche en Cuautitlán. Se añaden horas más tarde el ministro Santiago Vidaurri, acompañado
por la caballería de Quiroga, Iribarren y el príncipe de Salm Salm, con 40
húsares austriacos, que han convencido al consejo de Estado que les permita
sumarse a pesar de que Maximiliano no quería que en la expedición partici-
paran combatientes extranjeros. Salm Salm, nacido Felix Constantin Alexan-
der Johann Nepomuk en Schloss Anholt (Westphalia) el 25 de diciembre de
1828, es una mezcla de aristócrata oveja negra y soldado de fortuna. A los 18
años ingresa en el ejército prusiano, herido por su imprudencia y capturado
por el enemigo en la guerra prusiano-danesa; gracias a la influencia familiar
evade un consejo de guerra. Combate en el norte de Italia contra los franceses en el 59 dentro del ejército austriaco. Jugador de cartas fanático contrae
enormes deudas, es expulsado del ejército a causa de que "su vida privada
no corresponde a la de un oficial austriaco". Su familia lo envía a los Estados
Unidos y allí se une al ejército de la Unión dentro de una división de combatientes alemanes. Se casa con Agnes Le Clerq, aguerrida y muy singular hija
de un coronel franco-canadiense. Salm dirigió un regimiento neoyorquino y

más tarde una brigada. Al final de la Guerra civil fue gobernador de Georgia del norte, pero la vida sin guerra no era vida y en el verano de 1866 viajó a México y se contactó con Maximiliano, quien lo nombró coronel.

El mismo Max que escribirá: "Hoy me pongo al frente y tomo el mando de nuestro Ejército, que apenas dos meses hace podía principiar a reunirse y a formarse. Este día lo deseaba yo ardiente desde hace mucho tiempo. Obstáculos ajenos de mi voluntad me detenían. Ahora libre de todos los compromisos, puedo seguir solamente mis sentimientos de bueno y fiel patriota".

Durante el viaje y a lo largo de 150 kilómetros los imperiales serán hostigados por una pequeña chinaca que dirige el coronel Fragoso y por las guerrillas de Gelista y Cosío. Sufren dos ataques que les matan dos y hieren a seis hombres. Max parece estar feliz. El emperador, que nunca ha combatido, lleva un sable y dos pistolas a la cintura. Al fin está en riesgo, en la guerra, siendo un verdadero emperador. Escribe: "Dos veces hemos tenido que batirnos en el camino de México a Querétaro. Tuvimos algunos muertos y heridos, uno de los cuales cayó a tres pasos de mi caballo, y fue operado en el acto y bajo los fuegos del enemigo por el doctor Basch, único europeo que me acompaña". Basch, a su vez cuenta: "El emperador, que estaba en el centro de la columna, picó espuelas inmediatamente y se puso a la cabeza de ella, la cual había tomado posiciones junto a la hacienda; a tres pasos de su persona cayó herido un sargento de la guardia municipal, a quien tuve que operar bajo los fuegos". Maximiliano prosigue: "En el segundo combate [...] nuestro cocinero húngaro, a quien tanto conoce y que estaba a caballo tras de mí con Grill, salió herido de un labio [...]. Morir con la espada en la mano es fatalidad, no deshonra".

El príncipe de Salm Salm registra: "Habíamos tomado un número de prisioneros a quienes el general Márquez quería fusilar en el acto, pero el emperador lo prohibió. Corrió la voz, sin embargo, que Márquez los había fusilado en secreto durante la noche".

El 13 la columna pasa ante un soldado imperial que está colgado en un árbol por los pies. Llegan a Tepeji del Río. Márquez se aloja en la misma casa que Maximiliano, y cuando les ofrecen la cena, pide que le sirvan aparte.

"—¿Qué, no cena usted con el emperador?

"—Yo no ceno con ese tal por cual...

"—¿Qué, todavía no le sale la pulla? —preguntó el ministro Aguirre.

"—¡Ah, ya verá! Ya verá.

"No sé qué le había hecho el Emperador; creo que era por lo del destierro a Europa o a no sé a dónde".

Ese mismo día sale de Morelia la división de los imperiales de Ramón Méndez. Fogueada cuenta con un par de regimientos excelentes y avanza hacia Querétaro.

El 13 de febrero Escobedo le escribe a Juárez que se encuentra en Zacatecas, informándole que ha conseguido para su escolta 50 colts de seis tiros, informa de la salida de la artillería desde San Luis Potosí hacia Querétaro. ¿Ya vislumbra la idea del cerco o simplemente va tras las huellas de Miramón? ¿Cómo sabe que ahí se van a estacionar los imperiales? Anuncia que en un par de días él avanzará.

Escobedo no puede dejar de preguntarse: ¿Querétaro? ¿Qué están haciendo allí los imperiales? ¿Por qué el emperador escoge Querétaro para dar la batalla definitiva? ¿Quieren un sitio, desgastar a la División del Norte y luego contraatacar? ¿No quieren que sea en la Ciudad de México el lugar del enfrentamiento definitivo? ¿Quieren seguir hacia el norte? ¿Para qué? ¿Guadalajara? ¿Guanajuato? ¿Monterrey y por eso trae con él a Vidaurri?

El día 14 los imperiales están en San Francisco; el 15, en Arroyo Zarco; el 16, en San Juan del Río. Escobedo aún está organizando el cuerpo principal de la División del Norte en San Luis Potosí, pero su vanguardia, a cargo del coronel Sóstenes Rocha tropieza y choca con la vanguardia conservadora de Miramón que se encuentra en San Miguel Allende. El 17 la columna de Maximiliano llega a El Colorado.

El 19 de febrero a las nueve y media de la mañana la fuerza de Maximiliano llega a la Cuesta China, donde el camino desciende hacia Querétaro por casi un kilómetro. Se detienen para organizar una entrada solemne en la ciudad. Maximiliano cambia de caballo, deja el manso Anteburro y monta a Orispelo, mucho más brioso. No hay imperio sin espectáculo imperial.

"El emperador es aclamado con gritos de júbilo, y con incesantes vivas. Las ventanas y balcones, adornados con cortinas y banderas, estaban ocupados en su mayor parte por las señoras, mientras de las azoteas atestadas de gente se arrojaban a la muchedumbre de abajo millares de copias de un himno en honor del imperio. (Y desde luego), se dirigió a la Catedral, en donde se cantó un solemne Te-deum".

Maximiliano se instala en el Casino Español y en la noche hay un banquete en el que Márquez aprovecha para dar "un discurso fulminante, en el cual, con mal disimulado sarcasmo, quiso dar a entender al joven y temerario Miramón, que la presencia del emperador venía muy oportunamente para moderar sus ímpetus [...]. Pálido de ira estaba Miramón, pero se contuvo, y contestó en pocas palabras con un brindis al ejército".

Ese mismo día desde San Bartolo, a unos 120 kilómetros de Querétaro, Escobedo le transmite a Juárez reportes de sus avanzadas. Tiene noticias de que Maximiliano se dirige hacia Querétaro con Márquez. "No lo creo, aunque fuera de desearse, pues el buen hombre me ahorraría las molestias del camino teniendo que ir hasta México". Al día siguiente lo confirma. Calcula que la columna de Max, más la división de Méndez, más las tropas de Mejía, no deben de sumar menos de 9 mil hombres.

A su vez Leonardo Márquez le escribe al presidente del consejo Teodosio Lares en la Ciudad de México, su carta se hará pública en un *Boletín de Noti-*

cias que empieza a publicarse en Querétaro: Las tropas de Escobedo "no eran sino partidas de miserables, de malhechores que hacían la guerra por cuenta propia, arruinando a los pueblos y en general sin reconocer algún centro y en general sin ocuparse mucho de Benito Juárez [...]. El general Méndez, con 5 mil hombres tan aguerridos como famosos, ha llegado hoy a Celaya y estará mañana en el cuartel general. Con este ejército y los otros cuerpos que deben reunirse ahí, compondremos una fuerza a la cual el enemigo no podrá resistir. Quiera Dios cegarle hasta el punto de que nos haga frente. Podremos entonces, como de costumbre, darle una buena lección". Como si lo hubiera leído, Escobedo le escribe a Juárez desde San Felipe, Guanajuato: "Serán derrotados si me presentan acción".

Se sumará a los imperiales en esos días un hombre vestido de paisano, traía un pasaporte del general Escobedo y fue preso e incomunicado. Era el teniente Pitner, del cuerpo franco-austriaco, herido gravemente en Santa Gertrudis y que había pasado ocho meses de prisión. Pitner fue ascendido a mayor y agregado al Estado Mayor del general Márquez.

El día 21, a eso de las dos de la tarde, salió el emperador a caballo a encontrar al general Méndez que llegaba de Michoacán con 2 400 infantes, 1 106 jinetes y 83 artilleros. Ramón Méndez era un tamaulipeco, perseguido por la negra fama de haber mandado fusilar a Arteaga y Salazar. Su foto parece contener dos caras, en una, la parte superior: frente abombaba, ojos claros, la inferior parece la de un chino con la nariz mirando al cuello y una barba ridícula. Sus compañeros al describirlo no mejoran la visión de este narrador: "Indio bajito y fuerte de humor sarcástico, tan valiente como atroz, en su vida paisana fue aprendiz de sastre, no había pasado por escuela militar".

Contra lo que se esperaba, Méndez, en su retorno de la campaña michoacana, llegaba a Querétaro profundamente desmoralizado. Le propuso al emperador dirigirse inmediatamente a Veracruz, abdicar allí y abandonar el país. Pensando que su actitud podía ser contagiosa, Maximiliano disolvió su brigada en otras fuerzas y lo trató "con una dureza muy ajena de su carácter".

Con el ejército casi completo (faltaban por sumarse las tropas del general Olvera que se movían en Guanajuato) Maximiliano dio el mando a Leonardo Márquez, le entregó la primera división de infantería a Miramón, la segunda a Florencio del Castillo, la caballería a Tomás Mejía, y la brigada de reserva a Méndez; Reyes sería el comandante general de ingenieros y Ramírez Arellano estaría a cargo de la artillería (40 cañones y 522 artilleros).

La jerarquía que establecía, incluso colocándose Maximiliano por encima de ellos, para evadir las intrigas y broncas entre sus oficiales superiores, aumentaba la tensión entre los dos grandes generales del imperio. Miramón no pudo resistir y le dijo al emperador: "desde el momento en que el general Márquez ha sido designado para ejercer el mando del ejército, no podía quedar bajo sus órdenes; y que únicamente por fidelidad a VM, conservaría

el mando del cuerpo de infantería para tomar parte en la primera batalla
[...]. El general Márquez, habiendo estado siempre a mis órdenes, nunca
podré considerarle como mi superior. Preferiría retirarme a la vida privada".
Obviamente, no lo hará.

Escobedo trata de sumar a la división del norte todo lo que puede. Desde el día 20 llama a una convergencia en Querétaro al Ejército del Centro
formado por lo que ha reunido Riva Palacio, cuyas dispersas fuerzas estaban
regadas en los distritos del Valle de México: los pintos de Guerrero, la caballería del general Jiménez, con su sobrino el poeta Altamirano, convertido en
coronel, las divisiones del inventado primer distrito del Estado de México,
los novatos toluqueños, las caballerías del héroe de Puebla Jesús Lalanne.
Otro tanto espera de los sinaloenses y jaliscienses de Ramón Corona, que tras
haber llegado a Guadalajara el 14 de enero y ocupado Colima el 2 de febrero
vienen bajando desde Morelia hacia Celaya, y de Régules y las brigadas de
Michoacán con 2 mil hombres. Le escribe a Juárez: "La deserción no para
en sus filas, mientras que en las nuestras no ocurre ninguna [...]. Sin pelear
estamos ganando y esto es una de las razones porque precipito menos las
operaciones". La información es sólo relativamente cierta, si bien los liberales que convergen en tres grandes grupos hacia Querétaro están creciendo,
sumando partidas de chinacos y nuevos voluntarios, no hay noticias de que
los imperiales estén sufriendo una grave deserción.

El 20, el 21 o el 22 de febrero, los diversos informantes no se ponen de
acuerdo en la fecha, tras haber realizado una revista de las tropas, se celebra
un consejo de guerra en Querétaro. Las últimas noticias con las que cuentan
los imperiales sitúan a Escobedo con lo mejor de sus fuerzas en San Miguel
Allende y Corona en Guadalajara (no es cierto, en San Miguel sólo se hallaba
la vanguardia y Corona ya había salido de Guadalajara). La discusión se establece en torno a si se debe permanecer en Querétaro con un proyecto defensivo o se debe salir a encontrar a los liberales y batirlos por separado aprovechando que ambos ejércitos se encuentran separados por 200 kilómetros.
Esta era la propuesta de Miramón. Otras versiones, todas ellas de testigos
que no participaron en el consejo, o de Leonardo Márquez, cuya fidelidad
respecto a la verdad es siempre cuestionable, dicen que Tomás Mejía propuso simplemente replegarse hacia el Distrito Federal y que en un proyecto
bastante enloquecido Márquez propuso salir hacia el norte, desviar hacia
Michoacán, marchar hacia Toluca, concentrar el ejército con las guarniciones
de Puebla y México y dar la batalla final en el monte de las Cruces. "Llevé al
soberano el plano de los caminos que debíamos seguir, con expresión de sus
jornadas, distancias y todos sus detalles". La reunión no termina en acuerdo.
Maximiliano duda. El ejército imperial se inmoviliza.

Crecen en Querétaro las "fondas francesas", elegante manera de llamar a
los prostíbulos. Miramón anda bebiendo de más y sufre una dolencia hepática,

fuma puros todo el día. Maximiliano en cambio el 23 de febrero le escribe a Fischer: "El clima caliente de Querétaro me sienta muy bien; estoy ocupado todo el día en las cosas de la guerra; por la noche juego un partido de boliche".

Mientras tanto, prosigue la convergencia de los ejércitos liberales: Corona en el camino de Apaseo, Escobedo se desprendía de Santa Rosa en línea paralela. El 26 de febrero Escobedo en Dolores Hidalgo; Régules y Corona en Acámbaro. Se encontrarán en Chamacuero. Escobedo pasa revista.

Según Irineo Paz las órdenes de Escobedo a Corona fueron "El día 4, si aprueba usted mi plan, hace avanzar sus fuerzas hasta Apaseo, dándome tiempo para hacer avanzar las mías y ponernos en línea. No hay temor de una sorpresa, porque tengo valientes guerrilleros y partidas volantes rodeando por todos lados la ciudad de Querétaro. Aunque faltan las líneas telegráficas, cualquier movimiento del enemigo lo sabremos y lo participaré a usted inmediatamente. En caso de una salida de Miramón se carga usted cuanto le sea posible hacia el flanco izquierdo para que estemos más próximos". Los dos generales se separan tras intercambiar sistemas de aviso, contraseñas, exploradores, claves, señales y servicios de correos.

El 26 de febrero según Garrido del Toral un nuevo consejo de guerra de los imperiales. ¿Salir a batirlos o esperarlos? Miramón propone salir al encuentro de Escobedo, Márquez se opone. Maximiliano duda. Nada se hace. El 27 de febrero se estrena *Matilde* de Eugenio Sue en Querétaro, la nueva capital imperial.

Durante los siguientes dos días Maximiliano se dedica a la correspondencia, quejándose de que el gobierno que dejó en la Ciudad de México ("las viejas pelucas") "no tengan siquiera la poca deferencia de pagar a los pocos servidores de la antigua corte… Si ellos confesaran honradamente que no tienen dinero, yo me sometería a la necesidad de un solo criado y andaría a pie"; insistiendo con el ministro de Instrucción Pública, García Aguirre, sobre la idea: "de que un Congreso nacional es la única solución capaz de dar estabilidad definitiva para el porvenir, y de hacer que se logre la reconciliación de los diversos partidos que hasta aquí han dividido y desolado a nuestra abatida patria"; informando al capitán de corbeta austriaco de "mi problemática partida, que nunca ha sido tan incierta como en estos momentos…". ¿Un congreso pactado con Juárez? ¿Huir de México? ¿Dar la batalla definitiva a los liberales? ¿Fortalecer Querétaro? Maximiliano no parece ponerse de acuerdo consigo mismo.

Finalmente, desde la hacienda de Alvarado, a la vista de Querétaro (paredes blancas donde el sol refleja el acueducto o una torre), el 1º de marzo Escobedo le escribe a Juárez: "Hoy he pasado revista en gran parada a todo el ejército (tan sólo al ejército del norte), al frente del campo enemigo, que creyendo que íbamos a atacarlo ha estado todo el tiempo de la revista, que ha sido de cuatro a cinco horas, en la mayor alarma, y moviéndose constantemente para prepararse a la resistencia". Se ha reunido el Ejército del Norte, con suerte puede juntar 8 mil hombres al sumar al millar de zacatecanos del general Canto; tiene terribles problemas económicos, no hay pólvora, no hay pienso para las caballerías; sus hombres, la mayoría marchando a pie, con un millar de kilómetros a sus espaldas en los últimos seis meses, vienen con armas de mil calibres, los del nuevo Remington y los de la escopeta de la que nunca le ha salido un tiro derecho; los que no tienen balas forman legión; están los que aprendieron ayer a ponerse firmes y los que sólo han sido chinacos de guerrilla y se aburren de estar viendo de lejos al enemigo.

Al día siguiente Escobedo tiene noticias de que Riva Palacio, con una parte de sus tropas, 2 500 hombres, llega a San Juan del Río, y otra de sus brigadas a Maravatío. Corona, que sigue acercándose, está en Celaya. Alberto Hans dirá en su diario: "Los republicanos nos inspiraban no solamente un odio mortal, sino también un desprecio profundo; para nosotros no eran en definitiva más que insurrectos". Pero a pesar del desprecio, los imperiales ignorarán que el 2 de marzo Escobedo no tiene mucho más de 8 mil hombres en torno a la plaza, menos de lo que tienen los imperiales cercados. ¿Por qué no salen a combatir?

NOTAS

1) Juan de Dios Arias: *Reseña histórica del Ejército del Norte durante la intervención francesa, sitio de Querétaro y noticias oficiales sobre la captura de Maximiliano, su proceso íntegro y su muerte.* Partes de Escobedo en Masae Sugawara: *Mariano Escobedo.* Andrés Garrido del Toral: *Maximiliano en Querétaro.* Ángel Pola: *Los reportajes históricos.* Samuel Basch: *Recuerdos de México: memorias del médico ordinario del emperador Maximiliano, 1866-1867.* Agustín Rivera: *Anales mexicanos. La Reforma y el Segundo Imperio.* Konrad Ratz: *Querétaro: fin del segundo imperio mexicano.* Víctor Darán: *El general Miguel Miramón; apuntes históricos.* Manuel Ramírez de Arellano con notas de Ángel Pola: *Últimas horas del imperio, los traidores de los traidores.* Leonardo Márquez: *Manifiestos (el Imperio y los imperiales). Por qué rompo el silencio*, rectificaciones de Ángel Pola. Paco Ignacio Taibo II: *El general orejón ese.* José María Vigil: *La Reforma.* Alberto Hans: *Querétaro: memorias de un oficial del emperador Maximiliano.* Niceto de Zamacois: *Historia de México*, tomo XIX. *Diario del Imperio*, 25 de febrero de 1867. Ireneo Paz: *Maximiliano.*

2) Nuevamente el debate sobre la ventaja de las armas de los republicanos, todo el mundo lo dice y se magnifican los fusiles norteamericanos de repetición. Pero todo el ejército michoacano no traía uno sólo. Los surianos traían muchos de esos fusiles de chispa. Los del 1º de Nuevo León (véase la reconstrucción del Instituto Nacional de Antropología e Historia del pelotón que fusiló a Maximiliano) traían Springfield, fusiles de un sólo tiro de carga por la boca con baqueta. Escobedo consigue 50 pistolas de un tiro, sables para la escolta de Juárez y habla de esto como de algo excepcional. La división de Corona ha mejorado su armamento con los fusiles Minie capturados en la campaña reciente de Jalisco, pero esto no alcanza para más de un tercio de los combatientes. Niceto de Zamacois sin embargo insiste: "Tropas perfectamente equipadas...".

216

QUERÉTARO,
UNA SEMANA OBSERVÁNDOSE

Querétaro es un rectángulo de unos 2.4 kilómetros de largo y 1.2 de ancho. Parecía muy pequeño para contener un ejército de 10 mil hombres, con todo y los sirvientes del emperador y 40 mil habitantes. Pequeñas colinas forman la Cañada del Norte en cuyo eje está el cerro de San Gregorio; a lo ancho, corre un riachuelo llamado Río Blanco que baja de las montañas de la Sierra Gorda. Al sur la falda del cerro Cimatario y las demás pequeñas montañas que ascienden a la serranía, y la Cuesta China, que es el gran camino que sale de Querétaro a México, hacia el oeste la Casa Blanca y el camino que conduce a Celaya. Al noreste de la ciudad, aislado unos mil metros, se alza el cerro de las Campanas, una loma que levanta no más de 22 metros de altura poblada de nopales, sobre la cual se dice que hubo en otro tiempo un templo indígena, que ofrece una clara perspectiva de las cercanías.

A las cuatro de la tarde del 5 de marzo la división de Miramón pasó revista e hizo ejercicios cuando llegaron exploradores que anunciaban la aproximación de dos de los ejércitos liberales por el norte y el oeste. Se decía que en el camino de San Miguel Allende venía la columna de Escobedo con 17 mil (realmente la mitad de eso) y otros 18 mil (realmente menos de la mitad) al mando de Corona por el camino de Guadalajara.

Maximiliano convocó un consejo de guerra al que asistieron los generales Márquez, Miramón, Mejía, Méndez y Del Castillo, en el que decidieron ponerse a la defensiva. Sólo sabemos que en esta reunión hubo (claro está, otra vez) discrepancias entre Márquez y Miramón. Se tomaron medidas para fortalecer las líneas de atrincheramiento y defensas y colocar a las reservas en la Alameda del sur. ¿Se discutió ese día si había que aumentar las fuerzas imperiales con la guarnición de Tavera en la Ciudad de México? Si es así, ninguna disposición se tomó. Quedaba pendiente esperar el refuerzo de la brigada del general Olvera que contaba con 1 200 hombres y se creía que estaba al pie de la Sierra Gorda, a poca distancia.

Leonardo Márquez recordaría años más tarde que "el Emperador, cansado de esperar al general Olvera [...] resolvió marchar al encuentro de sus contrarios y dio la orden para salir, dejando en la plaza una pequeña guarnición a las órdenes del general Calvo" y que Miramón debería iniciar el movimiento. "Si Miramón hubiera avanzado siquiera media legua más, se habría comprometido una batalla campal, y todo se hubiera terminado aquel mismo día de una manera feliz para nosotros". La historia no es cierta, ese día Miramón se limitó a hacer desfilar a sus tropas.

Mientras tanto, la vanguardia de los norteños dirigida por Aureliano Rivera se acercaba a la ciudad y observaba que "el ejército imperialista había embargado todo medio de trasporte, había retirado la artillería de los fuertes y se había formado en columna para moverse". Escobedo mandó correos a Ramón Corona para que de madrugada ocupara "la hacienda de La Calera e hiciera avanzar su caballería a la Estancia de las Vacas y a la hacienda del Castillo" a unos siete kilómetros de la ciudad. No sabe que pensar. ¿Maximiliano quiere entablar combate al borde de Querétaro?

El 6 de marzo, Miércoles de Ceniza, tanto los imperiales como los republicanos están esperando el inicio de las acciones. El emperador a las cuatro de la mañana inspecciona las tropas que han formado la línea de batalla frente al Cerro de las Campanas. Escobedo, que no tiene urgencia porque espera sumar nuevos contingentes al ejército, no se apresura, conferencia con Ramón Corona: "Mañana tal vez se dará una batalla importante", le escribe a Juárez.

Al otro día toda la división Corona distribuyó a sus fuerzas, su caballería se colocó a la vista de los imperiales por el suroeste y la infantería en una columna compacta acampó en la meseta de la finca. Mandó un parte a Escobedo: "Mis avanzadas se encuentran ya al frente del enemigo"; este a su vez hizo progresar a la División del Norte para quedar a la misma distancia de los defensores.

El doctor Basch, desde el interior de Querétaro, anota: "A las cinco de la mañana. Tres horas ya que estamos esperando el ataque. Es costumbre entre los mexicanos atacar a la madrugada. Ya el sol está muy alto sobre los montes, y ni el menor indicio hay de ese ataque que tan vivamente deseamos. No se oyen sino algunos tiros aislados que se cambian nuestras avanzadas con las del enemigo. A las nueve de la mañana visitó el emperador nuestra derecha, formada con la división de Del Castillo. Hasta aquí en el cerro nos llegan los gritos de júbilo de los soldados, y vemos al emperador recorriendo a caballo el frente de batalla".

Ese mismo día Escobedo recibe fondos para el ejército custodiados por la escolta de Juárez, que desde el día 4 ha entrado en San Luis Potosí y establecido allí el gobierno de la república. "Se me ha quitado un enorme peso de encima", escribe. A través de mensajeros insiste que apresuren sus marchas Riva Palacio, los poblanos del general Juan Méndez, Régules y el coronel Joaquín Martínez. Se fortifican los campamentos; el general León Guzmán, consigue peones y considerable cantidad de víveres y dinero. Pero conforme se ha acordado el resto de los gobernadores no le hacen llegar el dinero pedido. El de Zacatecas sólo reportó 21 mil pesos de los 50 mil que se necesitan, pero en esos momentos no se pueden distraer tropas del endeble medio cerco para ir a recogerlos. Y escribe a Juárez que si no resuelve el problema del avituallamiento, no se considera capaz de sostener sobre sus espaldas una carga tan pesada.

El día 8 el ejército republicano se aproximó más a la ciudad. Maximiliano volvió a desplegar sus tropas. Algunas columnas de caballería salieron del recinto provocando la batalla, pero fuera de mínimas escaramuzas en la Garita de Celaya, los republicanos no dieron muestras de querer empezar la confrontación. Escobedo escribe a Juárez: "La mayor prudencia. Nos estamos jugando el final a una carta, si nos derrotan son cinco años más de esperas". La columna de los michoacanos de Régules se presenta ante la población, queda bajo el mando del ejército de Corona y toma posiciones al sur en el Cerro del Cimatario al frente de Querétaro. Alberto Hans, oficial austriaco desde el interior del cerco, que había hecho contra ellos la campaña final de Michoacán, comenta: "Las tropas de Régules no valían gran cosa y nos inspiraban poco respeto". Los imperiales oyen los clarines de orden de los liberales. Las baterías en el Cerro de las Campanas cañonean a un grupo de jinetes republicanos que hacen labores de reconocimiento.

Basch escribe: "A medianoche hubo que despertar al emperador para anunciarle que el enemigo ha hecho un movimiento sobre nuestra derecha, es decir, hacia Río Blanco y San Gregorio; se teme que estemos cercados". Los movimientos de los republicanos tratando de cerrar el cerco causan la alarma.

Escobedo ha formulado ya un plan de ataque, pero le escribe a Juárez que no quiere ponerlo en papel. No le parece prudente. Los ha reducido a una posición defensiva, aprieta el cerco por el sur con las tropas de Corona, cubre los caminos que van hacia la Ciudad de México y hacia la sierra de Querétaro con la caballería y siguen llegando a cuentagotas refuerzos y dos convoyes con municiones y comida. Y sin duda debe estar molesto por lo definitivo que se ha vuelto el enfrentamiento, con el jugarse a una carta esta guerra que siempre se jugó a muchas, sabiendo que las partidas se perderían, pero el juego no. Y comienza a apretar a Juárez para que Porfirio Díaz con los oaxaqueños y los poblanos deje de andar coqueteando con la idea de tomar la capital y le envíe refuerzos.

El 9 de marzo se tirotean las avanzadas. Basch escribe: "Treinta o 40 jinetes, armados de largos fusiles, se sitúan unos frente a otros durante cierto tiempo, a distancia de tiro. Antes de hacer fuego, tiene lugar entre ambas partes una especie de diálogo en voz muy alta. Lánzanse alternativamente injurias, se irritan con apodos ridículos o insultantes, a los que se sigue una especie de grito de guerra en tono vibrante y provocativo. Cuando ya pasó aquella granizada de ultrajes y aquel gritar, uno de los más atrevidos se sale de la fila, avanza 20 o 30 pasos al galope, descarga su fusil, vuelve grupas, y se coloca otra vez en donde estaba".

El baile de las cifras. ¿Cuántos combatientes republicanos e imperiales hay en esos momentos en Querétaro? Tras la reorganización que se produce después de la llegada de Méndez, Ratz ofrece los siguientes números para los imperiales: bajo el mando de Miramón: 2 071, con Del Castillo: 2 114, con Méndez: 1 793, la caballería de Mejía: 2 649, lo que suma 8 627, a lo que habría de agregar la escolta de los húsares austriacos de Max y las pequeñas fuerzas que se habían agregado por leva en Querétaro. Muy cerca de 9 mil, que es la estimación que hace Escobedo. No es posible saber si a esta cifra hay que añadir los artilleros de Ramírez de Arellano y si la brigada de caballería de Quiroga se había sumado a Mejía. Arias resume: "Diez mil hombres de las tres armas, y no 12 mil como habían hecho valer".

Leonardo Márquez los valora, quizá en exceso: novatos los recién formados batallón de Celaya y el reducido de Querétaro; y de mucho más valor la división de Méndez, que había sostenido la campaña de Michoacán; el "regimiento de caballería de la Emperatriz [...] cuyo cuerpo siendo un modelo de honradez, disciplina y valor (que) llamó la atención en la frontera del Norte por sus hechos bizarros", la "brigada del Norte, compuesta de hombres aguerridos de la Frontera, a las órdenes del coronel Quiroga, que siempre brillaron por su comportamiento" y "las tropas que yo llevé de México, en que figuraba el batallón de policía, formado de soldados del antiguo ejército, viejos y aguerridos". Añade a los "muy buenos" artilleros e ignora, como siempre, a las fuerzas de sus rivales en el mando: la brigada de Del Castillo que venía de sostener la campaña de Jalisco y el triunfo de la Quemada, la caballería de Mejía, un prodigio de resistencia durante años y las dos brigadas de infantería de Miramón cuyo valor militar pronto habría de conocerse.

Enfrente la república, la chinaca armada, que crecía día a día, contaba con la División del Norte, la mejor armada y probablemente mejor organizada del ejército, con 9 300 combatientes, de los que Sóstenes Rocha piensa que es la única que puede enfrentar "a las aguerridas y valientes fuerzas del imperio", dirigida por Jerónimo Treviño que había sustituido a Escobedo cuando tomó el mando del conjunto del ejército. Treviño, que a juicio de Alberto Hans es "un hombre valiente; su modestia, su probidad y su humanidad le han atraído la estimación general, aun la de sus enemigos. Es alto, rubio, y tiene algo de asiático en sus facciones". Rocha como siempre cáustico añade: "otro jefe en que el pundonor sustituye al valor general, pero es quizá más inculto aún que el propio Escobedo y más ignorante en todo lo que tiene que ver con la ciencia de la guerra; los únicos conocimientos que posee se refieren sólo a su arma, que ha sido la caballería y eso basado en falsos principios de la vieja escuela". Los previos y futuros hechos mostrarán que Rocha se equivoca. Destacan entre los norteños las brigadas de Nuevo León, Coahuila, San Luis Potosí y en particular la división de caballería al mando del coronel Francisco Naranjo, astuto como guerrillero y notablemente valiente; la primera división de infantería bajo las órdenes del general Sóstenes Rocha que contaba con una brigada de infantería mandada por uno de los héroes de Puebla, el coronel José Montesinos y un cuerpo de élite, los cazadores de Galeana: al mando del coronel Jesús C. Doria.

La segunda fuerza en importancia era la división del noroeste de Ramón Corona (que quedaría de subjefe del ejército) formada por los 6 mil sinaloenses y jaliscienses de infantería y la brigada de caballería de Amado Guadarrama. Vienen pobremente armados aunque Hans decía que los sinaloenses "venían bien armadas con armamento norteamericano" (cosa absolutamente falsa).

Con la llegada del millar de michoacanos de Régules, los 1 400 hombres de Zacatecas del general Benigno Canto, las tropas guerrerenses del general Pinzón al que acompañaba Ignacio Manuel Altamirano, que podrían sumar otros 2 mil hombres, para el día 10 el ejército podía sumar cerca de 21 mil hombres y 74 desvencijadas piezas de artillería.

¿Y Escobedo? No es el mismo del 62 y 63 en Puebla, del fabuloso viaje hacia el norte, de la guerra de frontera. Ha madurado. Sin embargo, se dice que tanto le pesa el mando que de buena gana habría abdicado el mando de general en jefe ante cualquiera de sus compañeros. Sóstenes Rocha, que peca de injusto muchas veces, dice: "Escobedo es un hombre inculto, habiendo carecido siempre de los medios necesarios para instruirse […] su clara inteligencia y su grande actividad física y moral han podido suplir aquel defecto. No es valiente, pero excesivamente pundonoroso, es capaz de afrontar todos los peligros […]. El secreto de las brillantes victorias que obtuvo durante la guerra de intervención debe atribuirse más bien al tacto especial que siempre observó en la elección de sus tenientes y a su gran actividad". Arias, que lo quiere y que lo ha acompañado en estos últimos años, dice: "el hábito del mando en su carrera militar, engendró en él cierta aspereza en los asuntos del servicio, en que suele a veces manifestarse demasiado severo; sin embargo, fuera de los negocios oficiales, se le ve expansivo hasta la familiaridad con sus subalternos […] haciéndose notable por sus dotes administrativas, y […] ha llegado a entender como pocos los principios democráticos […]. Uno de sus placeres consiste en hablar de política con sus subalternos, para inculcarles máximas liberales. Escobedo no es un sabio, ni se ha versado en la literatura, pero es hombre de imaginación, que cuando se acalora, prorrumpe en largos discursos que no carecen de elocuencia, aun cuando se advierta en ellos la falta de alijo propio de un literato. Favorecido de la naturaleza por un físico vigoroso, aun cuando no lo aparenta, resiste la fatiga y parece incansable en el trabajo. Es sobrio, y en fuerza de querer que todos lo sean, suele a veces molestar a los que inmediatamente le acompañan; no por esto le desagradan las comodidades, de la vida, pero en su puesto de general, lleva muy adelante la economía y le parece inconveniente tener consigo un Estado Mayor numeroso. No es hombre que desoye el consejo, antes bien solícita el de sus amigos o de las personas a quienes concede inteligencia; pero no por esto, se somete servilmente a opiniones ajenas, sino que, escuchándolas, forma la suya propia, que raras veces da a conocer hasta el momento de obrar, […] cree que el carácter varonil le impone la obligación de disimular sus afectos, y por lo mismo aun en el trato con sus amigos adolece de sequedad. Suele apasionarse, y en momentos de exaltación es capaz de llegar a la injusticia; y aunque pronto se calma y se dispone a reparar el mal que haya producido, hace alarde de su rigidez […]. Por último, evita lo más que puede el brillo de la pompa oficial".

Un observador lejano en el tiempo podría decir que los mandos liberales no tienen ningún genio de la estrategia. Ni napoleones ni aníbales ni césares ni siquiera simonbolívares, ni a tristes curasmorelos llegan… En sus vidas militares han cosechado siempre más derrotas que triunfos. Generales apaleados centenares de veces, no tienen mayor virtud que una persistencia de acero probada contra los gringos en el 47, contra Santa Anna en el 55, contra los mochos en el 58, contra los invasores desde el 62.

En la mañana del 10 las divisiones y brigadas de caballería de Corona formaban en el llano de San Juanico, con objeto de pasar una gran revista en presencia del enemigo. Un oficial de Coahuila escribe: "Hemos tenido una gran parada. Hemos estado formados a menos de tiro de cañón de la tienda de SMI y no se han atrevido a disparar ni un tiro de cañón".

Escobedo da órdenes al general Francisco Paz (otro de los veteranos de Puebla que había estado en las prisiones francesas) para que a las 12 de la noche enviase a la Cuesta China dos baterías de cañones y a las caballerías de Carvajal y Aureliano Rivera, que con sus fuerzas cerrasen el acceso desde la Ciudad de México. Juan de Dios Arias comenta: "Era muy arriesgado el movimiento de la artillería, si lo notaba el enemigo, que se engañó a sí mismo". Los protege con la tropa de más confianza: el coronel Juan Doria, de los cazadores de Galeana (con bandera bordada por las señoritas liberales de Linares), el 2º de Guanajuato y al 3º de San Luis y una columna bajo las órdenes del general Sóstenes Rocha, compuesta del batallón Supremos Poderes y una brigada de infantería.

Con las caballerías restantes del ejército, en número de 3 mil jinetes, al mando del general Guadarrama, y 3 500 infantes de la División del Norte, bajo las órdenes del general Treviño, con siete piezas de batalla y 14 de montaña, se cubrieron las avenidas de Celaya y de San Miguel de Allende, al oeste, contando además con la sección del cuartel general que estaría en observación.

Aunque claramente está preparando el gran enfrentamiento, en el parte del día 10 de marzo Escobedo escribe: "no ha ocurrido novedad". Pero cuánta novedad cuando no hay novedad, porque se intercambiaron tiroteos por la salida de Celaya, y llegó un buhonero al campo que vende aceite de serpiente para que las balas no pasen, y el maíz ha subido de precio en todos los alrededores de San Juan del Río, a ocho pesos la fanega, y por andar afilando los sables con una enorme piedra, una chispa hizo arder la paja en una tienda de los chinacos de Aguascalientes y se armó tremenda quemazón.

En el bando imperial a las nueve de la mañana hay un consejo de guerra. Supuestamente Maximiliano vuelve a proponer salir al campo y atacar; pero los otros generales optaron por mantener la estrategia defensiva. Por cierto que en la noche le rogaron "que no se expusiese inútilmente al peligro, y que desde esta noche se volviese a la ciudad en donde está la reserva". Basch escribe: "El general Mejía, con su estilo un tanto tosco, le dijo: 'Es menester que se cuide, señor; porque si le sucede una desgracia, cada uno de nuestros generales ha de querer ser presidente' ".

Sin embargo, hay varios choques cuando Quiroga en un reconocimiento choca con los liberales sin mayores consecuencias. A las 11 de la mañana el imperial Ramón Méndez a la cabeza del Regimiento de la Emperatriz y de un destacamento de húsares, practica un reconocimiento. En la altura de San Pablo se encuentra con Victoriano Cepeda con 50 hombres, que les hace cuatro o cinco muertos y ocho prisioneros. Un oficial republicano escribe a su casa: "Todos nos pusimos en movimiento y ya creíamos tener un día de gloria y nuestra tropa estaba que brincaba". Y a las cinco de la tarde hizo Miramón una correría rumbo a la Cañada, donde Carbajal se repliega sin combatir, lo que permite al imperial hacerse con 60 bueyes, 100 cabras, 12 mil tortillas y una gran cantidad de maíz. Escobedo informa a Juárez: "Hoy hizo el enemigo una tentativa más seria sobre nuestra primera línea".

Y ya ha pasado una semana desde que los dos ejércitos están frente a frente y los imperiales comienzan a desesperarse y Juárez le dice a Escobedo que ataque, pero este, en una sorprendente paciencia, espera mientras siguen llegando las bandas de chinacos y niños y mujeres con comida, y carros y mirones, y va cercando la plaza, porque no es una semana la de la espera, ni días, sino seis años, cinco de ellos de derrotas continuas.

Para el día 12 la intención de Escobedo de cerrar el cerco sin mayores enfrentamientos progresa, ha ocupado los cerros de San Pablo y San Gregorio al norte y oeste. A las nueve de la mañana, la división Castillo (un batallón de cazadores del 7º de línea, y apoyada por el regimiento de la Emperatriz), inició un reconocimiento hacia el pueblo de San Pablo. Se produce un "combate encarnizado" cuando la brigada del general republicano Victoriano Zepeda, con la caballería del coronel Martínez los enfrentan. Castillo se repliega pero deja siete muertos, y es herido el coronel Villanueva, comandante del batallón de cazadores. El príncipe Félix de Salm Salm, que no tenía ningún mando hasta ese momento recibe la comisión de dirigir esta fuerza compuesta de 300 franceses y mexicanos por mitad.

A las tres de la tarde los imperiales observan movimientos importantes de tropas al sur de la ciudad. Es la nueva posición de 5 mil hombres y 14 piezas de montaña de la división de Corona hacia la Cuesta China. Leonardo Márquez contará: "Una noche se me presentó el general Méndez en el cerro de las Campanas a participarme que el enemigo se movía por nuestra derecha con intención [...] por medio de una marcha rápida y repentina, internarse en la ciudad, interponiéndose entre el cerro de las Campanas, que era el centro de nuestra línea de batalla, y el Convento de la Cruz, en que estaba nuestro parque, comisaría, hospital, equipajes". Consultado con Maximiliano, Márquez propone "que se traslade a este punto inmediatamente todo lo que tenemos en el Convento de la Cruz. "Entre tanto formaré las tropas en columnas, y al romper el día cargaremos vigorosamente sobre el enemigo que [...] comenzará por ser sorprendido y acabará por ser derrotado, porque no podrá resistir nuestro empuje, que no espera. Si la fortuna nos es propicia, alcanzaremos una victoria completa; y si los contrarios, eludiendo el combate, se salvan así de una derrota total, al menos nosotros podemos posesionarnos de la Estancia de las Vacas, que tenemos a la vista", Maximiliano consulta con Miramón y Escobar y se decide simplemente reajustar las defensas, pero la disposición prevé un ataque por el norte, no por el sureste.

Ese día a las 12 de la noche Escobedo le ordena al general Ignacio Mejía, que vuelve a actuar como su asistente: Alertan en la base de la cuesta China a Rocha y Doria, con 12 cañones de campaña, 1 600 infantes y 400 jinetes. Allí se le sumará Corona con otros 5 mil infantes. En el oeste las caballerías de Treviño y Guadarrama cerrarían el paso de Celaya y San Miguel de Allende y podrían actuar combinadas.

El día 13 los republicanos practican reconocimientos en diversos puntos del cerco. Los imperiales trasladan su cuartel general al Convento de la Cruz. Desde sus líneas se observan las baterías republicanas en la Cuesta China y como flamean las banderas en lo alto de la colina. Basch registra: "A las seis y media de la tarde, el enemigo dispara por primera vez su artillería, y lanza sobre el convento una buena cantidad de andanadas, de balas comunes y de proyectiles cónicos".

Escobedo transmite la orden para que en todas las líneas las tropas se formen en columnas preparadas para un ataque general. Corona recibe sus instrucciones: debía desprender "una fuerza ligera para reconocer de cerca la fuerte posición del Convento de la Cruz, la de la Garita de México y la Alameda donde los imperiales, aprovechando las paredes que la circundan, habían formado una especie de cuadrilátero, bien reforzado y defendido por fortines pasajeros". El general Guadarrama que mandaba la 2ª división de caballería, tenía que llamar fuertemente la atención del enemigo, por el sur de la Ciudad, entre los caminos del Pueblito y Celaya, dejando siempre una de sus columnas a la vista del Cerro de las Campanas. A Treviño se le ordenó que tuviese listas todas sus tropas para pasar del reconocimiento a un combate en forma.

NOTAS

1) Masae Sugawara: *Mariano Escobedo*. Andrés Garrido del Toral: *Maximiliano en Querétaro*. Konrad Ratz: *Querétaro: fin del segundo imperio mexicano*. Alberto Hans: *Querétaro: memorias de un oficial del emperador Maximiliano*. Juan de Dios Arias: *Reseña histórica del Ejército del Norte durante la intervención francesa, sitio de Querétaro y noticias oficiales sobre la captura de Maximiliano, su proceso íntegro y su muerte*. Samuel

Basch: *Recuerdos de México: memorias del médico ordinario del emperador Maximiliano, 1866-1867.* Francisco O. Arce: *El sitio de Querétaro.* Félix Salm Salm: *Mis memorias sobre Querétaro y Maximiliano.* Leonardo Márquez: *Manifiestos (el Imperio y los imperiales). Por qué rompo el silencio,* rectificaciones de Ángel Pola. Juan Manuel Torrea: "Banderas históricas del Museo Nacional". Sóstenes Rocha: "Apuntes históricos sobre el sitio de Querétaro". Lucas Martínez Sánchez: *Coahuila durante la Intervención Francesa, 1862-1867.* Daniel Moreno: *El sitio de Querétaro, según sus protagonistas y testigos.* Manuel A. Hernández: *Memorias del general de división Juan A. Hernández.* Paco Ignacio Taibo II: *El general orejón ese.* Niceto de Zamacois: *Historia de México.*

2) Al menos tres periodistas extranjeros estaban en Querétaro durante la batalla: un tal Mr. Wales y dos corresponsales del *New York Herald*. En las afueras del cerco con Escobedo el coronel Church, un asistente de Lewis Wallace que se quedará en México hasta mayo del 67. En el interior H. C. Clark, "un caballero inglés muy amable", al que el doctor Samuel Basch describe: "Tiene ojos de botón claritos de mirada inquieta, pelo corto y un cerebro que trabaja con velocidad relámpago [...] ridículo sombrero ancho, parece un hongo ambulante y que con su traje de charro es una figura muy popular". El príncipe de Salm Salm cuenta: "que se volvió tan entusiasta que casi me tiró del caballo cuando me dio un abrazo a la mexicana". Sin embargo sus informes no aparecieron en el diario. Clark publicó posteriormente (*Nelson Evening Mail*, 8 de septiembre de 1867) un recuento de las dificultades para sumarse a los imperiales: Recibió unas instrucciones extremadamente escuetas: "Sigue a Max y escribe regularmente". En Querétaro vivió de comer carne de caballo y mula durante 32 días, recibió una herida leve de metralla, asistió a la intención de Márquez de fusilar a dos periodistas norteamericanos que calificó de espías. Observó que en Querétaro Miramón era omnipotente y mucho más pulido y educado que Márquez, "que era aún más virulento y peligroso por su odio y pavor por los extranjeros". (Konrad Ratz: *Querétaro: fin del segundo imperio mexicano.* Samuel Basch: *Recuerdos de México: memorias del médico ordinario del emperador Maximiliano, 1866-1867.* Félix Salm Salm: *Mis memorias sobre Querétaro y Maximiliano.* Hay noticias de Clark en *The Texas Countryman* de Bellville del 5 de julio de 1867, cuando va a San Luis Potosí a entrevistar a Juárez).

217

LA BATALLA DEL 14 DE MARZO Y LA SALIDA DE MÁRQUEZ

La noche del 13 al 14 la brigada de reserva de los imperiales se dirigió hacia el Convento de la Cruz, donde el emperador acababa de establecer el cuartel general. La Cruz, según Alberto Hans (un subteniente de artillería), es "un gran convento español, cuya construcción sólida y grandiosa parece desafiar al tiempo, y cuya situación en una altura, hace de él la clave de la ciudad", domina el frente del este y está conectada por trincheras.

Aunque Escobedo en su parte y posteriormente Arias hablan de un "reconocimiento general", el combate del 14 de marzo fue un enfrentamiento con todas las de la ley. El mando republicano a las cinco y media de la mañana rompió el fuego por toda la línea y avanzó a sus tiradores, seguidos de las columnas. Curiosamente el inició del ataque fue recibido con júbilo por los imperiales; la semana de espera había desquiciado los nervios de más de uno, ahora se aproximaba la hora de la verdad. Hans cuenta que la explanada y el Convento de la Cruz, donde zumbaban las balas de la artillería republicana "presentaban el espectáculo de una animación entusiasta y ardiente [...]. A cada momento llegaban ayudantes o partían en todas direcciones. Los primeros cañonazos del enemigo fueron acogidos con los gritos de ¡Viva el Emperador! Nuestras piezas contestaron el fuego de los republicanos, y el entusiasmo llegó a su colmo".

El planteamiento de Escobedo ("Desde las cinco de la mañana ando a caballo y en un trabajo activísimo") parecía inicialmente correcto: la línea de defensa imperial era muy extensa y si se producía la ruptura en algún punto y se explotaba, la ciudad estaba perdida. Dos ejes tenía la ofensiva: en el sureste desde la Cuesta China y la Garita de México sobre el Convento de la Cruz, cuartel general de los imperiales defendido por el general Méndez y del cerro de San Pablo hacia el de San Gregorio en el norte y de ahí descender sobre el río hacia el barrio de San Sebastián, que defendía del Castillo. Una tercera fuerza de caballería mandada por Treviño y Naranjo saldría del Pueblito y actuaría contra la Alameda y la Casa Blanca donde estaba situada el general Mejía.

Hacia las ocho el ataque principal que venía del norte se inició cuando la vanguardia de los 12 mil soldados de infantería republicanos, cargando cañones, avanzó desde la loma de San Pablo hacia la loma de San Gregorio. Juan de Dios Arias cuenta: "la artillería comenzó a dirigir sus fuegos [...] sin poder multiplicarlos, porque las columnas de infantería precedidas de sus tiradores, se lanzaron intrépida sobre la posición enemiga en que el combate se empeñó encarnizadamente". La artillería imperial los confronta desde el Cerro de las Campanas, que queda fuera de la línea de combate, muy a la derecha de los atacantes. El comandante Ramón Falcón de los fusileros de Coahuila, le escribirá a su hermano: "Atacamos una de las mejores posiciones que tenía el enemigo en los suburbios de Querétaro, que es una loma que se extiende a lo largo de la población, la tomamos en menos de un cuarto de hora con pocas pérdidas, no obstante la obstinada resistencia y mucho fuego de artillería con que intentaron rechazarnos". Hacia allá fue Miramón a caballo tras recibir órdenes del emperador de movilizar la reserva de infantería. Varias veces se reorganizan en la vertiente de las montañas y atacan pero son rechazados. La última por los guanajuatenses de Florencio Antillón, cuya columna fue de las primeras en ocupar la posición y se mantuvo con sólo 200 tiradores mientras nuevos auxilios aseguraban la posesión del cerro al flanquearlo. Los republicanos colocaron allí su artillería pesada y desde allí se desplegaron algunos de los cuerpos de élite de la División del Norte, los tiradores de Victoriano Cepeda y de Naranjo, el 2º Batallón de Zaragoza y el 1º Ligero del Saltillo.

El general imperial Severo del Castillo ordenó evacuar y replegarse hacia la segunda línea protegida solamente por un río de insignificante anchura y vadeable casi por todas partes. Si la ruptura se produce y los republicanos la rebasan, Querétaro imperial peligra. Hans cuenta: "Ese momento de vacilación iba a costarnos caro. El enemigo, cuyo impulso era vigoroso y cuya desusada audacia no podía menos de sorprendernos, se apoderó de varios puestos". Las columnas al mando del general Sóstenes Rocha penetraron hasta el barrio de San Francisquito, y se pusieron a medio tiro de fusil del enemigo.

Ante la huida en desorden de los imperiales "nuestras columnas sin orden se han arrojado sobre las primeras calles de la ciudad, donde han sido rechazadas con grandes pérdidas", le diría León Guzmán a Juárez. Se trataba de las columnas michoacanas de Régules y las tropas de Guanajuato. Miramón, restablece la defensa en una línea, a veces a diez metros del enemigo.

En el lado opuesto de la ciudad y poco después, Márquez, hablando del despliegue de los republicanos desde la Cuesta China, cuenta: "Al comenzar la batalla había yo visto los cerros que nos circundaban, cubiertos de tropas, que formadas en columnas, con bandera desplegada y en el mejor orden, descendían como un torrente sobre nosotros, amenazándonos con una destrucción inevitable". Se trata de los 9 mil hombres dirigidos por Ramón Corona que desde las nueve y media, apoyados por el fuego de la artillería se despliegan en la llanura de Carretas y avanzan por el sureste hacia la Casa Blanca.

El primer impulso favorece a un batallón republicano que toma el cementerio al lado de la capilla de San Francisquito en cuyo techo se encuentran unos 40 austriacos, al mando del capitán de la guardia municipal, el austriaco Linger (que Von Thun llamaba "narices de Bordeaux y cara de mayonesa"). Linger muere con un tiro en la frente y sus hombres huyen. Los republicanos colocan dos piezas de artillería (que "nos causaban mucho mal" diría Hans) y protegidos por una densa nopalera escalan el muro, toman la capilla y plantan la bandera haciendo replegarse a las tropas al mando del coronel polaco Swoboda. Apoyados por las baterías de la Cuesta China, que enviaban sobre los patios y la Plaza de la Cruz una lluvia de balas y granadas, la infantería que estaba en el Panteón hacía fuego contra el patio del convento. El frente está a punto de ser roto en el sur: Corona se había apoderado del Cementerio, de su iglesia y del gran jardín del convento; sus hombres se habían deslizado y establecido en todas las casas vecinas y seguían llegando tropas de infantería. Durante una hora La Cruz estuvo en serio peligro de ser ocupada.

Mientras tanto, los republicanos en el norte cargaron varias veces, pero fueron rechazados, se reorganizaban en las alturas y volvían a intentarlo con nuevas fuerzas. El príncipe de Salm Salm cuenta: "A lo largo del río hay una calle. Las azoteas de las casas cerca del puente se habían parapetado por orden del general Castillo, durante la noche anterior. Desde este otro lado del puente sólo se había dejado un estrecho paso para desfilar de uno en uno levantando una trinchera de adobes. Se construyó un merlón con tres troneras para colocar tres piezas de a 12, con las que barrió el puente". Desde allí las balas de los cazadores alcanzaban a disparar sobre la iglesia de San Sebastián, edificada en un terreno más alto y de la galería de su torre. Se inicia una gran contienda por el control del Puente Grande.

Salm Salm que había tomado el mando de los cazadores franco-mexicanos y una parte del batallón de reserva de Celaya se lanzaron a paso veloz, atravesaron el puente bajo el fuego y pusieron en fuga a los defensores capturando la pieza rayada. Salm cuenta: "Se movieron por las calles columnas de infantería, se formaron en la plaza y avanzaron contra el puente, a distancia de unos 100 pasos se les recibió con metralla y bala que los hizo retroceder al instante y retirarse tras la iglesia de San Sebastián [...]. Se movieron por la calle que conduce de la iglesia al río y donde era vadeable. Tan pronto fueron sus intenciones notadas por el general Castillo, recibí órdenes de hacerles frente con mis cazadores, mientras tanto el puente quedaba ocupado con nuestra reserva, el batallón de Celaya. A paso redoblado [...] llegué a tiempo de hacer una descarga tras otra sobre ellos mientras que el cañón del flanco derecho de la batería del puente les saludaba a metrallazos. Tuvieron que retirarse por segunda vez".

Entre las diez y las 11 de la mañana saliendo de El Pueblito, Treviño y Naranjo avanzan hacia la Casa Blanca y la Alameda en el suroeste de la ciudad para cortar a los imperiales la posible retirada hacia México en caso de desastre, y para contener a la caballería de Tomás Mejía, que amenazaba su flanco izquierdo. Los imperiales cubren a Mejía con la artillería que está en la Alameda y los obligan a replegarse. Pero los norteños se rehacen. Un segundo choque. Los republicanos se repliegan hacia las posiciones del Cimatario. Los combates han durado más de dos horas.

Mientras tanto, en el norte de Querétaro los republicanos no ceden y a las 11:30 en una nueva ofensiva logran ocupar algunas casas y el mesón de San Sebastián. Nuevos enfrentamientos con los cazadores franco-mexicanos. Salm Salm cuenta: "Se cometieron actos muy desenfrenados en esas casas, que no podía evitar, aunque me esforcé en ello. Los franceses que tenía en los cazadores, enfurecidos por la carnicería de San Jacinto, habían prometido no dar cuartel a enemigo alguno, y menos aun a los franceses que estaban sirviendo a los liberales: hicieron valer su palabra de la manera más horrible y me vi obligado a usar mi sable con alguno de los míos, quienes no querían obedecer mis órdenes, para salvar a aquellos que pedían misericordia. En algunas de las entradas de las puertas estaban los muertos amontonados, y en una de esas casas tuvo lugar una escena singular y cruel. Uno de mis sargentos, un francés, había matado a cuatro mexicanos, un quinto, un francés estaba de rodillas pidiendo misericordia. Su vencedor al cargar el mosquete le dijo: *Toda la compasión que te tengo es no matarte como a un perro. Sino que te haré el honor de dispararte una bala.* Y tras eso mató a su paisano con mucha calma".

Finalmente a eso de la una la infantería de Del Castillo había logrado frenar el ataque en el norte.

Maximiliano con su sombrero mexicano y su uniforme blanco paseaba a caballo por la plaza frente a la Cruz, en medio de las bombas y las balas perdidas. Parecía estar realizado en este su nuevo papel de general del imperio.

Durante horas republicanos e imperiales combaten metro a metro. Márquez ordena un contraataque. Hans cuenta: "Se practicó una abertura en una pared que separa La Cruz del jardín a cuyo extremo se encuentra el Cementerio. El teniente coronel Juan de Dios Rodríguez, el comandante Ceballos y el capitán Domínguez, a la cabeza de una parte del batallón del Emperador, fueron designados para recobrar el Cementerio [...] la abertura, hecha de prisa y demasiado estrecha, no permitía a los nuestros pasar de otra manera que uno a uno [...]. Se formaron rápidamente y se dirigieron a paso veloz a través del jardín, bajo un fuego espantoso que los diezmaba. El teniente coronel Juan de Dios Rodríguez cayó con el pecho atravesado por una bala. El capitán Domínguez fue herido en la cabeza. Los soldados caían unos después de otros bajo el fuego que partía del Cementerio y de las paredes de derecha e izquierda, tras de las cuales se habían establecido los republicanos y en las que habían abierto troneras. Era locura pensar en recobrar de aquel modo el Cementerio, donde el enemigo se había fortificado ya".

Méndez ordena retirada y sus soldados huyen hacia La Cruz bajo nutrido fuego llevando consigo los cuerpos de sus oficiales. Hans de nuevo: "Pero la estrecha abertura por donde habían salido, era el blanco de los republicanos. Nuestros soldados caían al penetrar por ella, y había necesidad de retirar a los muertos para que pudieran pasar los demás. Tras de ellos, en el jardín, avanzaban los republicanos". Márquez en un arranque de valor, según los testigos, se subió a la trinchera para animar a los que se replegaban. "Las balas de los rifles silbaban y rebotaban contra nuestras piezas; y todos nos admirábamos de no ver caer al general. Le suplicamos que se bajase; no hizo caso alguno de nuestras súplicas. El Emperador que lo vio, mandó dos veces a su ayudante prohibiéndole que se expusiera de aquel modo". Al lado de Márquez se encontraba su jefe de Estado Mayor el mayor Waldemar Becker, que había estado en campaña con los franceses en Marruecos y que por eso hablaba español, y al que en su día Riva Palacio había capturado en Michoacán, "hombre inteligente y agradable", según Salm Salm.

Eran las cinco de la tarde y se llevaba combatiendo en esa zona ocho horas. Las tropas de Corona volvieron a intentarlo avanzando sobre la derecha de La Cruz; las casas contiguas al antiguo hospital francés fueron tomadas por los republicanos y trataron de abrir brecha en una pared pero la artillería de Arellano y una nueva salida del 39 de línea los frenó. Poco después de las cinco de la tarde la ofensiva por el sureste también se había frenado.

Según Basch, "la Plaza de la Cruz presentaba una animación extraordinaria […]. Reinaban el júbilo y el entusiasmo. Los clarines tocaban diana por todas partes, y nuestras músicas ejecutaban el himno nacional. La emoción era general. El Imperio se había salvado".

Miramón llegó a la Alameda con infantería y artillería, desprendidas de la línea del norte, y derrotó las columnas que atacaban La Cruz en tres contraataques. Los republicanos fueron desalojados del cementerio, las huertas del convento y las casas anexas. La brigada zacatecana del general Canto había sufrido fuertes bajas.

En casi todas las líneas entre las cinco y las 5:30 de la tarde estaba cesando el fuego. Miramón recupera la iglesia de San Francisquito. La jornada había concluido. Hacia las siete de la noche los últimos disparos sueltos terminaron. Escobedo dio órdenes de suspender el combate a causa de la llegada de la noche y el cansancio. Es obvio que los imperiales habían resultado un hueso duro de roer y que el gasto humano de combatir a la ofensiva contra fuerzas atrincheradas era muy grande.

El príncipe Félix de Salm Salm cifraba las bajas imperiales en "cosa de 600 hombres" y exagerando, las republicanas en "miles". Escobedo, en su carta a Viesca, reconoce "pérdidas de alguna consideración", que según el general Francisco O. Arce fueron más que eso, "entre muertos, heridos y desaparecidos o desbandados, 942 hombres", y según Arias, 264 muertos y 278 heridos. En las crónicas imperiales sorprende el número de republicanos capturados, que cifran entre 600 y 750. Aunque los números deben haber sido exagerados (Arias hará descender la lista de capturados y dispersos a 416), muestran la inconsistencia de muchas de las nuevas fuerzas de la chinaca que se han sumado al cerco. Entre los detenidos republicanos de la jornada las crónicas imperiales destacan la presencia de dos norteamericanos, uno de ellos capturado con un rifle Springfield, que estuvo a punto de ser linchado. Los atacantes habían consumido 861 proyectiles de artillería y 59 398 balas de fusil y rifle.

A las 12 de la noche, Escobedo, que regresa a caballo a su cuartel general, escribe que la virtud del sangriento enfrentamiento es que se consolidó en el norte la posición del cerro de San Gregorio, "la 1ª División del Norte casi no ha combatido y por lo mismo su pérdida ha sido insignificante. Me propongo estrechar el sitio y para esto espero algunas fuerzas que se me han de incorporar. Nada me obliga a precipitar los acontecimientos, pues el enemigo no puede recibir auxilios de ninguna parte, mientras que por el contrario yo recibo fuerzas diariamente" (esperaba la llegada de llegada de Martínez y parte del Ejército del Centro de Riva Palacio que sumarían 5 mil hombres). Sin embargo, el valor del primer gran enfrentamiento en Querétaro estribaba en la sorpresa que habían recibido los imperiales. Salm Sam cuenta que "el bravo Mejía estaba algo sorprendido del arrojo poco común del enemigo […] le oí decir al emperador que durante todo el tiempo que había estado batiéndose en México, nunca había visto a los liberales en tanta fuerza y perfección" y el oficial artillero Alberto Hans añadiría: "Ya no conocíamos a nuestros antiguos adversarios, cuya única táctica había parecido ser, hasta entonces, la fuga. Nuestros nuevos enemigos, por el contrario, se habían presentado audazmente en los diversos episodios de la jornada".

Durante los dos siguientes días los dos ejércitos frente a frente parecían estar reponiendo sus heridas. Los republicanos establecieron hospitales militares en la hacienda de Alvarado y en la fábrica Hércules, en el norte y occidente de la ciudad. Sufren carencias de municiones. Pero la situación es peor en el interior donde, como dice el médico y coronel republicano Ismael Salas, "los traidores no pueden salir y no les queda otro recurso que morirse de hambre o rendirse, sin que nosotros tengamos nada que exponer". Con una ventaja para Escobedo: mientras que él seguía sumando nuevas fuerzas, los imperiales no parecían hacer nada para apoyar la ciudad sitiada.

Juárez concordaba con Escobedo en que la clave de la guerra se encontraba en Querétaro y no en la Ciudad de México. Que allí se había de decidir todo y desde lejos llegaban correos y cartas y mensajes y hasta telegramas por donde los postes aún están de pie. El 16 de marzo Escobedo escribía: "Vencidos en Querétaro lo serán en todas partes", vuelve a convocar a Riva Palacio, que estaba obstruyendo el paso entre Querétaro y la Ciudad de México en la cañada de Tepeji, trataba de conectar con Porfirio Díaz, que estaba cercando Puebla y del que no tenía noticias. Le ordena (y Juárez lo apoya) que la infantería del general Méndez que obedece a Porfirio se sume a sus fuerzas. Hay caos en la distribución de víveres y hacen falta municiones, forrajes y fusiles. Y van y vienen los correos de las afueras de Querétaro a San Luis Potosí, convirtiendo a Juárez de presidente en intendente del ejército en campaña. En Monterrey y en la maestranza de San Luis Potosí el coronel Balbontín está produciendo municiones y obuses con esfuerzos supremos. Las diligencias que salían de San Luis iban cargadas de cartuchos. Se registran 1 300 000 cartuchos enviados. Y Juárez está poseído de la misma fiebre y anota en los márgenes de los papeles lo que Escobedo le pide: "Hágase", "sea", "mándese". Voluntades de papeles en ríos de carencias.

Continuaba el bombardeo y tras una acción en falso el 16, que se suspendió porque el general Miramón, según Basch, se había dormido, al amanecer del 17 de marzo se prepara una salida para tomar las alturas que rodeaban San

Pablo y San Gregorio y si se puede, romper el cerco. Y luego ¿qué? No hay en los informes imperiales claridad sobre la operación. Sólo se conoce que Severo Castillo obedeciendo a Miramón dispone que las columnas vayan con la caballería y la infantería alternadas para evitar que la caballería republicana las desorde. Pero a la hora de ordenar la salida se creó "un peligroso desorden".

Al mismo tiempo el jefe de las fuerzas que mantenían en el sur el Convento de la Cruz, que quedaba desguarnecido, pensó que iba a sufrir un ataque y avisó al general Ramón Méndez que se lo comunicó a Maximiliano en el Cerro de las Campanas, que a su vez fue hacia La Cruz y ordenó a Márquez que le diera contraorden a Miramón. "El general Márquez llegó en el momento en que Miramón, con la espada en la mano, pasaba al frente de sus tropas arengándolas, y les comunicaba su ardor y su fe ciega en el éxito de la jornada. El día iba a comenzar. Diez y ocho piezas de artillería, que se habían colocado en batería frente a las posiciones enemigas, se disponían a comenzar el fuego. La orden, transmitida por el general Márquez en persona, la noticia de que el enemigo se disponía a tomar La Cruz que había quedado casi abandonada, y que la brigada de reserva no se hallaba todavía en su puesto, causaron en Miramón una desesperación furiosa, envainó su espada, tiró al suelo su sombrero, y dio orden a las tropas de volver a la ciudad. Volvió él mismo a Querétaro, pálido y llorando de rabia". La noticia del ataque a La Cruz había resultado falsa y con el día avanzando el factor sorpresa se había perdido.

Ya han transcurrido tres semanas del cerco. Y para Escobedo el dilema es apretar el cerco pero no en exceso, porque si se aprieta sin fuerza, los invita a que lo rompan y huyan. Y le escribe a Juárez: "No tenemos un peso en la caja", y enloquecido pide municiones de artillería de donde fuera. Se sabía que Méndez había dejado en Ciudad Victoria un acopio, desde ahí había que traerlas. Se quejaba de los celos regionales de los caudillos militares. El gobernador de Guanajuato sólo abastece a las tropas de su región, pero ¿cómo esperar que lleguen abastos desde la lejana Chihuahua? No sólo hay problemas con la artillería, las caballerías republicanas estaban mal armadas, mal instruidas. Las fuerzas se encontraban mermadas por las deserciones. Y de 600 guanajuatenses de la infantería de Rosado, sólo quedaban 270, porque los demás, por ser vecinos, se fueron a sus pueblos a echar novio, o un taco, a descansar, o murieron en las escaramuzas frente a San Gregorio. Era nuevo esto para la mayoría de los irregulares chinacos, acostumbrados a combatir en partidas y a su aire, sin estar sometidos a una disciplina de cerco, obligados a depender para el sustento y el avituallamiento de una intendencia que no funcionaba, teniendo que combatir lejos de sus tierras de origen y que tan bien conocían. ¿Cómo se improvisa esa ciudad en armas que cerca a la otra ciudad? ¿Cómo se levanta de la noche a la mañana en el orden una ciudad de 20 mil combatientes nominales, quizá 18 en realidad, con otros 5 mil de estorbo?

Y mientras la línea del telégrafo con San Luis Potosí estaba terminándo-
se se tuvo noticia de que el general imperialista Feliciano Olvera pretendía
hostilizar la retaguardia de los sitiadores. Y se destacaba para dispersarlo a la
caballería de Aureliano Rivera.

El día 20 o el 21, variando la fecha según los cronistas, los generales imperiales celebraron un consejo de Guerra donde se barajaron las siguientes
opciones: Hacer una salida del ejército sin la artillería que sería destruida, supuestamente siguiendo un previo plan de Márquez, que implicaría reunirse
más tarde con las guarniciones de Puebla y México (con una loca variante
de Vidaurri que decía que había que marchar hacia el norte, a Monterey) y
que previamente había tenido consenso entre los mandos, con la objeción de
Mejía, al que le parecía absurdo y las objeciones de Ramírez de Arellano y el
propio Maximiliano ("Es la primera campaña que hago en este país y me da
vergüenza volver a México, habiendo perdido mi artillería y mis trenes"). La
segunda opción era mandar una columna hacia México a la busca de refuerzos
o la propuesta del general Castillo: esperar el próximo ataque de los republicanos y batirlos en el contraataque. Finalmente esta última adquirió consenso.

Pero las dudas de Maximiliano persistían, porque según el príncipe de
Salm Salm, "el mismo día me participó el emperador, recomendándome el
mayor secreto, que había resuelto enviar a Márquez a México". Aunque la
decisión de que fuera Márquez el designado en principio no era definitiva.
Entrevistado años más tarde el coronel Carlos Miramón, contaba que Maximiliano le había dicho a su hermano que él había sido en principio el elegido
pero que Márquez lo objetó con la siguiente frase: "Si el general Miramón va a
México, Su Majestad debe ir eligiendo el balcón en que nos ahorquen, porque
si Miramón sale del sitio, se pronuncia contra el Imperio y se hace presidente".

Ese mismo día Maximiliano firmó su abdicación al trono del imperio,
pensada para cubrir el vacío de poder en "el caso de nuestra muerte", o
"prisión", diría párrafos adelante. Nombraba una regencia compuesta por
Vidaurri, José María de Lacunza y Leonardo Márquez con Teodosio Lares,
Tomás Mejía y José Linares como suplentes y les encargaba en caso de "que
terminada la guerra por triunfo de las armas imperiales, o por armisticio",
convocaran a un congreso.

A eso de las cuatro de la mañana del 22, Miguel Miramón con una fuerza
de 2 mil hombres que incluía a los jinetes fronterizos de Quiroga, el batallón de Celaya, una parte que los cazadores franco-mexicanos y cuatro piezas
de artillería y en tres columnas paralelas, observado por Maximiliano desde
el Cerro de las Campanas, avanzaba hacia el camino de Celaya, a cuatro kilómetros de la ciudad para atacar un tren de provisiones de 30 carromatos,
sorprendiendo a los republicanos que se replegaron abandonando los carros.

Miramón tomó la hacienda de San Juanico y sus hombres comenzaron a
cargar en carros todo el maíz que encontraron así como 22 carros de promi-

siones de boca y guerra, unos 60 bueyes y otros 200 carneros y cabras. Para
esos momentos la división de caballería del general Amado Guadarrama entró en combate apoyada por la artillería. Durante cuatro horas los imperiales
se replegaron lentamente bajo la ofensiva de los chinacos sinaloenses, lo que
los obligó a enviar como refuerzo a la guardia municipal de México. Nuevos
enfrentamientos en que los que se salvó milagrosamente el príncipe de Salm
Salm debido "a una maña de su caballo, que levantaba extraordinariamente
la cabeza a cada momento: el animal recibió una bala en el cráneo durante
uno de sus movimientos".

Hacia las nueve de la mañana los imperiales conducidos por Miramón en-
traban de regreso en Querétaro bajo el fuego de la artillería de San Gregorio.
Basch cuenta que "un observador atento contó nada menos que doscientas
diez y nueve en media hora. Todas aquellas balas eran, a decir verdad, un
regalo que el enemigo nos hacía, por cuanto escaseando en nuestro campo las
municiones de guerra, aquellos proyectiles nos eran muy útiles; los rateros de
Querétaro se iban a recogerlos, y nos los vendían a medio cada uno". Durante
el bombardeo una granada cayó sobre la cajuela de municiones de un obús y
la incendió, la explosión mutiló a los artilleros que servían la pieza, a los con-
ductores y a las mulas, e hirió a varios soldados. Los imperiales celebraron la
salida por la captura de los víveres, pero "nuestras pérdidas fueron sensibles,
principalmente entre los jinetes de la frontera", porque sobre el campo quedaron "21 muertos entre franceses y traidores, nueve prisioneros, y algunos
caballos y armas". Según Arias "la pérdida de los republicanos pareció increíble, pues no contaron más que un soldado muerto, y cosa de nueve heridos".

El hecho es que el mismo 21 Maximiliano escribió dos cartas personales
para Carlos Sánchez Navarro ("Aconsejo a Fischer, especialmente cuidara
mucho del archivo, y lo que no se pueda salvar de una manera segura, es mejor quemarlo... Mientras que estoy dictando esta carta para usted nuestros
adversarios celebran el santo de su patrón, enviándonos granadas que vuelan
como las moscas a nuestro derredor") y al capitán Schaffer: "Si llega el caso
previsto hará usted embalar cuidadosamente y en forma de que puedan ser
cargados sobre mulas, para transportados al centro de las operaciones activas
del ejército, todos aquellos objetos de mi propiedad particular, que pueden
serme útiles en una larga campaña, en variedad de climas y en las distintas
estaciones del año. Como aquí carecemos de buenos libros, deseo que elija
usted algunos pocos de los mejores, trayéndomelos usted con su equipaje...
Convendrá traer también... las principales cartas geográficas y, por último,
un buen anteojo... Knetchl no debe, por otra parte, olvidarse de la pequeña
colección de piano y de las anotaciones". Añadía: "Juntamente con la presidencia del Consejo tendrá Vidaurri a su cargo la cartera de Hacienda". "Envié
además a esa en calidad de lugarteniente e investido de los más amplios poderes, al general Márquez, a fin de que reduzca al orden a todos aquellos vie-

jos [los ministros], levante la moral abatida y al mismo tiempo sirva de apoyo y protección a mis verdaderos amigos". Por el contenido de la carta y sin que se dijera explícitamente era obvio que Maximiliano esperaba además que Márquez trajera no sólo las partituras del piano sino refuerzos a Querétaro.

El 21 de marzo Vicente Riva Palacio se acerca a Querétaro y duerme en el Colorado. El 22 está frente la ciudad con una parte de las fuerzas del Ejército del Centro (el resto está sumado a las fuerzas con las que Porfirio Díaz cerca Puebla), 1 400 hombres, una batería de montaña con poca dotación de municiones, y alguna caballería irregular. Arias precisa: "Los infantes, aunque nuevos, presentaban buena organización, y quedaron acampados en la Cuesta China, donde se municionaron y alistaron para [estar] prontos a combatir". Riva Palacio piensa que sólo el ver la silueta de la ciudad le iba a permitir dormir, que todo era llegar y caer en el sueño del agotamiento de las emociones, pero, ante las luces diminutas de la ciudad a lo lejos, el sueño se evapora y todo es insomnio, vela, noche sin luna. No es un ejército triunfante el que contempla: es la horda de locos harapientos que han logrado reunirse en este año, es el desastre sostenido en equilibrio inestable a fuerza de pura voluntad.

Con él llegan las tropas del general Martínez y una parte de los poblanos de Juan N. Méndez, 2 300 infantes, 200 caballos y dos obuses de montaña. Arias de nuevo cuenta: "En el conjunto de esa tropa se advertía irregularidad y falta de organización; no llevaba parque alguno, su armamento era desigual, y de la misma manera que las fuerzas del primer Distrito, sin el menor recurso de provisiones y de dinero para cubrir los haberes de la tropa".

Aunque varios de los narradores de la batalla de Querétaro en ambos bandos insisten en decir que el ataque de Miramón fue para distraer la salida de Márquez, no hay conexión entre ambos hechos: la salida de Miramón se produjo en la mañana y fue hasta la medianoche del 22 al 23 que Leonardo Márquez con Santiago Vidaurri con 1 200 jinetes que incluían a los norteños de Julián Quiroga, rompieron el cerco por el lado de la línea que no estaba cubierta dirigiéndose hacia el sur. Escobedo le envió un lacónico mensaje a Juárez: "Se nos ha ido Márquez", presupone que para buscar auxilio en la Ciudad de México, "quizá a mover fuerzas y traer recursos". Entre los imperiales la noticia causó sorpresa, Vigil dirá que "ni el mismo Miramón tuvo noticia de ella".

NOTAS

1)   Masae Sugawara: *Mariano Escobedo*. Andrés Garrido del Toral: *Maximiliano en Querétaro*. Konrad Ratz: *Querétaro: fin del segundo imperio mexicano*. Alberto Hans: *Querétaro: memorias de un oficial del emperador Maximiliano*. Juan de Dios Arias: *Reseña histórica del Ejército del Norte durante la intervención francesa, sitio de Querétaro y noticias oficiales sobre la captura de Maximiliano, su proceso íntegro y su muerte*. Samuel Basch: *Recuerdos de México: memorias del médico ordinario del emperador Maximiliano, 1866-1867*. Fran-

cisco O. Arce: *El sitio de Querétaro*. Félix Salm Salm: *Mis memorias sobre Querétaro y Maximiliano*. Leonardo Márquez: *Manifiestos (el Imperio y los imperiales). Por qué rompo el silencio*, rectificaciones de Ángel Pola. Sóstenes Rocha: "Apuntes históricos sobre el sitio de Querétaro". Lucas Martínez Sánchez: *Coahuila durante la Intervención Francesa, 1862-1867*. Daniel Moreno: *El sitio de Querétaro, según sus protagonistas y testigos*. Manuel A. Hernández: *Memorias del general de división Juan A. Hernández*. Paco Ignacio Taibo II: *El general orejón ese* y *La lejanía del tesoro*. Francisco Bulnes: *Rectificaciones y aclaraciones a las Memorias del general Porfirio Díaz*. *Boletín de Noticias* del 12 de abril.

2) Las frecuentes informaciones sobre la presencia en el ejército republicano del general Mariano Escobedo de soldados y asesores "voluntarios" estadounidenses que habían participado en la guerra de secesión, "como Sherman y Hancock" y "moderna artillería proveniente de los Estados Unidos" (en Wikipedia, por ejemplo), ha sido absolutamente exagerada. A lo largo de los próximos combates, de los capturados en la batalla del 14 de marzo, sólo se conocen dos norteamericano, uno que combatía con las brigadas del norte y otro con Corona. La presencia en Querétaro del grupo de la Legión de Honor californiana (nunca llegaron a 50) se puede documentar por la carta de dos prisioneros del imperio, el capitán John Beady y el teniente J. Pluke del 26 de abril del 67, y poco más.

218

QUERÉTARO: CHOQUES Y MÁS CHOQUES

22 de marzo-4 de abril

Después de la partida de Márquez el ejército sitiado quedó reducido a 7 800 hombres; las municiones de la tropa y de la artillería llegaban a 514 140 cartuchos con bala para armas portátiles (unas 80 balas por combatiente de infantería) y 5 474 para cañones y obuses. Suficiente para resistir, pero ¿por cuánto tiempo? Fuera de Querétaro, Escobedo siente que los imperiales se debilitan, pero la fuga de Márquez lo inquieta. Puede ser un tremendo dolor de cabeza si Porfirio Díaz no lo encuentra y lo detiene; puede reunir más tropas y romper el cerco, puede atacar las caravanas de abastecimiento republicanas, puede darle un albazo. ¿Esperar o lanzar una nueva ofensiva? Su explicación frente a Juárez, que lo apremia, es que se ha visto obligado una y otra vez a cambiar de plan. No es un argumento, lo que hay detrás es que desconfía de una buena parte de las fuerzas que ha ido reuniendo en torno a Querétaro. Tres días después le dirá al presidente: "Las caballerías que se me han ido incorporando son, en lo general de muy malas condiciones en su instrucción, su organización y por su armamento malo y de diversas clases [...]. Las infanterías, hay muchas muy buenas, otras de gente muy novicia; unas bien armadas, otras medianamente y algunas con armas pésimas; la artillería, de baterías casi todas de montaña que no son las más apropiadas [...] y cual más cual menos todas estas fuerzas han venido escasas de parques y algunas casi del todo desprovistas de él".

Finalmente Escobedo prepara un nuevo ataque cuyo eje será el suroeste de la ciudad: la Casa Blanca y la Alameda, la zona al pie del Cimatario; un frente en el que actuaban tropas que no habían sido probadas en el combate anterior. En la noche del 24 el cuartel general hizo circular a los mandos una orden secreta que ordenaba a las divisiones de Vicente Riva Palacio, Juan N. Méndez e Ignacio Martínez; las de Sinaloa y Jalisco y las columnas de caballería de Carvajal y Rivera, tomar la responsabilidad del ataque descendiendo del cerro del Cimatario y haciendo un movimiento de flanco sobre la Casa Blanca. Ramón Corona dirigiría toda la operación contando con una reserva importante: la 1ª división de infantería del Ejército del Norte (Sóstenes Rocha), la 2ª brigada de caballería (coronel Martínez) y una sección de caballería del Cuartel General (coronel Doria). Simultáneamente la 2ª división de caballería del general Amado Guadarrama, tomaría el camino de Celaya, el Pueblito y la hacienda de San Juanico al oeste de la ciudad, "teniendo preparadas sus columnas para atacar al enemigo por su retaguardia o flanco".

Quedarían en una segunda reserva una división de las de Corona en el este y en el norte de Querétaro el general Treviño, con la 2ª y 3ª división del Ejército del Norte, 1ª brigada de Coahuila y batallones del Cuartel General, Supremos Poderes y 1º de Nuevo-León, quedarán ocupando la línea de San Gregorio al Molino de San Antonio. Sóstenes Rocha escribirá más tarde que el ataque fue "Mal planeado y mal ejecutado". No le falta razón, Escobedo peca de exceso de cautela, no concentra y no utiliza a sus mejores fuerzas. Aunque la versión imperial habla de que actuaron unos 16 mil hombres, no pasaban de 8 mil.

Desde las tres de la madrugada a las 8:30 los republicanos toman posiciones. A las nueve de la mañana rompen sus fuegos de artillería. Hacia las diez los liberales bajan por la Cuesta China hacia el Cimatario donde se forman. Hace mucho calor en la plaza. Maximiliano envía a Miramón hacia el sur con algunas tropas, pero no desguarnece otras zonas, porque está esperando un ataque general.

Las tres columnas de Juan N. Méndez, Ignacio Martínez y Vicente Riva Palacio llegaron en orden a las faldas del Cimatorio y sostenidas por el fuego de 20 piezas, inician su avance. El príncipe de Salm Salm que ha sido ascendido y manda ahora una brigada es enviado a cubrir un muro de piedra en la línea de La Alameda a la Casa Blanca donde se le aproxima la columna de Martínez, tropas no fogueadas del Estado de México y el batallón de Huichapam. Recorren 400 metros. Salm cuenta: "Avanzando presentaban muy buen aspecto. Todos ellos llevaban pantalones de dril y chaquetas blancas ribeteadas con caño de diversos colores para mostrar los regimientos a los que pertenecían. En acción siempre parecían extraordinariamente limpios, pues era su costumbre el lavar la ropa antes del combate y como sólo tenían un uniforme se les podía ver encuerados [...]. A la orden del general Miramón desfilé de la Alameda con mi brigada: pasé un pequeño puente que hay allí y formé en línea para recibir a los liberales. Les permitimos avanzar hasta que se encontraron a 50 pasos de nosotros. Allí recibieron por tres lados una lluvia de balas y metralla que les sorprendió tanto que muy pronto dieron vuelta".

Arias informa: "Desgraciadamente la defensa de los imperiales era más que vigorosa, y no sólo habían detenido la marcha de la 3ª división, sino que tomaron la iniciativa; de manera que se hizo imposible dar auxilio a la columna de Martínez, que quedó comprometida en manos del enemigo, el cual descargó sobre ella cuantas fuerzas pudo". El regimiento de la emperatriz mandado por el coronel Pedro González se arrojó sobre ellos. Salm añade: "El llano frente a la Alameda estaba cubierto enteramente con muertos y heridos, cuyos uniformes blancos hacían un contraste notable con el terreno oscuro".

Pero del Cimatario seguían descendiendo las otras dos columnas y se enfrentaban a la línea de resistencia de la Casa Blanca y la Alameda. Alberto Hans reconoce: "con un orden, una rapidez y un aplomo que jamás se había esperado encontrar en ellos". La división que mandaba el general Juan N. Méndez con los hombres del batallón ligero del Valle de México progresó. Salm narra: "Después de una abertura de artillería por ambos partidos comenzaron a avanzar las columnas de los liberales a las tres de la tarde. La columna delantera consistía de 4 mil hombres y la que seguía de 6 mil. Las blancas columnas venían por el ancho camino descubierto por ambos lados con gran intrepidez bajo fuego de la artillería que estaba en La Alameda".

Miramón y sus tropas en la Alameda logran frenar el avance de una de ellas con un fuego muy vivo, pero Riva Palacio, que marcha con el 2º batallón ligero de Toluca del general Vélez y la infantería del estado de Guerrero que dirige el general Vicente Jiménez recibe el choque de la caballería imperial de Mejía, que vacila por un momento, ante el nutrido fuego de la artillería y de la infantería enemigas. Altamirano que estaba allí, cuenta: "Mejía desenvainó la espada y gritó a sus soldados: *¡Muchachos, así muere un hombre!* apretó con las espuelas los ijares de su brioso corcel y acometió velozmente a los republicanos; todos sus soldados le siguieron con entusiasmo y arrollaron largo trecho al ejército republicano; pero la artillería magníficamente establecida, le hizo sufrir pérdidas sensibles, y ayudó a las columnas republicanas que bajaban sobre la Casa Blanca, a rehacerse y obligó a la caballería de Mejía a retroceder".

Las defensas estacan montadas en un granero sólido de piedra cerca del camino y un terreno cubierto completamente con nopales, tras el cual se encuentra el edificio llamado la Casa Blanca también de piedra sólida, y cerca de ella rumbo hacia la Alameda, hay un patio o corral, cercado con una muralla de piedra. Allí Miramón y Méndez envían la brigada de Salm Salm. "Coloqué el 2º y 5º batallones de línea en el granero y cerca de él y en la Casa Blanca, mientras en la Garita estaba apostado el batallón de Zamora donde igualmente estaba colocada mi batería de tal manera que podía barrer el camino del cerro. Guardé como reserva el 14º batallón de línea y el general Méndez puso al lado de estos, 120 caballos bajo las órdenes del mayor Malberg [...]. La sangre fría y valor del enemigo bajo este fuego mortífero era realmente admirable más cuando su columna hubo llegado a 400 paso de distancia y le cayó una lluvia de metralla, comenzó a vacilar. Se recuperó sin embargo al instante y avanzó 200 pasos más y al fuego de la artillería se agregaron las repetidas descargas de nuestra infantería. De nuevo se frenaron y esperábamos verlos dar la espalda; eran momentos críticos y comparando nuestro pequeño número con los miles de ellos, se podía muy bien dar lugar a la duda de lo que podía ser el resultado. El enemigo se detuvo pero los oficiales se lanzaron delante de la columna [...] marcharon a paso redoblado y lograron llegar hasta el granero frente a la Casa Blanca [...]. Mi ansiedad en esos momentos de prueba fue tan grande, que el sudor corría por mi frente y di órdenes de avanzar a la reserva". Hans añade: "Un momento de vacilación, y estábamos perdidos; pero no sucedió así".

La llegada del coronel Ramírez de Arellano con una batería fue la clave. Arellano saltó de su caballo herido, apuntó un cañón contra la masa más densa de las tropas de Riva Palacio y le descargó una lluvia de metralla, que a una distancia tan corta causó una matanza horrible. Esto dio el tiempo necesario para que arribara el general Méndez con el batallón de Iturbide y Miramón con nuevos refuerzos, mientras que Mejía formaba de nuevo la caballería. Los republicanos frenan su avance, pero se reponen y vuelven al ataque. Hans añade: "El cañón retumbó; pero no por eso dejaban de avanzar los republicanos con un orden, una rapidez y un aplomo que jamás se había esperado encontrar en ellos. Se veía que iban mandados valientemente por sus principales jefes Riva Palacio, Jiménez, Vélez. Nuestros cañones no bastaron para detenerlos". Malburg, con su destacamento de caballería, rodeó la casa violentamente y atacó al enemigo por su flanco izquierdo. El efecto de la metralla y el repentino ataque de la caballería, cuyo número probablemente era exagerado, fue demasiado. Los liberales huyeron. El general Riva Palacio que durante algunas horas estuvo en peligro de sufrir un descalabro, tras la derrota de Martínez, logró proteger sus columnas con sólo 50 caballos, mandados por el coronel León Ugalde (el guerrillero de mala fama que sobrevivió a Melchor Ocampo), y replegarse a sus posiciones después de cuatro horas de combate.

Un último contraataque de los imperiales con el general Ramón Méndez y las reservas del batallón de Iturbide acabó con la ofensiva y las últimas columnas republicanas se replegaron hacia el Cerro del Cimatario con la caballería imperial persiguiéndolos hasta que una fuerza superior de caballería de los liberales, la división de Guadarrama, apareció para protegerlos.

Durante el combate, el emperador se situó en la azotea del Convento de la Cruz con el general Castillo, y con los oficiales Swoboda y Fürstenwärther. La posición fue atacada a las tres de la tarde, en un simulacro para librar la presión sobre la división de Corona. El fuego de artillería fue muy potente desde la Cuesta China. Una de las granadas llegó silbando y reventó junto a Maximiliano sin tocarle, pero dejando gravemente heridos a tres soldados en la misma azotea. Hans registra que "aquel día los cañones del enemigo nos hicieron sufrir cruelmente. Una sola granada hizo espantosos destrozos en las filas de la guardia municipal de México".

Cerca de 1 500 muertos y heridos cubrían el campo de batalla, "que parecía como si una manada de carneros estuviera descansando en él" (en el recuerdo de Salm Salm), entre ellos el coronel republicano Florentino Mercado, un joven abogado de México con fama de valiente, autor de un libro de jurisprudencia, que conducía la vanguardia de la columna asaltante y cayó con la cabeza hecha pedazos. El general Arce valoró las bajas republicanas en 2 mil hombres entre muertos, heridos, desparecidos y 300 prisioneros (una parte, soldados del Estado de México, de leva) entre los cuales había 14 oficiales. Los imperiales no ofrecieron cifras de sus pérdidas que calificaron de "comparativamente hablando pequeñas". En Querétaro se celebró la victoria y Maximiliano nombró general a Manuel Ramírez de Arellano. Pero el cerco se había apretado y las salidas hacia el rumbo de Celaya para obtener víveres eran casi imposibles, porque ahora los republicanos habían construido un campo atrincherado hasta la Garita del Pueblito y cerca de la Casa Blanca.

El 25 de marzo las carencias de municiones comenzaron a inquietar en ambos ejércitos. En el interior del cerco Arellano creó una fábrica de salitre, dos fundiciones de proyectiles, arrancaron el techo del teatro y lo fundieron para hacer balas, así como parte de las campanas. Entre los republicanos sucedía lo mismo y se enviaron correos extraordinarios para pedirlas a los gobernadores de Jalisco, Guanajuato, Aguascalientes y Zacatecas. Al coronel Balbontín se la ordenó que marchase a San Luis para que reuniese y construyese cuantas pudiera.

Durante dos días se sucedieron escarceos y pequeños combates. En la noche del 25 los imperiales hicieron una salida en el occidente y el norte sin mayor consecuencia, y los republicanos hicieron varias tentativas fallidas para destruir el puente sobre el Río Blanco frente a San Sebastián.

Escobedo piensa que tras las primeras experiencias Maximiliano, guiado por Miramón, está calibrando la resistencia, invitando a la imprudencia para destrozarlos en el contraataque y por tanto apuesta a desgastarlos, contiene urgencias, detiene premuras, enfría con cubos de agua las sangres calientes. Y busca reforzar al ejército pidiéndole refuerzos a Porfirio Díaz, que está sitiando Puebla; a Leyva, situado en el camino de Puebla a México en la hacienda de Buena Vista; al coronel Lalanne, que se halla presionando sobre la Ciudad de México. Al mismo tiempo sitúa pequeñas patrullas de caballería para impedir el acceso del imperial Olvera desde la sierra.

El campo de la chinaca es un desastre, apenas funcionaba la intendencia, faltaban fusiles y municiones; por todos lados cañones despiezados y caballería sin caballo. No había una sopa caliente ni de casualidad. El cerco absoluto era una ficción: estaba lleno de remiendos. El capitán Blas Rodríguez escribe el 26 de marzo: "He recorrido una gran parte de la línea que ocupa el Ejército Republicano; compuesta es cierto de más de 20 mil hombres pero apenas la mitad de él será de gente moralizada y capaz de pelear, el resto sólo sirve para aumentar el pánico de que se hallan poseídos los traidores, y en caso de un revés, que ni remotamente temo, para aumentar la confusión y el desorden en que entraríamos. Este último se compone de chusmas desmoralizadas con mal armamento, y jefes de pésimos antecedentes, como Francisco Carvajal, Ugalde y otros de esta calaña". Ese mismo día Riva Palacio le escribe a Juárez pidiendo 500 fusiles y reseña: "El enemigo hace frecuentes salidas. Cada una de ellas nos cuesta mucho parque y no pocas bajas; en cada una de ellas nuestra moral sufre más y más". Para evitar nuevas sorpresas las tropas más verdes que siguen llegando al sitio son distribuidas en posiciones de retaguardia.

Pero la preocupación mayor de Escobedo es ¿dónde está Leonardo Márquez y qué pretende? Ha advertido de su salida a todos los cuerpos republicanos que se encuentran entre Querétaro, Puebla y México, pero no le parece suficiente y está dispuesto a correr un gran riesgo a cambio de prever uno mayor y el 29 de marzo da órdenes a la 2ª división, compuesta de 3 mil hombres y dirigida por los generales Amado Guadarrama, Francisco A. Aguirre y el coronel Ignacio C. Ocádiz, para que salgan por el camino de México, buscando a Márquez.

Los imperiales celebraron el 30 de marzo en la plaza del Convento de la Cruz en un acto en que se repartieron condecoraciones por las batallas previas. Incluso los generales condecoraron al propio Maximiliano. Y al día siguiente, 1º de abril, como a las tres de la mañana el general Miramón salió de la ciudad a la cabeza de una columna de infantería de 2 mil hombres, protegidos por un millar de jinetes que se habían situado al pie del Cerro de las Campanas. A las cinco, aún no había amanecido, guiados por "un malvado vivandero, que favorecido por su papel pudo visitar nuestro campo, y enterado bien de nuestras posiciones, informó de ellas al enemigo" (según el coronel Victoriano Cepeda), atacó la línea del norte avanzando hacia la iglesia de San Sebastián sorprendiendo a la guarnición con un brusco ataque. La brigada de Guanajuato del general Antillón, se desbandó huyendo en paños menores.

Miramón aprovechó el éxito del ataque "audaz e inesperado" y no se detuvo. Sin pérdida de tiempo, apropiándose de dos obuses continuó su marcha sobre La Cruz del Cerrito, otro edificio importante, a la derecha del cual había obras de fortificación, que también cayó en su poder. En su ala izquierda atacaron la posición de Alatorre que penosamente resiste con el apoyo del coronel Corella y sus Cazadores de Durango.

El general conservador, con dos columnas de cuatro batallones cada una, ha desbordado la línea cuando aparecen las reservas republicanas. Entre ellas el propio Mariano Escobedo, cuyo alojamiento se encontraba cerca del punto de ruptura, con su escolta y los batallones del primer móvil de Nuevo León y Supremos Poderes que arriban a paso veloz y los atacan desde el flanco. Por el otro flanco abren fuego tres piezas de artillería sostenidas por el batallón Libres de Zacatecas.

Los imperiales resistieron tenazmente el empuje de estas reservas y la artillería durante diez minutos, pero la carga a la bayoneta de los republicanos, los arrolla. Miramón se ha alejado demasiado de sus líneas y la continua llegada de los refuerzos republicanos está a punto de cercarlo. Los imperiales inician el repliegue.

A las nueve de la mañana el general Miramón había vuelto a la plaza en desorden aunque con prisioneros y dos obuses de montaña, pero "la mortandad fue considerable, y tanto que las tropas vencedoras emplearon todo el resto del día en enterrar cadáveres y recoger heridos de una y otra parte"; entre los heridos se encontraba el coronel Farquet, amigo de Miramón, que herido en la rodilla, murió pocos días después. Hans escribirá: "Nuestras pérdidas fueron sensibles", Escobedo dirá que superiores a las suyas.

El resultado del combate fue que los republicanos avanzaron 100 metros más sus posiciones. Según Escobedo: "La función de armas nos permitió llevar nuestra línea avanzada hasta la orilla del río". Dos días más tarde le informaría a Juárez que piensa valorar a los batallones 1º y 3º de Guanajuato y a sus jefes y oficiales, y si es necesario disolverlos y llevar a juicio al general por el abandono de las posiciones. "Lo que nos pasó con estos batallones es una vergüenza y pudo haber originado una desgracia grande".

A miles de kilómetros de distancia, en abril se abre un debate diplomático que inicia el emperador austriaco Francisco José al pedirle a su embajador en Washington, el 4 de abril, que conociendo los fusilamientos de San Jacinto y que su hermano está sitiado en Querétaro, temía mucho por su vida; por tanto encargaba al gobierno de Estados Unidos que interpusiese su influencia con Juárez, para que en caso de que Maximiliano cayese prisionero, no se le quitase la vida, con el argumento de que gracias "al apoyo moral del gobierno americano es a quien debe en gran parte sus actuales ganancias el partido liberal de México". Seward, de manera bastante servil, respondió que con la mejor voluntad obsequiaría los deseos del gobierno austriaco y transmitió a Lewis D. Campbell, ministro de Estados Unidos en Nueva Orleans, un recado para Juárez: es "deseo de este gobierno que, en caso de ser capturado el príncipe y sus secuaces, reciban el tratamiento humano concedido por las naciones civilizadas a los prisioneros de guerra". Juárez se tomó su tiempo y el 27 de abril, a través de Lerdo de Tejada, respondió a los norteamericanos: "el archiduque Maximiliano ha querido seguir derramando estérilmente la sangre de los mexicanos [...] ha querido continuar la obra de desolación y de ruina de una guerra civil sin objeto, rodeándose de algunos de los hombres más conocidos por sus expoliaciones y graves asesinatos y de los más manchados en las desgracias de la República. En el caso de que llegaren a ser capturadas personas sobre quienes pesase tal responsabilidad, no parece que se pudieran considerar como simples prisioneros de guerra".

NOTAS

1) Niceto de Zamacois: *Historia de México*, tomo XVIII. Enrique García González: *Amado Guadarrama: biografía*. Leonardo Márquez: *Manifiestos (el Imperio y los imperiales). Por qué rompo el silencio*, rectificaciones de Ángel Pola. Conrado Hernández López: "Querétaro en 1867 y la división en la historia (sobre una carta enviada por Silverio Ramírez a Tomás Mejía el 10 de abril de 1867)". Konrad Ratz: *Querétaro: fin del segundo imperio mexicano*. Ángel Pola: *Los reportajes históricos*. Albert Hans: "Querétaro: memorias de un oficial del emperador Maximiliano". Juan de Dios Arias: *Reseña histórica del Ejército del Norte durante la intervención francesa, sitio de Querétaro y noticias oficiales sobre la captura de Maximiliano, su proceso íntegro y su muerte*. Andrés Garrido del Toral: *Maximiliano en Querétaro*. Ignacio Manuel Altamirano: *Historia y política de México, 1821-1882*. Ignacio de la Peza y Agustín Pradillo: *Maximiliano y los últimos sucesos del imperio en Querétaro y México*. Félix Salm Salm: *Mis memorias sobre Querétaro y Maximiliano*. Ignacio Manuel Altamirano en *El Siglo XIX*, 23 de mayo de 1879, *Obras completas*, tomo VIII. David Coffey: *Soldier Princess: The Life and Legend of Agnes Salm Salm in North America*. María Elena Delfina López Méndez: *Manuel Ramírez de Arellano, un destino trágico en la intervención y el segundo imperio*. Luis Reed Torres: *El artillero de Maximiliano. La azarosa vida del general Manuel Ramírez de Arellano, Niño Héroe de Chapultepec, ideólogo nacionalista y migo fraternal de Miguel Miramón, según su archivo inédito y sus escritos*. Manuel Ramírez de Arellano con notas de Ángel Pola: *Últimas horas del imperio, los traidores de los traidores*. Benito Juárez: *Documentos, discursos y correspondencia*, tomo XI. Agustín Rivera: *Anales mexicanos. La Reforma y el Segundo Imperio*. Vicente Fuentes Díaz: *Ignacio M. Altamirano*. Vicente Quirarte: "Del pueblo y para el pueblo: dos actuaciones literarias del guerrillero". Fernando Díaz Ramírez: *Las dos batallas por Querétaro: Cimatario, 24 de marzo y 27 de abril de 1867*. Hubert Howe Bancroft: *History of Mexico, 1861-1887*, vol. 6. Sóstenes Rocha: "Apuntes históricos sobre el sitio de Querétaro". Samuel Basch: *Recuerdos de México: memorias del médico ordinario del emperador Maximiliano, 1866-1867*. Mariano Escobedo: "El sitio de Querétaro". Ricardo Guzmán Nava: *El triunfo de la república en Querétaro y Julio García, valiente general republicano*. Paco Ignacio Taibo II: *El general orejón ese*.

2) Manuel Ramírez de Arellano. Nació en el Distrito Federal en septiembre de 1831. Ingresó como alumno al Colegio Militar en febrero del 47 y fue uno de los cadetes que hicieron la resistencia quedando prisionero. Hizo la Guerra de Reforma con los conservadores y al lado de Miramón. Coronel de artillería en 1860. Fue colaborador de los franceses desde 1863, participando en el sitio de Puebla y en la batalla de San Lorenzo; en 1864 en la defensa de Morelia. Tradujo para Bazaine textos franceses de balística. En 1866 fue condenado a tres años de prisión por faltas de respeto al ministro de la Guerra y por falsificar documentos (muchos dirían que por un fraude, que nunca le fue comprobado); fue a dar a la cárcel y luego enviado a la fortaleza de San Benito en Mérida. Indultado el mismo año por Maximiliano, volvió al servicio.

219

MIENTRAS TANTO, LEONARDO MÁRQUEZ Y PORFIRIO DÍAZ

Porfirio Díaz llegó ante la ciudad de Puebla el 9 de marzo y levantó su campamento en el cerro de San Juan, donde en 1863 el mariscal Forey había establecido el suyo. Contaba con unos 6 mil hombres, con las fuerzas que traía de Oaxaca, las del estado de Puebla, a las órdenes de los generales Alatorre y Bonilla, y las del Sur, a las órdenes del general Diego Álvarez. Una fuerza insuficiente para cerrar el sitio pero muy superior a la de los imperiales dirigidos por el general Manuel María Noriega, "muy entrado en años, enfermo, apático y muy confiado". Noriega había podido reunir unos 2 500 hombres, 500 de ellos de caballería, producto de la reconcentración de fuerzas de toda la zona. Estaba sufriendo tremendas deserciones, que en algunos casos llegaron hasta un tercio de la tropa. Puebla, en cambio, contaba con un impresionante depósito de armamento con 100 cañones y enormes cantidades de municiones.

El 10 de marzo Porfirio tomó San Javier y durante dos semanas, a la espera de lo que sucediese en Querétaro, sus operaciones se limitaron a leves enfrentamientos con las defensas. Leonardo Márquez, tras su fuga de Querétaro, saqueó a su paso San Juan del Río y llegó a la Ciudad de México el 23 de marzo (o el 25, los informes son contradictorios) con unos 800 soldados de caballería y fueron recibidos por los húsares austrohúngaros que había reorganizado el príncipe Kurt Khevenhüller en la Garita de San Antonio Abad.

En sus posterior justificación Leonardo Márquez argumentaría que "el emperador Maximiliano no me mandó a México para que yo recogiese su guarnición y la condujese a Querétaro [...] sino para que cuidase de la capital del imperio a fin de conservarla para contar con un centro de unión en caso de acontecer en Querétaro un evento desgraciado [...]. Me ordenó que cambiase el ministerio [...] me previno que sacase recursos pecuniarios de la capital y que se los enviase a Querétaro, lo mismo que cápsulas y demás recursos de guerra".

La explicación no resiste la lógica, resulta bastante absurda, Ramírez de Arellano y muchos de los que se quedaron en Querétaro considerarán su comportamiento como una simple traición. El hecho es que Márquez y Vidaurri destituyeron al ministerio de Teodosio Lares, que se retiró a la vida privada. Vidaurri se hizo cargo de la presidencia del consejo y de la Hacienda, los departamentos de Gobernación y Fomento se reunieron en uno solo, con José María Iribarren, quedando en Justicia el ausente García Aguirre, en Relaciones Exteriores Murphy y en Guerra el general Portilla.

Finalmente el 29 de marzo con 3 500 combatientes que incluían los 650 húsares de Khevenhüller, 12 piezas de artillería y 60 carros con provisiones, bagajes y alimentos, Márquez salió de la Ciudad de México. La guerrilla de Catarino Fragoso desde Cuatitlán informaba ese mismo día a las siete de la noche: "Es urgente que por extraordinario violento se avise a Querétaro que desde aquí a las seis de la tarde están listos para marchar [...] Tavera y Márquez. En este momento, que son las 12, sale un indio de extraordinario de Márquez, lleva las cartas en papel de seda y en las costuras de las calzoneras o calzones, es urgente que se cojan estas cartas".

Aunque la columna tomó el camino de Puebla por los Llanos de Apam, los ojos que la vigilaban tenían dudas de si su destino sería la sitiada Querétaro. ¿Iban hacia Puebla? Si era así, la marcha duró tres días y era extremadamente lenta. Porfirio Díaz barajó las acciones que podía tomar y determinó que contaba con varias alternativas: levantar el cerco y sumarse a los atacantes de Querétaro, apresurar el combate en Puebla o salir a cortarle el paso a Márquez. Optó por la segunda.

Fueron tomados los fuertes de Loreto y Guadalupe. El 31 de marzo mientras inspeccionaba la línea del frente, el techo se desplomó sobre el general quedando enterrado. Al logar sacarlo, contusionado pero sin heridas graves, perdió ambas botas.

Varias fuentes entre ellas López Portillo y Bulnes aseguran que un enviado de Díaz compró en el Hotel Diligencias a varios de los jefes de algunas de las trincheras que guarnecían los accesos a la ciudad, incluso se ofrece el nombre de Mariano Oropeza que "vendió" la trinchera de la calle Cholula.

El día 1º de abril Porfirio simula que abandona el cerco, pero en la noche da la orden de asalto que realizarían varias columnas simultáneamente. A las 2:45 de la madrugada del 2 de abril, los 18 cañones con que contaba el ejército republicano abrieron fuego sobre las trincheras del convento del Carmen. A las tres y media de la madrugada el general Alatorre inició el combate. El general republicano Carlos Pacheco enfrentó una tenaz resistencia en la trinchera de La Siempreviva, recibió cuatro heridas que lo hicieron caer del caballo y ser llevado por su ayudante al cuartel; perdiendo el brazo derecho y la pierna izquierda. De los 100 hombres que mandaba no quedaron vivos más que 29.

Al amanecer del 2 de abril Puebla estaba en manos de la república. Díaz, en los 22 días que duró el sitio, había perdido a un millar de combatientes, pero los imperiales capturados triplicaban esa cifra. Porfirio dio orden de fusilar a 29 de los generales y altos oficiales detenidos, entre ellos el mismo Noriega y los generales Tapia, Carrillo, Herrera, Romo e Inzarca.

El 4 de abril Leonardo Márquez supo, cuando se encontraba entre Puebla y Otumba, la derrota de Noriega en Puebla. No intentó ir hacia Querétaro y ordenó el repliegue hacia la capital. Desde la Ciudad de México, Julián Quiroga había sido enviado a socorrer a Maximiliano llevándole 26 mil pesos, pero regresó en dos días y argumentando que no había logrado pasar, no volvió a intentarlo, tampoco devolvió el dinero.

NOTAS

1) Emmanuel Masseras: *Ensayo de una Intervención Francesa en México*. José María Vigil: *La Reforma*. Leonardo Márquez: *Manifiestos (el Imperio y los imperiales). Por qué rompo el silencio*, rectificaciones de Ángel Pola. Víctor Darán: *El general Miguel Miramón; apuntes históricos*. Guillermo Prieto: "El dos de abril", *Obras completas*, tomo V. Victoriano Salado Álvarez: *Porfirio Díaz*. José López Portillo y Rojas: *Elevación y caída de Porfirio Díaz*. Brigitte Hamann: *Con Maximiliano en México: del diario del príncipe Carl Khevenhüller. 1864-1867*. Antonio García Pérez: *Estudio político militar de la Campaña de Méjico, 1861-1867*. Francisco Bulnes: *Rectificaciones y aclaraciones a las Memorias del general Porfirio Díaz. Los hombres prominentes de México*. Manuel Santibáñez: *Reseña histórica del cuerpo del Ejército de Oriente*. Juan Antonio Mateos: *El sol de mayo, memorias de la intervención, novela histórica*. Niceto de Zamacois: *Historia de México*, tomo XVIII. Agustín Rivera: *Anales mexicanos. La Reforma y el Segundo Imperio*. Carlos Tello Díaz: *Porfirio Díaz, su vida y su tiempo. La guerra, 1830-1867*.

2) Las ofertas para rendir la Ciudad de México y entregarla a los republicanos se repitieron durante aquellos meses. En el centro de ellas solía estar el general O'Horán, el ministro de Guerra Portilla, el doctor Fisher e incluso la princesa de Salm Salm; entre los intermediarios solía estar Manuel M. Payno y del lado de la república el coronel Jesús Lalanne de la brigada de Riva Palacio cuyas fuerzas merodeaban por las cercanías de la Ciudad de México. Porfirio Díaz recibió la oferta mientras sitiaba la ciudad de Puebla; lo mismo le sucedió a Escobedo en Querétaro y hasta Matías Romero recibió a intermediarios en Washington. Las ofertas solían incluir la entrega de Márquez y la petición de salvoconductos para huir del país. En todos los casos los republicanos cerraron la puerta de cualquier posible negociación.

220

LA FUGA IMPOSIBLE

6 al 25 de abril

El 6 de abril siguen en torno a Querétaro los pequeños encuentros. De diez a 11 de la noche los imperiales, a los que hay que reconocer sin duda la tenacidad, vuelven a pulsar la línea de Rocha sobre San Gregorio y son rechazados. Escobedo piensa que están buscando una ruta de salida; le escribe a Juárez: "Haré todo cuanto esté de mi parte para que no se me escapen".

Fiesta en Querétaro. El 10 de abril, celebrando el aniversario de la aceptación de la corona por Maximiliano, el ministro de Justicia, García Aguirre, repite los lugares comunes de la retórica imperial que es capaz de vestir de seda cualquier cosa: "Todos vuestros actos de soberano dan testimonio de que no se engañó México ni en la adopción de la forma monárquica, ni en la elección de la persona del monarca". El emperador contesta: "Sin efusión de sangre y sin trabajo, no hay triunfos humanos, desarrollos políticos y progresos duraderos".

Por la noche se formó en silencio una columna en la Plaza de la Cruz con el batallón del emperador, el 39 de línea y los cazadores al mando del príncipe de Salm Salm. Se dijo que su misión era romper el cerco por la Garita de México a unos centenares de metros del Convento de la Cruz y permitir la salida de mensajeros para darle instrucciones a Márquez de regresar a Querétaro. Pero las fuerzas involucradas eran demasiadas para simplemente dejar pasar mensajeros (tal vez al propio Salm Salm); se trataba de tres columnas de infantería y una de caballería apoyadas, además, por los Dragones de la Emperatriz, que tenían el encargo de flanquear La Cruz y de extenderse en el llano de Carretas. Quizá Miramón quería de nuevo explorar las defensas republicanas.

El caso es que poco antes de amanecer apoyados por los fuegos de cañón de La Cruz y el cementerio iniciaron el ataque, pero se encontraron con que la Garita y el mesón, así como las casas que los rodean, estaban fortificados en regla y defendidas por Riva Palacio, el batallón de Toluca y la infantería de Guerrero dirigida por Jiménez, que tomaron venganza de lo sucedido en días anteriores. A paso de carga los imperiales avanzaron sobre la Garita recibiendo fuegos cruzados. Se llegó hasta el enfrentamiento a la bayoneta. Pitner, que mandaba a los Cazadores, fue herido en la cabeza y el propio Salm Salm se salvó de milagro cuando un subteniente de cazadores francés viendo aparecer en una tronera un cañón de fusil dirigido hacia el príncipe, lo empujó poco antes de que sonara el disparo evitando que fuera herido a quemarropa. Los imperiales se replegaron. Altamirano cuenta: "Las pérdidas que se hicieron al enemigo en este choque, no fueron insignificantes; sin embargo, Riva Palacio no dio gran importancia a ese hecho de armas que calificó de pequeño triunfo". De nuevo lo intentaron los imperiales en la noche del 11 de abril, pasando con sigilo el río hacia el barrio de San Sebastián, pero se toparon con la línea que defendían los norteños de Sóstenes Rocha, que había colocado un obús de montaña, y enfilando con él las posiciones del enemigo, le destruyó completamente una trinchera, le inutilizó un cañón y con diez tiradores del batallón de Durango destrozó a los pelotones de artilleros contrarios y apagó sus cañones.

La captura de un correo un día más tarde, el 12 de abril, permite a los generales republicanos conocer que si sus penurias eran grandes en el exterior, mayores eran las de los cercados; que si la moral era baja en el cerco, peor les resultaba en el interior, donde escaseaban los víveres de una manera cruel. Estaban matando a los peores caballos y mulas para comer. Los tiradores republicanos en la línea del río impedían hacer acopio tranquilo de agua.

Salm Salm escribirá: "Cierta inquietud comenzaba a extenderse entre nosotros". Miramón y Ramírez de Arellano le proponen a Max que salga con los Dragones de la Emperatriz y la mejor caballería, vaya a México, destituya a Márquez y regrese en auxilio de Querétaro. Maximiliano los rechaza diciendo que su puesto era donde había mayor peligro y encarga la misión al general Mejía, que estaba enfermo. Tras días de espera se acuerda que la fuga a México la hagan el general Pantaleón Moret, el príncipe de Salm y el coronel Campos, comandante de la escolta personal del emperador. El emperador le dicta a Basch una serie de instrucciones en 20 puntos. La undécima instrucción dice textualmente: "México deberá ser evacuado completamente, si hay ahí tropas bastantes para socorrer a Querétaro pero no suficientes para guarnecer la capital", que no tiene ni pies ni cabeza. ¿Si había fuerzas suficientes para defender el Distrito Federal no se debería marchar hacia Querétaro? La instrucción 5 decía que se ordenara al general Márquez "que ponga a disposición del Príncipe toda la caballería". Las instrucciones iban acompañadas de una carta para Márquez del general Severo del Castillo ordenándole que evacuara el Distrito Federal y marchara hacia México (firmada dos días después). Pero las dos últimas instrucciones tenían que ver con algo que Max no había discutido con sus generales, la posibilidad de la fuga. La instrucción 19 dice: "El Príncipe de Salm está autorizado para tratar con las personas del partido contrario". Y la 20, "El Príncipe de Salm tomará informes relativos al yacht". Salm Salm debería partir con los húsares y con un pequeño destacamento de los Exploradores del valle de México, "debería traer algunos buenos libros de historia", 200 mil pesos de la caja particular del emperador y tenía plenos poderes para poner preso a Márquez si era necesario. Estas instrucciones nunca salieron de Querétaro, pues Salm Salm no pudo romper la línea. Los republicanos, aprovechando los obstáculos naturales del terreno, habían hecho impracticable con fosos y reductos la salida, "de tal manera, que nuestra caballería no pudo salvarlos; y tras un combate de dos horas, tuvo que replegarse ante un vivo fuego cruzado".

El doctor Basch cuenta: "El enemigo […] continuaba manteniéndose en una actitud meramente pasiva. No nos atacaba, limitándose a molestarnos incesantemente con su artillería, la cual no sólo perjudicaba a nuestros soldados, sino también a los habitantes de Querétaro: casi todos los días hombres, mujeres y niños caían heridos o muertos por los proyectiles en las calles mismas de la ciudad. Se agravaban cada vez más nuestras circunstancias en Querétaro, y ya la penuria iba sintiéndose de una manera excesiva. La harina, el maíz, la carne, estaban reducidas a insignificantes cantidades. Comenzaba a tener que echarse mano de la carne de caballo. El emperador mismo no tenía alimentos mejores que los nuestros, y hasta el dinero escaseaba de un modo extraordinario. No alcanzaba el préstamo forzoso a cubrir nuestras necesidades, tanto más cuanto que por andar ya tan escasos los víveres su precio había subido casi al doble. Se impuso una contribución de capitación, y otra sobre puertas y ventanas. Al mismo tiempo se dispuso que todos los habitantes varones hubieran de trabajar en las trincheras, pagando una multa los que se rehusasen".

En esos días se interrumpe el fuego y hay una conferencia sobre el Puente Grande. Asisten el general Rocha y los coroneles Rincón Gallardo y Montesinos por el lado republicano, Miramón y Ramírez de Arellano por los imperiales. No hay mucho que discutir, Escobedo pide la rendición incondicional y supuestamente ofrece la libertad de salir de México a Max. Resultado cero.

El 14 de abril Escobedo recibe noticias de que Márquez regresó derrotado a la Ciudad de México y está cercado. En el interior del sitio les tomará una semana más conocerlo (23 de abril) pero esta información no será generalizada. El emperador y su círculo íntimo lo saben, pero no lo divulgan al ejército. Maximiliano dirá: "Lo que más me puede en la situación en que nos encontramos es la conducta del general Márquez en quien tenía yo toda mi confianza".

Cinco días más tarde, el 19 de abril, el doctor Basch cuenta: "hicimos una salida hacia la colina de San Gregorio. Se trataba de desalojar de allí al enemigo, si era posible. A las tres de la mañana se situaron en la vertiente septentrional del Cerro de las Campanas mil hombres de caballería, destinados a apoyar los movimientos de nuestra infantería. A la misma hora, Miramón, que mandaba personalmente la fuerza, hizo avanzar de la Garita de Celaya hacia San Sebastián a la brigada Salm, compuesta de los Cazadores y de un batallón de línea. La vanguardia, guiada por Pitner, sorprendió al enemigo que no tardó en replegarse. La facilidad con que se alcanzó este resultado, indujo a Miramón a no contentarse con ello y a seguir adelante. Se movió Pitner al asalto de San Gregorio, y tomó dos cañones; pero dominado por la preponderancia de las fuerzas enemigas, hubo de tocar retirada, si bien logró traerse las dos piezas quitadas al enemigo".

Los sitiadores se refuerzan. Ese mismo día retorna la división de caballería de Guadarrama y aparece un nuevo refuerzo con 500 hombres de Huetamo dirigidos por el coronel Valdés. Los días siguientes se sucedieron tiroteos más o menos vivos con bajas menores en ambas partes, pero Arias cuenta que "los desertores de la plaza, llevaban la noticia de que los sitiados se disponían a romper la línea para abandonar la ciudad. Fue preciso entonces disponer, que todo estuviese preparado, y se ordenó que se doblase la vigilancia".

Juárez le escribe a Escobedo respondiendo a una carta previa: "Usted no fusilaba a los prisioneros. Entiendo que habló usted de la clase de tropa y esto me parece muy bien [...] pero no debe hacerse lo mismo con los cabecillas prominentes [...] a estos debe aplicarse el rigor de la ley. Igual explicación hago al general Díaz".

¿De verdad se prepara una gran operación o sólo se estaban pulsando las líneas? ¿Para qué? ¿Para intentar un golpe definitivo? Los republicanos se lo preguntan y siguen reforzando los atrincheramientos. Precisamente contra uno de ellos que estaba en la línea que defiende Sóstenes Rocha, el 24 de abril los imperiales hacen una salida desalojando un cuerpo de caballería que apoyaba las obras de zapa, y pueden llevarse un buen número de trabajadores con sus instrumentos. La retirada es violenta porque el propio Escobedo acude con el batallón de Supremos Poderes, y algunos tiradores de Nuevo León y de Durango. Luego se conocerá que la operación tenía por objeto infiltrar entre las líneas del cerco algunos correos para el general Márquez. Alberto Hans comenta: "El sitio se estrechaba cada día más. Ninguno de nuestros correos podía lograr pasar por entre los sitiadores; muchas veces veíamos a algunos de ellos colgados al frente de nosotros".

Ese 24 de abril, a las siete de la mañana, se concluyen las obras de fortificación del Convento de la Cruz y estrena su batería Ramírez de Arellano comenzando a cañonear la Garita de México. Basch dice: "Comenzó una sinfonía de cañonazos como no la habíamos oído en mucho tiempo. El emperador estaba a la sazón en el campanario del convento con Miramón, López, Salm, y el mayor Malburg. Una bala de a 12 penetró por una de las ventanas y dio contra la pared de enfrente cubriéndolos a todos de polvo y cal. Max dijo que grabaría los nombres de todos los que estaban allí y se la regalaría a Miramón".

Un ataque preparado para el día 25 se suspende a causa de la descoordinación. Los desertores cuentan que Maximiliano anda diciendo: "Mañana por la mañana debe atacar Márquez y nosotros hemos de hacer otro tanto". Lo de Márquez es evidentemente un bulo, como el que en la tarde del 26 repican a vuelo las campanas en todas las torres y se tocan al mismo tiempo dianas con el pretexto de que han llegado buenas noticias.

Pero la operación mayor está preparándose.

NOTAS

1) Paco Ignacio Taibo II: *El general orejón ese*. Albert Hans: "Querétaro: memorias de un oficial del emperador Maximiliano". Juan de Dios Arias: *Reseña histórica del Ejér-*

cito del Norte durante la intervención francesa, sitio de Querétaro y noticias oficiales sobre la captura de Maximiliano, su proceso íntegro y su muerte. Andrés Garrido del Toral: *Maximiliano en Querétaro.* Ignacio Manuel Altamirano: *Historia y política de México, 1821-1882.* Benito Juárez: *Documentos, discursos y correspondencia,* tomo XI. Agustín Rivera: *Anales mexicanos. La Reforma y el Segundo Imperio.*

2)   Entre los oficiales de Escobedo se encontraba el argentino Edelmiro Mayer. Porteño, nacido en 1834, hijo de padre alemán y madre española, ingresó desde muy joven al ejército, donde alcanzó el grado de teniente coronel. Emigró a Estados Unidos. Trabajó primero en el comercio y luego como instructor en la Academia de West Point. Se hizo amigo del hijo de Abraham Lincoln, en cuyo bufete de abogado ingresó. Durante la guerra civil fue teniente coronel de unidades con gente de color. Se distinguió en la batalla de Chattanooga; fue herido gravemente en la batalla de Olustee y se destacó en el sitio de Richmond. Después del asesinato de Lincoln, Mayer marchó a México y se alistó en el ejército republicano, donde le reconocieron el grado. Tuvo un duelo con su segundo, el teniente coronel Cañas. "Mayer lo retó a duelo, a la mexicana, a 20 pasos, con dos pistolas y avanzando. Su contendiente murió mientras que Mayer recibió cinco balazos de los que terminó reponiéndose". A los 30 años fue ascendido al grado de general del ejército mexicano y fue uno de los jefes secundarios en el sitio de Querétaro. En su autobiografía cuenta que se escurrió dentro de Querétaro para correr una aventura amorosa y fue descubierto por Márquez que no sólo no lo fusiló sino que lo envío de nuevo a las filas. Cuenta también que en justa retribución al caer la ciudad ocultó a Márquez, historia absurda porque el general mexicano no estaba allí. Tiempo después Mayer quedó envuelto en una conspiración contra el gobierno, fue juzgado, condenado a muerte y amnistiado. Volvió a Estados Unidos donde hizo amistad con José Martí. Sus andanzas posteriores en Argentina dan para decenas de páginas, baste decir que entre otras cosas tradujo a Edgar Allan Poe. Sus memorias están llenas de inexactitudes. (Edelmiro Mayer: *Campaña y Guarnición: memorias de un militar argentino en el ejército de Benito Juárez.* Sergio Toyos: *Historia de Edelmiro Mayer, un personaje increíble*).

221

OTRA VEZ EN OTRO SAN LORENZO

Días antes las brigadas de caballería de la 1ª división de caballería que habían salido de Querétaro para perseguir a Márquez, dirigidas por Guadarrama, Carvajal y el coronel Ocádiz, que incluían al coronel Pedro Martínez, Doria con la brigada de Jalisco y Sánchez Román con la caballería de Guanajuato, llegaron a San Juan del Río el mismo día que Márquez salía de la Ciudad de México. No tienen muy claro si Márquez va hacia Puebla o hacia Querétaro. El 3 de abril se encuentran en Tepeji del Río, al coronel

Jesús Lalanne (del ejército de Riva Palacio), con mil hombres, que ha estado actuando en las cercanías de la capital y que ha entrado varias veces clandestinamente al Distrito Federal para buscar la rendición de la ciudad. Conocen que Puebla ha caído. Las fuerzas se dispersan tratando de descubrir en dónde se encuentra Márquez.

Hacia el 5 de abril Porfirio salió de Puebla hacia Apizaco con la caballería de la División de Oriente también en la busca de Márquez, la infantería lo sigue al día siguiente.

La batalla de San Lorenzo nunca existió, fueron una serie de combates sucesivos, algunos de una tremenda intensidad, en los que Leonardo Márquez en repliegue se fue enfrentando a las diferentes fuerzas de la caballería republicana, que lo seguían desde Querétaro, el Valle de México y Puebla.

Porfirio con su vanguardia descubrió a los imperiales en la hacienda de San Diego Notario y ordenó a su infantería que se dirigiera hacia allí. Los imperiales tratan de frenarlo y se produce un choque brutal de las caballerías. Los republicanos pierden 48 hombres y tienen varios heridos. A la espera de la infantería, que llega en la noche del 6, Díaz se pone a distancia de los cañones refugiándose en unos cerros cercanos. Cuando intenta provocarlos al combate se le han escurrido. El día 7, Díaz contará: "ya era de noche y el enemigo había llegado a la hacienda de Guadalupe y allí había acampado. Antes de amanecer emprendí mi marcha, pero Márquez la había emprendido a medianoche, dejándome casi todos sus heridos".

Porfirio entonces conecta con la caballería de Guadarrama y Ocádiz y con el coronel Lalanne. Jesús Lalanne cuenta que las órdenes que recibió de Díaz eran que "detuviese a Márquez por una hora u hora y media [...]. Guadarrama prorrumpió con ironía, después de leer su comunicación: ¡Vaya! Cómo quiere que teniendo 4 mil soldados de caballería, pueda yo detener a Márquez, con sus 6 mil hombres y 18 cañones". Lalanne sin embargo acepta la misión y va a dar contra la vanguardia de Márquez a las ocho de la mañana. "A las tres de la tarde se verificó la última carga que hice a los imperiales". Le pegan tan duro que se ve obligado a dispersarse, pero se han ganado las horas que Díaz necesitaba para alcanzarlo.

Márquez envía contra Porfirio toda su caballería, que es rechazada. A medianoche del día 8 los republicanos los tienen cercados y son reforzados por la división de caballería de Guadarrama. Todo se sucede a velocidad sorprendente. A las seis de la tarde del 9 de abril, bajo la lluvia, la 1ª de caballería se sitúa al occidente de la hacienda de San Lorenzo. Guadarrama dice que al amanecer: "No había duda, una parte del enemigo marchaba a nuestro encuentro". Su descubierta va a chocar con un carromato con dinero, custodiado por unos 50 húngaros, y tras un combate de poca importancia, queda en su poder.

Ese mismo día, hacia las 11 de la noche, se oye un fuerte tiroteo a la izquierda de la línea de Guadarrama y Lalanne. "Acudí violentamente con la reserva" y capturan 143 prisioneros, cuatro piezas de artillería y 57 carros con municiones y efectos. Márquez ha aprovechado para salir con la mayoría del ejército con rumbo a la carretera que conduce a Texcoco.

Ocádiz se dirige a San Lorenzo, y confirma la idea de que el envío del convoy por el camino de la hacienda era un cebo, una estratagema de Márquez para escapar hacia Texcoco. Ocádiz cuenta: "Me dirigí con las debidas precauciones a la casa de la hacienda de San Lorenzo, la encontré abandonada por el enemigo, penetré en ella, y acompañado de mi Estado Mayor, comenzamos a hacer las listas de los numerosos heridos del enemigo y míos hechos en los combates anteriores y abandonados allí".

No hay duda, están en fuga. Cerca de las 12 de la noche, hacia el llano, se percibe un rumor sordo, como ruido de ejes de carromatos. El general Carvajal captura 49 carros con parque, una pieza de a seis rayada, forrajes y calderos y soperas de rancho, 366 mulas. Los prisioneros eran 44 mexicanos y 99 austriacos. Ocádiz dirá: "Todo volvió a quedar en silencio en San Lorenzo". A las cinco de la mañana del 10 de abril Díaz ordena a Guadarrama y Ocádiz, de una manera elegante, que "le hicieran favor de perseguir al enemigo". A las ocho de la mañana dieron alcance a una retaguardia bien reforzada y la atacaron en cargas sucesivas. Los imperiales se batían en retirada y a veces acometían, dejando muchos muertos y heridos; iban destruyendo algunos pequeños puentes de madera que los republicanos estaban obligados a reponer. Algunos pelotones de infantería se rendían en el flanco izquierdo.

Porfirio ordena que sea destruido el puente de San Cristóbal, único paso para convoyes que podían aprovechar. No lo derriban pero lo dejan con los maderos desnudos. Los imperiales en repliegue llegan en esos momentos. Porfirio ha logrado reunir toda la caballería republicana y parte de su infantería en la persecución.

Ocádiz cuenta: "Aclaraba más el día, cuando notando la rodada de la artillería, se la señalé al general Díaz. Pusimos al galope nuestros caballos. Al descubrir a la retaguardia de Márquez [...] en el acto lancé a mis tres escuadrones". Lo siguen las caballerías del Ejército de Oriente mandadas por Leyva. "Al llegar el general Díaz y yo a una de las eminencias de un lado del camino, le hice notar que el enemigo estaba a la orilla de una barranca, preparándose a la resistencia. En esos momentos llegó un escuadrón de rifleros pertenecientes a la brigada del general Pedro Martínez, que lanzándose en apoyo de mi fuerza, emprendió nutrido tiroteo; pero el enemigo no se había detenido más que el tiempo necesario para echar a la barranca sus 12 piezas de batalla con sus correspondientes carros de municiones y de batería, porque no podían atravesar el puente".

Los imperiales huyen cubriéndose con la "cargas furiosas" de los húsares húngaros de Kevenhüller. Dan al menos 14 acometidas y Guadarrama y Ocádiz reconocen que "pueden servir de modelo de valor y disciplina. En una de ellas apareció la caballería regular de Guanajuato, que cargó con mucho valor, y fue contenida por los húngaros. Sucesivamente iban cayendo grupos de infantería enemiga que se rendían sin combatir".

El vapuleado ejército de Márquez se fuga por el camino de Calpulalpan. A la salida del pueblo de San Felipe es alcanzada su retaguardia. Ante el puente de San Cristóbal se frenan. Márquez huye con su escolta y queda al mando de sus fuerzas el coronel Arrieta. Les pareció fácil defender aquel pozo tan estrecho. La división de Márquez, sin su general desaparecido, seguía resistiendo aún en retirada y contraatacaba con su caballería en el camino, y con su infantería y artillería por el flanco izquierdo del trayecto de terreno quebrado, sólo para enfrentarse a los rifleros del norte, armadas de rifles de ocho y 16 tiros, al mando del coronel Pedro Martínez, y los jinetes de Guanajuato a las órdenes del teniente coronel Juan Bermúdez, que fue herido. Pierden los seis cañones de montaña, tres de ellas a lazo. El ejército conservador está moralmente derrotado y en cuanto se produce sobre él la mínima presión se desbanda y huye dejando prisionera a toda su infantería, unos 2 mil hombres. La derrota es completa.

Porfirio cuenta: "Seguimos la persecución todo ese día hasta Texcoco con muchos episodios muy poco sangrientos para nosotros". La retaguardia de Díaz avanzaba recogiendo los rendidos pelotones de infantería de Márquez. En la noche del 10, para dar reposo a la división Guadarrama, la mitad de ella se quedó en la hacienda de Chapingo y la otra mitad del coronel Ocádiz siguió avanzando.

El general Leyva, que era de la zona y la conocía bien, mantuvo la persecución toda la noche del 10 y la mañana del 11, ayudado por los indios cazadores de patos del rumbo del Peñón, de los pueblos situados en las márgenes de los Lagos de Texcoco y Chalco, que destrozaron los puentes, obligando así a la caballería enemiga a atravesar pantanos donde muy pocos podían salir a caballo y todo esto bajo los fuegos de los indios y de la caballería de Leyva. Así se explica que al llegar a México tuvieran muchos heridos de perdigón.

Márquez, con una pequeña escolta y sabiendo qué pasaría si los republicanos lo capturaban, apresuró su marcha, embarcó en Texcoco, atravesó la Laguna para llegar a México, donde entró el 11 de abril; tras él llegaron en desorden pequeños grupos de soldados imperiales mexicanos, austriacos y franceses, sin artillería ni municiones. Por artes de la propaganda los periódicos imperiales lo recibieron diciendo que había ganado cinco batallas. Khevenhüller cuenta: "Éramos todavía 2 mil hombres que llegamos en un estado desolado. Durante 52 horas no habíamos consumido nada ni los hombres ni los caballos: habíamos realizado 14 ataques, cada vez con éxito. Ni una gota de agua había pasado por nuestros labios. Habíamos perdido 117 hombres y tres oficiales".

Poco a poco las diversas fuerzas disgregadas al mando de Porfirio Díaz van tomando posiciones en torno a la Ciudad de México, menos una columna que envía no a Querétaro, sino a Veracruz. Díaz en contra de lo que pensaban Juárez y Escobedo seguía creyendo que la clave de la guerra estaba en su toma de la Ciudad de México y el 14 de abril comenzó el sitio. Y así se lo había escrito al presidente desde el 10 de abril proponiéndole que emprendiera de inmediato marcha a la Ciudad de México "cuyas puertas tendré el honor de abrir".

NOTA

1) José María Vigil: *La Reforma*. Porfirio Díaz: *Memorias*. Leonardo Márquez: *Manifiestos (el Imperio y los imperiales). Por qué rompo el silencio*, rectificaciones de Ángel Pola. Brigitte Hamann: *Con Maximiliano en México: del diario del príncipe Carl Khevenhüller*. Francisco Bulnes: *Rectificaciones y aclaraciones a las Memorias del general Porfirio Díaz*. Manuel Santibáñez: *Reseña histórica del cuerpo del Ejército de Oriente*. Niceto de Zamacois: *Historia de México*, tomo XVIII. Agustín Rivera: *Anales mexicanos. La Reforma y el Segundo Imperio*. Carlos Tello Díaz: *Porfirio Díaz, su vida y su tiempo. La guerra, 1830-1867*.

222

CIMATARIO

26 a 29 de abril de 1867

El capitán republicano Blas Rodríguez escribe: "Querétaro continúa debilitándose más y más, casi todos los días se les estrecha más su línea, de suerte que en muy breve tiempo estarán reducidos al pequeño círculo del Convento de la Cruz, y luego caerán en nuestro poder, no hay un solo día en que dejen de pasarse con nosotros cuando menos ocho y diez de los suyos, y todos afirman la grande escasez de elementos de todas clases y la gran desmoralización que allí tienen".

Parecía obvio que los sitiados tendrían que intentarlo de nuevo. El 26 de abril el general Ramón Corona, segundo comandante de las tropas republicanas, siguiendo las indicaciones y los temores de Escobedo, decidió pasar la noche en el campamento de Riva Palacio, con Ignacio Manuel Altamirano, en una casa de la hacienda de Callejas, intuyendo que el contacto tan ansiado y temido se produciría en esa zona. La noche se fue eterna pensando, especulando, de dónde podría venir el ataque, con qué tropas lo intentarían, ¿sería un combate en forma o sólo el abrir brecha buscando la salida? Los argumentos se fueron haciendo más incoherentes y las frases se dilataban, dejando espacios de silencio. El sueño los prendió y se durmieron en unos bancos, rodeados de los oficiales del Estado Mayor.

En el interior de Querétaro tampoco se dormía. Maximiliano había aprobado un plan de Miramón que produciría una ruptura en el sur (el cerro del Cimatario) y sureste (la Garita del camino hacia México) de las líneas republicanas. Max debía esperar en La Cruz con los húsares, la guardia de corps y el regimiento de la emperatriz (mandado por López) listo para salir hacia México. Se le había dicho a todo el que quisiera oírlo que Leonardo Márquez atacaría simultáneamente a los sitiadores, la noticia era absurda, pero sólo el emperador, Miramón y el príncipe de Salm Salm sabían que era una mentira.

A las cinco se mueve el general Ramón Méndez hacia las primeras trincheras republicanas ante el Cimatario con los Cazadores franco-mexicanos, los guardias municipales de México y una columna de caballería mandada por el general Gutiérrez a su flanco derecho y simultáneamente el general Florencio Del Castillo ordena el avance hacia la Garita de México saliendo del Convento de la Cruz. Entrarán en acción unos 3 mil hombres.

Los republicanos se despiertan al sonido del cañón. Corona da instrucciones a Altamirano de que vaya hacia las tropas de Vicente Jiménez que defienden la Garita y ordena que se sostenga, que "pronto será auxiliado". Riva Palacio se mueve sobre la extrema derecha de la línea que cubre el general Aureliano Rivera en la hacienda de Callejas. Corona con los 25 jinetes cuerudos de su escolta va a hacia el Cimatario buscando refuerzos.

Cuando Altamirano se encuentra con Jiménez, descubre que la Garita de México está cubierta de plomo, "acribillada" por la artillería del Monte de la Cruz, "como granizo". Jiménez con una batería hace lo que puede; están en un parapeto de sacos y adobes. Ahí esperan el ataque. No se veían las columnas enemigas cubiertas por un espeso bosque de órganos que tienen enfrente, pero "se oía el vocerío y el rumor confuso del avance". Se escucha una arenga: "hijos de Guerrero…", tras ella las balas y luego la columna mandadas por Severo Castillo, a bayoneta calada y a paso veloz. Hace fuego toda la línea, cañones con metralla. Jiménez se mueve por el frente animando a sus hombres. Ahí están no sólo los surianos, también el coronel Villada con un batallón de Michoacán, el coronel Franco con 200 hombres de Guanajuato y el coronel Carrillo con un batallón de la división de México.

En el centro de la línea los hombres de Méndez, al que se ha unido Miramón, se enfrentan al pie del Cimatario a los michoacanos del general Régules y a su izquierda a la brigada de Jalisco. El mayor Pitner que manda a los Cazadores choca con la primera línea enemiga y una batería. El enfrentamiento es tan brutal como rápido con la brigada republicana de Morelia que dirigía el coronel prusiano Carlos Von Gagern. Salm Salm cuenta: "Una vez que nuestras tropas se encontraron en la línea del enemigo era fácil la tarea de arrollarlo, pues estaba flanqueado y se le hacía fuego por la espalda. Los liberales huyeron como una manada de carneros". Los batallones michoacanos se quiebran, como Escobedo dirá en su parte "entrando en dispersión vergonzosa".

Basch cuenta: "Nuestra vanguardia, conducida nuevamente por el mayor Pitner con sus Cazadores, apenas encuentra resistencia, y se posesiona en breve y sin pérdidas de las primeras paralelas. Comienza el enemigo a huir en masa, sin siquiera tratar de oponerse, y dejando en el campo cañones y bagajes [...] y todo esto en el espacio de media hora sin gran esfuerzo". La huida de las tropas de Régules arrastra a las tropas de Jalisco, que sin embargo se retiran sin descomponerse. Pero el general Félix Vega, creyendo que la derrota era absoluta, salió huyendo sin haber disparado un tiro y no paró hasta Apaseo con 300 hombres de infantería de Guanajuato y dos piezas de artillería.

La línea estaba destruida, el cerco estaba roto, el aire olía a tragedia. Pero las esquinas habían aguantado el golpe, tanto el flanco izquierdo, donde los guerrerenses de Jiménez resistían y la caballería de Altamirano se lucía en pequeños contraataques, como Corona que con su escolta de 25 jinetes se había encontrado con el general Rivera, y le daba órdenes rigurosas para que la retirada de la caballería fuese lentísimo de manera que se conservase la moral de la tropa.

Hans cuenta: "Nuestros batallones atraviesan a paso veloz el llano y trepan rápidamente las alturas; las piezas del enemigo enmudecen unas después de otras. Oblicuamos cada vez más nuestro tiro a la derecha, tomando por blanco aquellos grupos que huyen en las alturas del Cimatario".

Los imperiales han capturado 15 piezas de artillería, junto con carros de abastos y municiones que comienzan a ser llevados hacia el interior de la ciudad. La hacienda de Jacal, cuartel de Corona ha sido tomada por Del Castillo haciéndose con una batería de seis cañones, pero la Garita no cedía.

El emperador, acompañado del general Ramírez de Arellano, pasa al galope rumbo al Cimatario, seguido de su Estado Mayor y de un escuadrón de húsares austro-mexicanos. Parece haberse olvidado de la huida. En ese momento era posible salir hacia la Ciudad de México o la Sierra Gorda para buscar luego el camino a Veracruz. Pero como dice Salm Salm: "por lo que vi, a Miramón le importaba más infligir un castigo severo al enemigo" y Maximiliano se había contagiado de su mentalidad. Piensan que Escobedo tardará horas en reorganizarse.

Hans cuenta: "Las gentes del pueblo salen en gran número de la ciudad y corren a las alturas; pronto las vemos volver llevando toda clase de objetos. Algunos soldados traen piezas tomadas al enemigo, caballos, mulas; otros escoltan prisioneros; uno de ellos conduce con mucho trabajo un grupo de animales compuesto de dos asnos, de varias cabras y de una vaca. Aquel va encorvado bajo un paquete de vestidos; este otro lleva cuanto ha encontrado de mejor en una cantina". "La victoria es completa, inmenso el entusiasmo". Gritos y vivas, felicitaciones de Maximiliano a Miramón y a Méndez.

El aire estaba lleno de humo de incendio, nubecillas de pólvora, tierra alzada por las caballerías y los cañonazos. En la Garita los imperiales vuelven a la carga y fracasan. Altamirano es enviado a ver qué pasa en el Cimatario, y observa la línea desmoronada, los carros que avanzan hacia Querétaro con el botín de cañones y comida.

Miramón había previsto que los republicanos tratarían de auxiliar a sus fuerzas en el Cimatario; así que había encargado al general Del Castillo que tomase la hacienda de Callejas para detener las columnas enemigas procedentes de Pateo o de la línea del Norte. Pero Mariano Escobedo ha reaccionado rápidamente al ver las dimensiones del ataque y desde su cuartel en la Cantera envió a lo mejor del ejército republicano describiendo un arco desde otras partes del cerco. Sobre el Cimatario arribaban los cazadores de Galeana mandados por coronel Juan C. Doria, el batallón Supremos Poderes, la escolta de Juárez, la brigada de Nuevo León mandada por el coronel Palacio y los batallones de Sóstenes Rocha.

El plan de Miramón tenía un defecto: no haber previsto la fácil ruptura de las líneas republicanas, pecaba de pesimista; por eso sus hombres, en lugar de consolidar la posición y colocar centinelas en lo alto del Cimatario, estaban saqueando los carros, robando la ropa de los heridos y ya se habían llevado a la plaza los cañones republicanos, cuando a las nueve de la mañana la escolta que conducía el convoy con los víveres rumbo a la plaza, que estaba a dos terceras partes del cerro fue enfrentada por el fuego nutrido de los 330 cazadores de Galeana que disparaban desde el caballo mientras cargaban lentamente produciendo el pánico entre los imperiales. Los norteños recuperaron los carros con víveres y municiones y pusieron en fuga a sus enemigos.

El emperador envió al regimiento de Dragones de la Emperatriz, aparentemente una fuerza más que suficiente, para recobrar los víveres que eran quizá el botín más importante de la jornada. Los dragones se lanzaron en la dirección indicada. Llegando cerca de los jinetes enemigos, desplegados en tiradores, el coronel González formó sus escuadrones y mandó la carga que fue recibida con un fuego terrible de los fusiles gringos Remington y Spencer de repetición que los descuadró en minutos. Al mismo tiempo descubrieron que a lo lejos varios cuerpos de infantería republicana acudían a paso veloz.

Hans cuenta; "Las primeras filas de los dragones caen como heridas del rayo, y el resto es espantosamente diezmado. Entonces, viendo que su regimiento iba a ser destruido antes de poder llegar sobre los republicanos, el coronel González manda emprender la retirada. Los jinetes republicanos siguen a los dragones y matan al portaestandarte". Uno de los escuadrones de los Dragones de la Emperatriz al reconcentrarse en la Casa Blanca descubrió que le faltaban 40 hombres.

Al ver los jinetes republicanos vencedores y formados en las alturas del Cimatario, el general Miramón dispuso una nueva ofensiva. El 4º y el 29º de lanceros se dirigieron hacia la izquierda de los republicanos para flanquearlos, mientras que algunos batallones, volvían a subir a las alturas.

Los cazadores de Galeana, que consumirían esa mañana 14 mil cartuchos, se enfrentaban a más de 2 mil soldados imperiales. El general Sóstenes Rocha relata que se adelantó a su tropa para reconocer el terreno y vio cómo los Cazadores de Doria, después de batirse heroicamente, tuvieron que replegarse acosados por tropas imperialistas muy superiores en número, que ascendían por la falda norte del Cimatario.

Rocha cuenta: "Me dirigí al coronel Doria, jefe del cuerpo, ordenándole una evolución, pero aunque este caballero era muy pundonoroso y honrado, careciendo de aquel valor indispensable sobre todo para el soldado de caballería, en aquellos críticos momentos estaba como fuera de sí, y no pudo comprenderme. Sin más miramientos y como el caso lo exigía, llamé a su segundo en jefe, teniente coronel Hipólito Charles, cuyo valor me era bien conocido desde nuestra campaña del norte; le ordené que desplegara en tiradores prontamente otras dos secciones, que hiciera alto y frente al enemigo, que mandara ejecutar un fuego rápido para contenerlo algunos minutos que mis tropas necesitarían para llegar y entrar en línea". Así sucedió, y poco después a paso de carga coronaba el Cerro, antes que los imperiales, la tropa de Rocha, compuesta de los cuerpos 19 del Norte y Supremos Poderes, a las órdenes de los coroneles Montesinos y Yépez. Cuando los hombres de Miramón llegaron, ya los esperaban, y tras la descarga que los clareó se fueron sobre ellos a la bayoneta.

Miramón, "queriendo quedar airoso delante del emperador", dice Hans, "manda un nuevo ataque; pero esta vez ya no huye el enemigo; los recibe con un fuego nutrido de ocho piezas al menos, obligando a nuestra caballería a emprender la retirada. Durante esta última acción, el emperador a la cabeza de su Estado Mayor y en medio del estampido de la metralla, estuvo constantemente en el campo recorriendo sable en mano el frente de los escuadrones, e intentando hacer que volviese a la carga la caballería desorganizada por lo vivo del fuego", llegando a estar a 40 metros de los de Galeana.

Los imperiales empiezan a replegarse. La infantería se detiene. "Su embriaguez no había sido duradera". Estaban ya fatigados con la tarea de la mañana, especialmente con la carrera cuesta arriba para hacer prisioneros, pero aún tienen ocupadas las trincheras en toda la falda del Cimatario, donde en las alturas se han sumado las tropas que pudieron reorganizarse a las órdenes del general Corona, un batallón de cazadores de San Luis y del general Régules, que Escobedo había puesto bajo su mando cuando se había acercado al cuartel general en busca de refuerzos. La derrota se transforma en victoria.

Los húsares y otros regimientos de caballería tratan de frenarlos. Las cornetas de las caballerías tocaban a degüello. Es imposible, las brigadas republicanas descienden como un aluvión.

A las 11 de la mañana los republicanos estaban otra vez en posesión del cerro tras seis horas de combate. El Cimatario parecía un hormiguero humano, de donde se escapaban detonaciones nutridas y copos de humo blanco.

Salm Salm registra: "Nuestras pérdidas fueron crueles: los hombres caían como moscas. Los malditos rifles de 16 tiros y una posición dominante daban al fuego de los republicanos tal superioridad, que el general Miramón mandó a nuestros batallones retroceder en buen orden, paso a paso, sosteniendo el fuego. En ese momento el emperador desenvainó la espada y pasó al frente de la primera línea". Miramón a su derecha, Salm Salm a su izquierda, lo presionan para que acepte replegarse a caballo hacia la Casa Blanca, "con paso lento".

Mientras tanto, otra fuerza avanzaba hacia el Cimatario desde el occidente del cerco: las caballerías Guadarrama que cubrían la calzada de Celaya, conducidas a galope por Ocádiz con los batallones de San Luis y los de los coroneles Francisco Tolentino y Simón Gutiérrez que van hacia la Garita de México rechazando a las tropas de Del Castillo.

La masacre fue grande. Al poco, los imperiales huyen perseguidos por la caballería y las reservas de Naranjo, con las caballerías de Parras y de San Luis, que acababan de entrar en combate y cargaban al galope.

Salm Salm cuenta: "El declive del cerro ofrecía [...] un espectáculo que me partió el corazón. Estaba cubierto de nuestras tropas fugándose en desorden, perseguidas por cazadores de Galeana, quienes mataban a los heridos. En la corta distancia que hay del cerro a la Casa Blanca perdimos 250 hombres, entre ellos al teniente Woils de Cazadores, que quedó en el campo herido en la cara".

Los republicanos siguieron avanzando hasta la línea imperial mezclados con las tropas en fuga y parecía que iban a intentar forzar la entrada a Querétaro. A 200 metros de la línea situada entre las Garitas del Pueblito y Celaya la artillería de Ramírez de Arellano los frena y reciben orden de replegarse. Maximiliano y Miramón se encuentran el techo de la Casa Blanco observando. El combate ha culminado a la una de la tarde.

Aunque los imperiales valoraron la batalla como una victoria y mostraron como trofeo las 21 piezas de artillería capturadas formadas en línea en la Plaza de la Cruz, el objetivo central que era romper la línea y permitir la salida de Max, no se había logrado y otra vez más el ataque había sido rechazado. Para Escobedo, la reacción y el contraataque habían sido una victoria, pero nuevamente el costo era muy alto. En el parte del general Régules, se decía que todos los cuerpos de Michoacán y algunos soldados de Jalisco estaban acabados y las caballerías en la hacienda El Jacal habían sufrido bajas de 430 hombres. Los liberales han perdido 21 piezas de artillería y 547 prisioneros, entre ellos 21 oficiales, calculan además 400 muertos. Los conservadores perdieron nueve oficiales y 460 hombres entre muertos y heridos.

No hay cómo ganar para que al herido le duela menos y el asustado pierda el espanto. Escobedo cruza el campo a caballo recorriendo las líneas recuperadas. Pero con todo y los vítores de los chinacos y los aplausos, no había engaño y la sonrisa se torcía en el rostro. El combate había mostrado la fragilidad del cerco. Ocho horas de enfrentamientos, al borde de perderlo todo.

NOTAS

1) Samuel Basch: *Recuerdos de México: memorias del médico ordinario del emperador Maximiliano, 1866-1867*. Manuel Ramírez de Arellano con notas de Ángel Pola: *Últimas horas del imperio, los traidores de los traidores*. Masae Sugawara: *Mariano Escobedo*. Juan de Dios Arias: *Reseña histórica del Ejército del Norte durante la intervención francesa, sitio de Querétaro y noticias oficiales sobre la captura de Maximiliano, su proceso íntegro y su muerte*. Alberto Hans: *Querétaro: memorias de un oficial del emperador Maximiliano*. Félix Salm Salm: *Mis memorias sobre Querétaro y Maximiliano*. Konrad Ratz: *Querétaro: fin del segundo imperio mexicano*. Agustín Rivera: *Anales mexicanos. La Reforma y el Segundo Imperio*. Francisco Bulnes: *Rectificaciones y aclaraciones a las Memorias del general Porfirio Díaz*. Ignacio Manuel Altamirano: "El 27 de abril en Querétaro" en *Obras completas*, tomo II. Niceto de Zamacois: *Historia de México*, tomo XVIII. Paco Ignacio Taibo II: *El general orejón ese* y *La lejanía del tesoro*. Benito Juárez: *Documentos, discursos y correspondencia*, tomo XI. José Luis Blasio: *Maximiliano íntimo: el emperador Maximiliano y su corte. Memorias de un secretario particular*. José María Vigil: *La Reforma*. Lucas Martínez Sánchez: *Coahuila durante la Intervención Francesa, 1862-1867*. Vito Alessio Robles: "Gajos de historia". Juan Antonio Mateos: *El Cerro de las Campanas: memorias de un guerrillero, novela histórica*. Federico Gamboa en *El evangelista. Novela de costumbres mexicanas* narra el combate del 27 desde una perspectiva imperial.

2) El soldado veterano Carlos von Gagern, hijo de la aristocracia prusiana, activista de las socialistas comunidades libres, militar a causa de presiones familiares, emigra a América por persecuciones políticas y llega en 1853 a Veracruz tras pasar por Estados Unidos. Profesor en la escuela militar de Chapultepec. Escribe un folleto projuarista en el 62. Con Zaragoza en Puebla, con González Ortega en la segunda batalla de Puebla, donde asciende a coronel. Jefe del batallón de zapadores que intentó la salida después de la rendición. Es detenido y deportado a Francia. Regresa en el 65 y se reincorpora al ejército mexicano. "Mi patria está donde impera la voluntad". Escribiría unas memorias tituladas *Muertos y vivos, recuerdos*. (Mark Moreno: *World at War: Mexican Identities, Insurgents, and The French Occupation, 1862-1867*. Martha Celis de Cruz: "Presencia de la masonería alemana en México: Carlos de Gagern, 1826-1885").

3) Hipólito Charles Martínez, nacido en la Hacienda del Venadito, Coahuila, en 1834. Capitán de caballería de la Guardia Nacional de Nuevo León y Coahuila, en 1860, en los enfrentamientos contra el gobernador Santiago Vidaurri. Participa en toda la campaña del norte, miembro del Estado Mayor de Escobedo, comisiones para comprar armas en Estados Unidos. A partir de este día sería conocido en los periódicos como El León del Cimatario.

4) Damián Carmona, un indígena guachichil que vendía objetos de barro en la infancia, era parte del 5° batallón de infantería de San Luis Potosí. Estando de centinela el 27 de abril de 1867, una granada impactó en su rifle y lo arrojó a tres metros de distancia. Carmona permaneció en su puesto limitándose a solicitar a su superior un arma que

reemplazara el fusil. "Por el valor demostrado" fue ascendido a cabo. Murió de tifo el 1º de marzo de 1869.

5) Ocádiz comisionó al teniente coronel Green para que, con un piquete de caballería, hiciera regresar al cerco al general Vega y sus tropas huidas a Apaseo, las que se reintegraron al día siguiente.

223

LA INSOBORNABLE TERQUEDAD. MARIANO ESCOBEDO ANTE QUERÉTARO

Fue en una de aquellas jornadas, que en la memoria se te empastaba como un continuo sin descansos y donde las anécdotas se te apelmazaban en el recuerdo, todo perseguido por un sueño que nunca llegaba, que te descubriste, al pie de un cañón y animando a los artilleros a que corrigieran la alzada, tomando la mano de un muerto. Retiraste la mano suavemente, soltando los dedos helados con cariño, como si temieras turbar su sueño y distraer tus pesadillas. Los muertos eran personajes en la historia de cada día. Dormían. Estaban lejos. En una zona de la vida en que el descanso era posible.

¿Quién podía triunfar? A la corta, quién sabe, unos cuantos accidentes sumados, podían hacer de una victoria una debacle, como tantas veces lo habías visto en estos últimos años. Y si la mala suerte caía del lado republicano, todo sería como de recomenzar y recomenzar. Daban ganas de ganar, con tal de no empezar de nuevo.

No los estabas cercando, los estabas conteniendo. Administrar un ejército y hacer la guerra al mismo tiempo era un caos, siempre dependiendo de los gobernadores, de sus buenos haberes, sus manías, sus rencillas, sus regionalismos estrechos, sus debilidades. Y ya estabas pensando en rapiñar con orden (legalidad y justicia) el campo queretano para hacerte de maíz, carne y frijoles; cualquier cosa, paro no dejarlos irse vivos de Querétaro. Y todavía León Guzmán, que daba la lata renunciando y desconfiando de tu habilidad para sostener el cerco, te regaña a través del presidente Juárez, porque tus hombres compran fanegas de maíz a nueve pesos cuando él las puede conseguir a siete y cuarto. Y le escribes a Juárez que evitas los abusos hasta donde es posible, que las circunstancias exigían locuras y arbitrariedades, que hay por ahí perversos haciendo requisiciones en nombre del ejército.

Ibas perdiendo el color, las ojeras se te desbordaban, la voz enronquecía, los labios resecos se llenaban de pupas. Se les venía encima la temporada de lluvias y con ella, la desnudez, la intemperie y el hambre, que se vislumbraban como una nueva peste que causaría estragos en los ejércitos. E iban 62 días.

Y finalmente llegaban municiones de las que Díaz había capturado en Puebla, pero no los necesarios cañones. Porfirio Díaz, que dirigía su campaña personal en las cercanías de la Ciudad de México, había puesto el énfasis en Puebla primero, en la capital después, y por más que a través de Juárez presionaras para que se uniera al cerco y acabaran juntos de una vez con el imperio en Querétaro, se resistía. Terminaste enviándole una carta, que pecaba de amable, en la que le ofrecías la comandancia general del cerco de Querétaro. Si eso quería, la gloria, el mando, ahí estaba. "Si no viene usted [...], levanto el campo y concentro mis fuerzas sobre algún otro punto porque ya no me es posible mantener la extensa línea del sitio. Venga usted, y con su presencia todo cambiará. En cuanto al mando, inútil es decirlo, yo me consideraré muy honrado si usted me juzga digno de militar a sus órdenes". Pero ni a esa respondió.

¿Y qué sigue? La terquedad, esa ferviente terquedad que te ha acompañado a ti y a la república durante los últimos 13 años. La insobornable terquedad.

NOTA

1)   Paco Ignacio Taibo II: *La lejanía del tesoro* y *El general orejón ese*.

224

MAYO, QUERÉTARO

Cuenta Ignacio Manuel Altamirano que "se presentaron en la línea ocupada por las tropas surianas frente a La Cruz [...] dos extranjeros que parecían ser cabos o sargentos [...] y allí manifestaron en palabras apenas inteligibles que se pasaban a nuestras filas. Se los envían a Riva Palacio en la hacienda de Callejas. Uno era austriaco. Tras el interrogatorio fingieron dormir y luego se escurrieron de nuevo a las filas enemigas". Con esa información Miramón diseñó una nueva operación de ruptura del cerco.

El 1º de mayo a las diez de la mañana, previa la instalación la noche anterior de algunos obuses y una batería frente a San Francisquito, Miramón intentará una nueva salida sobre la hacienda de Callejas y la Garita de México y los grandes edificios que la rodean. Tres batallones de infantería formaron columnas en la plaza, eran los cazadores franco-mexicanos, la guardia municipal de México y el 39 de línea, llevaban además un destacamento de ingenieros. Miramón dio el mando del millar (los republicanos los cifraban en dos millares, pero estos batallones estaban mermados por las jornadas anteriores) de combatientes al coronel Joaquín Manuel Rodríguez, que Alberto Hans describe como "un hermoso joven de bigote rubio, antiguo ayudante del Emperador, que se había distinguido desde el principio del sitio", pero que omite decir que era considerado por los republicanos como un repugnante traidor. Había combatido en el sitio de Puebla en 1863 y formó parte de los oficiales prisioneros que fueron deportados a Francia; allí los conservadores lo reclutaron y estuvo presente con la comisión que le ofreció el trono a Maximiliano.

Miramón y Ramírez de Arellano despidieron a la columna y Max le dijo al coronel: "La importancia del ataque que vais a mandar es capital para la salvación de la plaza. No dudo que cumpliréis como siempre con vuestro deber. Os prometo una recompensa digna de vos". Rodríguez respondió: "Señor, hoy me nombrará vuestra majestad general, o seré muerto". ¿Era crucial el ataque? Si era así, ¿por qué se hacía con una fuerza limitada y sin una reserva que explotara la posible victoria? ¿O se trataba de ampliar la línea del frente para posteriormente utilizar esa zona como trampolín para una posible salida?

Ramírez de Arellano dirigió personalmente la artillería imperial, que comenzó a batir de inmediato la hacienda de Callejas, paso previo a tomar la Garita de México. La hacienda de Callejas estaba prácticamente desguarnecida por los republicanos y la línea que iba ser confrontada era el extremo izquierdo de la zona comandada por Vicente Riva Palacio, que contaba para su defensa con el primero ligero de Toluca, los guerrerenses de Jiménez, y los Libres de Guanajuato, menos de 600 hombres.

Rodríguez avanzaba a caballo al frente de su columna y a pesar de los reclamos contestó "que siendo mal andador prefería ir a caballo, y que así su vista abarcaba más fácilmente a todos los que tenía a sus órdenes".

Bajo un fuerte cañoneo la hacienda de Callejas cayó fácilmente sin disparar un solo tiro y los imperiales siguieron avanzando favorecidos por los parapetos y continuaron trepando a paso de carga la colina hacia un cobertizo o galera que defendían los toluqueños. Arias cuenta: "Por los accidentes del terreno, la galera no se ligaba en sus flancos con las otras líneas, y el enemigo logró asaltarla, poniendo en retirada a la fuerza que guarnecía el punto", gracias a que el coronel Luis Carrillo, que había recibido la orden de morir antes de abandonar su puesto, fue herido de un sablazo y tirado de su caballo por uno de los cazadores franceses que iba a hacerlo prisionero, cuando un soldado, al pasar, le disparó un tiro a quemarropa, que le remató.

La línea está rota. Hans reseña: "Conforme a las órdenes que había recibido, Rodríguez habría podido detenerse un momento; pero entusiasmado con aquel primer triunfo, quiso tomar también la Garita de México, y continuó su marcha, animando a su tropa con la acción y con la voz. *¡Vamos, cazadores, adelante!*, decía a los franceses, cuya lengua hablaba con extraordinaria pureza. *¡Adelante, muchachos!*, gritaba a los mexicanos y todos corrían bajo un fuego homicida".

Pero al llegar a la Garita de México se empeñó un encarnizado combate. El general Jiménez cuenta que a la izquierda de su línea "la Garita quedó flanqueada. En ese momento crítico en el que el pánico se apoderó de la mayor parte de los defensores de esa parte de la línea sitiadora, Altamirano permaneció a mi lado formando parte del pequeño grupo de defensores". El propio Ignacio Manuel narra: "Nosotros estábamos flanqueados y teníamos que pelear a pecho descubierto, porque desde el primer momento nuestra fortificación no consistía más que en un corral de piedras a la altura de un hombre [...]. Así pues, el enemigo avanzó sin peligro y pudo venir a disparar sobre nosotros a quemarropa. Nuestros soldados que se vieron atacados y quintados retrocedieron [...] sólo resistía por el flanco izquierdo, un grupo de 20 surianos a lo más, estábamos el general Jiménez y yo. Los cadáveres nos rodeaban por todas partes [...]. Un centenar de enemigos se lanzó a la bayoneta, tuvimos que pelear cuerpo a cuerpo. El general suriano [...] hundió su espada en el cuerpo de un soldado atrevido que le disparó su fusil a boca de jarro y los demás cumplimos con nuestro deber, pero quedamos reducidos a 13 o 14 solamente".

Sin embargo, desde los flancos de la Garita se está produciendo una reacción y comienza a caer contra los atacantes un fuego de fusilería terrible.

Al iniciarse el combate el general Escobedo salió de su tienda y, según Arias, "se dirigió al punto atacado con unos cuantos dispersos que en su marcha logró reunir, haciéndolos de nuevo entrar en acción, dirigidos por él y por el grupo de ayudantes que lo seguían. Pocos momentos después se presentó el coronel Miguel Palacios, con el primer batallón de Nuevo León, y luego una compañía de regiomontanos y otra de Supremos Poderes" permitiéndoles recuperar palmo a palmo la línea ocupada por los imperiales. Convencen a Jiménez que se baje del caballo porque está siendo blanco de las balas. Riva Palacio bate a cañonazos a la columna imperialista de Rodríguez. Los republicanos cargan a la bayoneta.

En esos momentos Rodríguez cayó con su caballo; una bala le había atravesado el corazón. Con él muerto los imperiales titubean. Basch cuenta que "se produjo un fatal movimiento de vacilación entre nuestros soldados, vacilación que se convirtió muy pronto en una retirada precipitada. Algunos cazadores y guardias municipales que habían ya escalado un muro de la Garita, fueron abandonados, mientras que todas las reservas del enemigo llegaban a tomar parte en el combate".

La llegada del coronel Ignacio Zepeda, conduciendo a la brigada de caballería Jalisco, terminó de decidir la batalla. El general Paz dirige dos piezas de un batería y contraatacan sobre el edificio de La Cruz y la iglesia de San Francisco. Los papeles se han cambiado, los asaltados se convierten en asaltantes.

La acción era seguida desde el campanario de la iglesia de San Francisquito por el emperador y Miramón cuando una bala de cañón disparada desde el Cimatario, cayó a su lado y los llenó de piedras. La orden de repliegue es dada, pero según Hans "el enemigo se había avanzado tanto, y sus tiradores se habían colocado tan bien, que las piezas que defendían las avanzadas de nuestra línea estuvieron a punto de ser tomadas". Ramírez de Arellano recibió una contusión grave producida por una bala rebotada.

Las cifras de bajas de ambas partes han sido drásticamente disminuidas: los republicanos hablan de 60 bajas, pero había muerto el coronel Carrillo y estaba herido el coronel Palacios, "la flor de los oficiales surianos"; los imperiales cuentan 34 bajas. El cadáver de Rodríguez fue conducido trabajosamente a Querétaro, en donde Maximiliano le hizo solemnes exequias. Nuevamente los republicanos triunfaban en los contraataques.

Empezó mayo y los choques diarios menudeaban. El 2 de mayo Max se retrata a petición del cura Aguirre, su capellán. Es la única foto tomada en el sitio. Poco emperador, mucho general. Largo capote oscuro y medallas, sombrero de ala ancha. Sin embargo, parece mucho más flaco y consumido. La mirada perdida, la barba descuidada.

Al otro día, siguiendo la proposición de Miramón (que, según Hans, trataba de "reparar el mal efecto de nuestra última salida"), Maximiliano ordenó un nuevo ataque. Arias comentaría: "No obstante los descalabros que los sitiados experimentaban, parecía no agotarse su actividad, pues no habían transcurrido 50 horas, cuando emprendieron otra salida". Miramón había aprendido la lección de que la velocidad con la que Escobedo desplazaba sus reservas, "nos arrebataban muchas veces la victoria". Así el general Castillo ejecutaría el 3 de mayo, al alba, una salida falsa al Sureste, sobre la hacienda de Callejas, para hacer creer a los republicanos que se insistía sobre la Garita de México provocando que Escobedo moviera las reservas hacia esa zona mientras el propio Miramón atacaría con una gran concentración de infantería hacia el noroeste.

A las siete de la mañana se rompió el fuego artillero en la línea del norte que fue respondido por la artillería de San Gregorio. Miramón esperaba con impaciencia la salida de Castillo, pero pasaban los minutos y nada sucedía, resolvió iniciar el ataque. Hacia las 7:30 los batallones del emperador, de Iturbide, de Celaya, la guardia municipal y el 39 de línea iniciaban la ofensiva sobre la posición de San Sebastián, a la derecha de la línea que manda el veracruzano general Alatorre y cubría la 1ª Brigada de Coahuila, al mando del coronel Cepeda, "quien sostuvo el ataque sin retroceder un paso ante el enemigo". Otra columna imperial avanzó a la posición que cubría el general Martínez con las fuerzas del segundo distrito del Estado de México. Treviño cuenta: "La columna que cargó por el centro avanzó hasta cerca de la línea trayendo los fusiles culatas arriba y vitoreando a la libertad, pero luego rompió sus fuegos y consiguió sorprender y desbandar al batallón ligero del Valle de México".

Los imperiales, apoyados por la artillería desde el Cerro de las Campanas, rebasan dos líneas, alcanzando dos tercios del cerro de San Gregorio. Uno de los batallones republicanos, encerrado en un cementerio, estaba a punto de rendirse: se lo impidieron sus oficiales, que a fuerza de súplicas, amenazas y golpes, obligaron a la tropa a comenzar de nuevo el fuego. Sin embargo, cuando parecía haberse logrado la victoria de los atacantes, la resistencia del tenien-te coronel Ruperto Martínez, con un cuerpo de Tiradores del Norte, y del te-niente coronel Isidro Treviño, con su cuerpo de Libres de la Frontera, los frena.

Nuevos combatientes liberales aparecen en masa y "un fuego homicida llega a sorprender nuestra derecha". Eran las reservas de Escobedo. Hans cuenta: "Fue absolutamente necesario retirarse; lleno de rabia. Miramón, tuvo que resolverse a ello. Los cañones tomados al enemigo fueron abando-nados, la guardia municipal acuchillada".

También había aprendido algo Escobedo y las reservas vinieron de las líneas inmediatas, como estaba establecido: el general Francisco Alatorre, destacó sobre el enemigo al tercer Batallón de San Luis; el general Naranjo envió al cuerpo de Pandas; el cuartel general al batallón de Durango con el coronel Diodoro Corella, llegó a tiempo de completar la victoria.

Los imperiales hubieron de replegarse a sus trincheras con pérdidas con-siderables. El teniente coronel Ceballos, del batallón del emperador, cayó herido mortalmente; el teniente coronel Sosa, que había reemplazado hacía tres días a Rodríguez en el mando de la guardia municipal, y el comandante Franco fueron muertos, así como un gran número de oficiales. Los republi-canos tuvieron en este choque, cosa de 100 hombres fuera de combate, entre ellos cuatro jefes y oficiales muertos y nueve heridos. Jerónimo Treviño reci-bió una herida en la pierna izquierda, a consecuencia de la cual quedó inútil por algún tiempo. Otra vez se presenta la extrañísima proporción de oficiales caídos respecto al número de soldados.

A las tres y 40 minutos de la tarde Escobedo telegrafía Juárez en San Luis Potosí: "Todo ha quedado a esta hora en sosiego y nuestras fuerzas cubren orgullosas sus mismas posiciones".

Para restañar las heridas de la derrota, el *Boletín Oficial*, que se editaba en Querétaro, publicó al día siguiente dos supuestas cartas de Márquez y Vidaurri en las que informaban minuciosamente de la pronta aparición de un ejército en el que venían los generales Rosas Landa, O'Horán y Agustín Zires con dos baterías de a 12, obuses de 36 y 90 carros de municiones de boca y guerra. Sólo Maximiliano, Miramón, Ramírez Arellano y Severo del Castillo sabían que la información era falsa. El comunicado se celebró con entusiasmo y salvas de cañonazos.

La artillería de los dos bandos trata de matar a los jefes enemigos. Maxi-miliano suele pasear por la Plaza de la Cruz a caballo con sus favoritos, sabida la cosa los republicanos utilizan su artillería y lo obligan a cambiar de paseo. Por su parte los imperiales habían capturado el obús llamado La Tempestad que llevaba inscrito el lema: "última razón de las naciones" y Miramón le informó a Ramírez de Arellano que tenía idea de dónde estaba situado el cuartel general de Escobedo, una pequeña tienda blanca en el noreste, sobre la que flotaba una bandera mexicana. Situaron la pieza y comenzaron a bombardear hasta que la respuesta de la artillería republicana los obligó a suspender la operación.

El 5 de mayo el ejército sitiador celebró a Zaragoza y la batalla de Puebla de hacía cinco años. Escobedo estrenó una línea telegráfica que unía las posiciones de los sitiadores y hubo cohetes y algo de alcohol. Y desde luego hacia las ocho de la noche la línea del norte cañoneó la ciudad para recordarle a los imperiales que seguían allí, e incluso hubo disparos en las primeras líneas. El doctor Basch habla de "un fuego vivísimo, como no lo hubo igual en todo el curso del sitio; tanto, que con el continuo tronar de la artillería con trabajo podían distinguirse los cañonazos del estallido de las granadas". Un par de horas más tarde se hizo el silencio.

Durante una semana republicanos e imperiales se contemplaron. El desgaste de ambas fuerzas es inmenso. Si para los atacantes el cerco era un infierno, dentro, en la ciudad del acueducto, poblada por fantasmas imperiales, les estaba yendo peor, según narraban los desertores que crecían día a día. Era sabido que los sitiados se estaban comiendo a sus caballos y a sus mulas, no siéndoles posible mantenerlos por falta de grano y de forraje. Empezaba una epidemia de tifus, se robaba y se mataba a civiles por unos granos de maíz. No habiendo dinero para el pago de las tropas, se impusieron préstamos forzosos a todos los propietarios y comerciantes que alcanzaron medio millón de pesos. Los hospitales estaban llenos de soldados heridos en las diferentes salidas y de enfermos. Arias cuenta: "Se había promulgado un decreto, en que se obligaba a los civiles de 16 a 60 años a reforzar las fortificaciones de la plaza, con castigo de dos años de trabajos forzados. Veinticuatro horas después un nuevo decreto imponía la entrega de víveres con pago en bonos del ejército imperial. Siguió un decreto obligando al pago de impuestos de un peso por cada uno de los zaguanes, puertas, balcones o ventanas que tuviesen sus casas en el frente que daba a las calles. Otro decreto más imponía la obligación a todo el que sostuviese semillas almacenadas, de ponerlas en venta a precio de plaza, con excepción del maíz".

Se producían intrigas que crecían entre los mandos; todo el mundo sentía la espalda descubierta. El general Silverio Ramírez y su cuñado el comandante Carlos Adame le enviaron una carta a Tomás Mejía en la que pedían medidas que llevaran a la "pacificación". Silverio decía: "Muchas opiniones piensan que se puede romper el sitio, pero la mía es contraria, no porque crea imposible ejecutar la misión, sino porque estoy en la inteligencia, y en la más firme convicción, de lo criminal que es querer prolongar la guerra por más tiempo". Y preguntaba, "¿por qué no tomar una medida que sin faltar al honor militar nos conduzca a la paz?", y convocar a hombres honrados de ambos bandos para detener "la guerra fratricida que ha abierto tan hondas llagas a la patria". "Las revoluciones" no habían generado más que "ambiciones personales, conveniencia de colaboración, empleomanía, robo y todo género de maldades, que han conducido a la nación al estado de postración en que se encuentra". Separado Maximiliano del mando, "que usted recibirá para proceder en el sentido que dejo indicado", se buscaría un acuerdo con el enemigo, cuyos términos quedarían a cargo de "una junta de generales". Ramírez, un poblano que tenía 33, era hijo del Colegio Militar y había hecho la guerra contra los norteamericanos como subteniente y durante la Guerra de Reforma combatido del lado conservador y estaba herido desde el 27 de marzo. Mejía ni leyó la carta y se la entregó al emperador, quien ordenó la prisión de Ramírez y de los jefes implicados. El hecho "fue tan público que toda la ciudad tuvo conocimiento de ello, pues a Ramírez se le paseó por las calles entre filas". Según Ángel Pola, Ramírez había ido más allá y "trató de entregar un punto de la plaza de Querétaro al general Ramón Corona"; Carlos Adame también fue apresado "por estar en relación con los republicanos" y "la gendarmería en masa, con sus jefes y oficiales, estuvo también presa por igual causa".

El 11 de mayo se baraja un nuevo plan para salir del cerco. Miguel López encabezará la escolta de Max y dos escuadrones de húsares. Llevarán puentes transportables para cruzar las trincheras. Se hará una maniobra de distracción con 3 mil indios que ocuparán trincheras imperiales y harán fuego sin ton ni son. Se fija la fecha para el 14 de mayo.

Ese día los generales Miguel Miramón, Tomás Mejía, Severo del Castillo y Manuel Ramírez de Arellano le presentan un resumen de la situación a Max; tras establecer que iban 70 días de sitio "y 54 de estar esperando el auxilio del general Márquez", ven que con los 5 637 efectivos militares que quedan no se puede sostener una línea de ocho kilómetros. "Ha llegado el momento de poner término a una defensa que es ya […] imposible". Y proponen "atacar […] al enemigo, hasta derrotarlo completamente, venciéndolo en todos los puntos de su línea: si las tropas imperiales fueran rechazadas en este ataque, evacuar inmediatamente la plaza, inutilizando primero la artillería y todos los trenes, y rompiendo después el sitio a todo trance, único medio de salvar de la barbarie del enemigo al mayor número de soldados del ejército imperial".

O sea abandonar la idea de la fuga para sustituirla por un ataque desesperado y sólo en caso de derrota volverlo a intentar. Sea el ataque o la salida del 14, ambas se posponen por varias razones. Al día siguiente Arellano anuncia que las milicias que harían la diversión no están completamente armadas, Méndez quiere hablar primero con sus tropas… Miramón no opina, estaba en cama con un padecimiento hepático y picores en la mano.

Basch habla de la existencia de un plan de huida que estaba basado en romper el cerco y alcanzar "la boca de la Sierra Gorda, que dista unos 25 km de Querétaro, conforme al plan concertado, el emperador esperaría en la Sierra la marcha de los acontecimientos, así como también las noticias de la capital, para sus ulteriores decisiones. En la peor hipótesis, había camino abierto para el golfo de México por la Sierra. En Veracruz estaba la corbeta austriaca *Elisabetta* al mando del capitán Groller, y no hubiera sido difícil hacerla llegar a Tuxpan, el puerto más cercano [...]. Se encomendó a Salm el ordenar la escolta del emperador [...] con los Exploradores de México (80 hombres) al mando del mayor Malburg; el regimiento de la Emperatriz, y finalmente el 49 regimiento de Caballería [...] del teniente coronel conde Pachta. El mando de esta fuerza se le confió a López".

Por lo tanto se estaban barajando no dos, sino tres opciones. Días antes un Maximiliano, tan voluble como siempre, había escrito al gobierno en la Ciudad de México: "Acaso muy pronto, obligaremos a los sitiadores a levantar su campo, derrotándolos por completo y en seguida marcharemos en auxilio de nuestra querida capital".

El 14 de mayo Ramírez de Arellano contará que se celebró otro Consejo de Guerra presidido por Maximiliano para analizar el plan que se había pospuesto hasta la noche siguiente. A Miramón y a Mejía les sorprendió la ausencia de López; lo hicieron buscar por todas partes sin hallarlo. El emperador lo excusó diciendo que le había dado una comisión personal. A la mitad de la conferencia López se presentó, y Maximiliano, levantándose de su asiento, fue a hablar con él en voz baja, lejos del grupo de los jefes y cerca de una ventana. Miramón expondría sus dudas (a Ramírez de Arellano) sobre aquella conducta sospechosa de López, y aun sobre la lealtad de Maximiliano para con sus generales.

Según su secretario Blasio, acordada la salida (aunque sin duda pospuesta de nuevo la fecha, porque no se hicieron preparativos), el emperador le ordenó distribuir en la tarde de ese 14 de mayo el oro que le quedaba entre él, Salm Salm, el doctor Basch y el oficial de órdenes Pradillo. Se pusieron las monedas en cinturones de cuero de los llamados víboras; a Maximiliano le tocaron 20 onzas de oro.

Ramírez de Arellano apunta: "Uno de los rasgos característicos de Maximiliano era la desconfianza de sus propias opiniones y la docilidad, así como la buena fe con la cual adoptaba las inspiraciones de los otros, cuando las suponía hijas de la lealtad y del honor. Esta fue la causa de su ruina".

NOTAS

1) Juan de Dios Arias: *Reseña histórica del Ejército del Norte durante la intervención francesa, sitio de Querétaro y noticias oficiales sobre la captura de Maximiliano, su proceso íntegro y su muerte*. Alberto Hans: *Querétaro: memorias de un oficial del emperador Maximiliano*. Félix Salm Salm: *Mis memorias sobre Querétaro y Maximiliano*. Konrad Ratz: *Querétaro: fin del segundo imperio mexicano*. Agustín Rivera: *Anales mexicanos. La Reforma y el Segundo Imperio*. Niceto de Zamacois: *Historia de México*, tomo XVIII. Paco Ignacio Taibo II: *El general orejón ese* y *La lejanía del tesoro*. Benito Juárez: *Documentos, discursos y correspondencia*, tomo XI. José Luis Blasio: *Maximiliano íntimo: el emperador Maximiliano y su corte. Memorias de un secretario particular*.

2) Joaquín Manuel Rodríguez era veracruzano. En octubre de 1863 Maximiliano le encargó a Francisco de Paula de Arrangoiz que le proporcionase algún militar mexicano entre los que estaban cautivos en Francia para ser su asistente. Arrangoiz le propuso eso al comandante Rodríguez y este aceptando estuvo presente en Miramar durante la ceremonia solemne de la aceptación de la corona y fue portador a México los pliegos en que Maximiliano comunicó a la regencia su aceptación. En el sitio de Querétaro era oficial de Estado Mayor y amante de Oliveria del Pozo, La Carambada.

225

LA CAÍDA

Mientras recorre las líneas hacia las siete de la noche del día 14, un oficial le avisa a Mariano Escobedo que alguien ha llegado del interior del cerco y quiere hablar con él. En la fábrica de San Antonio, sede del cuartel general, el coronel Julio M. Cervantes le presenta al coronel Miguel López, jefe del Regimiento de la Emperatriz, que de entrada le dice que tiene una misión secreta.

Miguel López, que ha aparecido aquí y allá a lo largo de esta narración es descrito por Rafael Muñoz como "de corto entendimiento, tipo de hombre del norte, mejor que español o mestizo. Era rubio de estatura elevada y tenía grandes pies de angloamericano […] era ambicioso sin mérito alguno […] y su celo por ejecutar las órdenes del emperador tenía algo de servil". Una segunda descripción a cargo del príncipe Salm Salm reitera y completa: "Es hombre largo y corpulento, de unos 30 años y no parece mexicano. Su redonda cabeza está cubierta con pelo rubio algo ralo en el centro y puesto de tal modo que cubre todas las imperfecciones por medio de un mechón en uno de los lados; su bigote y corta perilla igualmente rubios. Parecía muy bien con su chaqueta encarnada de húsar, adornada de negro, y tanto más cuanto que sus modales eran caballerescos y elegantes. Además de portar varias órdenes mexicanas estaba condecorado con La Cruz oficial de la Legión de Honor. Siempre estaba bien montado en caballos americanos".

Es compadre de Maximiliano, que le ha apadrinado un hijo. Tiene 40 años, nacido en Puebla, militar desde la guerra contra los gringos; con un expediente en el ejército republicano con manchas que no logra quitarse de encima, porque según los propios informes de la policía imperial "sirvió en las contraguerrillas organizadas en 1847 por los americanos: después de haber sido protegido por Santa Anna, quien lo puso fuera de la ley por traidor a su país; tiene mucho valor, pero se ataca su probidad". Se adhirió a la intervención junto con Márquez, y tuvo el honor de escolta a Maximiliano y Carlota en el viaje de Veracruz a México.

Escobedo dirá muchos años después, "al principio creí que […] era uno de tantos desertores que abandonaban la ciudad para salvarse, y que su misión secreta no era más que un ardid de que se valía para hacer más interesantes las noticias que tal vez iba a comunicarme". Se apartan de los oficiales y López le dice que tiene un mensaje del emperador. Según esto Maximiliano propone que "se le permitiera salir con las personas de su servicio y custodiado por un escuadrón del regimiento de la emperatriz hasta Tuxpan o Veracruz, en cuyos puertos debía esperarle un buque que lo llevaría a Europa" y que ya había dejado en la Ciudad de México su abdicación y se comprometía a que al salir del país no volvería a pisar el territorio mexicano.

Escobedo le cierra la puerta, las órdenes que tiene es no aceptar otra cosa que la rendición de la plaza sin condiciones y da por terminada la conversación, pero López insiste diciendo que Maximiliano "ya no podía ni quería continuar más la defensa de la plaza, cuyos esfuerzos los conceptuaba enteramente inútiles; que en efecto, estaban formadas las columnas que debían forzar la línea de sitio; que deseaba detener esa imprudente operación; pero que no tenía seguridad de que se obsequiaran sus órdenes por los jefes que obstinados en llevarla a cabo, ya no obedecen a nadie" y ofrece "que a las tres de la mañana dispondría que las fuerzas que defendían el panteón de La Cruz, se reconcentraran en el convento del mismo; que hiciera yo un esfuerzo cualquiera para apoderarme de ese punto, en donde se me entregarían prisioneros sin condición".

El general en jefe mexicano responde que a las tres de la mañana se ocuparía La Cruz, hubiera o no resistencia. Hasta aquí la narración de Mariano Escobedo, pero sin duda se fijó un punto de cita. Y mientras López regresaba a la ciudad sitiada, el republicano estudió los planos del panteón de La Cruz donde tantas veces había chocado el ejército mexicano con los imperiales. ¿Sería una trampa? ¿Querrían invitarlos a atacar ese punto mientras rompían el cerco por otro? ¿Se trataba de una distracción que encubriría un nuevo ataque?

Durante muchos años se especuló en México sobre la acción de López. ¿Hablaba realmente a nombre de Maximiliano? ¿Hablaba parcialmente a nombre del emperador? ¿La primera parte de la propuesta era cierta y la segunda sólo su propia iniciativa? ¿Era una decisión personal que dependía de la respuesta de Escobedo para comunicársela a Maximiliano posteriormente? Parecía absurdo que Maximiliano negociara su salida cuando había tenido varias oportunidades de hacerla. Si se trataba de agotamiento y rendición, ¿por qué no negociarla con sus generales? ¿Tenía miedo Max de Miramón, Mejía, Méndez, Del Castillo? ¿Estaba emocionalmente preso de sus generales?

Una serie de testigos y autores atribuyeron la acción de López a una vulgar traición motivada (diría Arias) porque "era mal visto de la mayor parte de los generales y de sus colegas que envidiaban su situación cerca del archiduque"; o se trataba de una venganza (diría Salm Salm) porque Max echó para atras el nombramiento de general de López, que estaba por ser firmado, porque se recibió confidencia de que había sido dado de baja del ejército en el 47 por traición a la patria.

Por otro lado, el confesor de Max dice que el emperador posteriormente le dijo: "El coronel López no hizo sino lo que se le mandó". Según el propio Escobedo, Maximiliano le confirmaría esto en una conversación privada semanas más tarde.

Como todo en esta parte de la historia, el narrador se ve obligado a confrontar los dichos con los hechos y a descubrir decenas de contradicciones. ¿Y si la verdad era algo a mitad de camino de cada versión? ¿Y si realmente Maximiliano ordenó a López sondear al general republicano para lograr una salida personal del cerco sin muertos y heridos y luego, al encontrar el no de Escobedo, López se decidió por entregar la plaza y tratar de salvar al emperador?

Con no menos dudas que el que 150 años más tarde está relatando, Mariano Escobedo decidió jugársela, llamó al general Francisco A. Vélez, puso a sus órdenes los batallones Supremos Poderes y Nuevo León y le dio instrucciones de que a las dos de la madrugada buscara a Miguel López en el huerto que estaba a espaldas de La Cruz. Dicen que le dijo que, si caía en sus manos el Güero, lo tratara con consideración y que no se confiara, que era de temerse una traición. ¿Por qué escogió Escobedo a Vélez? No era el más destacado de sus generales, tenía un pasado confuso al haberse sometido al imperio durante varios años. ¿Por qué no Corona, Treviño, Naranjo, Riva Palacio, Jiménez, Guadarrama, hombres más cercanos y absolutamente confiables? Quizá porque no quería arriesgarlos en una situación que contenía grandes inseguridades.

Luego Escobedo transmitió a los mandos del cerco la orden de vigilancia y alarma. Y era un ir y venir de correos desde el cuartel general, desde donde se veían las luces nocturnas de Querétaro al alcance de la mano, como luciérnagas: "avisar a Naranjo que las caballerías estén brida en mano"; y allí nomás estirando la mano; "avisar a Guadarrama que les espante el sueño a sus jinetes"; allí está el final de la aventura; a Rocha para que estuviera alerta porque sería usado como fuerza de choque; allí nomás la victoria y mejor no creerla; al general Cervantes para que hiciera grande la brecha que habría de abrirse; porque no hay nada peor que las ilusiones vueltas indigestiones.

Según el príncipe de Salm Salm el coronel Miguel López visitó a Maximiliano a las 12 de la noche y conversó con él. Si tal cosa sucedió, no fue para advertirle de lo que iba a pasar, porque entre 1 y 1:30 Max se acostó a dormir tranquilamente. López salió nuevamente del cerco.

A las dos de la noche en la casa de Carlos Rubio, propietario de la fábrica Hércules, en la calle de El Biombo, arribó una extraña visita, el republicano coronel y aristócrata José Rincón Gallardo acompañado de Miguel López. Rubio sorprendido le dijo a Rincón: "¿Cómo es posible que estés aquí si tú eres de los sitiadores?". Rincón Gallardo pidió café y un coñac porque hacía mucho frío y al momento de producirse un brindis Rincón Gallardo se negó a chocar su copa con López (según dos sobrinas del industrial): "Yo no brindo con traidores". Según el padre Mariano Cuevas la visita a la casa Rubio fue para concertar que Maximiliano allí quedase oculto. De ser cierta esta reunión López seguía pensando en salvar al emperador, y de alguna manera Rincón Gallardo lo dejaba hacer.

Hacia las dos y media (según Salm Salm) López volvió al Convento de la Cruz como jefe de la guardia de esa noche, sede del cuartel general imperial y donde dormía Maximiliano y sus más afines oficiales extranjeros.

A las 3:30 de la madrugada, Basch informará que Maximiliano "me mandó llamar; todo estaba tranquilo en el cuartel general cuando atravesé el corredor para ir a verle. Había sido atacado el emperador de un fuerte cólico de disentería. La pésima alimentación unida a la influencia epidémica, habían desarrollado después de las lluvias la disentería en el campamento; el emperador mismo acababa de caer enfermo". Bach le dio opio.

Probablemente en esos momentos, poco antes o poco después, Vélez, seguido del general Feliciano Chavarría, de los jóvenes coroneles José Rincón y Agustín Lozano, y tras ellos el batallón de Supremos Poderes, se acercaron al convento en medio de la nopaleras y accedieron por una brecha de la cerca exterior. López les abrió camino. Velez, ante la posibilidad de una traición, supuestamente traía a López encañonado con una pistola. En silencio llegaron sin obstáculos hasta una tronera donde el coronel imperial ordenó quitar el cañón. Zamacois en un alarde de precisión dice que era "la cañonera derecha de la barda izquierda". Un cansado centinela fue sorprendido sin que pudiera evitarlo. Vélez hizo avanzar al teniente coronel Margain y al coronel Llepes con sus batallones y al comandante general de artillería Francisco Paz, para cubrir la huerta del convento.

Alberto Hans verá llegar a Miguel López, a quien reconoció por su vistoso uniforme bordado de plata. El joven subteniente le saludó. Miguel López, mostrándole entonces la tropa que con él iba, le dijo con precipitación: *Aquí está un refuerzo de infantería*. Le dará explicaciones: que uno de los batallones que guarnecía La Cruz iba a sublevarse y a dejar penetrar a los republicanos en la plaza. Finalmente obtendrá una respuesta sincera: "No tema usted nada, señor: está entre soldados del ejército regular: no somos guerrilleros; pertenecemos al batallón de Supremos Poderes de la República". De esta manera fueron quedando prisioneros los defensores de La Cruz, sin que se llegase a disparar un tiro, y con un silencio sorprendente.

José Rincón Gallardo, aprovechándose de la oscuridad y del caos que reinaba siempre entre los uniformes de todos los combatientes, ocupó con su tropa las alturas del convento, las escaleras, los patios y todas las salidas, desarmando a la gendarmería, así como la compañía de ingenieros y al batallón del emperador, antes de que despertasen completamente.

Alberto Hans cuenta: "Como nadie sospechaba ni comprendía lo que pasaba, no se disparó un solo tiro, ni se dio un grito de alarma, mientras que el cuartel general y sus anexos caían en poder de los republicanos, en medio de una calma fantástica". Poco antes de las cuatro, y como no llegaban noticias, Escobedo avanzó personalmente hacia el punto de ruptura, sólo para confirmar que estaba siendo tomado por los suyos.

Hacia (o poco antes de) las cuatro de la madrugada la oscuridad era completa. El cuarto de Maximiliano se va poblando de visitantes; el primero en llegar es su secretario José L. Blasio, luego su oficial de órdenes el teniente coronel Agustín Pradillo, que había visto los movimientos de los republicanos en el edificio de La Cruz, luego el príncipe Salm Salm, al que había avisado el coronel Antonio Yablouski, alertado a su vez por el propio Miguel López (¿todavía intentaba salvar a Max?); finalmente el general Del Castillo. ¿Está Maximiliano desconcertado al saber que tiene a los republicanos a unos metros? Si es así, ninguno de los testigos lo registra. Sabemos que recoge a toda prisa unos papeles, toma un par de pistolas, le entrega una a Pradillo y dice al salir de la habitación encabezando a los cuatro personajes: "Salir de aquí o morir es el único camino". Lleva su uniforme de general de división cubierto con un sobretodo para el frío.

Rincón Gallardo, luego de dejar asegurada la posesión de La Cruz, y guiado por Miguel López, se dirigió al centro de la plaza, al frente del batallón Nuevo León, para dominar el parque general de municiones de los imperialistas.

Maximiliano y su grupo al bajar la escalera, encontraron en ella un centinela republicano del batallón de Supremos Poderes, que echó armas al hombro, Max respondió el saludo y continuaron su marcha; en el patio se hallaron con una compañía del mismo batallón que los ignoró. Nuevamente fueron a dar con otra fuerza republicana frente a la artillería. Maximiliano, amartillando su pistola, dijo: "Adelante". A pocos pasos fueron alcanzados por Rincón Gallardo varios oficiales republicanos y el coronel López, que se acercó y dijo en voz alta voz: "Esos señores pueden pasar; son paisanos". Esto no es creíble. ¿Nadie reconoció al rubio y barbado emperador?

Maximiliano, con sus cuatro leales servidores, continuó su marcha a paso acelerado. Al llegar al cuartel de la escolta del emperador, este le dijo a Pradillo: "Sería conveniente que me trajesen mi caballo" y Maximiliano, seguido de Salm Salm, de Castillo y de Blasio, se detuvo. Pradillo llegó a los pocos instantes conduciendo un caballo. Casi en el mismo momento se presentó Miguel López montado en un excelente alazán. Tendrán una conversación, según los testigos, bastante absurda: el emperador le preguntó: "¿Qué es lo que pasa, coronel López?", a lo que contestó "Señor, todo está perdido; vea vuestra majestad la tropa enemiga que viene muy cerca". Según Konrad Ratz, López le dijo al emperador que se refugiara en la casa del industrial Rubio. El archiduque vaciló algunos instantes y al fin montó en el caballo, ordenando al paso al coronel López que las tropas que no hubiesen caído prisioneras marchasen violentamente al Cerro de las Campanas, hacia donde se dirigió.

Están repicando las campanas de varias iglesias de la ciudad. Significa que los republicanos se han apoderado de los edificios principales.

A las cinco y media de la mañana Miramón, que se había levantado horas antes para inspeccionar sus tropas y regresaba a su alojamiento, al pasar por la plaza de San Francisco, encontró a un oficial de la escolta del emperador que le gritó: "Mi general, nos han vendido: La Cruz está en poder de los republicanos". Miramón sacó su pistola y se dirigió hacia allá seguido por sus ayudantes. Apenas había caminado unos pasos cuando se encontró con un destacamento republicano, cuyo oficial, adelantándose rápidamente, disparó sobre Miramón varios balazos con una pistola de ocho tiros. Una de las balas fue a dar en el pecho de su ayudante, Ordóñez, que cayó muerto; Miramón recibió un balazo en la mejilla derecha (o izquierda según las versiones); viendo que la sangre corría en abundancia, sacó un pañuelo y trató de contenerla. Entonces, disparando el último tiro, emprendió la fuga y entró en la casa del médico José Licea. La bala había quedado incrustada en el carrillo, "por fortuna la quijada estuvo my dura", diría en su diario. Licea lo operó.

No habían transcurrido más que algunos momentos, cuando la escolta imperial y el escuadrón de húsares austro-mexicanos pasaban por el mismo punto de San Francisco que acababa de caer en poder de los republicanos, para irse a incorporar con el emperador en el Cerro de las Campanas. Miguel López les mandó hacer alto y desmontar de sus caballos. Obedecieron la orden sin desconfianza. López hizo prisioneros al capitán Paulowski y a sus oficiales, así como a los de la escolta imperial, y mandó a los soldados que depusieran las armas, que fueron recogidas inmediatamente.

Con un pequeño grupo el emperador llegarían al Cerro de las Campanas. En el camino se les unieron el teniente coronel Pitner, el Conde Pachta, el mayor Malburg y el capitán Fürstenwarther. Combatientes sueltos avanzaban hacia allá en medio del desconcierto. Toda la periferia del cerco estaba en esos momentos ya en poder de los republicanos. Un alud de combatientes descendía desde el Cimatario hacia la Alameda de Querétaro. Grupos de imperiales arrojaban las armas y se rendían. Irineo Paz cuenta: "Hacía poco que empezaba a haber luz, aún no salía el sol, pero se podía distinguir bien que de la plaza al Cerro subía un cordón de gente a pie y a caballo […]. Se puede comprender bien que no hay cabeza, que no hay organización, que no hay plan de defensa, ni vivos deseos de defenderse tampoco".

Cuando el grupo del emperador arribó al Cerro de las Campanas no había más de 140 hombres de infantería. Poco después con una corta fuerza de caballería llegó el general Tomás Mejía, al que había despertado en su cama de enfermo el repique de las campanas; posteriormente se sumaron los coroneles Segura, Campos y otros con los pocos soldados que habían podido reunir.

Sobre el Cerro comenzó un bombardeo. Según Basch, el emperador le preguntó a Mejía si sería posible intentar la salida a la cabeza de unos cuantos hombres decididos; el general le respondió que de ningún modo era factible.

Cada vez que se veía a cierta distancia alguna corta fuerza de imperialistas que llegaba al cerro, le decía a Pradillo: "Vea usted si en el grupo que viene allí se distingue a Miguel: sólo a él espero: no quiero serle inconsecuente". En aquellos momentos llegó el Regimiento de la Emperatriz, con el coronel Pedro A. González que le informó que Miramón había sido herido, y que se le operaba en aquellos momentos.

Irineo Paz informa: "Sale el sol y ya con su luz esplendorosa puede verse mejor el Cerro de las Campanas: hay allí muchos hombres a caballo y muchos pelotones […] que se mueven de un lado al otro como personas que no saben qué hacer ni a qué resolverse […]. Hay allí un grupo en el que debe encontrarse Maximiliano, pues brillan mucho las espadas y los uniformes. De allí mismo se desprende uno montado a caballo y empuñando una bandera blanca".

Hacia las cercanías del cerro van legando combatientes republicanos en columnas cerradas, lanzando una granizada de balas, muchas de ellas con las mismas piezas de artillería que poco antes eran imperiales. Por sexta vez en lo que va del cerco una granada cayó a distancia de algunos pasos del emperador, el proyectil reventó, llenándolo de tierra. En el Cerro de las Campanas, se habían reunido 800 hombres que resistían la granizada de fuego sin disparar ni un tiro. El emperador sacó entonces de uno de los bolsillos de su sobretodo, un paquetito de papeles y dio orden a su escribiente, José Blasio y al capitán Fuerstenvaerther, de que los quemasen.

A pesar de que se había enarbolado una bandera blanca, seguían lloviendo proyectiles desde San Gregorio, por artilleros que sin duda no habían visto la bandera blanca. Maximiliano hizo tocar parlamento y envió a dos o tres de sus ayudantes en busca del general en jefe del ejército republicano, para avisarle de su rendición. Sin esperar respuesta y con bandera blanca al frente, comenzaron a descender del Cerro de las Campanas. Altamirano registra que Max "montaba un pobre caballo pinto; su montura mexicana era sencilla; llevaba un sombrero de alas anchas blanco, vestía un paltó claro y pantalones del mismo color; tenía botas de montar y acicates de oro".

Cerca de la Garita de Celaya salieron a su paso Ramón Corona y Aureliano Rivera, con su Estado Mayor. Maximiliano les dijo que ya no era emperador, había abdicado ante su Consejo de Gobierno en México. Corona le contestó que esa cuestión no podía tratarse entonces, pero que les garantizaba no ser molestados. Entonces apareció un mensajero de Escobedo con la orden de que se condujera a los prisioneros al cuartel general. Corona tomó bajo su custodia personal al emperador, Mejía, Castillo, el príncipe de Salm Salm y Pradillo.

Escobedo se presentó entonces. Maximiliano se adelantó a recibirlo y "tras un saludo grave, pero cortés", le entregó su espada. Mejía no hizo lo mismo sino que rompió la empuñadura de la suya y se la tiró al pie. Maximiliano indicó que deseaba hablarle en reserva. Escobedo se separó de su séquito para escucharlo. Maximiliano le hizo la misma propuesta que había llevado López. "¿Me permitirá usted, que custodiado por una escolta, marche yo hasta un punto de la costa donde pueda embarcarme para Europa, con la protesta que hago, bajo mi palabra de honor, de no volver a México?". Escobedo, que no solía ser hombre de muchas palabras, le contestó lacónicamente: "No me es permitido conceder lo que usted pide". Maximiliano replicó: "Yo espero que usted no permitirá que se me ultraje y que se me tratará con las consideraciones debidas a un prisionero de guerra". Escobedo envió parte de su escolta llevando presos a Mejía, Castillo y Pradillo y se quedó con el emperador y el príncipe de Salm Salm.

Cerca de las seis de la mañana en las proximidades del Convento de la Cruz, cuando Vicente Riva Palacio estaba tratando de embolsar a un grupo de dragones imperiales, apareció en una calle oscura, precedido de antorchas y susurros, el general Escobedo, y sin cambiar más de dos palabras, le puso en las manos al emperador derrotado con la orden de llevarlo al Convento de la Cruz, que sería su cárcel. Vicente lo condujo por la orilla de la ciudad hasta la prisión "para evitarle la pena de atravesar la calle principal de Querétaro". Al llegar al convento Max le obsequió su silla de montar (en otras versiones sería el caballo). Un emperador en manos del autor de *Adiós, mamá Carlota*, el poeta que se había burlado de la emperatriz. Riva Palacio le dará a cambio un ajado ejemplar de las poesías de Lord Byron que traía en las alforjas. El detenido "se metió en la cama devorado por las dolencias físicas y por la inmensa pesadumbre de su caída".

¿Tiene el narrador una tesis sustentada en lo que ha contado? Inevitablemente la tiene, no se puede andar eternamente por los pasillos de estas historias sin sacar las propias conclusiones, pero preferiría dejar que el lector sume y reste y concluya y entienda este párrafo final como una reflexión más, otra más, de lo sucedido: Posiblemente López fue a la entrevista con Escobedo con órdenes de Maximiliano para negociar una salida. Al no conseguirlo negoció la entrega de la plaza. Se reservó el intentar sacar a Max de Querétaro tras esconderlo en la casa de los Rubio. Favoreció su salida del Convento de la Cruz. No comunicó nada al emperador que frustró esa posibilidad al ir hacia el Cerro de las Campanas.

El general Escobedo trasladó el cuartel general a fábrica de tabaco La Purísima, propiedad de Rubio. El telégrafo no deja de funcionar conectando con San Luis Potosí, a donde hacia las cuatro envía dos escuetos telegramas a Juárez y al ministro de la Guerra Ignacio Mejía informando que Querétaro estaba en manos de la república, que el ejército imperial había sido capturado y con él "Fernando Maximiliano de Habsburgo, que se ha titulado Emperador de México".

A esa misma hora Miramón es capturado por una patrulla republicana. Se dice que el doctor Licea, que fue el que lo curó, también lo delató; parece que lo detuvieron cuando buscaba vendas. También se cuenta que alguien vio entrar en su casa al general conservador y lo denunció. El oficial, al ver a Miramón herido y en el lecho, le trató con suma atención; dejándolo allí hasta que se repusiera. Licea sería sentenciado a cinco años de prisión por traición.

Altamirano cuenta: "Nuestras músicas tocaban diana en la plaza y en todos los cuarteles. La bandera de la república flameaba en todos los puntos antes ocupados por las tropas del imperio". ¿Y así era el final? ¿Así de insípido, después de tanto tiempo?

NOTAS

1) Mariano Escobedo: "Informe de 8 de julio de 1887 al Presidente de la República Porfirio Díaz". Curiosamente el parte de Escobedo no está, tan sólo el telegrama, ni en la minuciosa selección de Masae Suwara ni en el tomo XXI de las obras de Juárez: *Documentos, discursos y correspondencia*. En las cartas de Corona y Sóstenes Rocha a Juárez no hay mención de la traición de López. Konrad Ratz: *Querétaro: fin del segundo imperio mexicano*. Juan de Dios Arias: *Reseña histórica del Ejército del Norte durante la intervención francesa, sitio de Querétaro y noticias oficiales sobre la captura de Maximiliano, su proceso íntegro y su muerte*. Alberto Hans: *Querétaro: memorias de un oficial del emperador Maximiliano*. Agustín Rivera: *Anales mexicanos. La Reforma y el Segundo Imperio*. José Luis Blasio: *Maximiliano íntimo: el emperador Maximiliano y su corte. Memorias de un secretario particular*. Samuel Basch: *Recuerdos de México: memorias del médico ordinario del emperador Maximiliano, 1866-1867*. Alfonso Junco: *La traición de Querétaro, ¿Maximiliano o López?* Ignacio Manuel Altamirano en *El Siglo XIX*, 23 de mayo de 1879, *Obras completas*, tomo VIII. Israel Cavazos Garza: *Mariano Escobedo, el glorioso soldado de la República*. Manuel Ramírez de Arellano con notas de Ángel Pola: *Últimas horas del imperio, los traidores de los traidores*. José María Vigil: *La Reforma*. José C. Valadés: *Maximiliano y Carlota en México: historia del segundo imperio*. Paco Ignacio Taibo II: *La lejanía del tesoro* y *El general orejón ese*. Niceto de Zamacois: *Historia de México*, tomo XVIII. Rafael Muñoz: *Traición en Querétaro*. Ireneo Paz: *Maximiliano*. Manuel A. Hernández: *Memorias del general de división Juan A. Hernández*. Félix Salm Salm: *My Diary in Mexico in 1867*, *Mis memorias sobre Querétaro y Maximiliano*, *Ten Years Of My Mife* y "Contestación a don Miguel López". Víctor Darán: *El general Miguel Miramón; apuntes históricos*. Gustave Niox: *Expédition du Mexique, 1861-1867: récit politique et militaire*. Victoriano Salado Álvarez: *Querétaro*. Mariano Cuevas: *Historia de la nación mexicana*. E. M. de los Ríos: *Maximiliano y la toma de Querétaro*.

2) La polémica. Veinte años más tarde el debate sobre lo que había sucedido la noche del 14 al 15 de mayo en las afueras de Querétaro se reabrió de una manera inesperada. La sociedad mexicana ya no era la misma, la paz porfiriana le había desgastado los colmillos al liberalismo. Dos años antes se había permitido que se celebrara un tedeum en

la iglesia de San Fernando por las almas de Maximiliano, Miramón y Mejía. Corrían tiempos de reconciliación entre el poder y los conservadores. ¿Quiénes conciliaban? ¿Era un país que se olvidaba del pasado y cerraba heridas o un dictador que sonreía a los nuevos amigos? El 8 de julio de 1887 un enfermo general Escobedo dirigía una carta al presidente Porfirio Díaz (que llegó hasta la prensa) aclarando los sucesos que se habían mantenido en la sombra, y diciendo que el haber omitido en el parte de la toma de Querétaro el hecho de que el coronel López, como intermediario de Maximiliano, hubiera facilitado el acceso a la plaza, se había debido a la promesa que había empeñado con este, quien a su vez le debía el silencio al emperador. Escobedo, general retirado, respondía a las acusaciones del libro de Víctor Darán sobre Miramón publicado en Italia y a los ecos de este en la prensa nacional (una respuesta de López pidiéndole a Escobedo que contara la verdad). En el informe de más de 50 cuartillas, repasaba los sucesos de aquella noche y el posterior amanecer ("Descorro a mi pesar el velo"). Contaba que él no tenía muy claro en los primeros instantes si López, a fin de cuentas, había actuado por encargo del emperador o por el suyo propio, y que incluso en el inicio pensó en la posibilidad de que les estuvieran poniendo una trampa, pero que en una conversación sostenida con López el 24 de mayo, diez días después de los acontecimientos, el coronel imperial le reiteró la petición de silencio y le mostró una nota de Max que decía: "Mi querido López: Os recomendamos guardar profundo silencio sobre la comisión que para el general Escobedo os encargamos, pues si se divulga quedará mancillado nuestro honor". La carta resultaría ser falsa; José Luis Blasio (*Maximiliano íntimo: el emperador Maximiliano y su corte. Memorias de un secretario particular*) recoge las pruebas del peritaje negativo. Fuera cierta o falsa la nota, Escobedo se comprometió al pacto de silencio, hasta ese momento, cuando la campaña conservadora lo acusaba de haber comprado el acceso a la plaza y lo tachaba de general mediocre. Además se había dicho que López recibió 2 mil onzas de oro por vender la plaza y que ni siquiera se las pagaron; otros dirán que le habían dado 50 mil pesos (a través de Rincón Gallardo). Escobedo insistirá en que él nuca entregó dinero. Poco variaban estas críticas la valoración de Escobedo como comandante de las tropas que sitiaron Querétaro. Había cercado la plaza y encerrado el ejército imperial con el menor costo de vidas; había conservado el sitio, evitado los intentos de ruptura, colaborado a la destrucción de las caballerías huidas de Márquez y, en fin, ganado la batalla. Sin embargo, parece ser que hubo intentos por parte de la Secretaría de Guerra de enjuiciar a Escobedo por haber omitido elementos en el parte de guerra, aunque Díaz, poco afecto a las venganzas inútiles, y mucho a las útiles, prefirió dejar pasar el asunto. En el Archivo General de la Nación se encuentra el purgado archivo de Escobedo, material del conflicto que se narra. La polémica ha sido explorada minuciosamente por Daniel Martínez Sahagún en "El cristal con que se mira: la polémica sobre el sitio de Querétaro en la prensa nacional, 1887-1889".

3) La espada de Maximiliano está en el Museo Nacional de Historia en el Castillo de Chapultepec. Supuestamente Max se la entregó al general republicano Echegaray; en otras versiones fue el general Mirafuentes quien tomó al emperador la espada, que luego le

fue devuelta por el general Riva Palacio en el Convento de La Cruz, para que más adelante Maximiliano se la entregara. En una tercera versión, Maximiliano ofreció la espada
a Mariano Escobedo, que no la tomó e hizo que la recibiese el jefe de su Estado Mayor.

226

EL JUICIO, LAS PRESIONES
Y EL FUSILAMIENTO

En la ciudad tomada, aún en medio del caos, la primera medida de Escobedo al día siguiente fue emitir un bando ordenando que todos los individuos que hubiesen desempeñado algún alto cargo militar en el imperio se
presentasen en el término de 24 horas, con pena de muerte para los que no
lo hicieran. Varios de los altos oficiales estaban escondidos. Se presentaron
los generales Francisco García Casanova, Escobar, Pantaleón Moret, Valdez,
el ministro de Justicia García Aguirre y otros que fueron encarcelados. Silverio Ramírez fue liberado de la celda donde estaba recluido por traición y
nuevamente detenido.

Zamacois cuenta: "La pieza destinada para prisión de Maximiliano era la
misma que le había servido de alojamiento; pero de ella había desaparecido
todo, excepto su catre de campaña, una mesa y una silla. El prisionero quedó
solo en su prisión. En el corredor, frente al cuarto que ocupaba, se colocó
una compañía de los Supremos Poderes, con un centinela delante de la puerta, y otra fuerza en una azotea [...]. Los generales Tomás Mejía y Severo del
Castillo, fueron colocados en el cuarto del doctor Basch. A Pradillo, al príncipe de Salm Salm, al secretario José Blasio y al conde Pachta, se les puso en
un cuarto que podía comunicarse con el emperador".

Estaban presos 426 civiles y militares en el templo de La Cruz. Un accidente está a punto de causar una catástrofe: uno de los prisioneros tras fumar
apagó su cigarrillo en el suelo donde había restos de pólvora y se produjo
una explosión, que causó un incendio. La guardia reaccionó pensando que
se trataba de un intento de fuga y se hicieron disparos. Desde el interior los
detenidos explicaban que se trataba de un accidente y afortunadamente un
oficial ordenó que cesaran los disparos, cuando ya estaba emplazada una
pieza de artillería sobre el interior, y todo volvió a la calma.

Ignacio Manuel Altamirano visitará a Maximiliano, que comparte el cuarto ahora con sus criados Grill y Severo, el día 16 de mayo. "Estaba él enfermo de disentería. Yo también. *Tome usted esa agua*, me dijo, y nunca sufrirá
del estómago. Se trataba de agua mineral, agua de Selz". El poeta seguirá el
consejo el resto de su vida. También lo fueron a ver el coronel José Rincón

Gallardo y su hermano Pedro y por razones diferentes el coronel prusiano, Carlos Von Gagern, de los Cazadores de Morelia. "Trate de darme a conocer como miembro de la fraternidad masónica por medio de las señas usuales. Pero mis señas no fueron correspondidas. Más tarde mezclé en la conversación expresiones masónicas, y le dije que se olvidara de mi uniforme, viendo en mí sólo una persona que no solamente tendría mucho gusto en ayudarle sino que estaba moralmente obligado a hacerlo. Maximiliano me agradeció cordialmente, sin embargo, no mostró con una sola palabra que hubiera comprendido mis insinuaciones masónicas".

El 17 de mayo Maximiliano y los principales detenidos en el ex Convento de la Cruz fueron trasladados al de Santa Teresa. Ese día Escobedo recibe una carta de 12 oficiales franceses ofreciéndose a servir en las filas republicanas a la que contesta que "la causa de la libertad bastaban a defenderla los liberales mismos, y que no podía aceptar los servicios de personas que, a la faz de sus compañeros que estaban sufriendo, osaban a hacer tan infame oferta, y de las cuales se podía esperar que observasen igual comportamiento cuando se presentase una ocasión semejante". Indignados, los demás oficiales franceses prisioneros dirigieron una carta al emperador Maximiliano en que desaprobaban la conducta de sus 12 compatriotas, y le ofrecían su adhesión hasta la muerte.

En la noche del 18 de mayo, la búsqueda de los generales imperiales que se estaban escondiendo dentro de Querétaro va a tener resultado cuando Ramón Méndez, el llamado Tigre de Michoacán, es capturado escondido en casa de un amigo. Llevado a juicio sumarísimo, tras compartir prisión en el convento de Santa Teresa con otros de sus compañeros, es condenado a ser fusilado. Los republicanos no podían perdonarle el fusilamiento en Michoacán de José María Arteaga y Carlos Salazar en el 65. Un día más tarde, tras haberse despedido de Maximiliano ("Méndez, no es usted más que la vanguardia; muy pronto iremos a reunirnos con usted"), fumando un puro salió de la prisión y fue llevado a La Alameda. Entre el público se encontraba Ugalde que había hecho la guerra de guerrillas en Michoacán contra él. Se negó a que lo fusilaran por la espalda como traidor.

Manuel Ramírez Arellano contará: "La ejecución de Méndez tuvo lugar delante de la fachada principal de la casa en que yo me encontraba escondido". El general de artillería se había escapado de su alojamiento el día de la caída de Querétaro cuando soldados republicanos llegaban a capturarlo. Aunque se ha dicho que Ramírez de Arellano salió de Querétaro protegido por una carta de Escobedo a Porfirio Díaz, o por la colaboración de su ex compañero de escuela José Montesinos, acontecimientos posteriores demostrarían que no fue así. Con una sorprendente fuga a través de las azoteas que lo llevó a otras casas, el mismo día 18 pudo dejar la ciudad. No tuvieron la misma suerte dos de sus oficiales, Espinosa y Velázquez, que fueron detenidos. Y sí el general

Ignacio Gutiérrez así como el coronel Carlos Miramón, hermano de Miguel, al que acompañaba desde 1854, que habían logrado salir de Querétaro. Carlos, el 19 de mayo en la madrugada, salió de la ciudad vestido de charro, y pasó por entre las filas enemigas, haciéndose llamar Casimiro Martínez.

Escobedo había mantenido a Miguel López en libertad simplemente arraigándolo en su domicilio de la calle Sola número 5. El 20 de mayo López le solicitó al general en jefe un pasaporte para ir a su tierra para atender asuntos de familia y el 24 recibió su pase y se desvaneció de nuestra historia. Pero antes le mostró a Escobedo una carta que este copió: "Mi querido coronel López; Os recomendamos guardar profundo sigilo sobre la comisión que para el general Escobedo os encargamos, pues si se divulga, quedará mancillado nuestro honor. Vuestro afectísimo. Maximiliano". Palmé, el editor católico francés, diría a años más tarde: "Comienzo a creer que ese pobre de López no es tan culpable como se le considera". ¿Era la carta falsa?

El 21 de mayo Juárez, a través del ministro de la Guerra, ordena a Escobedo que se procese a Maximiliano, Miramón y Mejía de acuerdo con los artículos 6º al 11º, de la Ley de 25 de enero de 1862 que establecía la pena de muerte por actos de traición a la patria y colaboración en un ejército invasor extranjero. Se hacía buena la advertencia de Sóstenes Rocha a Miramón: "Mira, Miguel, tu situación es única, es excepcional, don Benito no te perdonará la vida". El ex presidente Miramón escribirá en su diario: "se han cerrado todas las puertas menos la del cielo". Tres días después los tres acusados son trasladados al ex convento de Capuchinas e incomunicados.

Escobedo elige al jurado del consejo de guerra: el teniente coronel Platón Sánchez como presidente, los capitanes José Vicente Ramírez, Emilio Lojero, Ignacio Jurado, Juan Rueda y Auza, José Verastegui y Lucas Villagrán (o Villagrana). Se cuestionó que el jurado no tenía la altura suficiente para enfrentar un juicio que se sabía histórico, pero sin duda Escobedo había querido llevar la decisión a la columna vertebral de aquellos 12 años de lucha, los oficiales: Platón, uno de los héroes de la segunda batalla de Puebla, Lojero y Ramírez, dos de los fundadores en Chihuahua del batallón de Supremos Poderes, Verasátegui de los batallones potosinos.

Escobedo siguiendo las órdenes de Juárez designa al teniente coronel y licenciado Manuel Azpiroz como fiscal. La base de la acusación estaba en un "documento instructivo" firmada por el ministro de la Guerra Ignacio Mejía, pero sin duda redactado por Sebastián Lerdo de Tejada. El 25 de mayo se presentan los cargos contra Maximiliano. Era un instrumento de la Intervención francesa y libró contra la república una guerra armada. Usurpó el título de emperador. Reclutó voluntarios en el extranjero. Promulgó el decreto del 3 de octubre de 1865 donde establecía que la resistencia republicana estaba compuesta de bandoleros y por lo tanto permitía pasarlos por las armas en caso de captura. Condujo la guerra después de la retirada de los franceses.

Agravó el crimen de usurpador decretando que en caso de su prisión, se publicara su abdicación y el poder pasara a una regencia.

Los argumentos eran poco discutibles. Maximiliano al conocer los cargos fue interrogado y dijo que "está pronto a contestar a todo con franqueza y lealtad", pero exigió que le dieran tres días para estudiar el escrito de la acusación y que "no creía competente al Consejo de Guerra para juzgarle, porque los cargos que podían hacérsele, son del orden político". Se inicia el interrogatorio: "Se llama Fernando Maximiliano José, nacido en el Palacio de Schönbrunn, cerca de Viena, el 6 de julio de 1832, como archiduque de Austria, príncipe de Hungría y Bohemia, conde de Habsburgo y príncipe de Lorena, y que llevó desde hace tres años, hasta la publicación de su abdicación, el título de emperador de México". Se produce un diálogo de sordos en que el fiscal insiste en preguntarle por qué ha venido a México, con qué derecho se ha llamado emperador de México y le ha declarado la guerra a la república; Maximiliano responde que no cree en la competencia de ese tribunal militar.

El día 26 Maximiliano le envía un telegrama a Juárez: "Deseo hablar personalmente con usted de asuntos graves y muy importantes al país: amante decidido usted de él, espero que no se niegue usted a una entrevista: estoy listo para ponerme en camino hacia esa ciudad, a pesar de las molestias de mis enfermedades". Juárez respondió a través de Escobedo que "no se podía acceder a su deseo en atención a la distancia que les separaba y a lo perentorio de los términos del juicio". Si algo quería contarle Maximiliano a Juárez, este no estaba dispuesto a oírlo.

Maximiliano pidió que se informara a dos personas en la Ciudad de México que los había nombrado sus defensores, se trataba de dos liberales moderados, pero con gran prestigio, que se habían negado a colaborar con el imperio, Mariano Riva Palacio (el padre de Vicente) y Rafael Martínez de la Torre. Juárez telegrafió a Porfirio Díaz que los dejara salir de la ciudad sitiada. El 28 de mayo Porfirio hizo llegar su mensaje a Riva Palacio y tres días más tarde los dos abogados, junto a embajadores de los gobiernos extranjeros, salieron de la ciudad en medio de una suspensión de hostilidades.

Los abogados presentados inicialmente por los tres acusados basaron sus primeros alegatos en que el Consejo de Guerra era incompetente y solicitaron la suspensión del procedimiento. Las solicitudes fueron denegadas. Del 2 al 4 se hizo la formación de la causa y la presentación de la defensa. El 4 de junio a la medianoche arribaron de México los abogados y poco a poco irían llegando los ministros barón Edward von Lago y su agregado Schmit von Tavera (Austria); el barón de Magnus (Prusia); Hooricks, ministro de Bélgica; Curtopatti (Italia) y Forest (cónsul de Francia, suplente de Danó, porque Márquez no le permitió la salida de la capital). Al día siguiente los defensores de Max previamente nombrados en Querétaro, Jesús María Vázquez y Eulalio Ortega, se harían cargo de la defensa mientras Riva Palacio y

Martínez de la Torre marcharían a San Luis Potosí, para buscar la concesión de un indulto de la pena de muerte.

Escobedo le escribe a Juárez. "Prescindiendo de mis enfermedades, que diariamente se hacen más penosas, sufro mucho por no poder atender a la fuerza con sus haberes y muchos días ni con un miserable rancho, pues, como ya otras veces he dicho a usted, la ciudad y poblaciones inmediatas quedaron exhaustas de todos recursos y muchas destruidas después del largo sitio. El muy pesado servicio que tienen que hacer los soldados para custodiar los reos, después de la fatiga del sitio y sin los elementos necesarios, los conduce por fin a los hospitales, faltando día a día los mejores y más fieles soldados. Usted sabe, señor presidente, que los reos pueden en esta ocasión derramar el oro por salvarse; de suerte que se necesita mucho cuidado y tropa de mucha confianza, que, aunque la tengo, es muy poca y aunque está en la miseria, no temo la corrompan".

Juárez ordena el día 8 la suerte de los demás prisioneros: Los generales y los ministros y asesores militares de Maximiliano serían llevados a Consejo de guerra: Severo del Castillo (sería condenado a muerte aunque luego indultado). Manuel García Aguirre, Luis Blasio (cumplió dos años de prisión), el prefecto Domínguez, el comisario Tomás Prieto, el príncipe de Salm Salm (condenado a muerte, luego indultado y encarcelado). Todos los coroneles y tenientes coroneles fueron condenados a seis y cinco años de prisión, los comandantes a cuatro, los capitanes y los tenientes extranjeros a 2, aunque la mayoría recibió reducción de sus sanciones. Todos los tenientes, suboficiales y soldados rasos mexicanos fueron declarados en libertad. Los presos fueron enviados a las cárceles de Morelia, Guanajuato, San Luis Potosí y Zacatecas.

El 13 de junio a las seis de la mañana frente al ex convento de Capuchinas, una guardia de 50 cazadores de Galeana y otros tantos del Supremos Poderes a las órdenes del coronel Miguel Palacio van a conducir a los tres presos al Teatro Iturbide para ser juzgados. Maximiliano se declara enfermo, posiblemente porque se niega a evitar la humillación, y deja a sus defensores la representación. Miguel Miramón y Tomás Mejía salieron solitarios en un coche.

Eran las ocho de la mañana cuando se abrió el Consejo. Zamacois registra: "El teatro estaba adornado con gallardetes, banderas y emblemas republicanos. Los palcos y las butacas estaban ocupados por los oficiales del ejército liberal, pues habían recibido orden desde el día anterior para concurrir a presenciar el acto. Los jueces, vestidos con el uniforme de gala, se hallaban sentados en el foro. La defensa de Mejía, fue hecha y leída por su abogado Próspero C. Vega; la de Miramón, por Ignacio de Jáuregui y Antonio Moreno; la del emperador Maximiliano por los abogados Eulalio Ortega y Jesús María Vázquez".

El fiscal, el teniente coronel Manuel Azpíroz, leyó la acusación, luego las declaraciones preparatorias y vino la defensa. Ortega argumentó: "Usurpador del poder público, enemigo de la independencia y seguridad de la nación, perturbador del orden y la paz públicos, conculcador del derecho de gentes y de las garantías individuales; tales son, en compendio, los principales cargos que se hacen al señor archiduque Maximiliano. Pero esas frases sonoras y retumbantes, que bastan para adornar un discurso en un club, o para llenar unas cuantas columnas de un periódico, distan mucho de ser suficientes para hacer descansar el ánimo de un tribunal al pronunciar un fallo que va a decidir de la muerte o de la vida de un individuo de nuestra especie".

Mientras se realiza el juicio, la princesa de Salm Salm, que tenía acceso a su esposo, fraguó un plan para organizar la fuga de Maximiliano. Se trataba de corromper a dos de los coroneles responsables de la guardia con 100 mil pesos, para que dejaran escapar al ex emperador, quien se embarcaría en Veracruz, todavía en poder del imperio, en una fragata austriaca rumbo a Europa.

Salm Salm informó a Maximiliano y le pidió que firmara dos libranzas de 100 mil pesos, que deberían ser pagadas por la familia imperial de Austria, en Viena. La fuga debía verificarse la noche del siguiente día, el 14. El emperador prestó a la princesa un anillo con su sello. Uno de los coroneles a quienes trataban de involucrar en la proyectada fuga era Miguel Palacios. La princesa de Salm Salm lo convocó para que fuera a visitarla a su casa. Palacios acudió y Agnes de manera oblicua lo sondeó. El coronel, para ver a dónde llegaba la trama, hizo observaciones respecto a la certeza del pago. La princesa le aseguró que las libranzas serían firmadas, como un seguro adicional, por los representantes de las legaciones extranjeras que se hallaban en aquellos momentos en Querétaro. El coronel Palacios le dio una respuesta ambigua y le ofreció confirmar en la tarde su participación en el complot; después de esto partió de inmediato a reportar lo que estaba sucediendo a Escobedo. La princesa de Salm Salm también se entrevistó con el coronel Ricardo Villanueva, quien jugó el mismo juego que Palacios.

Agnes de Salm Salm, que había conseguido caballos para los posibles fugitivos, avisó al emperador de que se necesitaba la firma de los diplomáticos extranjeros; Maximiliano llamó al barón de Lago y le pidió poner su firma en las libranzas y llevarlas a los demás ministros para que pusieran también las suyas. El barón de Lago firmó y salió, sin saber cuál era el destino del dinero, a entrevistarse con sus colegas. Poco después recibió la vista del doctor Samuel Basch que iba a recoger los documentos, quien le aclaró la situación. Lago se aterró y diciendo "Si lo hacemos, nos colgarán a todos", rompió los pagarés.

Palacios en la entrevista con Escobedo le dijo: "Puede usted jurar que Maximiliano no saldrá de su celda pero esta mujer es muy hermosa, y de no enamorarme de ella en una de estas visitas, no respondo. Por tanto, hágame usted favor de quitármela cuanto antes". Las fotos de la época parecen hacer justicia a la preocupación del coronel republicano.

Escobedo desarticuló el complot rápidamente. En la mañana del 14, un oficial le informó a la princesa de Salm Salm que tenía que abandonar Querétaro y le dio un cuarto de hora para recoger sus cosas. Fue llevada a Santa Rosa, situado entre San Miguel de Allende y Querétaro. Al mismo tiempo que se situaba el coche a la puerta de la casa de la princesa, se ponía una diligencia a la puerta de la casa del barón de Lago, y se les comunicó a los diplomáticos de Bélgica, de Italia y de Francia la orden de Escobedo de salir de Querétaro dentro de dos horas e ir a vivir en Tacubaya o en Guadalupe, Hidalgo, amenazándoles con la pena de muerte si volvían a Querétaro antes de ocho días. El príncipe de Salm Salm fue incomunicado.

Viajando a toda velocidad, la princesa de Salm Salm y Concepción Lombardo de Miramón se presentaron un día después en el Palacio de Gobierno de San Luis Potosí implorando el perdón para los prisioneros de Querétaro, que debían ser ejecutados en la mañana siguiente. La cara de Juárez ante la Salm Salm, que le habla en inglés traducida por Iglesias, es "una máscara impasible que no convidaba a la emoción, ni mucho menos a la expansión". La entrevista fue registrada en el cuadro de Manuel Ocaranza: "La denegación del perdón a Maximiliano" realizado en 1873. Puede verse en el salón a los ministros Iglesias e Ignacio Mejía y a los abogados de Maximiliano, Mariano Riva Palacio y Martínez de la Torre. Lerdo de Tejada entra en esos momentos. El presidente Juárez negó definitivamente los indultos.

Frente a las voces que pedían clemencia, desde el lado republicano se ejercían fuertes presiones para que el emperador fuera fusilado. Francisco Zarco escribiría: "La clemencia con la traición es un ultraje a la moral" y Florencio López del Ejército de Oriente le comunicaba a Juárez que "la tropa enardecida pedía esas vidas, no como venganza, sino como justicia y ejemplo para los dominadores y traidores de todas las patrias".

Juárez no puede sentirse ni mínimamente cómodo con estas presiones. No hay duda de que daban ganas de amnistiarlos, así se lo pide Garibaldi en una carta enviada por Castelletti, en la que además de elogiarlo le suplica por el perdón. Y eso que el presidente no conoce una carta de Víctor Hugo escrita en Hauteville House, que no llegará a tiempo: "Hoy pido a México la vida de Maximiliano. ¿La obtendré? Sí y quizá a esta hora esté ya concedida. Maximiliano deberá la vida a Juárez. ¿Y el castigo?, preguntarán. El castigo, helo aquí: Maximiliano vivirá *por la gracia de la República*".

Lerdo a su vez explicó la posición del gobierno a los defensores de Maximiliano: "El perdón de Maximiliano pudiera ser muy funesto al país, porque en lo conocido de su variable carácter, no habría gran probabilidad de que se abstuviera de toda otra seducción [...]. El gobierno ha pensado, antes y ahora, con el mayor detenimiento, los peligros del perdón, las consecuencias de la muerte [...]. ¿Quién puede asegurar que Maximiliano viviera en Miramar o a donde la providencia lo llevara, sin suspirar por el regreso a un país del cual se ha creído el elegido? ¿Qué garantías pudieran dar los soberanos de Europa de que no tendríamos una nueva invasión para sostener el Imperio?

[…]. El indulto pudiera ser funesto entonces, y al desdén e ingratitud con que se viera esta conducta, agregaríamos, tal vez en mayor grado, la repulsión de los partidos: encenderíamos más sus odios, y más y más se levantaría el grito terrible de reproche a la traición […]. Ahora, o acaso nunca, podrá la República consolidarse".

No es Juárez el único, Escobedo recibe todo tipo de presiones. El doctor Ende que acompañaba al Barón Magnus en una entrevista con el general escribirá: "Me daba la impresión que en su fuero interior le molestaba haber suscrito la sentencia de muerte". Lo visita un grupo de damas vestidas de negro, entre ellas la esposa del general Mejía. Corría el rumor de que Escobedo, durante la Guerra de Reforma, había salvado la vida gracias a la intervención de Tomás Mejía, y ahora le había ofrecido la posibilidad de la fuga. Varios años más tarde la viuda desmintió la historia confesando que un militar republicano llamado Alcaraz era quien le había hecho la propuesta, que Mejía, cansado y resignado, rechazó por parecerle inviable.

El 14 de junio a las 11:30 de la noche el jurado del Consejo de Guerra presentaba su veredicto: Maximiliano de Habsburgo, Miguel Miramón y Tomás Mejía eran sentenciados unánimemente a muerte. Un día después se confirmaba la sentencia. Dos días más tarde Escobedo fijó la hora de ejecución para las tres de la tarde. A las 11 y media de la mañana el general Refugio González leyó a cada reo, en su celda, la orden. "Estoy pronto" dicen que dijo Maximiliano y firmó la sentencia; Miramón protestó por escrito y firmó; Mejía firmó la sentencia sin palabras de más. Luego, pidieron el indulto a Juárez por medio de sus defensores, que telegrafiaron a San Luis Potosí, llamaron sacerdotes, se confesaron. Ese mismo 16 y antes de que se procediera a la ejecución, Juárez negó el indulto "por oponerse a aquel acto de clemencia las más graves consideraciones de justicia y de necesidad de asegurar la paz de la nación". Sin embargó ordenó que la ejecución se aplazara por tres días para que los condenados pudieran "arreglar sus negocios de conciencia, de familia y de otros intereses". ¿Por qué el aplazamiento? ¿No había unanimidad en el gabinete? Imposible, Sebastián Lerdo de Tejada estaba a favor del fusilamiento, otra tanto el general Mejía que expresaba la voluntad del ejército y aunque no se conoce la posición de José María Iglesias, poco podía pesar. ¿Era el propio Juárez el que dudaba? Las eternas versiones antijuaristas atribuyen la demora a que el presidente esperaba recibir la posición del gobierno norteamericano, lo cual es absurdo porque ya conocía la mediación que los norteamericanos habían hecho meses antes a la petición del hermano del archiduque.

Escobedo recibió la noticia del aplazamiento a las tres menos cuarto de la tarde e informó a los condenados. Maximiliano, que un día antes había recibido la falsa noticia de que Carlota había muerto en Miramar, recibió con desagrado la información. "Se había despedido ya de este mundo, y miró la prórroga como prolongación de las penas". Esa tarde le escribió una carta a su amigo el conde de Bombelles despidiéndose y poco después le escribirá a Juárez: "Próximo a recibir la muerte [...] perderé con gusto mi vida, si su sacrificio puede contribuir a la paz y prosperidad de mi nueva patria. Íntimamente persuadido de que nada sólido puede fundarse sobre un terreno empapado de sangre y agitado por violentas conmociones, yo conjuro a usted, de la manera más solemne y con la sinceridad propia de los momentos en que me hallo, para que mi sangre sea la última que se derrame y para que la misma perseverancia, que me complacía en reconocer y estimar en medio de la prosperidad, con que ha defendido usted la causa que acaba de triunfar, la consagre a la más noble tarea de reconciliar los ánimos y de fundar, de una manera estable y duradera, la paz y tranquilidad de este país infortunado". Incluso alguien tan poco imperialista como el narrador de este libro, tiene que reconocer que el emperador tiene estilo a la hora de enfrentar la muerte, y sin duda sinceridad.

Las calles de Querétaro estaban sorprendentemente vacías al amanecer del 19 de junio. En el Cerro de las Campanas la división del general Díaz de León formó un cuadro con uno de sus lados abierto. Por ahí llegaron tres carruajes un poco antes de las siete de mañana. Del primero bajó Maximiliano acompañado de dos sacerdotes. Lo siguieron el ex presidente del México conservador y general imperial Miguel Miramón y el silencioso general Tomás Mejía. Maximiliano vestía un saco, pantalón y chaleco negros. Abrazó a sus dos compañeros y repartió al pelotón de fusilamiento monedas de oro o de plata, llamadas maximilianos de 20 pesos.

Tres escuadras de siete hombres cada una del primer batallón de Nuevo León, armados con Springfields de un solo tiro de los que se cargan con baqueta, se colocaron ante los condenados; las dirigía el coronel Miguel Palacios. Los soldados se llamaban Jesús Rodríguez, Marcial García, Ignacio Lerma, Máximo Valencia, Ángel Padilla, Carlos Quiñones y Aureliano Blanquet. John Sobieski, aristócrata polaco y veterano de la Guerra de Secesión, coronel en el ejército republicano, era capitán de la escuadra de fusilamiento de reserva y observaba desde cerca.

Maximiliano dice con una voz que se escucha desde lejos: "Voy a morir por una causa justa, la de la independencia y libertad de México. Deseo que mi sangre sea la última que se derrame en este desgraciado país. Muero inocente y perdono a todos". Ninguno de los testigos dirá en qué idioma habló. ¿Español? ¿Alemán? ¿Francés? Después de él Miramón leyó un breve texto: "Aquí pronto a perder la vida y cuando vaya comparecer delante de Dios, protesto contra la mancha de traidor que se ha querido arrojarme para cubrir mi sacrificio. Muero inocente de este crimen, y perdono a sus autores, esperando que Dios me perdone, y que mis compatriotas aparten tan fea mancha de mis hijos, haciéndome justicia ¡Viva México!". Mejía permaneció en silencio.

Fueron llevados al paredón. Maximiliano pidió a Miramón que ocupara el centro, Mejía la derecha y él a la izquierda. Luego separó su barba y descubrió el pecho. "Mejía tenía el crucifijo en la mano que separó al ver que los soldados le apuntaban".

A la voz de fuego una descarga echó por tierra a los tres. Según Arias, Maximiliano no sucumbió en el acto. Ya caído pronunció estas palabras: "Hombre, hombre". Entonces se adelantó un soldado para rematarlo. Según Ángel Pola el encargado de darle el tiro de gracia (que fueron tres) fue Aureliano Blanquet, que era sargento en la brigada de Palacios (después de haber sido sucesivamente liberal, imperial y liberal).

François Aubert, quizás el fotógrafo más reconocido de la época, consiguió el permiso para estar en el Cerro de las Campanas pero sin cámara. No habrá, pues, un testimonio gráfico del ajusticiamiento. En cambio, tendremos una foto de Maximiliano con el cuerpo descubierto en el ataúd y otra del pelotón de fusilamiento. La supuesta foto que circula ampliamente es un dibujo de autor desconocido.

El doctor Szender Ede, que había sido traído de San Luis Potosí por iniciativa del Barón Magnus recibió permiso para practicar la autopsia y embalsamar el cadáver. Cuenta: "Me acerque al lugar donde yacía muerto, el emperador, cubrí su cuerpo con la sábana y lo depositamos con la ayuda de los soldados en el féretro. Durante la maniobra se acercaron las tropas y oficiales mojando sus pañuelos en la sangre que todavía estaba fresca en el suelo y en la sábana; varias mujeres gritando y protestando corrieron de un lado para otro, hasta que la policía los expulsó del lugar". Junto a los doctores Rivadeneyra y Licea, entraron al Convento de los Capuchinos, donde previamente se encontraba el doctor Basch, que debido a que padecía disentería, decidió no participar en el proceso al igual que Rivadeneyra. "En el cadáver se encontraron seis heridas penetrantes por bala: dos en la región cardiaca, el tercero a la izquierda del esternón, dos más en la región hepática y el sexto debajo de la región umbilical. En la espalda solamente encontramos cinco heridas de bala por lo que suponíamos que la bala todavía estaba alojada en el cuerpo. Al abrir el tórax efectivamente se encontró una bala incrustada en la columna vertebral. Yo quería extraer y conservar esa bala (como recuerdo) pero los colegas mexicanos no me lo permitieron". Parece ser que el doctor Licea hizo negocios con objetos que le pertenecían a Max.

Los cadáveres fueron depositados en tres ataúdes de pino, según Fernando Díaz, "los más modestos que hacía en el mercado, pintados de aguacola con negro de ocote y decorados con flecos amarillos, costaban cada uno un peso con 50 centavos".

NOTAS

1) Emilio Carballido: *Paredón*. Ignacio Manuel Altamirano: "Páginas íntimas", *Obras completas*, tomo XX. Dr. Szender Ede: "La muerte del emperador Maximiliano". Gui-

llermo Olvera: *El juicio de Juárez a Maximiliano de Habsburgo: la maldición de un apellido*. Mariano Riva Palacio y Rafael Martínez de la Torre: "Memorándum sobre el proceso de Maximiliano". Niceto de Zamacois: *Historia de México*, tomo XVIII. Samuel Basch: *Recuerdos de México: memorias del médico ordinario del emperador Maximiliano, 1866-1867*. Alberto Hans: *Querétaro: memorias de un oficial del emperador Maximiliano*. Francisco O. Arce: *El sitio de Querétaro*. Juan de Dios Arias: *Reseña histórica del Ejército del Norte durante la intervención francesa, sitio de Querétaro y noticias oficiales sobre la captura de Maximiliano, su proceso íntegro y su muerte*. Rubén Velázquez Martínez: *La raíz del sol* (novela basado en el diario del coronel Rafael Platón Sánchez). Fernando Díaz R.: *La vida heroica del general Tomás Mejía*. Agustín Rivera: *Anales mexicanos. La Reforma y el Segundo Imperio*. John Sobieski: *The Life-Story and Personal Reminisces of Colonel John Sobieski*. Manuel Ramírez de Arellano con notas de Ángel Pola: *Últimas horas del imperio, los traidores de los traidores*. David Boje: "Empire Visual Methods of Manet's Execution of Maximilian: Critical Visual Aesthetics and Antenarrative Spectrality". Gonzalo Pérez Rincón Gallardo: *El general Tomás Mejía*. Andreas Kurz: "El grito mudo de Tomás Mejía". Hilarión Díaz: *Rectificaciones a las memorias del médico ordinario del emperador Maximiliano* (En el anexo de *Recuerdos de México: memorias del médico ordinario del emperador Maximiliano, 1866-1867* de Samuel Basch). Francisco Zarco: "Los traidores". Paco Ignacio Taibo II: *La lejanía del tesoro*. Francisco de Paula Arrangoiz: *México desde 1808 hasta 1867*. David Coffey: *Soldier Princess: The Life and Legend of Agnes Salm Salm in North America*. Martha Celis de Cruz: "Presencia de la masonería alemana en México: Carlos de Gagern, 1826-1885". Carta de Víctor Hugo a Benito Juárez, 20 de junio de 1867. Escobedo: "El sitio de Querétaro". José María Vigil: *La Reforma*. Emmanuel Masseras: *Ensayo de una Intervención Francesa en México*. Sara Yorke Stevenson: *The Mexican Affair*.

2) El veracruzano (nació en la Hacienda del Capadero) Platón Sánchez tenía 35 años cuando fue electo presidente del tribunal militar que juzgó a Maximiliano. A los 22 años ingresó en el Colegio Militar de México mintiendo sobre su edad. Combatió el 5 de mayo bajo el mando de Zaragoza y fue uno de los héroes de la segunda batalla de Puebla como capitán de artillería. Capturado y fugado se unió a Juárez en la huida hacia el norte. Combatió en Saltillo, Monterrey y Matamoros; capturado en 1865 huyó para participar en la última ofensiva con el grado de teniente coronel. Habría de ser asesinado por sus propios soldados sublevados en Galeana, Nuevo León, el 30 de noviembre del 67 (eran ex combatientes del Regimiento de la Emperatriz que había sumado a sus tropas tras Querétaro).

3) Entre las joyas de la "historia conspirativista" se encuentra la muy minuciosa explicación de que Maximiliano no fue fusilado en el Cerro de las Campanas, sino que recibió un misterioso salvoconducto de Benito Juárez, que le permitió viajar a San Salvador donde murió a los 104 años. El arquitecto Rolando Deneke lo identifica con Justo Armas del que su abuela le decía que había sido el emperador de México. Recibido en ese país en 1870 por el masón Gregorio Arbizú, vicepresidente y canciller del Gobierno, fue asesor y organizador de "banquetes diplomáticos". "Armas no usaba

calzado; elegantemente vestido recorría las calles de San Salvador y dirigía el servicio de banquetes completamente descalzo". Lamentablemente cientos de testimonios y la foto del cadáver no apoyan en exceso esta teoría (una docena de artículos en la red dan mayor información sobre el tema).

4) La Biblioteca Nacional de Viena archiva las últimas disposiciones de Maximiliano en materia económica. Hay pensiones para el príncipe Salm Salm, el padre Fischer, los oficiales Schaffer y Günner, el médico Samuel Basch; su secretario José Luis Blasio y su ayudante Agustín Pradillo. Encarga el pago de deudas al comerciante queretano Carlos Rubio y recomienda a Carlota el cuidado de Concepción Lombardo. Agustina Castro, viuda de Mejía, cuyo hijo nació días antes de las ejecuciones, no recibe nada. Al morir Mejía heredaba dos casas de adobe y 18 vacas.

5) Edouard Manet: En 1867, realizó aquel terrible cuadro sobre el fusilamiento de Maximiliano, donde el humo de los fusiles parece ser la daga que acaba con Márquez, y los mirones goyescos tras la barda azulosa ven morir a un emperador con un sombrero de charro que le queda pequeño, mientras los soldados mexicanos están dispuestos no en la tradicional fila, sino como un grupo coreográfico del que emergen los larguísimos fusiles y donde los pies cubiertos de polainas y botas danzan. El cuadro sería exhibido en una plaza pública. Manet lo pintó cinco veces. ¡Qué extraña fascinación! La primera se encuentra en el Museo de Bellas Artes de Boston, sobreviven fragmentos de una segunda; una tercera pintada en 1868-69 se encuentra en la Carlsberg Glyptotek de Copenhague, hay una litografía de 1868 en la Bibliotheque Nationale de París, y el óleo tan conocido en el Stadtische Kunsthalle, Mannheim. Max aparece en el centro del grupo en el cuadro de Edouard Manet. David Boje propone que el protagonista principal no es Maximiliano sino Tomás Mejía. "El arte no suele respetar la frágil verdad histórica, sino construir una verdad que revela los significados ocultos por la verborragia de las historiografías nacionales, pero también por la aplastante autenticidad de testimonios y documentos irrefutables", y llama la atención sobre el "soldado que parece ajeno a los fusilamientos. Su rifle apunta hacia el cielo, su mirada se dirige al piso. Está a tres metros del emperador y sus generales, pero pertenece a otro mundo: lo distinguen su uniforme pulcro, su quepis rojo y sus manos desproporcionadas, manos enormes que acarician el fusil como si se tratara de una guitarra", en el que sin duda retrata a Napoleón III. "La construcción de la obra es inequívoca: en un extremo la Francia imperialista y reaccionaria que baja la mirada ante el desastre producido por los sueños delirantes de su soberano; en el otro, su víctima principal, el pueblo indígena representado por Tomás Mejía". Probablemente esto provocó la prohibición de la exposición pública del lienzo en Francia.

6) El coronel Miguel López, del que existen excelentes fotos, muere en la oscuridad el 18 de abril de 1891 en la Ciudad de México. Salm Salm lo acusaría no sólo de traición sino de haberse robado el tocador de plata de Maximiliano.

7) Las armas con las que fueron fusilados Maximiliano, Miramón y Mejía están en el museo del Obispado en Monterrey, restauradas por el Instituto Nacional de Antropología e Historia. Es muy probable que fueran donadas por el propio general Mariano

Escobedo en agosto de 1867. Por las placas que tienen en la culata se puede conocer el nombre de tres de los soldados que participaron: Sargento segundo Ángel Padilla, soldado Arcadio Villaseñor, soldado Francisco Calvillo. J. Gómez pintó en fecha no precisable al pelotón, lo que permite apreciar las camisas rojas de varios.

8) En los últimos años múltiples operaciones de blanqueado se han producido en México. El ayuntamiento panista de Querétaro intentó llevar los resto del general Tomás Mejía al Panteón de los Queretanos ilustres. El ex director de TV UNAM, Ernesto Velázquez, y el director de cine austriaco Franz Leopold Schmelzer informaron hace un par de años que iban a coproducir un documental de ficción de 52 minutos llamado *Maximiliano de México, sueños de poder*. En el comunicado de prensa se informaba que se "pretende hacer una revisión sobre este personaje que ha sido *satanizado* en México". Desconozco si el documental se ha filmado.

227

CAE EL DISTRITO FEDERAL

Desde la mitad de abril Márquez se encerró en la Ciudad de México. No contaba con los 10 mil hombres de los que se hablaba, pero según sus propios cálculos al menos tenía 4 545 combatientes: "1 563 infantes, 2 763 dragones (estando de ellos 1 391 desmontados), 90 artilleros, un reducido cuerpo de ingenieros con 19 zapadores y 22 obreros, y otro de ambulancia con 88 enfermos". Durante ese mes Porfirio Díaz estableció el cerco ignorando los llamados de Escobedo para reforzar el asalto a Querétaro donde se habrían de librar combates terribles.

Tras la victoria de San Lorenzo, Porfirio Díaz se estableció en Texcoco y Ocádiz con la vanguardia de la caballería llegó el 13 de abril "a la hacienda de Los Morales y Molino del Rey, marché este mismo día a la una de la mañana, de San Ángel sobre Tacubaya, donde no hallé enemigo. Seguí sobre Chapultepec, que me encontré abandonado, y al amanecer hice que un sarape tricolor con su águila republicana, que era de uno de mis subalternos, fuera izado en el asta bandera de Chapultepec, y al ir al Molino del Rey a encontrar al general Díaz y darle parte de lo que había pasado, le manifesté que Tacubaya y Chapultepec estaban en mi poder y que ya flotaba nuestra bandera en este Castillo, lo que ratificó mirándola con sus anteojos de campaña, y después sonrió". Él y Guadarrama, tras tirotearse con los imperiales en las cercanías de la Villa de Guadalupe, recibieron órdenes de reincorporarse a las tropas de Escobedo en Querétaro.

Díaz argumentará en sus *Memorias*: "Mi situación, sin embargo, era tal que no me pareció conveniente emprender una operación decisiva sobre la plaza por falta de elementos, porque habiendo emprendido mi marcha de Puebla muy a la ligera y no habiendo podido traer conmigo la artillería, municiones y fuerzas necesarias, tenía necesidad de ocultar a amigos y enemigos mi propia debilidad […]. El camino de fierro y el telégrafo habían sido destruidos; los almacenes de Puebla estaban exhaustos, el tren quitado a Márquez en completo desorden y las municiones del mismo origen no correspondían al calibre de nuestra artillería y necesitaban una reparación".

La presencia de Porfirio Díaz a la vista de México causó pánico entre los hombres del imperio. Fisher, el confesor de Maximiliano, trató de negociar la rendición y fue rechazado. Nicolás de la Portilla, ministro de la Guerra, ofreció a Díaz entregarle la ciudad, a cambio de un pasaporte para el extranjero; el general Tomás O'Horán añadió la oferta de entregar a Márquez a los republicanos. Las tentativas de rendición se habían iniciado en marzo con Payno de mediador y el coronel Jesús Lalanne como agente de Vicente Riva Palacio. Prosiguieron en las afueras de Puebla y se reanudaron con el regreso de Márquez al Distrito Federal. La oferta a través de Lalanne era: "Bajo su palabra de honor garantizará a los generales Portilla y Tavera su permanencia en la República, con goce de sueldo, sin que para nada se les persiga, y residirán en el lugar que les designe el gobierno. Al general O'Horán se le mandará hacer la campaña contra los indios mayas a Yucatán o bien se le permitirá retirarse con goce de sueldo al extranjero. El general Díaz recibirá, al tomar posesión de la ciudad, por sí o por apoderado, 600 mil pesos, garantizados por una casa fuerte de México". Cuando cercaba la Ciudad de México, Díaz volvió a recibir ofertas de O'Horán a las que contestó "de una manera evasiva, sin dar esperanza al comisionado […] y sin negarla completamente". La propuesta se reiteró y Porfirio mandó al general Alatorre a entrevistarse con O'Horán diciendo que no podía ofrecer garantías y que no aceptaría menos que la rendición incondicional.

Márquez, decidido a resistir, bien porque quisiera usar la Ciudad de México como carta de valor de cambio para salvar a Maximiliano (cosa que si pensó nunca propuso), bien porque quisiera exprimir los fondos del Distrito Federal antes de huir, anunció que no entablaría negociaciones con los sitiadores y que estaba dispuesto a defender desesperadamente la capital.

Víctor Darán cuenta: "Márquez volvió a México y su administración fue allí tiránica: los que se resistían a pagar los préstamos forzosos que impuso, eran mandados a las avanzadas para exponerlos al fuego de los republicanos que sitiaban la plaza […]. Una de las víctimas de Márquez, entre otras, fue Nicanor Béistegui, opulento minero que a la sazón residía en la capital: Márquez lo mandó colocar en la Garita de Vallejo, salida para la Villa de Guadalupe y uno de los puntos más amenazados por los sitiadores, hasta que desembolsó la cantidad de 100 mil pesos".

El guerrillero republicano Fragoso en las afueras de la Ciudad de México informaba: "Ayer [29 de abril] exigieron y ejecutaron un préstamo de 800 mil comprendiendo a las casas extranjeras, las cuales en el mismo día enteraron su cuota, lo mismo que las demás *cuotizadas* pues O'Horán lo que hizo fue citar a las personas mediante un policía que los condujera a la prefectura y, una vez allí, dar la orden de que no saliera nadie sin dar su cuota, han embargado 140 carros asaltando los corrales y mesones".

O'Horán, que cubría la línea de Peralvillo a Tepito, no se quedaba corto ante los expolios de Márquez. Aquel que se negase a pagar era aprehendido, se le tenía con centinela de vista, se le ponía en peligro de muerte, y a su familia se la aislaba hasta dejarla a prueba de hambre y sed. "En mayo detuvo al joven estudiante José Iglesias, hijo del ministro de Hacienda de Juárez, y le tuvo durante el día expuesto en el punto más atacado por los sitiadores. La madre del joven enfermó de pesar". Esas medidas provocaron la reclamación de los ministros de España, Francia y Prusia y los encargados de negocios de Italia, Inglaterra, Bélgica y Austria.

El 15 de mayo cayó Querétaro en manos republicanas, Márquez tuvo noticia fiel de lo sucedido, incluida la prisión de Maximiliano, Miramón y Mejía, un día más tarde, simultáneamente los sitiadores bombardearon la Ciudad de México no con granadas explosivas sino con bombas que contenían un telegrama dirigido a Díaz: "La plaza de Querétaro ha caído en nuestro poder esta mañana a las seis. Daré a usted pormenores. Maximiliano, con las fuerzas que tenía en la plaza, así como los jefes de ella, armas, municiones, artillería y todo, ha caído en nuestro poder, rindiéndose a discreción". La hojita circuló por toda la población poniendo a dudar a muchos por más que los imperiales dijeron que se trataba de un ardid de guerra.

Escobedo escribiría: "Preocupándome los acontecimientos del sitio de México, aunque el éxito no fuera de ninguna manera dudoso, desde el día siguiente de la ocupación de Querétaro, empecé a desprender fuerzas con dirección a la capital de la República para reforzar al general Díaz, jefe del ejército sitiador, de tal suerte que, para el día 19 de mayo, habían marchado ya 14 mil soldados de las tres armas a las órdenes de los generales Ramón Corona, Nicolás Régules, Vicente Riva Palacio, Francisco Vélez y Francisco Naranjo, con la bien equipada y mejor armada caballería del cuerpo de ejército del Norte".

El 27 de mayo se leyó en México la carta escrita por el general Vicente Riva Palacio a su esposa desde Ixtapalapa dos días antes. "Queridísima Josefina: Te he escrito dos veces desde que vine de Querétaro: no sé qué suerte correrían mis cartas. Creía ya verte muy pronto; pero estoy asombrado de la mala fe de las personas de quienes hacía confianza Maximiliano: él mismo me ha dicho a mí, que al salir para su mal aventurada expedición, dejó en poder de Lacunza su abdicación en forma, y comprometido ese hombre para publicarla tan pronto como Maximiliano fuera muerto o prisionero. Pues bien; ellos saben, a no dudarlo, que el archiduque ha caído prisionero, que vive, debido a la generosidad de los republicanos, y aún se obstinan en continuar su guerra sin bandera. Que sigan enhorabuena, y sobre ellos nada más caerá la sangre que se derrame. Adiós: pronto nos veremos. Vicente".

La señora Riva Palacio llevó la carta a su suegro el abogado Mariano Riva Palacio (poco antes de que saliera hacia Querétaro a participar en el juicio), y este con el ministro Iribarren fueron a hablar con José María Lacunza, el presidente del Consejo de Ministros. Finalmente Lacunza les mostró el pliego en que constaba la abdicación de Maximiliano. Era casi imposible ya que todo el mundo no conociera que Maximiliano estaba preso en Querétaro y que el imperio sólo contaba con el Distrito Federal y Veracruz, sitiada por una división mandada por los generales republicanos Benavides, Alejandro García y Pedro Baranda. A los que se ha sumado Francisco de Paula Milán, el vencedor de Camarón que había vuelto a la guerra.

Márquez, en la ciudad del México imperial, absolutamente desmoralizada y sometida a continuos ataques por los sitiadores, cuenta fundamentalmente con los restos de los austrohúngaros de Maximiliano, un millar de hombres. El 25 de mayo (en otras fuentes el 5 de junio) Armin Friedrich Herbert Hilmar Wilhelm Gottfried Freiherr von Hammerstein-Equord, uno de los defensores de Jalapa y de los reorganizadores del cuerpo, murió en los combates. Khevenhüller escribió en su diario: "Pobre Hammerstein ha sido tiroteado a cauda de su altura. Mientras duró el sitio usaba dirigir sus fuerzas sobre las paredes, alzándose en los parapetos siempre sin sombrero. Cuando un oficial de artillería le informó que había un desertor francés que tiraba mucho mejor que los mexicanos se rió y dijo que en este país ninguna bala había sido hecha para él. Se oyó un disparó. Un proyectil le voló una parte del cráneo". Khevenhüller ordenó a sus húsares una serie de salidas a tiros, buscando alimentos. Los hombres del batallón de Hammerstein han sido diezmados. Ante los rumores de que O'Horán quiere vender la plaza Khevenhüller le manda un asistente con la idea de que le meta un tiro de revólver en la cabeza si lo descubre. Teodosio Lares se fuga de la capital, logra llegar a Veracruz y huye hacia La Habana.

¿Qué más necesitaba Díaz para tomar la capital? Pero Porfirio antes de iniciar el asalto continuó pidiendo refuerzos a Escobedo, al menos dos brigadas de infantería, pero el ministro de la Guerra Ignacio Mejía consideró que con los 14 mil enviados era suficiente y denegó la petición.

Ángel Pola años más tarde narraría que en una reunión en la Villa de Guadalupe a la que asistían los generales Díaz, Ramón Corona, Aureliano Rivera, Ocádiz y el licenciado Justo Benítez, al tomar la sopa, Porfirio les contó de los continuos mensajes de O'Horán ofreciendo la entrega de la plaza de México, con todo y la cabeza de Leonardo Márquez. Rivera argumentó: "No, mi general; no hay que perdonar a los principales traidores: tienen que sucumbir por el mal estado en que se encuentran; pero si así no fuere, a fuego y sangre". Horas más tarde comenzaron a disponerse en torno al cerco los refuerzos que estaban llegando de Querétaro y el fuego de los sitiados estuvo a punto de alcanzarlos porque un casco de proyectil llevó la cabeza de la montura de un ayudante.

Al amanecer del 14 de junio, Ramírez Arellano, después de algunos días de caminar a pie de Querétaro a México y haber estado cuatro días oculto en Tacubaya, logró, disfrazado de vivandero, atravesar la línea del ejército sitiador y entrar al Distrito Federal. Contó a todo el que lo quiso oír que era falsa la noticia de la toma de Querétaro, pero a Márquez le confesó lo que estaba sucediendo y juntos fraguaron publicar una falsa información. El 15 de junio apareció en *El Diario del Imperio* una supuesta comunicación de Márquez a Tavera, en que informaba que Maximiliano estaba a punto de llegar a la capital a la cabeza de su poderoso ejército. Zamacois cuenta: "Pronto un repique general de campanas se escuchó en las numerosas iglesias de la capital, celebrando la noticia, que llenó de regocijo a la parte imperialista de la ciudad y de entusiasmo a la guarnición", lo cual resulta absurdo porque casi todo el mundo sabía que abogados y ministros extranjeros viajaron a Querétaro para participar o asistir al juicio del emperador.

El barón de Lago, representante de Austria en México, regresó el 16 de junio a Tacubaya, e informó al coronel Khevenhuller, que hacía más de un mes Querétaro estaba en poder de los republicanos y preso el emperador, y aconsejaba que él y sus soldados dejaran de combatir. Los oficiales austriacos se reunieron en Palacio y le reclamaron a Márquez las mentiras. Mientras tanto, Lago comenzó a negociar la rendición y le propuso a Porfirio Díaz que los austriacos, que habían sido hechos prisioneros en Miahuatlán y la Carbonera y se habían sumado a su ejército, se retirasen y sumados a los que estaban en la capital pudieran embarcar cuanto antes para Austria.

El 19 de junio es fusilado Maximiliano en Querétaro. Ese mismo día Díaz le escribe a Vicente Riva Palacio: "Por ningún motivo permitirá que se tire ningún proyectil sobre la plaza si no es en contestación de algún acto hostil por parte del enemigo con quien estoy en pláticas, cuando estas concluyan daré a usted conocimiento de su resultado y le comunicaré nuevas instrucciones. Haga usted que en toda su línea se haga el servicio en toda esta noche con mayor eficacia y vigilancia de que sean capaces esos sufridos y valientes soldados. Por ningún motivo permitirá usted en su línea la entrada ni salida de persona alguna sean cuales fueren las circunstancias, sólo en caso de ser algún parlamentario que será recibido y conducido a este cuartel". Cuando Kevenhüller supo del fusilamiento del emperador estaba negociando con Díaz el libre paso hacia Veracruz y recibido la oferta de poder hacerlo siempre y cuando entregaran las armas a excepción de las espadas y caballos de los oficiales.

Al día siguiente llegó un nuevo telegrama de Tacubaya a Mexicaltzingo dirigido a Riva Palacio: "Seguimos en suspensión de fuegos. Márquez se ha ocultada y Tavera tiene el mando. Algunos jefes de la plaza quieren fugarse aprovechando estos momentos. Una partida de nuestra caballería persigue en su lugar a unos desconocidos que pasaron cerca de Mixcoac. Redobla mucho tu vigilancia". Poco después: "Luego que el Pabellón Nacional esté levantado en Chapultepec y en las obras del mismo punto, se disparen dos o más cañonazos es señal de que la suspensión de fuegos queda terminada y el armisticio roto". Finalmente el general Díaz ordenó hacer un vivo fuego de cañón en todos los frentes que rodeaban la ciudad. En la noche se percibieron movimientos de grupos que huían. Márquez y O'Horán se ocultaron, otros jefes a la cabeza de la guarnición se rindieron. El general Díaz ocupó el Distrito Federal en la mañana del 21 de junio de 1867.

Quedaba Veracruz a donde el general Antonio Taboada había llegado el mismo día de la salida de Bazaine con 300 hombres, rescatado cañones que habían sido arrojados al mar y organizado la resistencia. Veracruz era la única ciudad del país que aun enarbolaba el pabellón imperial. El 27 de junio, bajo ataque permanente de los sitiadores, los generales Taboada y Ferraz y muchos imperiales se embarcaron en naves extranjeras. Al día siguiente, el 28 entraron en el puerto las fuerzas de Benavides y de Alejandro García.

La guerra había terminado.

El 12 de julio del 67 Juárez llegó a Tlanepantla. En el banquete curiosamente tocó una banda austriaca. Trae consigo el mensaje de Víctor Hugo: "La batalla de uno contra todos ha durado cinco años. Como os faltaban hombres tomasteis las cosas como proyectiles. El clima terrible os socorrió y tuvisteis al sol como auxiliar, os defendieron los lagos infranqueables, los torrentes llenos de caimanes, los pantanos llenos de fiebres, las vegetaciones venenosas, el vómito negro, las inmensas soledades, los vastos arenales sin agua y sin vegetación donde los caballos mueren de sed y de hambre". No era mala literatura y fuera del "uno contra todos" no era del todo injusta.

Tres días más tarde tras los "minuciosos preparativos" que había hecho Díaz para recibirlo, Benito Juárez entró en la capital. Venía sólo en su berlina negra, seguido por otra que ocupaba Sebastián Lerdo de Tejada. Porfirio, al frente de una escolta, salió a recibir al Presidente en Tlalnepantla.

Si Díaz esperaba ser invitado por el presidente a entrar en su coche a la capital, Juárez recibió con frialdad su saludo y continuó solo en el carruaje. De alguna manera le estaba cobrando su demora en auxiliar a Escobedo en Querétaro y en tomar la capital. "Lerdo de Tejada, al advertir la desatención, pudo presagiar los resultados políticos y, bajándose de su berlina, invitó al general Díaz a acompañarlo. El general aceptó".

Juárez entró en desfile por la Ciudad de México, entre una plebe "zumbadora y turbulenta", como diría El Nigromante, que acababa de llegar al Distrito Federal y asistía al acto. En su discurso Juárez afirmaría: "Los elogios con que ensalzan mi conducta no me envanecen porque tengo la convicción de no haber más que llenado los deberes de cualquier ciudadano que hubiera estado en mi puesto al ser agredida la nación por un ejército extranjero". José C. Valadés anotaría: "Juárez no era orador, pero hablaba con mucha firmeza, gracias a lo cual hacía que sus palabras fueran espejo de las esperanzas propias y ajenas".

Ese mismo día, en un manifiesto a la nación, el Presidente dice: "El triunfo sobre los invasores se logró sin el auxilio de nadie" y "No se aceptaron compromisos externos ni internos que vulneren la independencia y soberanía".

La Guerra de Intervención había durado cinco años, seis meses y 13 días. Desde el inicio de la Revolución de Ayutla habían pasado 148 meses y un día, una eternidad.

NOTAS

1) Antonio García Pérez: *Estudio político militar de la Campaña de Méjico, 1861-1867*. Ignacio Manuel Altamirano: *Historia y política de México, 1821-1882*. Brigitte Hamann: *Con Maximiliano en México: del diario del príncipe Carl Khevenhüller. 1864-1867*. Emmanuel Masseras: *Ensayo de una Intervención Francesa en México*. Richard Blaine McCornack: "Juárez y la armada norteamericana". Niceto de Zamacois: *Historia de México*, tomo XVIII (fue testigo ocular). Leonardo Márquez: *Manifiestos (el Imperio y los imperiales). Por qué rompo el silencio*, rectificaciones de Ángel Pola. Mariano Escobedo: informe de 8 de julio de 1887 al presidente Díaz. Víctor Hugo a Benito Juárez, 20 de junio de 1867. "Memorando sobre el proceso del archiduque Fernando Maximiliano de Austria, México 1867". Agustín Rivera: *Anales mexicanos. La Reforma y el Segundo Imperio*. Manuel Ramírez de Arellano con notas de Ángel Pola: *Últimas horas del imperio, los traidores de los traidores*. Carlos Tello Díaz: *Porfirio Díaz, su vida y su tiempo. La guerra, 1830-1867* (que en el conflictivo debate subterráneo entre Díaz y Escobedo adopta una visión porfirista).

2) El Nigromante había sido castigado al destierro y enviado a San Francisco, California, donde escribió contra la intervención francesa. Poco tiempo antes de la caída de Maximiliano volvió a México, pero nuevamente detenido se le condujo a la cárcel de San Juan de Ulúa y después a Yucatán. Allí se enfermó de fiebre amarilla y transcribió numerosos códices mayas. Regresó al Distrito Federal en julio del 67 y mantuvo una distancia crítica respecto a Juárez.

3) La frase de Juárez: "Entre los individuos como entre las naciones el respeto al derecho ajeno es la paz", que habría de hacerse enormemente popular y cuya autoría pertenece sin duda al presidente, a pesar de las dudas que algunos historiadores han levantado sobre ello, seguía de cerca la frase de Ponciano Arriaga en el constituyente del 23 de junio de 1856: "En tanto que usa el hombre de su libertad sin dañar la libertad de su semejante, está en paz consigo mismo, y con los demás. Desde el momento que ataca cualquiera de las libertades iguales a la suya, las perturba y las deshonra, y se perturba y deshonra a sí mismo".

228

FINALES

Según datos de muy poco fiable precisión, la Intervención francesa y los males derivados de la guerra produjeron en México un descenso en la población de casi 400 mil personas. En 1862 la población era de 8.8 millones, tras la Invasión francesa y el imperio de Maximiliano era de 8.396 millones.

El 1º de agosto de 1867 Guillermo Prieto regresó a la Ciudad de México habiendo sido electo diputado para el nuevo congreso. "Me entré de rondón a la casa de Juárez y le dije: *Aquí estoy. Veamos qué haces conmigo*; me abrazó con ternura y jamás volvió a hablarme del pasado".

Vicente Riva Palacio abandonó el ejército el 26 de junio de 1867. "Creo no faltar a mis deberes como mexicano al retirarme a la vida privada". Poco después se entrevistó con el presidente Juárez que le reconoció una fuerte deuda económica por no haber cobrado sus haberes de coronel y general e incluso haber pagado de su bolsillo a la tropa durante los primeros años de la guerra. Riva Palacio se negó a aceptar el dinero y se limitó a pedir un favor: que se le permitiera el acceso a modo de préstamo de los materiales existentes en el Archivo Nacional sobre la Inquisición en México, que poco después usaría para escribir y publicar del 68 al 72 una sorprendente serie de novelas como "Monja y casada, virgen y mártir", "Martín Garatuza", "Las dos emparedadas", "Los piratas del golfo", "La vuelta de los muertos" y "Memorias de un impostor, don Guillén de Lampart, rey de México", que lo hicieron enormemente popular.

Tras la victoria republicana Francisco Zarco regresó al Distrito Federal, se incorporó como diputado al Congreso y retomó su puesto en *El Siglo XIX,* reaparecido el 15 de julio de 1867 luego de su larga suspensión. Murió el 22 de diciembre de 1869 de pulmonía o de tuberculosis pulmonar. En la memoria liberal sería el ejemplo de lo que puede hacer un periodista por una nación.

El 8 de enero de 1867 González Ortega llegó a Zacatecas con el general Patoni; se presentó ante el gobernador Miguel Auza, le pidió que lo reconociera como presidente sustituto de la República y publicó un manifiesto afirmándolo. El general Auza, su compadre, lo puso preso el día 9. Trece días más tarde fue enviado detenido a Saltillo y luego a Monterrey sin que mediara juicio alguno, se le mantuvo preso durante más de 18 meses. El 18 de julio del 68 Jesús González Ortega salió de prisión y un mes más tarde publicó un manifiesto: "He quedado, pues, solo, absolutamente solo y sin más círculo que el que forma una conciencia tranquila [...]. ¿Es conveniente, es justo, es patriótico retener títulos en nombre del pueblo, cuando ese mismo pueblo no ha querido salvarlos ni aun reconocerlos?". En Saltillo se retiró a la vida civil. El 6 de enero de 1881, el presidente Manuel González lo rehabilitó y a los pocos días, el 28 de febrero, murió.

Al abandonar la prisión el 18 de agosto del 68, José María Patoni fue asesinado en circunstancias muy oscuras por el general Benigno Canto, de quien se aseguraba era muy afín a Ramón Corona. Se rumoraba que este había ordenado el crimen.

Ramón Corona durante diez años fue embajador en España y se contaba que había tenido relaciones con la reina María Cristina de Habsburgo y Lorena; de hacer caso a las fotos de la época no demasiado agraciada, poniéndole los cuernos al rey. Se decía que era el padre de Alfonso XIII, con el que ciertamente tenía un gran parecido. Lamentablemente la historia es falsa porque Corona había dejado España meses antes de que el futuro rey hubiera sido procreado. En México en las plazas de toros, la plebe, que es cabrona, les gritaba a los gachupines: "Hijos de Ramón Corona". Veinte años más tarde del asesinato de Patoni, el 10 de noviembre de 1889 fue apuñalado varias veces por un individuo llamado Primitivo Ron, a quien posteriormente asesinó la policía local (o dicen que se suicidó o dicen que fue ultimado a puñaladas cuando huía, haciendo del hecho una mexicanísima tradición). La mayoría de los historiadores especializados en el tema señalan que su asesinato fue preparado por el presidente Porfirio Díaz, quien temía que Corona se postulara a la Presidencia de la República al año siguiente, con amplias posibilidades de triunfo.

El cadáver de Maximiliano fue enviado a la Ciudad de México y llevado al Hospital de San Andrés para que se le volviera a embalsamar, porque lo hecho en Querétaro era defectuoso. Según Alejandro Rosas, Benito Juárez visitó el lugar junto con Lerdo de Tejada para ver los restos del emperador caído, "una visita que se realizó con tanto sigilo que los periódicos de la época no la registraron". El Presidente no dejó testimonio de los hechos y por lo tanto de lo que pensaba ante el emperador muerto. Juan de Dios Peza escribió un poema titulado *La Calle de Xicoténcatl*: "Y allí estaba aquel cadáver, / Limpia la faz, roto el pecho, / Como una lección terrible, / Como un inmortal ejemplo". Posteriormente el lugar empezó a ser frecuentado por partidarios del imperio y su púlpito a ser usado como tribuna política antijuarista. Por órdenes de Juan José Baz, de nuevo gobernador del Distrito Federal, la capilla fue demolida en la noche del 19 de junio de 1868 y ahí se abrió la calle de Xicoténcatl.

Carlota Amalia sobrevivió a Maximiliano muchos años, tras su estancia en Miramar y agravado su estado mental por el conocimiento del fusilamiento de Max, fue trasladada al castillo de Tervuren y luego al de Bouchout en Meise (Bélgica) donde moriría el 19 de enero de 1927 de una neumonía.

Martín Reyes registra que el banquero Jecker, totalmente arruinado, trató de obtener un salvoconducto para salir de París durante la insurrección de la Comuna, pero el 23 de mayo de 1871 fue detenido por los comuneros y conducido a la prisión de La Roquette. Tres días después fue fusilado en la *rue de Puebla,* nombrada así en conmemoración de la toma de esa ciudad por los franceses en 1863 y que hoy es la *rue des Pyrénées:* "¿Qué mejor lugar para fusilarlo que el arroyo de la calle Puebla, símbolo de las ambiciones colonialistas del odiado imperio?". Pero según Victoriano Salado Álvarez, Jecker fue muerto en la *rue de Chine:* "De cara al muro después de hacer que se quitara el abrigo. Él volvió la cabeza y dijo: *No me hagáis sufrir.* Los asesinos tiraron, el infeliz cayó con el rostro al aire, y como respiraba todavía, le dieron el tiro de gracia. La justicia del pueblo quedaba satisfecha. Cinco días después llevaban el cadáver al cementerio de Charonne". El agiotista que había dado los argumentos a la intervención cayó bajo las balas del proletariado. No fue el único en morir durante la Comuna, el general reaccionario Antonio Taboada falleció en la pobreza en esos días mientras estaba exilado en Francia.

El 7 de mayo de 1867 muere José María Gutiérrez de Estrada en París. Había soportado el regreso de la derrotada expedición francesa acaudillada por Bazaine semanas antes. Almonte morirá en el exilio parisino, lo mismo que Pepe Hidalgo en 1896.

Tras la victoria republicana fueron desterrados el obispo Juan B. Ormaechea, los capitalistas Alejandro Arango y Escandón, José María Cortés Esparza y el general Severo del Castillo. Ramírez de Arellano huyó, se exilió en La Habana y posteriormente en Italia; en 1868 publicó *Ultimas horas del Imperio,* con información que supuestamente le había pasado Miramón; moriría en Rimini, el 13 de diciembre de 1877. Monseñor Pelagio de Labastida tras fugarse de México huyendo con los franceses volverá perdonado por Juárez en 1871. El príncipe de Salm Salm fue condenado a muerte, se le conmutó a prisión de dos a diez años y posteriormente, estando en Ulúa, a expulsión de por vida de México. Concha Miramón terminó viviendo en Roma con una pensión que le pasaba el gobierno austriaco.

Leonardo Márquez se salvó milagrosamente, tras haber pasado seis meses oculto en el centro de la Ciudad de México, protegido por su madre y sorprendentemente por Juan José Baz, y conociendo como en "el santuario de los Ángeles se inundó de tropa buscándome por tres días consecutivos hasta debajo de la tierra en los sepulcros y en los nichos de los muertos; haciendo hincar a cada momento a los eclesiásticos de aquel santuario para fusilarlos, porque no descubrían donde estaba yo". Se repartieron grandes cantidades retratos de Márquez entre las tropas que ocupan la ciudad. La prensa publicaba continuas noticias sobre los rumores acerca de su paradero. "La Providencia me salvó", dirá más tarde. Ángel Pola cuenta que "el general, disfrazado de arriero, en unión de un sobrino suyo y de un oficial adicto, hicieron el papel de traficantes de frutas que iban hasta Veracruz, para regresar con cargamento de sal. Márquez añade: "A los 16 días de una marcha penosa, por senderos extraviados y aprovechando en gran parte las noches, después de tropezar a cada paso con dificultades y peligros" llega al puerto. "Permanecía en el cuarto todo el día. En la noche subía a las azoteas de la casa para respirar un poco el aire libre". Logra salir en un vapor para Estados Unidos, cruzándose en el muelle con los generales Porfirio Díaz e Ignacio Alatorre. De Nueva Orleans continuó a La Habana, donde permaneció hasta 1895. Ángel Pola cuenta el regreso del viejo tigre a México perdonado por Porfirio Díaz. Una historia entre entrañable y patética. "Un día de mayo de 1895, México despertó sorprendida con la noticia del regreso del general Márquez a México. Se había embarcado en La Habana en el vapor norteamericano *Seguranza* [...]. A las nueve de la mañana del 27 atracó el vapor en el muelle de Veracruz". Había pasado 28 años en el exilio. A pesar de las críticas de la prensa liberal y de las violentas reacciones de los estudiantes que trataron de detenerlo en la estación de Buenavista y posteriormente realizaron un mitin para conmemorar la muerte de Ocampo, el cual finalizó con la aprehensión de algunos de ellos, el gobierno hizo oídos sordos. Márquez, tras la caída de Porfirio Díaz (pensando que los maderistas no serían tan indulgentes), regresó a La Habana donde morirá de muerte natural en 1913, a los 93 años.

No tendrían tanta suerte Santiago Vidaurri y Tomás O'Horán. Cuenta una crónica de *El Globo* que "a las seis de la mañana de hoy ha sido descubierto en la casa donde se ocultaba, y era la marcada con el número 6, en la calle de San Camilo". El regiomontano, escondido en la casa de un norteamericano llamado Wright, iba a salir vestido de mujer para abandonar el país y fue delatado por su protector.

Parece ser que al ser descubierto, Santiago Vidaurri intentó "resistir a la policía". Pidió una entrevista con Porfirio Díaz, que se le negó. Pidió que antes de juzgarlo le permitieran tener una entrevista con Juárez cuando llegara a la capital de la república, también se le negó. En un Consejo de Guerra fue condenado a muerte. "Encarecidamente encargó que después de ser ajusticiado se entregara el sombrero que usaba a su hijo". El 8 de julio de 1867 a las cuatro de la tarde salió de la diputación, donde se hallaba detenido, y de allí se le condujo en coche, escoltado por el escuadrón de caballería al mando del general Carvajal, hasta la plazuela de Santo Domingo donde el tercer batallón de Oaxaca se hizo cargo de la ejecución. A las cuatro de la tarde del 19 de julio de 1867 cuatro hombres lo fusilaron sin juicio previo. Las narraciones abundan en detalles escabrosos: fue fusilado de espaldas, de rodillas y vendado, cerca de un cagadero, mientras una banda de música hacía sonar la cancioncilla que Guillermo Prieto le había dado al liberalismo en la Guerra de Reforma, vuelta casi himno republicano, *Los cangrejos*, dedicada a militares y curas, que como los cangrejos y como todo el mundo sabe, "dominan dondequiera" y marchan para atrás. ¿Supo Juárez de la decisión de Díaz de fusilar a Vidaurri? Este narrador no lo sabe, no ha encontrado referencias al respecto. Se dice que Vidaurri dijo antes de morir: "Deseo que mi sangre sea la última derramada y que México sea feliz".

Julián Quiroga, el hijo natural de Viadurri, logró huir y esconderse en Texas.

Tomás O'Horán salió de la Ciudad de México oculto dentro del cadáver de un caballo y fue a esconderse en la hacienda de San Nicolás. Una denuncia que llega hasta Juárez lo delata y el presidente le encarga al general Manuel F. Loera su captura: "Manuel, solamente en usted tengo confianza de que no lo cohechen. Vaya usted y aprehenda a ese hombre". Juárez da también la orden de fusilarlo de inmediato. El 19 de julio de 1867 un cateo descubre a "un hombre vestido de paisano, chaparrito, de piocha larga, entrado en años... sería de unos 50". Era O'Horán. Loera decide no fusilarlo in situ a pesar de la orden de Juárez y lo lleva a la Ciudad de México. O'Horán en el consejo de guerra recordó haber participado en 86 combates al servicio de la república. "Mis conciudadanos saben que en 1836 peleaba en Texas; que en 1838 combatí a los franceses en Ulúa; que en 1847 luché contra los americanos en La Angostura; que en 1862, derrotando a los auxiliares de los franceses en Atlixco, contribuí al glorioso triunfo del 5 de mayo; que en 1863 rehusé a las invitaciones que se me hicieron para servir en las filas de la Intervención; que estuve en el sitio de Puebla, y que más tarde seguí al ejército en las fragosidades de las sierras de Morelia, de Guanajuato y de Jalisco". Omitirá decir que junto con López Uraga se había pasado a los imperiales en un momento crítico para la nación. El 21 de agosto a las seis de la mañana, convicto de traición fue pasado por las armas en la plazuela de Mixcalco.

El 28 de febrero de 1867 la prensa norteamericana daba noticia de la salida de México del padre Fischer, amigo y confesor de Maximiliano, y aseguraba que poco antes de salir había vendido por "3 mil pesos, al gobierno del presidente Juárez, varios papeles secretos que le había confiado Maximiliano". También se había llevado el acta original de independencia del imperio mexicano de Iturbide, junto con algunas de las alhajas que la emperatriz Carlota había dejado en custodia al salir de México: un reloj de oro, varios floreros de plata, una caja de marfil, una concha con un anillo, una cigarrera de chaquira, un tomo de la *Imitación de Cristo,* de Tomás de Kempis, una caja de madera y algunos vestidos indios y fotografías de Yucatán. Por si esto fuera poco, Fischer, en un acto de rapiña muy dentro de su estilo, se llevó los restos de la biblioteca imperial que le había ordenado Maximiliano que creara en 1865, y que en 200 cajas fue llevada a Veracruz a lomo de mulas para viajar a Europa y luego en el 69 sería vendida en subasta en Leipzig por los libreros List & Francke (unas 7 mil piezas). Pero la noticia debe de ser falsa, aunque la previa salida del botín casi seguro que sea cierta, porque cuando el imperio sucumbió, el padre Fischer quedó prisionero de los republicanos. Condenado a cuatro años de cárcel fue preso en el ex convento de la Enseñanza Antigua. El barón Tegetthoff, que estaba en México para llevar a Viena los restos del Habsburgo, oyó hablar de Fischer y consiguió su libertad.

El 15 de noviembre de 1870 Fischer le pidió a Juárez que le permitiera regresar a México para estar con su familia porque le hacía mucho daño el clima frío del exilio. Juárez accedió siempre que "pida gracia". Lo hará en 1879, pero antes actuó como modelo para el pintor francés Jean Paul Laurens para el excelente cuadro que representa las últimas horas del emperador Maximiliano cuando le notifican la orden de fusilamiento. Fischer será la figura del confesor, que está en actitud dolorida al lado del emperador, aunque nunca estuvo en Querétaro, y llora desconsolado mientras el Habsburgo, erguido y tranquilo, le pasa el brazo por la espalda para tocarle el hombro derecho. De rodillas, tomándole la mano, un allegado también le implora, mientras el hombre con traje de caporal color marrón aguarda con un documento que se supone la sentencia de muerte. Detrás de este un soldado espera también a que el emperador invasor termine sus despedidas. Al regreso Fischer fue cura en San Cosme y murió a la edad de 62 años, siendo sepultado en el Panteón Francés en la Ciudad de México. Sus *Memorias de un testigo del Segundo Imperio Mexicano,* a pesar de que se las dejó a sus amigos en varios idiomas con el deseo de que fueran publicadas, diez años después de su muerte desaparecieron.

El Siglo XIX publicó ocho meses después de la entrada de los republicanos a la capital unas notas biográficas bastante poco generosas sobre un gran número de mexicanos afines al imperio. Terminaron cobrando la forma de libro *Los traidores pintados por sí mismos. Libro secreto de Maximiliano.* El oficial mayor del Ministerio de Relaciones Exteriores y Gobernación testificó que esas notas habían sido encontradas en la secretaría particular de Maximiliano y que varias de ellas estaban escritas por la policía secreta o por el mismo Félix Eloin.

El 18 de julio de 1872 muere Juárez. En el acta de defunción se asienta que murió de "neurosis del gran simpático". El cochero Idueta que tantas veces lo había protegido, condujo el coche fúnebre que trasladó los restos desde el Palacio Nacional hasta el Panteón de San Fernando. Juárez tenía en el momento de morir 44 mil pesos en efectivo, una calesa y un tronco de mulas, tres casas bastante modestas en la Ciudad de México. Margarita había poseído por herencia familiar dos casas en Oaxaca. Los totales eran de 107 mil pesos de Benito y 66 mil de Margarita. Guillermo Prieto escribió: "Y sean los que fueren los defectos de su personalidad, y encarnícese cuanto se quiera el rencor hincando su diente en su memoria, nacerá y se renovará inextinguible el amor a Juárez".

Las noticias sobre el destino posterior de Guillermo Prieto, Vicente Riva Palacio, Porfirio Díaz, Mariano Escobedo, Sebastián Lerdo de Tejada, Ignacio Manuel Altamirano, El Nigromante, Sóstenes Rocha, Naranjo, Treviño, forman parte esencial de los siguientes años de la historia de México y no es intención de este libro agotarlas.

NOTAS

1) Agustín Rivera: *Anales mexicanos. La Reforma y el Segundo Imperio.* "18 de julio de 1872. Muerte del presidente Benito Juárez". El acta de defunción de Juárez se puede consultar en la página web del registro civil del Distrito Federal. Esther Acevedo: *Benito Juárez Maza.* Verónica González Laporte: *El hijo de la sombra.* Ramírez de Arellano: *Ultimas horas del Imperio.* Ángel Pola: "Cómo conocí al general Leonardo Márquez" y "Aprehensión y fusilamiento del general Tomás O'Horán". Leonardo Márquez: *Manifiestos (el Imperio y los imperiales). Por qué rompo el silencio,* rectificaciones de Ángel Pola. Martín Reyes Vayssade: *Jecker, el hombres que quiso vender a México.* Victoriano Salado Álvarez: *Roncalla de la historia.* Carlos Monsiváis: *Las herencias ocultas: de la Reforma Liberal del siglo XIX.* Arturo D. Ríos: "¿Qué quiere usted?, soy mexicano". Miguel Ángel Granados Chapa: "Francisco Zarco. La libertad de expresión". Boris Rosen: "Benito Juárez y Jesús González Ortega: una polémica histórica". María Elena Delfina López Méndez: *Manuel Ramírez de Arellano, un destino trágico en la intervención y el segundo imperio.* Alejandro Rosas: "Vicisitudes de un cadáver: Maximiliano en el templo de San Andrés". *Los traidores pintados por sí mismos. Libro secreto de Maximiliano en que aparece la idea que tenía de sus servidores.* Fernando Díaz R.: *La vida heroica del general Tomás Mejía.* Conde E. de Kératry: *Elevación y Caída del emperador Maximiliano. Intervención francesa en México, 1861-1867.* Álvaro Canales Santos: *Agustín Fischer, el Rasputín de II Imperio Mexicano.* "Foro de numismática". Alicia Perales: *Problemas de destrucción y desarraigo de la bibliografía de México.* Jean Paul Laurens: *Los últimos momentos de Maximiliano,* 1882, Museo del Hermitage en San Petersburgo.

2) En el casi infinito rastreo de historias que produjo este libro tropecé con un debate (de los que le gustan a Francisco Martín Moreno, que lo recoge evidentemente) en un blog de internet que generó un centenar de respuestas. "Sé que voy a poner a discusión un tema con todo respeto, pero con muchas dudas" dirá Lucio Vilchis y contará la historia de "una bella dama" (que sin embargo Valentín Frías describe como "una mujer fea, chaparra, tuerta y gorda, propia de visitar las cantinas") conocida como La Carambada y llamada Leonarda (Leonarda Emilia) o (versiones van, versiones vienen) Oliveria del Pozo, originaria de la hacienda del Batán (cerca del Pueblito, Querétaro) o nacida en un pueblito de indios cerca de Querétaro, llamado La Punta. Y bien fuera porque estaba ardida por la muerte de su amante, el coronel imperialista Joaquín Manuel Rodríguez, o porque fue dama de compañía de Carlota, o porque le tuviera celos a Margarita Maza, o porque fue amante de Tomás Mejía, o porque fue amante de Maximiliano (juro que todo esto se cuenta), se hizo bandolera y tenía "agilidad para el manejo de la pistola, el machete e incluso para cabalgar", teniendo como guarida principal las grutas de los socavones, ubicados actualmente en la cabecera municipal del Marqués. Gracias a que conocía a Guillermo Prieto, La Carambada pudo asistir a una recepción en la casa de Sebastián Lerdo de Tejada y poner en la copa de champaña que Juárez había dejado atrás durante unos instantes, dos gotas de una infusión de

veintiunilla, una planta venenosa, que Juárez bebió el 27 de junio de 1872 y a los 21 días lo mató. Para hacer más rocambolesca la historia no fue así, sino que con ayuda de un zapatero puso en un clavo en su zapato veintiunilla e hirió levemente a Juárez. Y aunque esto no fue conocido, una partida liberal encontró a su banda una noche, por la hacienda de la Capilla, camino de Celaya, y les cayeron a tiros, hiriéndola de cinco balazos que le produjeron la muerte días después. Para añadirle más toxicidad a la historia, los múltiples divulgadores suelen añadir que el cuerpo de Juárez fue robado de su ataúd "por un perro negro de gran tamaño, atribuyéndose este hecho a un castigo de Dios por haber perseguido a la Iglesia Católica". (Lucio Vilchis Zapata: "¿Benito Juárez murió envenenado?". Eliseo Muñoz Guevara: "Benito Juárez". Valentín F. Frías: *Leyendas y tradiciones de Querétaro*. Joel Verdeja Souza: "La Carambada").

3) "Si Juárez no hubiera muerto" (fragmentos de un artículo mío publicado hace años en *La Jornada*): "Hace un par de semanas por conducto de este diario, dirigí una carta abierta al jefe de gobierno del Distrito Federal protestando por su oferta de otorgar transporte gratuito a los peregrinos a la canonización de Juan Diego, en lo que calificaba como un acto demagógico, en el que se comprometían las mejores tradiciones del estado laico y aconfesional mexicano. Mi argumento era muy simple, si tal cosa se hacía (que no había razón ni motivo para dar trato privilegiado a los católicos del Distrito Federal), por razones de equidad debería proporcionarse transporte gratuito a las hordas esotéricas que irían a la pirámide de Teotihuacán el 21 a cargar 'buenas vibraciones' y a los que el mismo 21 de marzo queríamos llevarle flores a Juárez. Y terminaba informando que esperaría el transporte gratuito en la esquina de Atlixco y Alfonso Reyes, a media cuadra de mi casa, el mismo 21 a las cuatro y media, aceptando boletos de metro. Pasaron los días y el jefe de gobierno no respondió mi nota. El 21 en la tarde, no tenía mucha confianza en que llegara nadie más. Por una mezcla de pudor y timidez (a lo largo de mi vida había asistido a muchas manifestaciones pero nunca había convocado una en solitario) estaba convencido de que al paso de los días los que habían leído el artículo lo habían olvidado y los que lo recordaban (qué poco me conocían) habrían pensado que mi extraña convocatoria era un recurso retórico. Es cierto, habían llegado llamadas y mensajes, de solidaridad y sugerencias (Eduardo Monteverde quería que hiciéramos extensiva la gira a la estatua de Giordano Bruno, quemado por la inquisición) pero yo sospechaba que al asunto se iba a quedar ahí. Aunque estaba firmemente animado de echarme mi paseo en solitario con un ramo de rosas rojas. El caso es que acompañado de Eduardo Suárez y de mi hija salí a las cuatro y 25 de ese 21 de marzo rumbo a la mencionada esquina. Y tal cual sospechaba, no había nadie. Mi amigo el florero (la esquina había sido estratégicamente escogida porque allí hay un puesto de flores), me dijo que había pasado como a las cuatro una camioneta del gobierno del Distrito Federal preguntando por unos que iban a hacer una manifestación, pero que se habían ido. ¿Nos traían los boletos del metro enviados por López Obrador? ¿Esa camioneta era nuestro transporte? Nunca pude despejar la incógnita, porque no regresaron. Y quiero dejar constancia que la cita era a las 4:30 y no a las 4. En vía

de mientras, el florero me hizo un descuento del 50% en las rosas porque se las iba a llevar a Juárez y aparecieron algunas personas con lo que hacíamos 14. Avenida Juárez estaba cerrada al tráfico y existía un ambiente festivo. Cuando nos acercamos al monumento desplegado nuestro contingente de catorce por mitad de la calle, una banda de guerra nos recibió con el toque de silencio. Esta ciudad, tan dada a las peregrinaciones laicas, lo había logrado de nuevo. El monumento estaba lleno de flores y de extraños y solidarios juaristas, que sin orden ni concierto, toda fiesta social es espontánea, circulaban, hacían guardias, comían elotes o cantaban. Otras dos bandas de guerra esperaban turno para intervenir una vez hubiera acabado la de la marina. No había micrófonos ni discursos programados, tan sólo caos civil y por tanto civilizado. Nuestro grupo ascendió hasta la parte superior del Hemiciclo. Nos sentíamos extraños, repletos de sonrisas, parte de un ritual que no tenía reglas. Claveles y rosas rojas y puño en alto hicimos nuestra guardia. Luego bajamos a juntarnos con las bolas. Me contaron la aparición de la Gran Logia Masónica del valle de México con todo y Roberto Madrazo y la rechifla que se ganó cuando llegaron los juchitecos avecindados en el Distrito Federal con su corona al grito de '¡Priista no es juarista!'. Y no hubo acto de los federales. ¿En serio? ¿El gobierno federal no hizo un acto? Ver para creer, lo serio que se toma el foxismo su talante reaccionario. Pero ahora, en una tarde de atardecer rosado, la fiesta crecía. Todas las escuelas Benito Juárez de la Ciudad de México (¡calcule usted!) se habían dado una vuelta, grupos de judíos socialistas reivindicando la libertad de creencias o su ausencia, masones y oaxaqueños, ateos solitarios, bandas y vendedores de paletas que se proclamaban juaristas, iglesias de las que nunca había oído en mi vida, viejos comunistas y mormones, y sobre todo, grupos muy organizados de cristianos evangélicos: 'Vinimos como todos los años a celebrar a Juárez y las leyes que dieron la libertad de cultos, si no seguiríamos siendo esclavos del monopolio del Vaticano', dijo muy seria una muchacha con boina guinda, que en mi profunda ignorancia identificaba como parte de una banda de guerra del poli. La multitud crecía y se dispersaba, para mi gusto faltaba una orquesta que entonara el famoso *Danzón Juárez* y nos permitiera a los presentes corear aquello de "Porque si Juárez no hubiera muerto". Una legión de fotógrafos ambulantes, con viejísimas polaroid, colaboraba con otro elemento esencial de los rituales de las fiestas cívicas, la constancia de la foto. Y parejas se abrazaban frente al monumento, que se vea bien la estatua y las flores, ante ese Juárez de mármol porfiriano, tan poco cercano al chaparrín liberal, terco y buen bailarín de polkas, presidente de una república errante y perseguida, que desde esa manera singular en que los mexicanos metemos de contrabando la historia en el presente, nos vigila".

4) Tumbas. Eduardo Monteverde me envía la siguiente nota: "Entrando te topas con la tumba de Miramón, una inmensa urna funeraria románica, con sus conchas de Afrodita en cada esquina, (tienen un nombre arquitectónico del que no me puedo acordar). Es de cantera rosa. No hay información. Está sola en un pequeño jardín, todo para la tumba. En un vericueto hay lápidas con héroes de la Reforma. En un rincón cerca del suelo está la de Leandro Valle. Hay un poster con su fotografía,

datos escuetos, maltratada, que parece estampa de primaria. En otro jardín, con una mezcolanza de muertos: comerciantes, conservadores y liberales, está el mausoleo de Juárez, un hipóstilo griego con 24 columnas. Juárez yace en mármol blanquísimo y a la cabeza está una especie de piedad. En la base están las lápidas de Margarita Maza y las de sus hijos. La escultura no es mala".

5) Sobre la reivindicación de Viadurri: En la década de 1990 algunos miembros de cabildo y empleados municipales comenzaron a levantar firmas para quitarle el nombre a la calle de Vidaurri en Santa Catarina, Nuevo León, y no lo lograron. Argumentaban que había mandado matar indios, envenenado aguajes, usado la aduana de Piedras Negras para el contrabando de algodón a cambio de armas y alimentos para los confederados sureños. Siete años después Vidaurri retornó. He visto su estatua en una fotografía de la primera plana de un diario de Monterrey. La transportan en un camión de redilas rumbo a un depósito mientras se enfría el asunto. Santiago Vidaurri está sentado muy contento en su bronce de dos metros de altura, obra de un tal Cuauhtémoc Zertuche. Algunos en Nuevo León lo quieren mucho. Tanto que quieren poner su estatua en el lugar donde nació, el pequeño pueblo de Lampazos, 4 428 habitantes, 4 324 de ellos católicos (según el Instituto Nacional de Estadística, Geografía e Informática). Un pueblo gobernado por el PAN, que tiene importantes figuras natales: el propio Vidaurri, Pablo González, José Alvarado, e incluso su corrido, que a la letra dice: *Hoy te canto, mi tierra querida, / mi lindo Lampazos, como tú no hay dos, / tus mujeres, que son retechulas / como no hay ninguna, por vida de Dios.* ¿Quiénes algunos quieren? ¿Los habitantes de un pueblo de Nuevo León deciden espontáneamente homenajear a un caudillo del siglo XIX que murió fusilado por traidor? Parece ser que la historia de reivindicar a Vidaurri no es nueva, que cada año, un 25 de julio, aniversario de su nacimiento, en Mesa de Cartujanos, en Coahuila, muy cerca de Lampazos, donde Vidaurri tenía su rancho y su casa, aparecen aviones privados (¿cuántos serán? Para uno que viaja en Aeroméxico y en ADO, más de tres ya son muchos) que transportan a un sector de la oligarquía conservadora de Monterrey para rendirle homenaje con misa y conferencia incluida. Algunos son sus descendientes, no hay que olvidar que Vidaurri reunió una importante fortuna en el uso del poder; otros, me dicen, son hombres y mujeres del dinero regiomontano, banqueros, vinateros, muebleros. La última vez que se vieron, acordaron lo de la estatua e incluso promover la escritura y edición de un libro reivindicatorio, "porque ya es hora de que al personaje se le hiciera justicia", escrito por los jefes del archivo histórico y del archivo administrativo de Nuevo León. El valedor de la propuesta fue el secretario del ayuntamiento del municipio, Erasmo Quiroga, un señor de traje y gordito, de hacerle caso a la única foto en Internet que lo muestra en una reunión para repartir los libros de Martita Sahagún para la educación familiar, junto a un *charro* del SNTE, que declaró: "El principal pecado de Vidaurri fue haber amado primero a Nuevo León, por encima de México". Y curiosamente, el gobernador, Natividad González, se hizo ecuánime eco: "El tribunal de la historia cambia con el tiempo, se ven las cosas desde distintas perspectivas", porque la historia de la estatua

de Vidaurri había salido de lo oscurito, y estaba llegando a los medios de comunicación de Nuevo León y Coahuila. A lo largo de julio y agosto una intensa polémica se desarrolló llegando al Congreso del estado y ventilándose en la prensa local cuando diputados del PT y el PRD pidieron que la estatua no se pusiera y que se recabara la opinión del Instituto Nacional de Antropología e Historia y el Conaculta. Y de nuevo el gobernador intervino, salomónico: "Que ellos decidan". ¿Ellos quiénes? ¿Los nativos de Lampazos, incluidas sus retechulas mujeres o los herederos financieros e ideológicos de Santiago Vidaurri? Mis informadores locales tienen dos respuestas precisas: es un gobernador del PRI con congreso mayoritariamente panista, al que le debe y hace frecuentes concesiones y además el dinero de los vidaurristas estuvo apoyando su campaña. El Instituto Nacional de Antropología e Historia regional, después de una primera respuesta airada en la que decía que por qué no le hacían la estatua en Austria, se limitó a rechazar la petición del municipio para colocarla justo frente a un busto de Benito Juárez, en la plaza principal de la localidad, pero dejó abierta una salida, argumentando que no se opone a que los habitantes de Lampazos le erijan un monumento a Vidaurri, sólo al emplazamiento que han escogido para ello. El *góber* volvió a la carga: "Yo pienso que la revisión de ciertos personajes de la historia de México debe estar abierta a lo que las distintas corrientes del pensamiento señalen, y no hay que descalificar, ni satanizar, ni juzgar, ni perdonar, porque eso el tribunal de la historia lo habrá de determinar en su momento". Y mientras el tribunal de la historia decide (¿quiénes lo formarán? Esperemos que no sea una comisión mixta de periodistas mochos y gobernadores corruptos), temporalmente la estatua se fue a un depósito. Y ahora nos intentan traer de regreso a Santiago Vidaurri, en una nueva versión que se está elaborando, entre otros, por Catón, autor de la nueva biblia del antijuarismo, en la que todo se explica porque el regiomontano se limitó a reaccionar acosado por Juárez. ¿Por qué reivindicar a Vidaurri? Estudiarlo, claro, hacer una biografía, revisar la riqueza de las fuentes, darle al personaje carne y hueso, revisarlo sin esquematismos, explicarlo. Desde luego. Pero ¿reivindicarlo? Si la historia es de todos, y no de los herederos, ni de los historiadores, ni del Estado. ¿Por qué reivindicar a un personaje que estuvo a punto de fragmentar el país, que sirvió a una fuerza invasora con las armas, que casi acaba con el gobierno republicano en Monterrey, con las consecuencias que hubiera esto producido al consolidar el imperio? ¿Qué extrañas y oscuras razones pueden llevar a alguien a ofrecerle culto a un personaje así? Hágasele una estatua. No se la ponga en Lampazos, sino en el mero meritito centro de Monterrey. Que Vidaurri en el bronce aparezca de espaldas, vendado y de rodillas, con recado abajo que diga: "Así se fusila a los traidores", para que sirva de recordatorio, que falta hace. (Paco Ignacio Taibo II: "Santiago Vidaurri: una batalla de bronce", en *La Jornada*).

6) Baz: Por quinta vez desempeñó el cargo de gobernador del Distrito Federal con el gobierno militar de Porfirio Díaz al caer la Ciudad de México. Poco antes de la ocupación francesa de junio de 1863, se exilió en Nueva York e integró allí la junta de auxilios contra la intervención, organizando una expedición que se dirigía a Veracruz

y que naufragó en las costas de Florida. Retornó años más tarde y participó en los sitios de Puebla y de la Ciudad de México.

7) Según la cuenta de albacea los bienes de Juárez a su muerte eran: $5 730 en poder de Merodio y Blanco. $20 119.88 cobrado del adeudo de la Tesorería General por cuenta de su salario como presidente de la República. $1 500 cobrado en la misma oficina después de expedida la liquidación. $5 mil, producto de las casas de México. En alhajas $562. En muebles y menaje de casa: $453.25. Una calesa usada y un tronco de mulas: $500. La casa núm. 4 del Portal de Mercaderes $29 827.67. La casa núm. 3 de la 2ª. de San Francisco: $33 235.82. La casa núm. 18 de la calle de Tiburcio, $28 754. La casa en Oaxaca en la calle del Coronel $3 566.46. En libros valuados $922.53. Acciones de minas y ferrocarril $4 770. Ropa de uso $149.75. En total $139 791.36. Un poco menos de la cuenta que yo registro en el texto. Nada del otro mundo si se piensa que había ejercido con un sueldo variable el gobierno de Oaxaca, la presidencia de la Suprema Corte y la Presidencia de la República durante 12 años. Sería interesante hacer un paralelo con los dineros de los presidentes de la República priistas de estos últimos 50 años a la hora de morir. Francisco Bulnes, en su eterno y visceral antijuarismo escribió: "Lo primero que hizo al entrar a la capital fue hacerse pagar íntegros sus alcances por sueldos y las leguas que había caminado cómodamente en carruaje; el mismo privilegio obtuvieron sus ministros y uno que otro favorito. A los combatientes que habían hecho la campaña con abnegación de mártires y firmeza de héroes, desde el primer día de la invasión hasta el día del triunfo, a las familias de los muertos en campaña y fusilados por las cortes marciales, se les hizo sentir la pobreza del erario. Sólo la liquidación de Juárez, que le fue pagada en efectivo, importó una fortuna". No parece cuadrar esta afirmación con la cuenta anterior.

229

EPÍLOGO

Aunque esto sea parte de otra historia, recojamos como epílogo la frase de Carlos Monsiváis: "Los puros, los idealistas, ganan la guerra y pierden la paz, desplazados por políticos ambiciosos y por industriales y comerciantes hábiles". Desgastados por 14 años de guerra, los cuadros supervivientes del liberalismo acogieron la paz de la república restaurada como un profundo descanso.

A la muerte de Juárez el liberalismo envejeció rápidamente. Su patriotismo romántico se volvió patriotismo retórico, su liberalismo se quedó sólo en lo económico, su clasemediero urbanismo se volvió antiindigenista, su universalidad se volvió provincianismo y nacionalismo ramplón, su afecto por el progreso se tornó en culto hueco a la modernidad, su amor por las libertades individuales se amortiguó y se volvió desprecio por las libertades colectivas, su pasión por la libertad de prensa se volvió vocación por la censura.

Parece evidente que, como dice Mauricio Magdaleno, "Santos Degollado no vivió ni murió por defender a los agiotistas de los bienes de manos muertas". Ni El Nigromante habría perdonado las tiendas de raya. Ni Leandro Valle habría perseguido rebeliones campesinas. Que el porfirismo sea su herencia ingrata no los hace culpables, "se hubieran sublevado sólo de pensarlo".

En esta rápida evolución hacia el conservadurismo, el liberalismo tendría dos hijos: un heredero complaciente, hecho Estado, poder y negocio porfirista, y su antagónico, el liberalismo libertario magonista convertido en rebelión.

Después de diez años de trabajo es difícil encontrar las palabras para decirle adiós a un libro y sus historias. Me quedo con el poema de Vicente Riva Palacio, que suele decirlo mejor que yo: "Cuando era joven, tu rumor decía / frases que adivinó mi pensamiento / y cruzando después el campamento / *Patria*, tu ronca voz me repetía".

230

DIÁLOGO MEDIO APÓCRIFO ENTRE GUILLERMO PRIETO E IGNACIO RAMÍREZ DESPUÉS DE LA VICTORIA

Ignacio Ramírez le dijo a Guillermo Prieto:
—Como ya se conocen los amigos, no encuentran placer en engañarse mutuamente.
—¿Será?
—Benditos seamos los mexicanos, de derrota en derrota hemos abierto las puertas de la victoria definitiva. Se inicia la era de la razón, nuestro Siglo de las Luces.
—¿Y por cuánto tiempo? —preguntó Guillermo Prieto; el airecillo ramplón de la tarde le sacudía la cabellera leonada.
Ignacio Ramírez, llamado por sus amigos y enemigos El Nigromante, dudó; durante un instante se mesó la dispareja barba de chivo. Prieto no lo dejó seguir pensando:
—Perdón por mi ataque de pesimismo. ¿Acaso importa? Un segundo de fulgor, diez minutos, dos años… Y luego a volver a empezar. ¿No es ese el destino de un pueblo sabio?, ¿pelear eternamente?
—¿Guerra santa? Pero, ¿dónde está la santidad? ¿En un Dios que si existe no conozco o en el derecho sagrado de los ciudadanos a ser verdaderamente dueños del suelo que pisan?

NOTA DEL EDITOR

El lector interesado podrá encontrar en

http://patria-trilogia.planetadelibros.com.mx

el numeroso material bibliográfico que por una cuestión
de espacio no se ha podido incluir en esta edición impresa.

ÍNDICE

TOMO 3